MANTEGNA

Comitato Nazionale per le Celebrazioni del Quinto Centenario della morte di Andrea Mantegna

Comitato nazionale per le celebrazioni
del quinto centenario della morte di Andrea Mantegna

ANDREA MANTEGNA IMPRONTA DEL GENIO

Convegno internazionale di studi

Padova Verona Mantova
8, 9, 10 novembre 2006

a cura di
Rodolfo Signorini
Viviana Rebonato e Sara Tammaccaro

con la collaborazione di
Elga Disperdi e Ines Mazzola

Tomo II

LEO S. OLSCHKI
FIRENZE
2010

In copertina elaborazione grafica di Elga Disperdi.

Il convegno è stato realizzato con il contributo di

Provincia di Padova

provincia di verona
Amministrazione Provinciale di Verona

provincia di mantova
Amministrazione Provinciale di Mantova

e con la collaborazione di

RegioneLombardia

REGIONE DEL VENETO

Comune di Padova

Comune di Verona

Comune di Mantova

ISBN 978 88 222 5811 3

Mario Vaini

ECONOMIA E SOCIETÀ A MANTOVA NELLA PRIMA METÀ DEL QUATTROCENTO

I. Francesco IV capitano (1366-1407)

1. *Lo sviluppo economico*

Nel 1399 Francesco IV[1] salutava la fine di una lunga serie di pestilenze e carestie iniziate nel 1348-1349, con la costruzione della chiesa di Santa Maria delle Grazie,[2] ma già l'anno precedente (10 agosto del 1398) aveva emanato una grida che si proponeva un'opera di pacificazione, facilitando il rientro di quanti si erano allontanati dal territorio per le continue guerre. Venivano promesse l'amnistia per eventuali reati commessi, l'esenzione dalle imposte reali e personali, inoltre ai contadini non sarebbero state sequestrate per debiti le bestie da lavoro per lo spazio di quindici anni. Nel medesino anno veniva emanata un'altra grida diretta esclusivamente a ogni maestro d'arte «adsentato como forestero», che venendo ad abitare nella città con la famiglia e la sua «staçone» avrebbe ricevuto dal Comune mezzo ducato d'oro al mese per tre anni, a partire dal giorno dell'avvenuta residenza.[3]

---

[1] Sul governo di questo Gonzaga cfr. G. Coniglio, *Mantova. La storia*, I, Mantova, Istituto Carlo d'Arco per la Storia di Mantova, 1958, p. 413 sgg.

[2] Per molti storici la data ha sempre rappresentato un *topos*. Cfr. ora C.M. Belfanti, *Terra, lana, mattoni. L'economia mantovana del Quattrocento*, in *A casa di Andrea Mantegna. Cultura artistica a Mantova nel Quattrocento*, Catalogo della mostra, Mantova, 26 febbraio-4 giugno 2006, a cura di R. Signorini con la collaborazione di D. Sogliani, Cinisello Balsamo (Milano), Silvana, 2006, p. 86.

[3] M. Vaini, *Ricerche gonzaghesche (1189-inizi secolo XV)*, Firenze, Leo S. Olschki, 1994, pp. 75-76.

Tale politica fu coronata dal successo: fra il 1416 e il 1445 furono rilasciati 1900[4] fra decreti di immunità concessi a contadini e artigiani, e di civiltà rilasciati invece a ricchi, nobili, notai e medici, i quali venivano parificati ai cittadini originari con tutti i privilegi inerenti.[5] I dati sono posteriori di quasi un ventennio alla prima grida, per cui non è possibile documentare quando essa cominciò veramente a dare frutti, anche se leggendo i relativi decreti ci si imbatte spesso in abitanti del contado che chiedono il rinnovo di provvedimenti presi già agli inizi del secolo. Da un rapido esame dei due volumi sembra che nel primo prevalgano le immunità, nel secondo le civiltà. A questo proposito merita d'essere segnalato il caso di Mariana, dove gli Adelardi vendono nel 1437 i loro beni agli uomini di Visano (Brescia), che qui si trasferiscono e rendono fertili le terre.[6]

Il successo di questa politica presupponeva il reperimento di notevoli fonti finanziarie, che avverrà ricorrendo ai prestatori ebrei. Nel 1386 a Revere veniva aperto il primo banco feneratizio[7] e il 17 febbraio del 1401 Francesco otteneva da papa Bonifacio IX la deroga delle sanzioni canoniche in materia d'usura.[8] Il capitano si giustificava con l'urgente bisogno di denaro contante a causa delle cattive condizioni in cui versava l'economia per le continue guerre, che avevano esaurito le fonti locali, le quali in verità non si erano completamente inaridite, ma operavano

---

4 Archivio di Stato Mantova (da ora ASMn), Archivio Gonzaga, *Indici dei decreti*, vol. III (1416-1432), vol. VI (1432-1445).

5 Non è possibile fare un calcolo anche approssimativo dell'aumento della popolazione, mancando ogni indicazione del numero dei fuochi della città e del contado. I. Lazzarini, *Gerarchie sociali e spazi urbani a Mantova dal Comune alla Signoria gonzaghesca*, Pisa, ETS, 1994, pp. 104-106 ha calcolato che agli inizi del secolo i nuclei familiari indigenti urbani avessero una dimensione media di 3,14 individui. La media probabilmente era più alta per le famiglie dei ricchi, ma è solamente un'ipotesi; buio pesto per quanto riguarda il contado.

6 ASMn, Archivio Gonzaga, b. 3380.

7 E. Castelli, *I banchi feneratizi ebraici nel Mantovano (1386-1818)*, Mantova, Tip. Industriale Mantovana, 1959, pp. 10-11.

8 ASMn, Archivio Gonzaga, b. 3389, dove si trova la concessione del papa in data 17 febbraio 1401 e da cui si ricava il tenore della richiesta di Francesco, la cui lettera è andata perduta. È citata da V. Colorni, *Prestito ebraico e comunità ebraiche dell'Italia centrale e settentrionale con particolare riguardo alla comunità di Mantova*, «Rivista di storia del diritto italiano», a. VIII, VIII, 3, 1935, ristampato in *Judaica minora. Saggi sulla storia dell'ebraismo italiano dall'antichità all'età moderna*, Milano, Giuffrè, 1982, pp. 205-355:219-220. Va sottolineato che in data 20 giugno 1401 venne cancellata dallo *Statuto della Masseria* (ASMn, Archivio Gonzaga, b. 2003, 1393-1407) la rubrica 37 del libro III intitolata *De pena feneratorum non tenendum panum sive peciam ante hostia* a significare l'avvenuta liberalizzazione di tale attività.

su scala ridotta.[9] Si può perciò congetturare che Francesco per rilanciare l'economia abbisognasse di una forma di prestito più abbondante e della presenza di banchieri in contatto con le più importanti piazze forestiere. Anche la ricostruzione avvenuta nel 1400 dell'Università dei Mercanti – la «Mercadandia grossa»[10] – che aveva il monopolio dell'arte della lana, va inquadrata in questa prospettiva, ma va aggiunto che l'ente doveva avere un forte peso sociale e pertanto una sua autonomia politica, se Francesco ne diventava podestà e rettore a settantadue anni dalla presa del potere da parte di Luigi I capitano. La stessa cosa era accaduta con i Bonacolsi: infatti Passerino solo il 13 aprile 1311 aveva rivestito le stesse cariche e aveva dettato anche lo statuto di quest'arte, ripreso e aggiornato dal quarto capitano.[11] Questi il 26 ottobre dell'anno successivo emanava un decreto con cui si autorizzavano i commercianti a erigere una bottega comune denominata 'Verità' allo scopo di vendere panni di lana a determinate condizioni, affidandone la gestione all'Università medesima.[12]

2. *Gli statuti del 1404 e la nuova ripartizione urbanistica*

Atto importante fu la pubblicazione dei nuovi statuti avvenuta ufficialmente nel 1404[13] e con la quale i Gonzaga affermavano la loro piena signoria. Quasi ottant'anni erano passati da quel fatidico 16 agosto del 1328, quando Luigi con i figli e l'aiuto di Cangrande Della Scala aveva rovesciato la prima signoria dei Bonacolsi. Molti provvedimenti[14] avevano

---

9 Dalle pergamene dell'Ospedale (ASMn, Ospedale, b. 19, 1400-1421, b. 20, 1422-1514) risulta che una certa attività di prestito era praticata nel ceto mercantile.

10 A. Portioli, *Statuto dell'Università maggiore dei Mercanti di Mantova*, Mantova, Eredi Segna, 1882, p. xi.

11 M. Vaini, *Ricerche gonzaghesche*, cit., pp. 76-77.

12 ASMn, Archivio Gonzaga, *Gridario*, fasc. 2 (1396-1407), c. 5*r*.

13 La copia del consiglio del signore si trova presso la Biblioteca Comunale di Mantova (BCMn), ms F.V.11 (775).

14 Cito solamente alcuni esempi. G. Daino, *Dell'origine e genealogia dell'illustrissima casa de' signori di Gonzaga scritta da Giacomo Daino notaio in latino e tradotta da Ippolito Castello*, in BCMn, ms H.III.7, c. 91*v*, riporta il decreto di nomina di Luigi Gonzaga a capitano generale e perpetuo pubblicato negli statuti comunali all'inizio del libro I, dove si parla del giuramento del podestà. Già durante la peste del 1348 il capitano delle società cittadine, ricordo degli ordinamenti del comune popolare, è diventato l'esattore delle colte mensili (sinonimo di taglia o imposizione personale e reale). Cfr. M. Vaini, *Ricerche gonzaghesche*, cit., pp. 66, 164. Anche la figura del massaro, amministratore generale delle finanze comunali, ha subito un ridimensionamento a vantaggio di altri ufficiali già documentati dal bilancio del 1385 (*ivi*, p. 63).

modificato i precedenti statuti del 1313,[15] ora si imponeva la necessità di comprenderli in un ordinamento più organico e logico.[16] Non rientra nell'economia di questo intervento addentrarsi in una disamina delle due compilazioni; ci basta sottolineare una caratteristica fondamentale: mentre nei 'bonacolsiani' la volontà dei dominanti viene continuamente ribadita, nei 'gonzagheschi', se si fa eccezione del proemio posto all'inizio del libro I dove si esalta Francesco IV, in pratica non si parla mai della signoria. Ciò è la dimostrazione di un potere che si è sovrapposto alle strutture comunali, mentre la minuzia con cui vengono ad esempio elencati gli uffici finanziari, i dazi e pedaggi indica chiaramente che queste regolano solamente l'ordinaria amministrazione; il potere appartiene a una sfera autonoma, dove il signore è fonte di diritto ed è al di sopra di ogni legislazione.

I nuovi statuti erano già in vigore, almeno per alcune parti, dal 1401[17] e a tale epoca risale infatti la nuova suddivisione della città: rimangono i quattro quartieri precedenti, ma ognuno è suddiviso in cinque contrade,[18] che si rifanno alla struttura dell'esercito popolare.[19] Indubbiamente la città aveva subito cambiamenti tali da imporre una nuova organizzazione urbanistica. Secondo Davari il monastero di Sant'Andrea, posto al centro della zona commerciale, già nel 1319 aveva iniziato la costruzione dei portici, che ancora oggi ornano la piazza delle Erbe e il Broletto e servivano ai mercanti per esporre le loro merci.[20] L'11 marzo

---

[15] *Statuti bonacolsiani*, a cura di E. Dezza, A.M. Lorenzoni, M. Vaini, con un inedito di P. Torelli, Mantova, Arcari, 2002.

[16] Sull'argomento vedi i seguenti studi di I. Lazzarini, *Il diritto urbano in una signoria cittadina: gli statuti mantovani dai Bonacolsi ai Gonzaga*, in *Statuti città territori in Italia e Germania*, a cura di G. Chittolini, D. Willoweit, Bologna, Il Mulino, 1991 («Annali dell'Istituto storico italo-germanico», 30), pp. 381-417; *Tra continuità e innovazione: trasformazioni e persistenze istituzionali a Mantova nel Quattrocento*, «Società e storia», 62, 1993, pp. 699-764; *Fra un principe e altri stati. Relazioni di potere e forme di servizio a Mantova nell'età di Ludovico Gonzaga*, Roma, Istituto Storico Italiano per il Medio Evo, 1996 («Nuovi studi storici», 32), pp. 12-18.

[17] S. L'Occaso, *Fonti archivistiche per le arti a Mantova fra Medioevo e Rinascimento (1382-1459)*, Mantova, Arcari, 2005 («Archivio di Stato di Mantova. Scuola di archivistica paleografia e diplomatica. Strumenti e fonti», 9), p. 229, n. 1.

[18] Cfr. BCMn, ms F.V.11 (775) cit., libro XII, rubrica 13, la data del 1° gennaio 1401 si ricava dall'inventario dei beni di Bonamente Aliprandi (1417) conservato in ASMn, Ospedale, b. 86, la suddivisione è riportata da S. Davari, *Notizie storiche topografiche della città di Mantova nei secoli XIII XIV XV*, Mantova, Sartori, 1985 (prima ed. 1887, seconda ed. 1903), pp. 109-111.

[19] I. Lazzarini, *Il diritto urbano*, cit., *loc. cit.*; Ead., *Gerarchie sociali e spazi urbani a Mantova dal Comune alla Signoria gonzaghesca*, Pisa, gisem-ets, 1994, pp. 59-60.

[20] S. Davari, *op. cit.*, p. 49.

del 1378 Ludovico III capitano concedeva la licenza edilizia, per usare un termine moderno, a Bertolino f.q.d. Remedio de Capo di costruire un portico davanti alla sua casa in contrada Capragarum de Torculis prospiciente la via del Broletto, per poter collocare una tavola da cambio.[21] De Capo era l'ufficiale pagatore delle 180 lance del capitano, produttore di panni[22] ed esercitava anche l'attività di banchiere. Sulla base di questo documento possiamo ipotizzare che si sia proceduto nello stesso modo anche per i portici delle attuali piazza Mantegna, via Verdi, piazza del Purgo e corso Umberto I, questi terminati forse alla fine del secolo.[23]

Nei decenni successivi continuò l'espansione urbanistica,[24] che aveva anche lo scopo di bonificare i quartieri. Il 22 ottobre 1411 Gianfrancesco V capitano concede ad Antonio Lanfranchi di otturare una 'regiola'[25] immonda e fetida lunga 104 braccia (circa 61 metri),[26] posta in contrada Leopardo parrocchia di San Giovanni Battista [*recte* Evangelista] (è la zona fra le piazze San Giovanni, d'Arco e via Portazzolo) e di costruirvi sopra.[27] Il 15 gennaio 1412 lo stesso dona al 'nauta' Caroio il terreno occupato da una 'regiola' posta fra due case da lui possedute in contrada Rovere presso il ponte Arlotto, perché possa riempirla e costruirvi una casa.[28] Assai più importante la concessione al nobile Lanfranco de Capo, un discendente del

---

21 ASMn, Archivio Gonzaga, b. 312 alla data citata.

22 M. Vaini, *Ricerche gonzaghesche*, cit., p. 63 e p. 68. Sulla famiglia cfr. I. Lazzarini, *Fra un principe*, cit., p. 221 sgg.

23 Lo dimostrerebbe il biscione visconteo scolpito su alcuni capitelli delle colonne poste in corso Umberto I, ma secondo Marani (in una nota a F. Amadei, *Cronaca universale della città di Mantova*, I, a cura di G. Amadei, E. Marani e G. Praticò, Mantova, Citem, 1954, p. 629, nota 129) l'edificio interessato potrebbe essere stato costruito in epoca successiva con materiale di riporto. La concessione ai Gonzaga di fregiarsi del blasone visconteo è del 1389, ma nel 1394 dopo la decapitazione di Agnese, moglie di Francesco IV capitano, si ebbe la *damnatio memoriae*. Cfr. G. Malacarne, *Araldica gonzaghesca, la storia attraverso i simboli*, Modena, Il Bulino, 1992, pp. 50-67.

24 I. Lazzarini, *Gerarchie sociali e spazi urbani*, cit., p. 59 e sgg.

25 Scolo delle acque putride.

26 Un braccio agrimensorio misura cm 58,7, cfr. R. Navarrini, *Pesi e misure gonzaghesche*, in *La sezione gonzaghesca. Monete, medaglie, pesi e misure mantovane nell'età dei Gonzaga*, Catalogo della mostra permanente, a cura di A. Englen, E. Ercolani Cocchi, P. Giovetti, R. Navarrini, Mantova, Museo Civico di Palazzo Te, 1987, p. 189.

27 ASMn, Archivio Gonzaga, Libri dei decreti, II (1411-1416), pp. 66-67, sulla zona cfr. S. Davari, *op. cit.*, p. 98 sgg.

28 ASMn, Archivio Gonzaga, Libri dei decreti, II (1411-1416), p. 91; dello stesso tenore sono i decreti del 24 giugno 1421, *ivi*, V (1416-1435), c. 176*r*, 25 settembre 1423 (*ivi*, c. 232*r*).

personaggio già citato, il quale il 1° marzo 1426 ebbe la concessione di recintare tutta la contrada Cantarana (oggi via Valsesia), che si estendeva fra la chiesa di Sant'Egidio e il monastero delle domenicane di San Vincenzo (oggi via Gandolfo)[29] e dalla Fiera (corso Garibaldi) alle chiese di San Cristoforo e San Barnaba (oggi vie Giulio Romano e Carlo Poma),[30] «et in eo laborari fodi et plantari facere possit».[31]

Un rapido spoglio dei libri dei decreti indica da una parte l'allargamento di edifici, dall'altra la costruzione di nuovi[32] ed è solo un indice di un'attività ben più ampia, perché i decreti in generale riguardavano concessioni di esenzioni fiscali. Come sempre erano i signori a dare grande incremento allo sviluppo cittadino, ma sull'argomento rimandiamo alla ricerca di Marina Romani.[33]

II. Gianfrancesco V capitano e I marchese (1395-1444)

1. *Il ruolo della proprietà signorile*

Gianfrancesco Gonzaga poteva agire in campo economico non solamente come signore, ma anche come il più ricco proprietario fondiario dello Stato. In altra sede ho illustrato il formarsi di questo patrimonio[34] e la sua consistenza in questi decenni, quale risulta dal libro FLU.[35] Essa si aggirava

---

29 S. Davari, *Notizie storiche topografiche*, cit., pp. 86-88.

30 *Ivi*, p. 82.

31 ASMn, Archivio Gonzaga, Libri dei decreti, V, cit., c. 288*r*.

32 *Ivi*, Libri dei decreti, IV (1429-1434), 27 febbraio 1433, c. 234*r*, ampliamento del monastero di Santa Paola che inglobava un orto già della chiesa di Santa Maria di Betlemme; 26 marzo 1433, cc. 244*v*-245*r*, ampliamento di un orto in contrada Montenero presso la chiesa di Santa Croce; Libri dei decreti, V (1416-1435), 25 settembre 1423, c. 232*r*, costruzione di una casa sulla via pubblica in contrada Nave; concessioni di portare materiale edile in città: Libri dei decreti, VIII (1436-1446), 9 giugno 1437, c. 130*r*, 14 maggio 1438, c. 231*r*; Libri dei decreti, IX (1438-1446), 9 aprile 1440, c. 32*r*.

33 M. Romani, *Una città in forma di palazzo. Potere signorile e forma urbana nella Mantova medievale e moderna*, Brescia, Centro di studi e ricerche storiche e sociali Federico Odorici, 1995 («Quaderni di Cheiron», 1), p. 101 sgg.

34 M. Vaini, *Ricerche gonzaghesche*, cit., pp. 35-58.

35 ASMn, Archivio Gonzaga, b. 84; FLU acronimo di Filippino, figlio di Luigi I capitano (morto nel 1356), di Ludovico (morto nel 1382) e di Ugolino (1362), figli di Guido II capitano, costituisce il catasto dei loro beni, ma vi sono anche registrati i possessi appartenuti a Francesco e a Gianfrancesco con i loro passaggi. Cfr. M. Vaini, *op. cit.*, pp. 183-191.

sulle 30.000 b.m. (biolche mantovane; 1 b.m. = mq 3.138,596) cifra approssimativa, perché le 'corti' più grandi sono sempre indicate 'a corpo' con i relativi confini e non 'a misura'. Il FLU costituisce anche una preziosa fonte per cogliere i primi segni del formarsi della corte mantovana, composta da addetti alla 'famiglia' o da ufficiali cui vanno benefici di varia entità. Fra i primi, troviamo il dispensatore Giacomo Grassi,[36] un *magister a morsjs*,[37] Domenico Colenghino di Sermide addetto ai *barbariscos cursores*,[38] Girardo da Luzzara *pro tessutis et franziis de serico* fatti dalla figlia Giacoma per Gianfrancesco.[39] Seguono poi i vicari le cui concessioni sono però temporanee e legate all'incarico ricoperto come avviene anche per i medici e gli amministratori delle proprietà signorili. I loro nomi sono legati a opere di bonifica di cui si conosce poco,[40] in parte perché tutte le carte dell'amministrazione sono state distrutte nell'Ottocento in una sciagurata operazione di scarto,[41] in parte perché tutto quanto riguardava la vita dei rustici non era ritenuto degno di nota.

Al vertice della corte troviamo i rappresentanti di famiglie nobili forestiere, che a Mantova avevano trovato ospitalità e favore. Si tratta degli Strozzi, dei Torelli e soprattutto degli Albertini da Prato. Questi ultimi, approfittando della giovane età di Gianfrancesco, emancipato solo nel 1413, a partire dal 1408 erano stati beneficiati di grandi proprietà, nonché della cessione di intere comunità – Mariana,[42] Piubega[43] – acquisendo una notevolissima influenza politica, che li porterà a insidiare la stessa signorìa, per cui Paola Malatesta con l'aiuto dei suoi parenti li farà eliminare.[44] Sempre nel 1413 avvenne la vendita di Guidizzolo ai da Ceresara,

---

36 ASMn, Archivio Gonzaga, b. 84, cit., *ad indicem*.

37 *Ivi, ad indicem*.

38 *Ivi, ad indicem*.

39 *Ivi, ad indicem*.

40 M. Vaini, *Ricerche gonzaghesche*, cit., pp. 187-188.

41 P. Torelli, *L'archivio Gonzaga di Mantova*, I, Ostiglia, Mondadori, 1920, pp. LXXXIII-LXXXV.

42 Nel 1410 era stata ceduta da Taddeo Dal Verme al conte Carlo Albertini da Prato, che l'anno successivo compera anche metà dei beni degli Adelardi. Dopo l'uccisione del conte avvenuta nel 1418, questi ritornano in possesso dei loro beni, che nel 1437 venderanno agli uomini di Visano. Cfr. *supra*, nota 6.

43 G. Benintendi, *A difesa di quelle esenzioni che fino ad ora ha goduto il Comune della Piubega*, Mantova, Pazzoni, 1752; vedi ora M. Vignoli, *Communitas Publicae. Vicende storiche di Piubega e del suo territorio*, Mantova, Publi Paolini, 2003, pp. 55-61.

44 M. Vaini, *Ricerche gonzaghesche*, cit., pp. 189-190.

ma ciò incontrerà l'opposizione di tutti gli abitanti, che subentreranno ai compratori e per secoli godranno di beni comuni e di privilegi.[45]

2. *Il decreto* De aquis ducendis *e il referendum del 1430*

Di Gianfrancesco merita d'essere sottolineato il decreto *De aquis ducendis* del 1416 con cui si concedeva a ogni abitante di usufruire gratuitamente delle acque pubbliche per irrigare e animare mulini e altri edifici idraulici, pagando però il terreno attraversato dai canali il doppio del prezzo di mercato.[46] L'operazione doveva essere molto onerosa, i benefici perciò tardarono a farsi sentire.

Il *referendum* del 1430[47] con il quale il signore si rivolse agli operatori economici più qualificati, nel suo insieme denuncia una posizione di stallo,[48] ma anche la volontà di superarla. Particolarmente vivaci sono le proposte degli operatori del settore laniero schierati su due fronti opposti: da una parte chi si preoccupa di difendere il mercato locale con tutti gl'interessi connessi, dall'altra chi si schiera per la 'liberalizzazione' dello stesso; fronti dietro cui si possono agevolmente identificare i piccoli e i grossi produttori e mercanti.[49] Fra gli altri merita d'essere segnalato il parere di Giovanni Bozzi secondo il quale, seguendo l'uso dei bresciani, sarebbe stato assai utile all'agricoltura irrigare i campi e scavare i 'dugali' (canali) per adattarli alla bisogna.[50]

Proprio a partire da quell'anno si cominciano a registrare decreti che favoriscono l'uso delle acque, producendo un mutamento epocale nell'agricoltura mantovana: il 18 maggio 1430 Giovanni Gonzaga, fratello naturale di Gianfrancesco, ha la concessione di costruire un mulino e altri edifici a Castellucchio versando al fisco un terzo degli introiti;[51] allo stesso Giovanni si deve, prima del 1432, lo scavo della seriola detta Marchionale o di Rodigo, che da Castiglione delle Stiviere portava acqua alle sue pro-

---

45 A. Nonio, *In causa exemptionis pro regis vectigalium conductoribus contra comune Guidizzoli*, Mantova, Pazzoni, 1751.

46 BCMn, ms F.V.11 (775), cit., cc. 124*v*-125*r*, riportato in E. Bevilacqua, *Informazione sopra gli argini, scoli ed adacquamenti dello Stato mantovano*, Mantova, Podestà, 1866 (prima ed. 1734-1735), pp. 195-197 e pp. 305-307 (traduzione in italiano).

47 *Mantova 1430. Pareri a Gian Francesco Gonzaga per il governo*, a cura di M.A. Grignani, A.M. Lorenzoni, A.M. Mortari, C. Mozzarelli, Mantova, Arcari, 1999.

48 C. Mozzarelli, *Introduzione*, in *Mantova 1430*, cit., p. 37.

49 *Ivi*, pp. 34-36.

50 *Mantova 1430*, cit., p. 137.

51 ASMn, Archivio Gonzaga, Libri dei decreti, IV (1429-1434), c. 69*r*.

prietà poste in quest'ultima località. Un'opera veramente colossale lunga circa 20-21 km (si può ipotizzare che siano stati utilizzati alvei preesistenti)[52] la quale per la sua importanza appartenne sempre a Mantova.[53]

3. *L'insegnamento di Vittorino da Feltre*

Nel 1423 Vittorino da Feltre[54] fu chiamato da Gianfrancesco e dalla moglie Paola Malatesta a educare i figli – Ludovico, Carlo, Gianlucido, Margherita e più tardi Cecilia e Alessandro – assieme ad altri fanciulli di membri della corte, fra cui Gabriele Crema più tardi ambasciatore alla corte cesarea, Lodovico della Torre, figlio di un giurisperito e destinato a occupare molte magistrature, Gianfrancesco da Bagno di famiglia nobile. Attirate dalla fama del maestro anche illustri casate forestiere gli affidarono i loro rampolli: Federico da Montefeltro, Taddeo de' Manfredi e Gilberto da Correggio, assieme a futuri prelati e teologi, come Gregorio Correr di Venezia protonotario apostolico, Nicolò Perrotti arcivescovo di Manfredonia, Giovanni Andrea de' Bussi vescovo di Aleria.[55]

Vittorino non solo assolse alla perfezione il compito affidatogli, ma trovò anche la piena adesione dei Gonzaga, così da trascorrere a Mantova il resto della sua vita in un'attività per tanti versi irripetibile. Il suo insegnamento accuratissimo comprendeva le arti del trivio e del quadrivio, nonché tutti gli esercizi ginnici e guerreschi allora in voga. L'irrobustimento del corpo e della mente, la parsimonia a tavola e la fortezza d'animo erano accompagnati da un forte sentimento religioso, però lontano dagli ideali di povertà, di mortificazione del corpo dei Mendicanti del Due e Trecento.

Il latino e il greco ebbero un posto preminente e la lettura dei classici portò alla 'rinascita' di quelle grandi civiltà, le loro opere popolate da eroi e imperatori risvegliarono il ricordo di grandi imperi che, assieme alla riscoperta di tanti capolavori artistici, orientò l'ambizione, il desiderio di

---

[52] *Ivi*, b. 2003, statuto del Massaro, vol. XIII, n. 143, 2 agosto 1432.

[53] E. Bevilacqua, *op. cit.*, pp. 172-173.

[54] La bibliografia è estesa, perciò mi limito a segnalare E. Faccioli, *Mantova. Le lettere*, II, Mantova, Istituto Carlo d'Arco per la Storia di Mantova, 1962, pp. 5-32; *Vittorino da Feltre e la sua scuola: umanesimo, pedagogia, arti*, a cura di N. Giannetto, Firenze, Leo S. Olschki, 1981.

[55] M. Vaini, *Economia e società a Mantova dal Trecento al Cinquecento*, in *La Corte e il "Cortegiano"*, II. *Un modello europeo*, a cura di A. Prosperi, Roma, Bulzoni, 1980, pp. 275-294, cfr. pp. 284-285.

gloria e di potenza verso orizzonti fino ad allora ignorati. E così Ludovico diventava Achille e Carlo Ercole, Federico da Montefeltro, bellissimo nel corpo e nell'animo, era Alessandro e Cesare, perché

nel leggere [...] la vita dell'Africano, avendo saputo come nella tenera giovinezza fosse già condottiero d'eserciti, è fama che prima n'abbia sentito cordoglio, poi, rivoltosi a Vittorino, recitato, mutandovi qualche parole, i versi del poeta: "Ed a me pure splenderà quel giorno che mi fia dato di veder miei gesti?" Interrogato perché se ne dolesse: "Scipione, rispose, già nell'adolescenza condusse eserciti e io poco minore di lui, non vidi ancora soldato né accampamenti". Ma il maestro, confortandolo "Non ti voglio uno Scipione, gli disse, ma un Alessandro, che fu stirpe di principi ed egli stesso principe illustre". Talora vezzeggiandogli il capo, sembrava se ne gloriasse, dicendo: "Tu pure sarai Cesare".[56]

III. Ludovico II (1414-1478)

1. *La politica economica di Ludovico II*

Ludovico II incentivò al massimo lo sviluppo delle campagne, creando condizioni favorevoli agli investimenti fondiari. Per rimunerare i suoi cortigiani, che nel 1442 erano 275 mentre la moglie Barbara di Brandeburgo ne contava 65,[57] utilizzò su scala più ampia che nel passato concessioni di terre, che godevano spesso di esenzioni fiscali; va però notato che talvolta queste concessioni 'graziose' nascondevano debiti insoluti o erano il risarcimento di stipendi magri e comunque inadeguati ai servizi prestati. In tal modo egli non solo si assicurava la fedeltà dei beneficiari, ma li faceva anche partecipi della civiltà signorile. Infatti le grandi proprietà dell'aristocrazia, le 'corti', ripetevano nella struttura architettonica e nella gerarchia dei dipendenti la corte signorile su scala minore.

Un esempio per tutti. Gli Strozzi giunti a Mantova attorno al 1380 erano entrati subito nelle grazie dei signori: in particolare il ramo di Uberto e Benedetto, ma essi controllavano anche vaste estensioni di terre in feudo onorifico ottenute dall'episcopato e dalla prepositura di San Benedetto a Scorzarolo, Suzzara, San Benedetto, Revere e Bagnolo.[58] A

[56] F. Prendilacqua, *Intorno alla vita di Vittorino da Feltre*, Como, Franchi, 1871, p. 49.

[57] M.A. Romani, *Finanze, istituzioni, corte. I Gonzaga da padroni a principi (XIV-XVII sec.)*, in *La corte di Mantova nell'età del Mantegna 1450-1550*, a cura di C. Mozzarelli, R. Oresko, L. Ventura, Roma, Bulzoni, 1997, p. 100.

[58] I. Lazzarini, *Fra un principe e altri stati*, cit., p. 299 e sgg., l'albero genealogico è a p. 298.

Marco camerario nel 1418 venne confermata l'investitura in feudo censuale di molte pezze di terra a Begozzo, Palidano, Fornace e Roncobonoldo fra Suzzara e Gonzaga e altre ne ebbe dal vescovo Galeazzo Cavriani, concessioni seguite da privilegi. Nella seconda metà del secolo successivo, attraverso una frenetica attività di compravendite verrà creata un'unica azienda che nel 1551 si estendeva per circa 318 b.m. salite nel 1580 a 547.[59]

L'abbondanza di terre non adeguatamente valorizzate spingeva i beneficiati a investire con ottimo profitto, anche perché erano fiscalmente favoriti; il peso dei gravami ricadeva quasi completamente sui rustici, ma il loro aumento sta a indicare come esso fosse sopportabile.

Molti sono gli indizi di un prorompente sviluppo delle attività economiche. Il decreto *De aquis ducendis* dava frutti sempre più importanti: fra il 1465 e il 1470 furono compiuti importanti lavori di canalizzazione e di bonifica nella Sinistra Mincio[60] (Fossa di Pozzolo, canale Molinella[61] e Naviglio di Goito),[62] affiancati da altri condotti dal signore come privato nelle valli di Sustinente, Serravalle a Po e Libiola.[63]

Necessitava una mano d'opera abbondante, perché la creazione delle 'corti' era possibile solamente mediante l'esecuzione di molte opere: bonifica, livellamento, messa a coltura, costruzione di case per i rustici e rimesse del bestiame, senza contare il palazzo padronale. Per questo periodo le cifre dell'incremento demografico sono da prendersi con cautela, perché talvolta sono incomplete, talaltra si riferiscono ai 'fuochi' (famiglie) o alle 'bocche', cioè con esclusione dei lattanti (fanciulli inferiori ai tre anni).[64] Secondo Beloch la popolazione cittadina sarebbe passata nell'arco di un secolo da 26.407 abitanti nel 1463 a 36.196 nel 1559; per la Sinistra Mincio e nell'Oltrepò, zone dove erano stati realizzati i grandi lavori di bonifica, abbiamo i seguenti dati: Revere 1451 4.141 abi-

---

59 O. Guaita, *Villa Strozzi a Begozzo*, Firenze, Leadercomp, 1993, pp. 25-26.

60 C. d'Arco, *Studi intorno ad alcuni lavori idraulici ed alle arginature del Mantovano*, s.n.t.

61 R. Sarzi, *Cinque secoli di storia del Consorzio di bonifica della Fossa di Pozzolo*, Mantova, Sometti, 2000, p. 93 e sgg.

62 G. Rodella, *Giovanni da Padova. Un ingegnere gonzaghesco nell'età dell'Umanesimo*, Milano, Franco Angeli, 1988.

63 U. Ruberti, *Quistello nei secoli andati*, San Benedetto Po, Tip. E. Rozzi, 1899, pp. 62-63, L. Tavani, *Quingentole e la sua valle nella storia*, Mantova, Tip. A. Sbroffoni, 1927, pp. 74-77.

64 BCMn, ms F.V.11 (775), cit., libro III, rubrica XXXII *Ordo salis pro buchis et bestis talis est.*

tanti, 1562 4.914, Villimpenta 1496 670, 1562 891, Sermide 1480 3.264, 1590 6.617.[65]

La politica di facilitare l'immigrazione non solo di contadini e artigiani, ma anche di famiglie cospicue aveva continuato a dare i suoi frutti: da Milano erano arrivati gli Arrigoni e i Castiglioni, da cui sarebbe disceso il celebre Baldassarre, da Bagno i Guidi detti poi Guidi da Bagno, da Fermo i Guerrieri e altri. Questi, insieme a una folla di personaggi saliti poi a notorietà, formarono la corte, termine polisemico[66] che sta a indicare: la *familia* del signore, i funzionari di vario grado addetti agli uffici più importanti,[67] ma anche la sua dimora, il palazzo divenuto il simbolo stesso del potere.[68]

Isabella Lazzarini con grande perizia ha tracciato un quadro esauriente della corte di Ludovico II, che attorno agli anni Sessanta avvalendosi in modo «per lo più informale, di organi di origine diversa», raggiunse una sua stabilità con «pacata duttilità e nel dichiarato pragmatismo». Essa è frutto di una «fluidità sociale e politica, ma anche strutturale, e i suoi membri costituiscono un ceto di governo difficilmente circoscrivibile in precisi ambiti geografici».[69] Si tratta di un numero cospicuo di individui, che in parte esercitano varie attività economiche, in parte invece dipendono dal signore.[70] Siamo molto lontani dalla corte di Francesco e di Gianfrancesco quale emerge dal libro FLU.

Andrea Schivenoglia ci ha lasciato una cronaca fino a oggi inedita, ma citata più di tante opere edite, divisa in due parti: la prima costituisce un'anagrafe delle principali famiglie mantovane, la seconda riguarda avvenimenti accaduti fra il 1445 e il 1491, inframmezzati da vari elenchi dei componenti del consiglio del signore, degli uffici principali, dei cavalieri, gentiluomini e cittadini e poi ancora dei mercanti, delle dignità ecclesiastiche ecc., oltre a

---

65 K.J. Beloch, *Storia della popolazione d'Italia*, introduzione di L. Del Panta e S. Sonnino, Firenze, Le Lettere, 1994 (prima ed. Berlin und Leipzig, 1937-1961), pp. 375-385, cfr. p. 376.

66 A. Stegmann, *La corte. Saggio di definizione storica*, in *Le corti farnesiane di Parma e Piacenza 1545-1622*, I, a cura di M.A. Romani, Roma, Bulzoni, 1978, pp. xxi-xxvi.

67 I. Lazzarini, *Palatium juris et palatium residentiae: gli offici e il servizio del principe*, in *La corte di Mantova nell'età di Andrea Mantegna*, pp. 145-164:151, distingue la *familia principis* composta da *familiares et camerarii* da altri organismi di importanza centrale per il governo dello Stato.

68 Per una storia del palazzo gonzaghesco cfr. M. Romani, *op. cit.*, p. 89 e sgg.

69 I. Lazzarini, *Fra un principe e altri stati*, cit., XI, XIII.

70 Su tutta questa problematica cfr. *''Familia'' del principe e famiglia aristocratica*, a cura di C. Mozzarelli, Roma, Bulzoni, 1988.

preziose notizie economiche: prezzi delle vettovaglie, mutamenti del valore delle valute e per finire eventi meteorologici, carestie e pestilenze.[71] Cronaca anche assai sapida di chi ha il dente avvelenato e pertanto di estremo interesse, perché questo discendente di un'antica famiglia comunale non era entrato nelle grazie del signore e pertanto segnala con evidenti intenti polemici la rapida ascesa di individui venuti dal nulla.

Ma come definire tali ricchi nel rapporto con gli altri cittadini?

La sociologia ci suggerisce varie definizioni: strato, ceto ci sembrano troppo generici, più consoni élite o aristocrazia, più élite che aristocrazia. Un'élite estremamente fluida, si sale e si scende, come si arriva e si parte: l'onore e l'utile individuale[72] non sempre incontrano il favore del signore.[73] I segni distintivi, visibili di una diversa collocazione sociale ci sono: vesti, case e terre, uffici e cultura, ma non sono tali da assumere un valore discriminante. Per tutto il Quattrocento l'élite non arriverà a formare uno 'stato' perché manca il riconoscimento formale. Nel 1433 Gianfrancesco sarà creato marchese dall'imperatore Sigismondo, nel 1451 un altro imperatore, Federico, eleverà al rango di cavalieri quattro Gonzaga e altrettanti cortigiani, ma non si va oltre.[74]

Il passaggio dall'élite all'aristocrazia[75] avverrà mediante un processo non formale, ma ideologico; essere ricchi e altolocati non basta, bisogna prendere coscienza di essere parte di un gruppo sociale al vertice della società, non solo distinto dal resto della popolazione, ma anche e soprattutto con una diversa scala di valori di riferimento, in altre parole d'essere portatori di una nuova civiltà. La lezione di Vittorino aveva dato i suoi frutti.

---

[71] BCMn, ms 1019 (I.i.2), A. DA SCHIVENOGLIA, [*Cronaca di Mantova*], il testo è anepigrafo; sul personaggio cfr. E. MARANI, *Il codice 1019 della Biblioteca di Mantova ossia il manoscritto autografo del memoriale di Andrea Schivenoglia*, «Civiltà mantovana», n.s., 5, 1984, pp. 1-9, ID., *Andrea Schivenoglia testimone della coeva società mantovana*, «Civiltà mantovana», n.s., 7, 1985, pp. 7-14.; vedi anche I. LAZZARINI, *Gerarchie sociali e spazi urbani*, cit., p. 110 e sgg., pp. 149-166.

[72] Cfr. C. MOZZARELLI, *Onore, utile, prinicipe, stato*, in *La corte e il ''Cortegiano''*, cit., pp. 241-253:252.

[73] Sulla coesistenza di vari tipi di nobiltà nei vari stati regionali italiani cfr. C. DONATI, *L'idea di nobiltà in Italia. Secoli XIV-XVIII*, Bari, Laterza, 1988, pp. 4-5, 12.

[74] BCMn, ms 1019 (I.i.2), cit., c. 21*r*.

[75] C. MOZZARELLI, *Mantova e i Gonzaga dal 1382 al 1707*, Torino, Utet, 1987, pp. 54-57, mette in evidenza il fenomeno, ma non ne individua il fattore ideologico introdotto da Vittorino da Feltre.

2. *Lo sviluppo dell'economia cittadina*

Lo sviluppo della città era intimamente legato a quello delle campagne, da cui traeva la maggior parte delle proprie risorse. Come è stato osservato di recente la scarsa documentazione non ci permette di conoscere la dinamica dell'economia cittadina e in particolare quella dell'industria laniera,[76] che già nel Trecento costituiva il ramo principale dell'economia mantovana ed era regolata da ordinamenti assai precisi, tesi a difenderne le ottime caratteristiche, perché di fatto essa costituiva un'azienda di stato.[77] Negli statuti di Francesco IV viene ribadita tale politica, in particolare il divieto d'importare panni e lana da filare dai paesi vicini, mentre era concessa l'esportazione per alcuni tipi di prodotti.[78] Nella stessa direzione si muove il decreto del 27 marzo 1419 confermato quattro anni dopo (17 aprile 1423) e con il quale Gianfrancesco incitava gli uomini che lavoravano le sue terre di Pellaloco di Castiglione Mantovano ad allevare le pecore, consegnando un quarto di tutti i prodotti e un decimo di tutti gli animali nati, concedendo loro di poter vendere la lana a Mantova e anche fuori distretto.[79]

L'importanza di questa industria nella metà del Quattrocento non sfuggiva a Schivenoglia che elenca una decina di mercanti 'da lana', con capitali che vanno dagli otto ai quindicimila ducati con notevoli possedimenti nel contado.[80] Il più ricco è Benedetto Strozzi il cui capitale è stimato ben 40.000 ducati e viene annoverato però fra i cavalieri e gentiluomini perché sebbene faccia tessere e commerci grande quantità di panni, conduce «vita da cavalero».[81]

Da questi elementi la città appare indubbiamente ricca e popolosa. Putroppo in mancanza dei bilanci comunali, l'ultimo dei quali porta la data del 1393,[82] non siamo in grado di fornirne un'idea concreta. Per tutto il Quattrocento troviamo solamente conti parziali, libri dei vari dazi ecc.[83] ma nessun bilancio annuale delle entrate e delle spese, sebbene

---

76 C.M. Belfanti, *op. cit.*, p. 86 e sgg.

77 Cfr. *Statuti bonacolsiani*, cit., libro IV, rubriche 7-24.

78 BCMn, ms F.V.11 (775), cit., libro IV, rubriche 45-47.

79 ASMn, Archivio Gonzaga, b. 254.

80 A. da Schivenoglia, *op. cit.*, c. 58*r*.

81 *Ivi*, c. 55*r*.

82 M. Vaini, *Ricerche gonzaghesche*, cit., p. 64.

83 ASMn, Archivio Gonzaga, b. 3136, fascicoli vari.

sia previsto fra i compiti affidati al massaro generale.[84] Tutti distrutti dalla famosa operazione di scarto indicata da Torelli,[85] che peraltro interessa documenti a partire dal Cinquecento, o bisogna considerare che progressivamente fosse caduta ogni distinzione fra le entrate dello Stato e quelle private del signore? Noi propendiamo per tale ipotesi, ma in mancanza di dati certi, ci limitiamo a segnalare che i due bilanci preventivi del ducato pubblicati da De Maddalena risalgono rispettivamente al 1554 e al 1577,[86] cioè sono posteriori di un secolo e mezzo.

Comunque sia, in quegli anni la città appare un grande cantiere: nel dicembre del 1458 viene condotto in pochi giorni un argine fra le porte di Cerese e del Te con l'impiego di 3.500 uomini;[87] nel luglio del 1462 nel tratto compreso fra la chiesa di Santo Stefano e Ponte Arlotto (oggi via Pomponazzo) viene creata una chiavica col relativo argine,[88] nell'ottobre lo stesso viene fatto fra le chiese di San Barnaba e San Silvestro (oggi via Chiassi),[89] nel febbraio del 1472 inizieranno i lavori per erigere la cattedrale di Sant'Andrea.[90] Non appare perciò esagerato il dire del cronista.

> Ora fa to conte l'era in Mantoa in questo tenpo hognome vollia fabrichare per le bon merchato chi e era de predy chancina lignamo. Molty povry homini andono atore afity et a comprare de molty guasti per Mantoa per fabrichare zoè de San Nicolò da San Spirito e da Gredero ede dreo da Santa Chatelina e dai stally dal ponte de Arloto.[91]

3. *Religiosità e ragion di Stato*

Come abbiamo già ricordato nel 1399 Francesco IV aveva fatto edificare la chiesa di Santa Maria delle Grazie per la fine della peste,[92] ma già

---

84 BCMn, ms F.V.11 (775), cit., libro VI, rubrica 15.

85 P. Torelli, *L'archivio Gonzaga di Mantova*, I, Ostiglia, Mondadori, 1920, pp. lxxxi-lxxxv (ed. anast., Bologna, Forni, 1988).

86 A. De Maddalena, *Le finanze del ducato di Mantova all'epoca di Guglielmo Gonzaga*, Milano, Cisalpino, 1961.

87 A. da Schivenoglia, *op. cit.*, c. 27*r*.

88 *Ivi*, c. 41*v*.

89 *Ivi*, c. 42*r*.

90 *Ivi*, c. 69*r*.

91 *Ivi*, c. 72*r* (1472); guasti significa stabili diroccati.

92 Cfr. *supra*, nota 2.

nel 1397 era stata ricostruita San Barnaba e nel 1401 sarà rifatta la facciata del duomo e anche nel monastero di Sant'Andrea verranno attuati alcuni interventi.[93] Attenzione dunque dei Gonzaga per la religione, ma il fatto in sé non rappresenta una novità: nel Trecento erano sorti numerosi conventi dei Mendicanti nella città, che diventava l'ambiente più propizio per il diffondersi della nuova spiritualità. Nessun dubbio che ciò corrispondesse a un sincero sentimento: Paola Malatesta, moglie di Gianfrancesco V capitano e I marchese, si distinse in tal senso e nel 1421 fondò il monastero delle clarisse del *Corpus Christi* o di Santa Paola.[94] In quegli stessi anni i signori cominciarono a prestare attenzione alla salma di sant'Anselmo: nel 1444 il marchese Ludovico commissionò a Donatello la costruzione di un'arca, rimasta incompleta e poi andata perduta; nel 1482 anche Mantegna venne interessato a un progetto simile.[95]

Sulla fine del secolo Francesco II e Isabella d'Este tennero in grande considerazione i consigli di Osanna Andreasi, discendente dall'antica casata dei conti di Rivalta, che nel 1190 avevano contribuito alla costruzione del ponte dei Mulini.[96] Mutato poi il casato in quello di Andreasi e portatisi nei pressi di Carbonara Po, dove avevano vasti possedimenti,[97] nel 1468 rappresentavano il più cospicuo consorzio nobiliare mantovano, composto da 34 famiglie con 185 maschi.[98] Osanna era dotata del dono della profezia e delle stimmate, per cui la protezione del sacro si riverberava sulla casata, alla quale, secondo la consuetudine cortigiana, chiedeva e otteneva benefici di varia natura per i suoi congiunti.[99] A dieci anni dalla sua morte (1505) Leone X la riconobbe come beata e il culto venne confermato il 26 novembre 1694 da Innocenzo XII.[100]

---

[93] M. Romani, *op. cit.*, pp. 40-41.

[94] M. Vaini, *La distribuzione della proprietà terriera*, cit., p. 116 e sgg.

[95] Id., *Sant'Anselmo nella vita religiosa e culturale di Mantova nel basso medioevo*, in *Sant'Anselmo, Mantova e la lotta per le investiture*, Atti del convegno internazionale di studi, Mantova, 23-25 maggio 1986, a cura di P. Golinelli, Bologna, Pàtron, 1987, pp. 77-78.

[96] Id., *Dal Comune alla Signoria. Mantova dal 1200 al 1328*, Milano, Franco Angeli, 1986, *passim*.

[97] Id., *La distribuzione della proprietà terriera*, cit., pp. 160-161.

[98] A. da Schivenoglia, *op. cit.*, c. 15*v*.

[99] Cfr. M. Bourne, *Osanna Andreasi tra casa, chiesa e corte. Rapporti con i Principi Gonzaga*, in *Osanna Andreasi da Mantova 1449-1505. Tertii Praedicatorum Ordinis diva*, a cura di G. Zarri, R. Golinelli Berto, Mantova, Tip. Commerciale, 2006, pp. 31-37.

[100] G. Zarri, *Pietà e profezia nelle corti padane: le pie consigliere dei principi*, in *Il Rinascimento delle corti padane. Società cultura*, Bari, De Donato, 1977, pp. 201-237; della stessa *Le sante*

Nel Quattrocento, come avevano fatto nel Trecento e prima di loro i Bonacolsi, i Gonzaga continuarono a spogliare la chiesa locale di gran parte dei suoi beni e in questa logica rientra la creazione della prepositura secolare di San Benedetto avvenuta nel 1441 a opera di Guido Gonzaga. Questi già commendatario del monastero omonimo, rientrava in possesso di una parte dei beni donati nel 1420 e situati nella Sinistra Secchia (San Siro, Mirasole, Brede, Portiolo, nel Gonzaghese e Pegognaghese) e nella Destra (il Quistellese) più altre nella Media pianura; a essi si deve aggiungere l'abbazia di Santa Maria di Felonica alla cui commenda non aveva rinunciato.[101] I titolari della prepositura saranno sempre i cardinali-vescovi, i quali se ne serviranno a proprio vantaggio per favorire i dominanti[102] o i loro 'fedeli'.

Fra il 1468 e il 1485 Giovanni Facchini, mercante più tardi nobilitato, per un prestito di mille ducati,[103] viene investito a vario titolo da Carlo di Rodiano, fattore del cardinale Francesco Gonzaga, di 94 pezze di terra poste a Felonica, ma nel 1485 ne vengono aggiunte per acquisto altre 111.[104] Tale investitura certamente venne rinnovata nei secoli successivi, perché nel Catasto teresiano la casata risulta intestata di 7.218 p.m. (pertiche milanesi; 1 pertica = mq 654,5179).[105] Nel 1475 lo stesso cardinale vende al padre Ludovico II il diretto dominio della corte di Quistello (circa 15.000 b.m.), nel 1483 Carlo di Rodiano, già citato, alla sua morte lascia ai benedettini la corte di Bondanazzo, e nel 1500 Lucrezia Pico della Mirandola quella di Segnate. Un'altra distrazione era avvenuta nel 1490, quando le terre di Sustinente erano state erette in beneficio parrocchiale a favore del vescovo di Urbino Giovanni Pietro Arrivabene.[106]

---

vive. Profezie di corte e devozione femminile tra '400 e '500, Torino, Rosenberg et Sellier, 1990, p. 51 e sgg.

101 Su tutta la complessa vicenda cfr. M. Vaini, *L'economia del monastero e della Prepositura di S. Benedetto nel Quattrocento*, in *Polirone nella Congregazione di Santa Giustina di Padova (1420-1506)*, a cura di F.G.B. Trolese e P. Golinelli, Bologna, Pàtron, 2007 («Storia di San Benedetto Polirone», V. 1), pp. 67-69.

102 Per i territori fra Gonzaga e Pegognaga divisi nel 1445 o 1448 fra Guido e Carlo Gonzaga, uno dei fratelli di Ludovico II, cfr. R. Bertoni, *Moglia e dintorni fra Basso Medioevo ed età moderna*, Modena, Il Fiorino, 1997, pp. 54-57.

103 I. Lazzarini, *Fra un principe e altri stati*, cit., p. 306.

104 Questi dati sono ricavati da copia notarile autentica redatta nel 1486 dal notaio Silvestro de Lucha conservata in BCMn, ms 1380, c. n.n. 12.

105 M. Vaini, *La distribuzione della proprietà terriera*, cit., p. 110.

106 Id., *L'economia del monastero*, cit., p. 88.

La politica dei dominanti con la chiesa di Roma si configurò sempre più come rapporto fra due sovrani: il sovrano pontefice[107] e il signore di Mantova. I fantasmi delle guerre fra guelfi e ghibellini, fra papato e impero si erano dissolti; sono sorti tanti piccoli stati, che vogliono essere rappresentati nel governo della Chiesa, che conta assai di più dell'Impero, anche se non si deve dimenticare che i Gonzaga sono sempre suoi vassalli.

La Dieta di Mantova convocata da Pio II per bandire una crociata contro i turchi (Costantinopoli era caduta nel 1453) e protrattasi dal 27 maggio 1459 al 19 gennaio dell'anno successivo, se non raggiunse lo scopo prefisso, sotto molti aspetti rappresentò per i Gonzaga una grande occasione. Ai cittadini, gentiluomini, mercanti, artigiani ed ebrei fu imposto un contributo straordinario di 8.000 ducati per rafforzare la chiusa di Governolo, la città fu abbellita e divenne il punto d'incontro di continue ambascerie, che Schivenoglia descrive diligentemente.[108]

Ma, affare ben più importante, per Ludovico iniziavano le trattative per avere il cardinalato del figlio Francesco,[109] che avrebbe rappresentato un grandissimo successo sotto due aspetti: 1) avere il pieno controllo della diocesi mediante i cardinali-vescovi della loro casata come in effetti avvenne e cavarne tutti i vantaggi possibili in termini politici ed economici (benefici, prebende, pensioni ecc.).[110] Ciò avrebbe permesso la creazione di una corte ecclesiastica accanto a quella laica, ma anche di due dinastie parallele con tutto quanto comportava il sistema di *patronage*; 2) intrattenere rapporti diretti con la curia romana, perché non bisogna dimenticare come la stessa fosse uno dei centri della politica europea e che, sotto centri aspetti, contava più dell'Impero.[111]

---

107 Sull'affermarsi di un regime signorile anche nello Stato della Chiesa con tutte le conseguenze sul piano istituzionale ed ecclesiale cfr. P. Prodi, *Il sovrano pontefice. Un corpo e due anime: la monarchia papale nella prima età moderna*, Bologna, Il Mulino, 1982.

108 A. Schivenoglia, *op. cit.*, cc. 28*r*-35*v*.

109 Su Francesco Gonzaga cfr. la voce di I. Lazzarini, *Gonzaga, Francesco*, in *Dizionario Biografico degli Italiani*, 57, Roma, 2001, pp. 756-760.

110 A partire dalla seconda metà del Quattrocento e per un secolo la sequenza dei cardinali-vescovi è la seguente: Francesco Gonzaga (1466-1483), vescovo Ludovico Gonzaga (1483-1511), Sigismondo Gonzaga (1511-1521), Ercole Gonzaga (1521-1563), Federico Gonzaga (1563-1565), Francesco Gonzaga (1565-1566). Cfr. *La diocesi di Mantova*, Mantova, Tip. Alce, 1965, p. 12.

111 F. Rurale, *Chiesa e corte*, in *La corte di Mantova nell'età di Andrea Mantegna*, cit., pp. 105-124, cfr. p. 110 e sgg.

4. *Da Vittorino ad Alberti e a Mantegna*

Ludovico aveva indubbiamente agito da potente motore di sviluppo dell'economia e della società mantovana, ma esiti altrettanto felici non furono raggiunti nel campo della cultura. Nonostante il signore si fosse prodigato a raccogliere e a diffondere testi classici, a farli copiare e a prestarli con grande liberalità, fatta eccezione per l'Orfeo di Poliziano, i letterati che si erano riuniti attorno alla corte non andarono al di là di «compiti di illustrazione e di fiancheggiamento, comunque insufficienti per realizzare forme autonome di attività».[112] Lo stesso si può affermare anche per quanto riguarda l'architettura e la pittura, per cui Ludovico per realizzare i suoi progetti dovette rivolgersi ad artisti formatisi in ambiti diversi: Luca Fancelli prima e poi Alberti toscani e Mantegna veneto. Condizione che rappresenterà una costante della politica culturale dei Gonzaga, il cui successo sarà legato ai loro gusti, determinando la creazione di un ambiente vario ed eclettico.[113]

A Fancelli si deve il palazzo di Revere e poi l'attuazione dei progetti di Alberti per il tempio di San Sebastiano e la basilica di Sant'Andrea. Se questi nella loro grandiosità corrispondono al sentire di Ludovico, io ritengo che solo la 'sala picta' riveli l'intima ispirazione di questo signore, che pensava in grande, ma che tale volle apparire ai contemporanei e, probabilmente, ai posteri.

Un primo tentativo di idealizzazione e di glorificazione della signoria era stato tentato con l'affresco di Pisanello ispirato agli ideali della letteratura cavalleresca e attribuito da Paccagnini[114] all'epoca di Ludovico, ma da successivi studi retrodatato a quella di Gianfrancesco.[115] Mantegna e non Pisanello doveva essere l'interprete del suo sogno imperiale, Mantegna anche lui impregnato della stessa cultura greco-lati-

---

[112] E. Faccioli, *op. cit.*, p. 53.

[113] Faccio mio il giudizio di M. Salmi, *La "domus nova" dei Gonzaga*, in *Arte pensiero e cultura a Mantova nel primo Rinascimento in rapporto con la Toscana e il Veneto*, Atti del VI Convegno internazionale di Studi sul Rinascimento, Firenze-Venezia-Mantova, 27 settembre-1° ottobre 1981, Firenze, Sansoni, 1985, p. 17.

[114] G. Paccagnini, *Pisanello e il ciclo cavalleresco di Mantova*, Milano, Electa, 1972, p. 49 e sgg.

[115] A. Zanoli, *Sugli affreschi del Pisanello nel Palazzo ducale di Mantova*, «Paragone arte», 277, marzo 1973, pp. 23-44; I. Toesca, *Altre osservazioni in margine alle pitture del Pisanello nel Palazzo ducale di Mantova*, «Civiltà mantovana», XI, 1977, pp. 349-376.

na.[116] Quale che sia stato l'ideatore del ciclo, il padovano nella 'sala picta'[117] interpretò con eccezionale maestria i due aspetti più densi di significato politico.[118] Nel primo affresco Ludovico appare nella veste del buon *pater familias*, colto nell'intimità circondato dai famigliari e dai più stretti collaboratori; la scena è resa con grande realismo, ma simboleggia il buon governo personificato nel principe. Nel proemio degli statuti gonzagheschi[119] Francesco IV capitano viene paragonato al pastore che regge il suo gregge, mentre il potere personale è giustificato dalla necessità di comporre le differenze di opinioni fra sudditi, fonte spesso di gravi dissensi. Ora invece la signoria viene proclamata ed esaltata.

Nel secondo affresco è rappresentato l'incontro di Ludovico condottiero (ha la spada a fianco), con il figlio Francesco appena eletto cardinale, che dà la mano al fratello Ludovico futuro vescovo e questi al nipote Sigismondo che invece sarà anch'egli eletto alla carica di cardinale. Il significato è chiarissimo: si esaltano i rapporti col papato, ma anche la continuità della dignità religiosa nella famiglia. Accanto sono raffigurati Cristiano I re di Danimarca e l'imperatore Federico III; in questo caso l'accenno ai potenti alleati non ha bisogno di spiegazioni.

Ciò che abbiamo detto a proposito dei rapporti fra sentimento religioso e ragion politica vale anche in questo caso. Nessuno vuole negare un sincero interesse per l'arte intesa nell'accezione più ampia del termine, ma nello stesso tempo dobbiamo sottolineare come i Gonzaga, come tanti altri principi del Rinascimento, ne abbiano saputo valutare e sfruttare l'enorme potenziale di comunicazione, se non vogliamo usare il termine moderno di propaganda o peggio di pubblicità, e di conseguenza il suo enorme potenziale politico. Cosa sarebbero stati i Gonzaga, signori di un piccolo feudo imperiale, se non avessero dato vita a una delle più fastose corti e a una delle più importanti gallerie del tempo?

---

[116] R. SIGNORINI, *Opus hoc tenue. La camera dipinta di Andrea Mantegna. Lettura storica iconografica iconologica*, Parma, Artegrafica Silva, 1985, cap. II.

[117] Per la storia fondamentale l'opera di R. SIGNORINI, *op. cit.*, *passim.*

[118] Mi rifaccio agli scritti di C. CIERI VIA, *Il luogo della corte: la "Camera picta" di Andrea Mantegna nel Palazzo Ducale di Mantova* e di D. ARASSE, *Il programma politico della Camera degli sposi, ovvero il segreto dell'immortalità*, «Quaderni di Palazzo Te», gennaio-giugno 1987, rispettivamente a pp. 23-44 e 45-64.

[119] Cfr. *supra* nota 13.

David S. Chambers

IL MARCHESE FEDERICO I GONZAGA (1441-1484) E *IL TRIONFO DI GIULIO CESARE* DI ANDREA MANTEGNA

In questa relazione vorrei sostenere l'ipotesi, proposta di sfuggita da Caroline Elam venticinque anni fa,[1] che il marchese Federico I Gonzaga – anziché suo padre Ludovico (come suggeriva il compianto Andrew Martindale),[2] o suo figlio Francesco (come sostiene la maggioranza degli storici dell'arte)[3] – fu il committente o l'ispiratore de *Il Trionfo di Cesare* di Mantegna, la famosa opera, facente parte della Royal Collection e conservata nell'*Orangery* a Hampton Court. O se non lui, forse qualcuno della sua cerchia.

Federico, nato nel 1441, primogenito di Ludovico, è stato relativamente poco studiato,[4] e la sua personalità rimane per noi piuttosto enig-

---

[1] C. Elam, *Mantegna at Mantua*, in *Splendours of the Gonzaga*, Catalogo della mostra, Londra, 4 novembre 1981-31 gennaio 1982, a cura di D. Chambers, J. Martineau, Cinisello Balsamo (Milano), Amilcare Pizzi, 1981, pp. 21-22. Tuttavia, la stessa Elam mi informa che Federico fu già proposto dalla compianta Wendy Stedman-Sheard.

[2] A. Martindale, *The Triumphs of Caesar by Andrea Mantegna in the Collection of H.M. The Queen at Hampton Court*, Londra, H. Miller, 1979, pp. 34, 45-46.

[3] Per esempio R. Lightbown, *Mantegna. With a complete Catalogue of the Paintings, Drawings and Prints*, Oxford, Phaidon-Christie's, 1986, p. 142: «Most probably Mantegna's *Triumphs of Caesar* were commissioned by Francesco in 1485 or thereabouts». Tuttavia Charles Hope, pur optando per Francesco, ammetteva che «Federico certainly cannot be ruled out» nel suo saggio *The Chronology of Mantegna's "Triumphs"*, in *Renaissance Studies in Honor of Craig Hugh Smyth*, II, Firenze, Giunti Barbera, 1985, p. 304; più recentemente Hope ha suggerito che siccome Francesco non aveva coltivato interessi verso le questioni umanistiche, per la commissione del progetto originale Ludovico «o ancora Federico Gonzaga» fossero «da questo punto di vista i candidati migliori [...]. Inoltre, non vi è dubbio che la maggior parte del lavoro ai *Trionfi* fu realizzata sotto Francesco». C. Hope, *I Trionfi di Cesare di Andrea Mantegna*, in *A casa di Andrea Mantegna. Cultura artistica a Mantova nel Quattrocento*, Catalogo della mostra, Mantova, 26 febbraio-4 giugno 2006, a cura di R. Signorini con la collaborazione di D. Sogliani, Cinisello Balsamo (Milano), Silvana, 2006, p. 296.

[4] Biografia e bibliografia essenziale in G. Varanini, *Federico I Gonzaga*, *ad vocem*, in *Di-*

matica. La sua impresa con la strana leggenda EPO non spiega niente di lui.[5] Era gibboso[6] e spesso ammalato, e sembra che a lui mancasse anche l'eccezionale forza intellettuale dei suoi genitori. Ciò nonostante, Federico aveva ricevuto un'educazione da ottimi umanisti, soprattutto fra 1453 e 1456 il Platina, e la sua preparazione rifletteva la loro cultura. Una volta divenuto marchese di Mantova nel 1478, voleva emulare suo padre in ogni campo, soprattutto come committente di opere architettoniche. Iniziò a Mantova il palazzo chiamato *Domus Nova* e continuò le chiese di Sant'Andrea e San Sebastiano e altri progetti. Ma Federico cercava di emulare Ludovico anche come comandate militare.

Il giovane Federico era stato protagonista di meno delegazioni governative di sua madre, di meno grandezze di suo fratello cardinale, e di meno esperienze militari degli altri fratelli, Gianfrancesco e Rodolfo, o del cognato Francesco Sicco (marito di una figlia bastarda di Ludovico). Tuttavia dal 1466 circa, quando aveva venticinque anni, ed era già *pater familias*, cominciò ad avere più responsabilità. Aveva una partecipazione teorica, ma stipendiata, nella condotta militare tenuta dal Ducato di Milano; questo fatto non prova una competenza militare, ma per lo meno si trovano lettere a Ludovico che descrivono le prove di nuove bombarde eseguite a Mantova.[7] Forse anche la dedica del suo ex tutore Platina nel trattato sull'*Ottimo principe*[8] (1470) che celebrava le virtù militari (e Platina stesso era stato soldato nella sua gioventù), citando molti esempi dell'antichità, avrebbe incoraggiato Federico in questa direzione, ma fino al

---

zionario Biografico degli Italiani, 45, Roma, Istituto della Enciclopedia Italiana, 1995, pp. 701-710.

5 Per le diverse spiegazioni proposte si veda il riassunto di P. GIOVETTI, *Medaglie per la corte mantovana nel Quattrocento*, in *A Casa di Andrea Mantegna*, cit., p. 108.

6 Il cronista mantovano Andrea Schivenoglia scrive che nel 1462, l'anno del matrimonio con Margherita von Wittelsbach, «messer Fedrigo si è de anny 21 vel cercha, e si è gobo, cortese e piaxevollo», Mantova, Biblioteca Comunale, ms 1019, c. 39*r*.

7 Federico a Ludovico Gonzaga, Mantova, 24 febbraio, 29 aprile 1467, Archivio di Stato di Mantova (da ora ASMn), Archivio Gonzaga, b. 2099, cc. 569, 571.

8 B. PLATINA, *De principe*, a cura di G. Ferraù, Palermo, Il Vespro, 1979; nota *De imperatore exercitus*, pp. 160-162. Si veda anche A. LUZIO, R. RENIER, *Il Platina e i Gonzaga*, «Giornale Storico della Letteratura Italiana», XIII, 1889, pp. 430-440. Per la notizia (dal suo trattato *De principe*) che Platina aveva esperienza come soldato si veda S. BAUER, *The Censorship and Fortuna of Platina's Lives of the Popes in the Sixteenth Century*, Turnhout, Brepols, 2006, pp. 3-4, 70. Evidentemente l'umanista rimaneva caro a Federico; appena sentito della morte del Platina, Federico scriveva con dolore al fratello cardinale, il 5 ottobre 1481 (ASMn, Archivio Gonzaga, b. 2897, libro 103, c. 18*r*).

1478 aveva poca o forse nessuna esperienza di guerra. Un altro umanista, Giovan Mario Filelfo, tutore dei fanciulli di Federico, avvisava il marchese poco dopo la sua ascesa al potere, «io harei in prompto una traductione de Lino, poeta antiquissimo, de origine et progressu militari, con un'altra ho già traducta de officiis militaribus in versi heroici». Non risulta niente a proposito dell'autore «Linus», un nome citato più sovente come personaggio mitologico, ma sembra che anche Giovan Mario sperasse di ispirare in Federico il gusto per la storia antica e l'arte della guerra.[9]

La prima opportunità per diventare un principe guerriero sembra arrivare nel dicembre 1478. La condotta milanese era già stata rinnovata,[10] e adesso la reggente di Milano, Bona di Savoia, chiedeva aiuto per respingere un'invasione svizzera nella val Ticino.[11] L'ambasciatore mantovano a Milano Zaccaria Saggi scriveva «rendomi certo che venendo là ne haverà honore grandissimo», e Federico, nonostante i dubbi della marchesa Barbara di Brandeburgo, sua madre, si convinse di dover andare, «non sapendo nui cum qual honestate possiamo negarli».[12] Ma mentre Federico era già sulla strada con le sue truppe, arrivò un messaggio: gli svizzeri si erano ritirati dal loro assedio di Bellinzona. Federico scrisse alla madre e al fratello cardinale, di essere molto deluso, perché «sperava de reportarne et honore et gloria».[13]

La successiva occasione bellica veniva con la guerra che seguiva la fallita congiura dei Pazzi a Firenze, quando il papa e il re Ferrante di Napoli si schierarono contro lo stato mediceo. Gli alleati di Lorenzo de' Medici

---

[9] Giovan Mario Filelfo a Federico, Borgoforte, 24 novembre 1478 (ASMn, Archivio Gonzaga, b. 2420, c. 101). A proposito di Giovan Mario si veda A. Luzio, R. Renier, *I Filelfo e l'umanismo alla corte dei Gonzaga*, «Giornale Storico della Letteratura Italiana», XVI, 1890, pp. 193-209:200, e F. Pignatti, *ad vocem*, in *Dizionario Biografico degli Italiani*, 47, Roma, Istituto della Enciclopedia Italiana, 1997, pp. 626-631. Per i nomi di altri tutori della famiglia di Federico scelti fra «litterati», si veda A. Martindale, *op. cit.*, p. 29.

[10] Per i rapporti durante questo periodo fra la Milano sforzesca e i Gonzaga, si veda *Carteggio degli oratori mantovani alla corte sforzesca 1450-1500*, XI. *1478-1479*, a cura di M. Simonetta, Roma, Ministero per i beni e le attività culturali, Direzione generale per gli archivi, 2001.

[11] Si veda in generale il ben documentato saggio di L. Moroni Stampa, *Il marchese Federico Gonzaga e l'assedio di Bellinzona del 1478*, «Bolletino Storico della Svizzera Italiana», LXXXVIII, 1976, pp. 147-185:162-164; LXXXIX, 1977, pp. 16-39, 68-89, 151-175.

[12] Saggi a Federico, 5 dicembre 1478 (*Carteggio*, cit., p. 181); Federico ai fratelli cardinale Francesco e Gianfrancesco, 9 dicembre 1478 (L. Moroni Stampa, *op. cit.* (1976), pp. 184-185).

[13] Federico a Barbara di Brandeburgo e al cardinale Francesco, 24 dicembre 1478: L. Moroni Stampa, *op. cit.* (1976), p. 163 e (1977), p. 90. Scrivendo il 19 dicembre, Federico aveva espresso la sua delusione anche a Francesco Sicco: *ivi* (1977), p. 76.

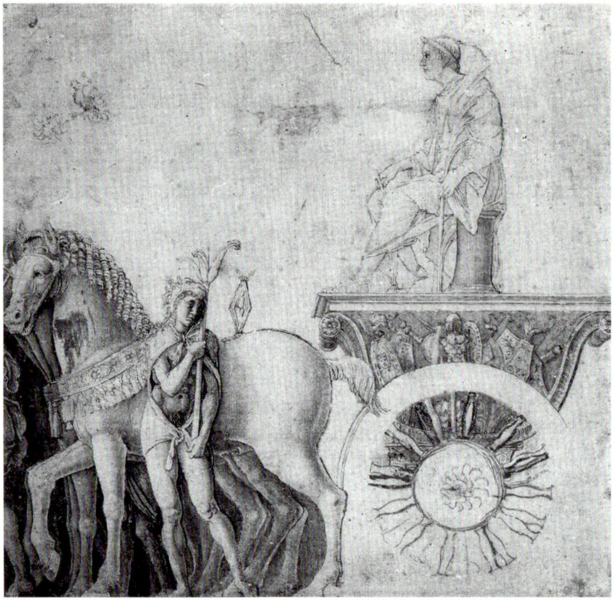

Fig. 1 - Londra, British Museum, Department of Prints and Drawings, cat. 169, ANDREA MANTEGNA (?), Disegno preparatorio per il trionfo di Giulio Cesare.

comprendevano Milano, Ferrara e Mantova. Questa volta, nel marzo 1479, Federico partí veramente per fare la guerra, con forti incoraggiamenti dalla corte e soprattutto dalla moglie Margherita che gli augurava «un felice e victorioso viaggio» e anticipava il suo ritorno «cum triumpho e victoria».[14] Con Federico andarono 400 soldati a cavallo e 500 a piedi, anche diversi cortigiani di fiducia, soprattutto Eusebio Malatesta e Marsilio Andreasi. Questi scrissero lettere molto interessanti sul viaggio attraverso gli Appenini, evitando Bologna: «per una malha e pessima via è sta di bisognio che lo Illustrissimo Signor nostro sia andato un bon pezio a pè» scrivevano il 6 di maggio, e poi, dopo tre giorni di nuovi travagli «sua Signoria sta sano e gaiardo e non teme la fatica per niente»;[15] il mar-

[14] Margherita a Federico, Mantova, 2, 8 maggio 1479, ASMn, Archivio Gonzaga, b. 2104, cc. 185-186, cfr. regesto in A. BELLÙ, *Margarete von Wittelsbach*, «Zeitschrift für bayerische Landesgeschichte», 44, 1, 1981, pp. 157-200.

[15] Eusebio Malatesta a Margherita, Monzone, 6 maggio; Redelona, 9 maggio 1479, ASMn, Archivio Gonzaga, b. 1101, cc. 512, 515; ci sono molte altre lettere sul viaggio nella stessa busta.

chese continuava «gaiardo» durante i duri giorni che seguivano in campo vicino Pistoia e poi nel Pisano. Margherita venne a sapere come suo marito sopportava ogni difficoltà, e scrisse con orgoglio

> porta la fatica tanto bene quanto se possa, vigilando la nocte e più parte delle volte cum le arme o dormendo vestito [...] ⟨habia⟩ lo inzegno apto al mestere del soldo [...] et conversa voluntieri cum soldati et ha bonissima intelligentia cum quelli Signori capitani conducteri et precipue cum lo Illustre duca de Ferrara (Ercole d'Este).[16]

Federico si cimentò in una vera e propria azione di guerra il 19 giugno, quando le sue truppe participarono all'assedio di Casole, un castello senese. Scrive alla moglie

> Nui gratia di Dio sentiamo molto bene [...] heri et hozi cominciassemo a stringere questo castello [...] hozi se cominciarà a trare una de le bombarde grosse e tuta via se piantano le altre;[17]

due giorni dopo, Marsilio Andreasi scriveva del continuo bombardamento

> cum tre bombarde tra le quale glien'é una che porta xii pesi di pietra, cum molte serpentine e spingarde che fecero un gran fracassare;

mentre Eusebio Malatesta testimoniava che

> lo Illustre Signor nostro solizitava molto le bombarde, el quale exerzizio non è senza gran pericolo [...] mostra di non aver paura a li spingardi. Hano volato alcune volte a presso a Sua Signoria.[18]

Dopo poco Casole si arrendeva, ma la caduta della fortezza fu seguita da un saccheggio poco onorevole. I mantovani, presi da una sorta di furiosa bramosia, attaccarono i loro alleati ferraresi e perfino assalirono la tenda del duca Ercole: almeno fu così secondo le fonti ferraresi, ma Federico raccontava l'episodio un po' diversamente a sua moglie.[19]

---

[16] Margherita a Lodovico Agnelli, Mantova, 17 giugno 1479, ASMn, Archivio Gonzaga, b. 2104, c. 216; testo pubblicato in L. MAZZOLDI, *Mantova. La Storia*, II, Mantova, Istituto Carlo d'Arco per la Storia di Mantova, 1961, pp. 38-39, nota 128; cfr. regesti in A. BELLÙ, *op. cit.*, p. 183.

[17] Federico a Margherita, «ex castris in Casulas», 17, 19 giugno 1479, ASMn, Archivio Gonzaga, b. 2104, cc. 65-66.

[18] Andreasi e Malatesta a Margherita, Poggio Imperiale, 21 giugno 1479, ASMn, Archivio Gonzaga, b. 1101, cc. 577, 531.

[19] B. ZAMBOTTI, *Diario ferrarese*, a cura di G. Pardi, in *Rerum Italicarum Scriptores*, n.s.,

Le notizie da Casole furono ricevute con grande gioia a Mantova. Giovan Mario Filelfo si congratula con il marchese: «io ho inteso de le vostre victorie [*sic*] et anche de le novità seguente»,[20] informandolo intanto che aveva scritto un elogio di suo padre, per l'anniversario della morte, e poi che stava componendo un'opera eroica o epica sulla vita e le gesta militari di Federico stesso, intitolata *L'Idra*, il nome di un'impresa gonzaghesca. Federico rispondeva che avrebbe voluto leggere l'orazione, ma per quanto riguardava «quella opera heroica intitulata la Idra, vi advisamo che nui non portiamo questa insigna [...] l'è vero che [...] nostro padre la portoe altra volta, ma da un bon pezo in qua la lassoe, e cussì nui in tuto la lessassimo».[21] Infatti, Giovan Mario cambiò subito il titolo del suo testo in *Federicheide*, e il marchese, in campo vicino ad Arezzo in agosto, scrive all'autore: «Ne piace grandemente la transmutatione del titulo de quello vostro libro».[22] Giovan Mario si vantava di fare buoni progressi. «Dove hora o Alessandro <Magno>, o Ciro o <Giulio> Cesare o molti altri ex<cellentissimi> re et imperatori sarebbono, se da gli huomini eruditi chonservati non fussono?» scriveva retoricamente a Federico ai primi di settembre.

Ho già de la heroica *Fredricida* [*sic*] facto un pezo, et facendo varii progressi et intervalli lavoro mo' nel primo et sechondo, mo nel septimo libro in la vostra nativa, ove con grandissimo artificio dimonstro quante celestial potentie se acchordassino in la vostra prochreatione.[23]

Forse questo brano suggerisce che Filelfo, prima della sua morte nel giugno 1480, non fosse avanzato molto oltre l'oroscopo del marchese;

XIV, 7, Bologna, Zanichelli, 1934-1937, p. 67; Federico a Margherita, Casole, 21 giugno 1479: «Nui obviassemo lo intrare a li nostri più che ne fosse possibile, non dimanco non se positte far tanto che non intrassero dentro e la metessero a saccomano», ASMn, Archivio Gonzaga, b. 2104, c. 68.

20 Giovan Mario Filelfo a Federico, Mantova, 28 giugno 1479, ASMn, Archivio Gonzaga, b. 2422: un lungo estratto è stampato in A. Luzio, R. Renier, *I Filelfo*, cit., pp. 203-204, ma manca il brano qui citato.

21 Federico a Giovan Mario Filelfo, «ex castris in Monte Imperiali», 2 luglio 1479, ASMn, Archivio Gonzaga, b. 2896, libro 94, c. 5*v*; A. Luzio, R. Renier, *I Filelfo*, cit., pp. 202-203.

22 Federico a Giovan Mario Filelfo, Arezzo, 20 agosto 1479, ASMn, Archivio Gonzaga, b. 2896, libro 94, c. 38*v*; A. Luzio, R. Renier, *I Filelfo*, cit., p. 205, nota.

23 Giovan Mario Filelfo a Federico, Mantova, 4 settembre 1479, ASMn, Archivio Gonzaga, b. 2422, c. 822; A. Luzio, R. Renier, *I Filelfo*, cit., p. 205.

in ogni caso, il testo non è reperibile. Ma l'iniziativa, ovviamente lusinghiera, di Giovan Mario Filelfo nel 1479 riflette bene l'aspirazione del nuovo marchese alla gloria militare, anche l'orgoglio della consorte tedesca e della corte per il suo corraggioso comportamento. La mia ipotesi è che questo desiderio di fama guerresca potrebbe anche aver trovato espressione nella concezione del *Trionfo di Cesare.*

Il momento di gloria fu breve. Dopo la presa di Casole, si aspettava un nuova iniziativa nemica, ma – forse per la presenza di peste nella zona – questo non succedeva. Federico e il suo collega Ercole d'Este si separarono; Federico, secondo gli ordini dei fiorentini, doveva spostarsi con le sue truppe, scendendo la val d'Arno per proseguire verso Perugia.[24] Accampatosi vicino a Cortona, dopo poco si ammalò e perciò vide poca azione. Margherita, nella lettera del 7 settembre, si dice molto felice per le notizie del suo miglioramento,

> sentendo che Vostra Signoria sia andato in campo tuta galiarda e cum quelle armature tanto convenientemente recevuta da tuto il campo cossì amorevolmente cum tanta jubilatione.[25]

Tuttavia Federico non partecipò con i suoi fratelli alla battaglia di Poggio Imperiale l'8 settembre, un'assenza forse vantaggiosa per la sua reputazione, perché le forze papali e napoletane, sotto il comando di Alfonso duca di Calabria, furono vittoriose, e Rodolfo Gonzaga fu fatto prigioniero.[26] Verso la fine di settembre gli alleati prepararono una nuova offensiva, e Federico era pronto per l'azione; scriveva perfino alla moglie per chiederle di trovare il disegno di una specie di schioppo (spingarda)

---

[24] Eusebio Malatesta a Margherita, «suso un zocho in uno bosco apresso San Casano», 7 luglio 1479, racconta il dislocamento; Federico doveva andare verso Perugia «come persona principale a quella impresa, che seranno ben 54 squadre», ASMn, Archivio Gonzaga, b. 1101, c. 536*v*.

[25] Margherita a Federico, Mantova, 7 settembre 1479, ASMn, Archivio Gonzaga, b. 2104, c. 260; A. Bellù, *op. cit.*, p. 197, nn. 130-132. La marchesa nientedimeno temeva «se Vostra Signoria al campo ha imparato a biastemare e zurare come è comune usanza de' soldati».

[26] Federico scriveva a Lorenzo de' Medici «ex ripa Tiberis apud pontem Patulam», 9 settembre 1479: «havendo hozi permesso a bocha intieso il caso accaduto a Monte Imperiale, ne havemo ricevuto quello dispiacere et affanno che sia possibile, benché fin hora non possiamo intendere come la cosa sia passata», ASMn, Archivio Gonzaga, b. 2896, libro 94, c. 48*r*. Gianfrancesco Gonzaga scriveva a Federico «ex monte Cassoli», 12 settembre 1479, dichiarandosi dopo la giornata disastrosa «legieri como uno bello scrimatore che non ho pure una camisa da mutarme», ASMn, Archivio Gonzaga, b. 1800, c. 8.

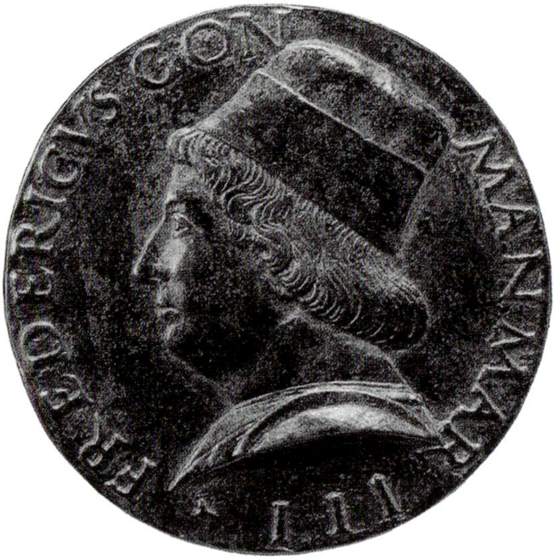

Fig. 2 - BARTOLOMEO TALPA, medaglia del marchese Federico Gonzaga.

fatto per suo padre.[27] Ma Margherita stava male; in ottobre Federico dovette lasciare precipitosamente la guerra toscana, perché la sua condizione peggiorava;[28] morì prima che il marito avesse potuto raggiungerla.

Federico fu coinvolto di nuovo in azioni militari negli anni 1482-1484, durante la Guerra di Ferrara.[29] All'inizio l'attacco veneziano contro Ferrara fu sostenuto dal papa, ma nell'inverno del 1482-1483, Sisto IV passava al lato contrario, rinforzando i Milanesi, i Gonzaga e gli altri alleati del duca Ercole d'Este contro Venezia. In questa guerra il Mantovano stesso era vulnerabile, circondato su due lati da territorio veneziano e tagliato dal fiume Po, sul quale i veneziani tenevano

27 Federico a Margherita «ex castris Serenissimae Lige prope S. Cassanum», 23 settembre 1479: «ne faciati mandare el dessigno in carta de quella nostra spingarda longa fece fare la Illustre memoria del Illustre quondam Signore nostro padre, quale se debe trovare presso a Bernardo castellano» (ASMn, Archivio Gonzaga, b. 2104, c. 139). Per la strategia della nuova offensiva, e i dubbi di Federico e dei provveditori veneziani sulla posizione a San Gimignano proposta dai fiorentini, si vedano le lettere di Federico a Francesco Sicco, San Casciano, 6 ottobre 1479 (ASMn, Archivio Gonzaga, b. 2896, libro 94, cc. 79*v*-80*r*) e di Eusebio Malatesta a Margherita, San Casciano, 9 ottobre 1479 (ASMn, Archivio Gonzaga, b. 1101, c. 564).

28 Sul progresso della sua malattia Margherita aveva scritto a Federico, ma sempre con ottimismo, da Porto, 10, 11, 15, 17, 20, 24 settembre, ASMn, Archivio Gonzaga, b. 2104, cc. 263, 267-272. Della morte scrivevano a Federico la madre Barbara di Brandeburgo, Porto, 14 ottobre 1479 e anche il desolato figlio Francesco, Mantova, 15 ottobre 1479 (*ivi*, cc. 318, 325; A. BELLÙ, *op. cit.*, pp. 195-200).

29 Per una narrazione sommaria della guerra si veda L. VON PASTOR, *Storia dei Papi*, II, nuova edizione a cura di A. Mercati, Roma, Desclee, 1961, pp. 545-546, 558-564, o L. MAZZOLDI, *op. cit.*, II, pp. 41-45; più dettagliata in E. PIVA, *La Guerra di Ferrara del 1482. Periodo Secondo. L'Alleanza di Sisto IV con Ferrara, Napoli, Milano e Firenze*, Padova, Draghi, 1894.

una potente flotta. Il conflitto sarebbe potuto diventare una lotta per la sopravvivenza dello stato gonzaghesco, una guerra 'patriottica' più della precedente, quella in difesa di Lorenzo de' Medici. Gli studiosi moderni della guerra trascurano per la maggior parte l'aspetto mantovano e il coinvolgimento di Federico (del quale esistono fonti inedite, soprattutto lettere), e attribuiscono invece tutto il credito al comandante supremo dell'alleanza, Alfonso duca di Calabria.

Dal suo Stato Maggiore a Mantova, Federico dimostrava un vero impegno militare dando numerosissime istruzioni ai suoi ufficiali e sotto comandanti, compreso suo figlio Francesco. Nel maggio 1482 il duca di Urbino visitava Mantova e insisteva perché Federico rinforzasse le fortezze lungo il Po, e Federico andava di persona a vedere le posizioni del nemico.[30] Da dicembre in poi, quando il papato aveva fatto il voltafaccia per sostenere l'alleanza, Federico aveva un altro aiuto nella persona di suo fratello cardinale Francesco Gonzaga che, come legato del papa, arrivò per accompagnare l'esercito a difesa di Ferrara.[31] Federico andava a Cremona nel febbraio del 1483, per pianificare con i capi alleati una strategia offensiva contro Venezia;[32] da Cremona ordinava al suo ingegnere Luca Fancelli di mandare tutte le carte dei confini del Mantovano.[33] Nell'estate Federico partecipava all'operazione offensiva iniziata nella zona verso Brescia,[34] dove suo padre aveva ottenuto importanti successi militari durante gli anni Cinquanta. Le fortezze veneziane di Ghedi e Montichiari si arrendevano verso la fine di agosto[35] e in ottobre anche Asola cadeva. Il 12

---

30 D.S. Chambers, *The Visit to Mantua of Federico di Montefeltro*, «Civiltà mantovana», XXVIII, 1993, pp. 5-15:8-9. Il giovane Francesco è stato incaricato di controllare la condizione delle fortezze sui confini veneziani in lettere da Federico del 20 e 23 maggio (ASMn, Archivio Gonzaga, b. 2105, cc. 18, 29).

31 Id., *Virtù militare del cardinale Francesco Gonzaga*, in *Guerre e città. Mantova e l'Italia padana dal secolo XIII al XIX*, Atti delle giornate di studio in omaggio ad Adele Bellù, Mantova, 12-13 dicembre 1986, a cura di C.M. Belfanti, F. Fantini D'Onofrio, D. Ferrari, Mantova, Arcari, 1988, pp. 215-229:219-221.

32 L. de' Medici, *Lettere*, VII. *1482-84*, a cura di M. Mallett, Firenze, Giunti-Barbera, 1998; Appendice 4, p. 504; Excursus III, pp. 539-546.

33 Federico a Luca Fancelli, Cremona, 27 febbraio 1483: «vogliamo che subito, senza dimora, ne mandi el dessigno del Mantuano, et maxime quella parte che è verso el Ferrarese et Veronese», ASMn, Archivio Gonzaga, b. 2899; *Carteggio di Luca Fancelli con Ludovico, Federico e Francesco Gonzaga*, a cura di P. Carpeggiani e A.M. Lorenzoni, Mantova, Arcari, 1998, p. 285, n. 388.

34 Federico a Luca Fancelli, «ex castris contra Gaydum», 24 agosto 1483 (ASMn, Archivio Gonzaga, b. 2899, libro 111, c. 78*r*; *Carteggio di Luca Fancelli*, cit., pp. 287-288, n. 393).

35 Francesco a Eusebio Malatesta, Mantova, 27 agosto 1483: «la deditione de Gedo me

ottobre Francesco Sicco scriveva «Siamo entrati in Asola cum lectizia e triumpho», e il giorno successivo incoraggiava Federico a venire di persona; c'era pronto per lui un «logiamento bello con una magna sala».[36] Nell'inverno del 1483-1484 i Veneziani riconquistarono Montichiari, ma l'esito del conflitto sembrò portare a un vantaggio per Mantova. Durante tutta la prima metà del 1484, cioé durante gli ultimi mesi della sua vita, Federico si impegnò a difendere le due frontiere – occidentale e orientale – più a rischio; scrisse continuamente ai suoi luogotenenti, in particolare a Francesco Sicco e suo fratello Stefano a Sermide e a Ostiglia sul Po, e a Pietro Spagnoli ad Asola, fino alla restituzione della stessa a Venezia.[37] Fra le ultime lettere di Federico ve n'è una nella quale ringrazia Stefano Sicco per

> la victoria che heri hebbeno li nostri de li inimici e il scrivere de la cosa che faceti minutamente [...] parendone che li nostri se sia deportata virilmente e caciati li inimici de valenthomini. Commendarete in nome nostro la brigata de li animosi deportamenti suoi.[38]

Tornando al tema del *Trionfo di Giulio Cesare*, finora ho voluto soltanto indicare l'aspirazione alla gloria militare in questo periodo, una mentalità guerresca, se volete, ma anche di vanagloria – perché infatti le con-

---

detero grandissimo piacere, intendendo al serenissimo mio patre che è pur non picolo acrescimento al'impresa» e il 28 lo stesso si rallegreva «la captura de quelle altre terre, le quali, benché non siano forsi de molta importantia, è pure reputatione a lo exercito de la Illustrissima lega, et cussì se extendera a magiore impresa cum l'usata victoria» (ASMn, Archivio Gonzaga, b. 2898, libro 108, cc. 97*r*, 98*r*). Il 1° settembre scriveva «mi sono retrovato da heri in qua in grandissima attentione per udire la ultimatione de la roccha de Monticlaro, la qual novella havuta, per le littere vostre hoggi recevute cum aviso etiam de la deditione de Calcinatore, me ha facto tutto respirare e vi ne ringratio [...] mi starà l'animo in expectatione quando quello felicissimo exercito haveva cicumdato Lonato, el qual potrà sustenire forsi qualche giorno la febre, ma non durerà», ASMn, Archivio Gonzaga, b. 2900, libro 115, c. 2*v*.

36 *Ivi*, b. 2431. In questa busta si conservano molte altre lettere (non numerate).

37 Molte lettere di Pietro Spagnoli da Asola, e istruzioni da Federico a lui, sono *ivi*, b. 2435, b. 2900, libro 115, e poi di Spagnoli da Sermide fra maggio e luglio in b. 2436, cc. 753-802. Per la carriera anteriore di Spagnoli si veda D.S. Chambers, *Who were Alberti's Mantuan Friends?*, in *Leon Battista Alberti e il Quattrocento*, a cura di L. Chiavoni, G. Ferlisi, M.V. Grassi, Firenze, Leo S. Olschki, 2001 («Centro Studi Leon Battista Alberti. Ingenium», 3), pp. 25-45. Sulla restituzione di Asola, dovuta alla pressione di Ludovico il Moro, si veda L. Mazzoldi, *op. cit.*, p. 44.

38 Federico a Stefano Sicco, Mantova, 4 maggio, 4 aprile 1484, ASMn, Archivio Gonzaga, b. 2106, c. 6; b. 2900, libro 118, c. 79*v*; si veda L. Mazzoldi, *op. cit.*, p. 45 e p. 75, nota 144.

quiste di Casole nel 1479 e di Asola nel 1483 erano cose relativamente modeste. L'idea di una serie di dipinti sul trionfo di Giulio Cesare avrebbe efficacemente affiancato la *Federicheide* di Giovan Mario Filelfo, iniziata nel giugno di 1479 al momento delle prime azioni militari del nuovo marchese. Non è necessario dire in questa sede quanto Giulio Cesare fosse favorito come modello principesco nelle corti italiane del Rinascimento. Non è da escludere, inoltre, che la squisita miniatura di Cesare trionfante attribuita a Gaspare da Padova sia stata vista a Mantova e abbia dato ispirazione a Mantegna fra 1479 e 1484; lo stesso disegno, assieme al manoscritto dei *Commentarii* di Giulio Cesare (Roma, Biblioteca Casanatense, ms 453), vergato da Bartolomeo Sanvito probabilmente per il cardinale Francesco Gonzaga, è stato esposto nella mostra al castello di San Giorgio nel 2006.[39] Che il punto focale dovesse essere il comandante accorda bene con la tesi di Charles Hope che le ultime tre scene, con Cesare stesso sul suo carro trionfale, siano state concepite e realizzate per prime da Mantegna.

Debbo confessare che qui non andiamo oltre il campo di un'ipotesi: non c'è nessun documento che provi che Mantegna avrebbe cominciato perfino uno schizzo del soggetto al tempo della morte di Federico nel luglio del 1484. Com'è noto, il primo riferimento si trova nella lettera di Silvestro Calandra dell'agosto 1486, dove si accenna alla visita del duca Ercole d'Este, dopo due anni dalla successione di Francesco nel marchesato: «smontò al porto de corte per andare a vedere li Triomphi de Cesar che dipinge el Mantegna, li quali molto li piacqueno».[40] Potrei aggiungere il commento che forse il *Trionfo* piaceva tanto a Ercole, non solo per meriti estetici, e per la sua familiarità con l'immagine di Giulio Cesare come eroe e modello sia nell'arte sia nella letteratura a Ferrara,[41] ma anche per un altro motivo. Supponendo che si trattasse di una chiara allu-

---

[39] *Andrea Mantegna e i Gonzaga. Rinascimento nel Castello di San Giorgio*, Catalogo della mostra, Mantova, 16 settembre 2006-14 gennaio 2007, a cura di F. Trevisani, Milano, Electa, 2006, scheda III.20, p. 252, anche il saggio di G. Toscano, *Bartolomeo Sanvito e Gaspare da Padova "familiares et continui commensales" di Francesco Gonzaga*, *ivi*, pp. 103-111:106-107 e fig. 6. Toscano cita anche la lettera di Gaspare a Federico del 29 marzo 1484 e il brano del diario di Sanvito sul «Triumpho fatto da man di Gasparo».

[40] Silvestro Calandra al marchese Francesco Gonzaga, Mantova, 26 agosto 1486, ASMn, Archivio Gonzaga, b. 2434, c. 280*r*; P. Kristeller, *Andrea Mantegna*, Berlin-Leipzig, Cosmos, 1902, p. 544, doc. 96; A. Martindale, *op. cit.*, p. 181.

[41] R. Lightbown, *op. cit.*, p. 142; C. Hope, *I Trionfi di Cesare di Andrea Mantegna*, in *A casa di Andrea Mantegna*, cit., p. 294.

sione alle guerre in cui era stato coinvolto Federico, suo alleato e parente, Ercole avrebbe potuto effettivamente congratularsi anche lui delle sue piccole glorie, e soprattutto del fatto di aver ottenuto molto più vantaggio dei Gonzaga dal trattato di pace firmato a Bagnolo nell'agosto del 1484.

Dobbiamo tuttavia fare qualche confronto fra i tre candidati committenti o ispiratori del *Trionfo* e tra i punti di forza delle loro relative candidature. Il vecchio e ammalato marchese Ludovico, candidato di Martindale, sembra poco probabile. Negli ultimi anni della sua vita (è morto il 12 giugno 1478) la gloria militare non era un tema da celebrare, nonostante il fascino che Ludovico subiva verso l'antichità romana e la sua stima verso il pittore. Inoltre, una distanza temporale fra i dodici e gli otto anni prima di un riferimento, nel 1486, al lavoro in corso, sembra veramente troppo lunga perfino per il lento modo di lavoro di Mantegna.

D'altra parte Francesco, erede di Federico, sarebbe stato ancora molto giovane; aveva soltanto diciotto anni quando successe al padre nel 1484. Durante la sua giovinezza l'esperienza militare di Francesco, soltanto nell'ultima fase della Guerra di Ferrara, è stata molto limitata, ed egli si occupava poco della cultura umanistica o artistica. Sembra che non avesse nessun rapporto speciale con Mantegna, benché nel febbraio del 1483 fu lui, e non il padre, ad accompagnare Lorenzo de' Medici nella visita al famoso artista. Ma a questo momento Federico era assente da Mantova, partito per il consiglio di guerra a Cremona, quindi il sedicenne Francesco era semplicemente un delegato dal padre. (Certo, è veramente un peccato che, nella sua lettera al padre, Francesco non raccontasse niente di particolare su «alcune picture» che Lorenzo vide «cum grande piacere» nella casa del pittore.[42] C'era forse nello studio dell'artista qualche disegno, come quello esistente al British Museum, o anche una tela appena cominciata del *Trionfo di Cesare*?).

Inoltre è ben poco ciò che si sa dei rapporti familiari con Mantegna nei primi anni del regno di Francesco. Anzi, appena morto Federico, l'ar-

---

[42] Francesco a Federico, Mantova, 23 febbraio 1483: «Ceterum significo a la Celsitudine Vostra come il Magnifico Lorenzo di Medici andò heri vedando la terra. Et hogii l'accompagnai a messa a Sancto Francisco a pede. De lì Sua Magnificentia se driciò a casa de Andrea Mantegna dove la vite cum grande piacere alcune picture desso Andrea et certe teste de relevo cum molt'altre cose antique che pare molto se ne deletti. Se ne venimmo poi a la Corte», ASMn, Archivio Gonzaga, b. 2105*bis*, c. 493; P. Kristeller, *op. cit.*, p. 541, doc. 86.

tista scrisse a Lorenzo de' Medici per chiedere sostegno finanziario,[43] e l'unica documentazione che lega il nuovo marchese con Mantegna sono due lettere riguardanti soldi nell'ottobre 1485. Una delle lettere dal marchese rassicura Mantegna sul suo mancato salario o «provisione»; l'altra ordina al tesoriere di pagarlo.[44] Fino al 1486 sembra che l'unica opera d'arte commissionata da Francesco sia stata la decorazione di una camera a Marmirolo con ritratti dei suoi cani;[45] però per eseguire questo lavoro fu incaricato Francesco Buonsignori anziché Mantegna.

Poi, per quanto riguarda il contesto politico del periodo iniziale del giovane marchese Francesco, bisogna dire che era tutt'altro che trionfante. Con la pace di Bagnolo che concludeva la Guerra di Ferrara, Mantova dovette restituire a Venezia tutto il territorio bresciano recentemente conquistato.[46] E Francesco al principio non appare una figura molto forte e brillante; infatti ci risulta che fosse sottomesso del tutto a Francesco Sicco, parente, soldato e uomo forte, che riscuoteva la piena fiducia del nonno e del padre.[47]

Ritengo che Federico sia il candidato più convincente. Sappiamo che aveva un rapporto affettuoso con l'artista, intendendo e tollerando i suoi modi e il suo temperamento difficile. «Mio nobile e carissimo famigliare» lo chiamava, scrivendo a un fisico veneziano che doveva curare un figlio di Mantegna,[48] e nella famosa lettera a Bona di Savoia nel 1481, avvertiva la duchessa di Milano che «questi maestri eccellenti hanno del fantastico e da loro convien tuore quello che si po havere».[49] Sappiamo che nei primi

---

[43] Mantegna a Lorenzo de' Medici, 26 agosto 1484 (P. KRISTELLER, *op. cit.*, p. 542, doc. 88).

[44] Francesco a fra Antonio Schazano e Andrea Mantegna, Gonzaga, 4 ottobre 1485, ASMn, Archivio Gonzaga, b. 2901, libro 124, c. 83. Queste due lettere sono ancora inedite e vorrei ringraziare Molly Bourne per la notizia.

[45] Ringrazio di nuovo Molly Bourne per questa informazione dal suo libro *Francesco II Gonzaga. The Soldier-prince as Patron*, Roma, Bulzoni, 2008.

[46] Il testo del trattato di Bagnolo si trova in L. DE' MEDICI, *op. cit.*, Appendice V, pp. 505-522:511.

[47] Federico, morendo, raccomandava a Francesco di sottomettersi a Francesco Sicco, secondo la lettera di Leonardo Examino a Rodolfo Gonzaga, Mantova, 14 luglio 1484, ASMn, Archivio Gonzaga, b. 2434, cc. 16-17.

[48] Federico a Gerardo da Verona, Mantova, 11 maggio 1480, *ivi*, b. 2867, libro 98, c. 70*v*; P. KRISTELLER, *op. cit.*, p. 537, doc. 7. Si veda R. SIGNORINI, *Mantegna's unknown Sons: a rediscovered Epitaph*, «Journal of the Warburg and Courtauld Institute», XLIX, 1986, pp. 233-235.

[49] Federico a Bona di Savoia, Mantova, 20 giugno 1480, ASMn, Archivio Gonzaga,

mesi del 1484 Mantegna lavorava solo per Federico, dipingendo una camera a Marmirolo,[50] commissione che avrebbe ovviamente comportato ancora la posticipazione del *Trionfo*.

Certamente è fuori discussione che più tardi Francesco divenne il committente del *Trionfo*, incoraggiando Mantegna, quando stava ancora nella Roma di Innocenzo VIII, a tornare a Mantova e a continuare il lavoro. Scriveva nel febbraio del 1489 «havete de l'opere nostre de finire et *maxime* li triumphi, quali come vui dicete è cosa digna, e nui voluntieri li vederessimo finiti».[51] Il marchese Francesco diventava ancora più insistente e entusiasta con l'arrivo della sua coltissima sposa Isabella d'Este; Mantegna per lei sarebbe stato quasi un simbolo di prestigio culturale.

Nel 1492 in una patente o privilegio[52] in nome del marchese, redatta in latino da un segretario umanista, Mantegna fu elogiato per i suoi lavori ammirabili, ma sopratutto per il «Iulii Caesaris Triumphum [...] nobis pingit adeo» – il Trionfo che adesso dipinge per noi. Ma questo «nobis» o «per noi» non significa che Francesco volesse assumere il riconoscimento di un ruolo fondamentale dall'inizio di quel capolavoro, la continuazione del quale era in corso.[53] Anzi, intendeva (io sostengo) che siccome Mantegna aveva già cominciato il lavoro, probabilmente fra il 1479 e il 1484, per l'onore di Federico e della casa Gonzaga, l'erede Francesco, il marchese regnante, aveva insistito che l'artista continuasse la sua opera. Come indica l'uso del tempo presente, Mantegna proprio in quel momento, quando in nome del marchese si elogiava la sua opera, era impegnato a proseguire l'esecuzione dei suoi dipinti.

---

b. 2897, libro 99, c. 27*r*; P. KRISTELLER, *op. cit.*, p. 538, doc. 79; si vedano anche i commenti di R. LIGHTBOWN, *op. cit.*, pp. 129, 461.

50 Ludovico Gonzaga, vescovo eletto, a Giovanni della Rovere, Mantova, 25 febbraio 1484; P. KRISTELLER, *op. cit.*, pp. 541-542, doc. 87; C. HOPE, *The Chronology*, cit., p. 304.

51 Francesco a Mantegna, Mantova, 23 febbraio 1489, ASMn, Archivio Gonzaga, b. 2903, libro 133, c. 11; P. KRISTELLER, *op. cit.*, p. 546, doc. 103.

52 ASMn, Archivio Gonzaga, *Libri Decretorum*, 24, c. 56*v*; P. KRISTELLER, *op. cit.*, pp. 551-552, doc. 115.

53 C. HOPE, *I Trionfi di Cesare*, cit., pp. 288-290.

Anna Maria Lorenzoni

UNA «MADONNA» DI MANTEGNA E «UNA MADONNA ET UN PUTINO» DI RAFFAELLO A MANTOVA NEL 1614*

Con un atto notarile in data 2 aprile 1614 il marchese Fabio Gonzaga, tramite una «donatione irrevocabile et perpetua tra vivi», cedeva al duca di Mantova, Ferdinando, tutti i suoi «beni stabili, mobili, semoventi, ragioni et attioni presenti et futuri in qualunque luogo essistenti et di qualsivoglia genere, qualità et conditioni si siano».[1]

I motivi di tale donazione sono contenuti nel rogito stesso, in cui si legge che: «Considerando l'illustrissimo signor Fabio Gonzaga le molte obligationi che tiene a Sua Altezza, suo signore, et alla serenissima sua Casa, et trovandosi carico d'anni et con poca salute, ha presa risolutione di far donatione libera [...] de' suoi beni all'Altezza Sua».[2] Il duca Ferdinando accettava la donazione «con tuti li fatti, gravezze e conditioni» e prometteva al marchese Fabio di pagargli tremila seicento scudi annui, vita natural durante, per i suoi alimenti e altri bisogni.[3]

---

* Ringrazio di cuore gli amici Anna Maria Mortari e Gianluigi Arcari per i consigli e i suggerimenti che mi hanno generosamente offerto nella stesura di questo lavoro.

1 Archivio di Stato di Mantova (d'ora in poi ASMn), Registrazioni notarili, anno 1614, c. 2199*v*.

2 Fabio Gonzaga si riservava «libera facoltà di disponere per altra volontà, sì per l'anima sua che per altro effetto, sopra d'i suoi beni, della somma di scudi due milla», nella quale somma si doveva intendere compreso «ogni legato per lui fatto et da farsi così a luoghi pii come a qualunque altro», a eccezione di alcuni legati annui, rispettivamente di scudi 100 e 50, da lui fatti a una sua figlia naturale (suor Anna Francesca, al secolo Giachelina), e a una sorella, suor Alessandra (al secolo Leonora), ambedue monache nel monastero di San Vincenzo, e di un legato di scudi 18 a un'altra sorella, Massimilla (al secolo Ippolita o Ippolitina), suora nel monastero di San Barnaba.

3 Il duca si impegnava inoltre a «dar per sua habitatione al signor Fabio due case poste in

Fulcro della donazione erano la corte di Polesine di Suzzara e un palazzo sito in Mantova nella contrada del Corno. Tra il 3 e il 14 aprile, pochi giorni dopo la stesura dell'atto, veniva compilato un inventario dei beni conservati in tali proprietà.[4]

Ma prima di addentrarmi nell'analisi dell'inventario, vorrei tentare di delineare brevemente la figura di Fabio Gonzaga, fino a ora poco studiata, anche se ben documentata nell'Archivio Gonzaga sia nelle serie della corrispondenza sia nella serie *Affari di Famiglia* dove, racchiuso in tre faldoni, si conserva parte del suo archivio personale. Singolari sono le sue vicende familiari. Fabio nacque il 18 dicembre 1546 da Marzia Gonzaga, figlia di Antonio Maria, forse appartenente al ramo dei cosiddetti Nobili Gonzaga,[5] e di Isabella Benedusi.[6] Marzia aveva sposato il cavaliere Giulio Nuvoloni,[7] discendente dal poeta mantovano Filippo, autore, fra l'altro,

---

Mantova nella contrada del Corno presso li Capucini, et tute due accomodate a sodisfattione del signor Fabio et fornite di tutti quei mobili che saranno bisognevoli per l'uso et commodità d'esso signor Fabio». Il donatario era anche disposto ad accollarsi i debiti del donatore fino alla somma massima di seimila cinquecento scudi, ivi compresi diversi oggetti impegnati presso il Monte di Pietà; inoltre avrebbe anche fornito al donatore una carrozza comoda da città con due cavalli, consentendogli infine di soggiornare a suo piacere «in uno dei suoi luoghi di villa».

[4] ASMn, Archivio del Magistrato Camerale, P. V (1600-1619), *Donazioni*. La trascrizione integrale dell'inventario si trova nell'Appendice.

[5] Dal suo testamento in data 3 agosto 1527 si evince che Antonio Maria era figlio «quondam spectabilis domini Naimi de Gonzaga» ed era proprietario di una notevole fortuna, della quale nominò eredi universali le figlie Livia e Marzia (ASMn, Registrazioni notarili, anno 1527, cc. 542*v*-543*r*), come si rileva dall'inventario dei suoi beni redatto il 25 ottobre 1527, pochi mesi dopo la sua morte (ASMn, *ivi*, cc. 989*v*-991*v*). Morì il 5 agosto 1527 come testimoniano l'annotazione nei registri necrologici (ASMn, Archivio Gonzaga, *Registro necrologico 4*, c. 66*r*) e una lapide, trascritta da d'Arco (ASMn, Documenti patrii d'Arco, nn. 228-229, C. D'ARCO, *Iscrizioni che furono o sono in Mantova e nel Mantovano*, ms, tomo I, p. 307, n. 33), un tempo nella chiesa di San Domenico in Mantova, dove era stato sepolto. Si veda in Appendice una schematica ricostruzione dell'albero genealogico della discendenza di Naimo Gonzaga (albero genealogico n. 1). Nel Palazzo Ducale di Mantova, *Sezione lapidi e targhe* (inv. gen. 12296) si conserva l'epitafio di Naimo Gonzaga, un tempo in San Domenico, dove fu sepolto come il figlio Antonio Maria. L'epigrafe, composta di due distici elegiaci, reca la data del 1512 (devo questa informazione all'amico Rodolfo Signorini che ringrazio).

[6] Figlia del medico Pietro Francesco Benedusi.

[7] Il padre di Giulio era Carlo Nuvoloni, figura di spicco nell'ambito della corte e «consocio illustrissime ac excellentissime domine domine nostre domine ducisse Mantuae ac capitaneo Guardie», come viene definito nel testamento di Marzia Nuvoloni in data 13 luglio 1557 (ASMn, Archivio notarile antico, *Minute del notaio A. Cropelli*, b. 1042 *bis*). Nel predetto testamento Marzia lasciava al suocero «usufructum et administrationem dimidie omnium et quorumcumque bonorum prefate magnifice testatricis toto tempore eius vite»; l'altra

di quell'orazione latina composta nel 1474 per la venuta a Mantova del re Cristiano I di Danimarca, ritratto, come è noto, da Mantegna nella *Camera Picta.*[8] Dal matrimonio tra Marzia e Giulio Nuvoloni nacquero ufficialmente undici figli: sette femmine e quattro maschi, dei quali Fabio era il secondogenito.[9] Alcuni anni dopo la sua nascita, la madre Marzia, trovandosi in pericolo di vita, confessò che Fabio era in realtà figlio di Alessandro Gonzaga. Padre e figlio furono accomunati da uguale destino visto che Alessandro, a sua volta, era nato dalla relazione tra Isabella Boschetti e il duca Federico II, che lo legittimò con decreto di Carlo V. Legittimazione che anche Alessandro nel 1552 chiese e ottenne dall'imperatore per il figlio naturale Fabio che da allora cominciò a chiamarsi Gonzaga[10] e a pieno titolo entrò quindi nell'asse ereditario del padre. Questi nel proprio testamento definitivo, rogato nel 1577,[11] tre anni prima della

---

metà dell'usufrutto andava al marito Giulio. Si veda in Appendice uno schematico albero genealogico della discendenza di Filippo Nuvoloni (albero genealogico n. 2).

[8] Cfr. R. Signorini, *Cristiano I in Italia*, «Il Veltro», 1-3, XXV, gennaio-giugno 1981, pp. 23-56. E ancora Id., *Opus hoc Tenue. La "archetipata" Camera Dipinta detta "degli Sposi" di Andrea Mantegna. Lettura storica iconografica iconologica della "più bella camera del mondo"*, Mantova, Publi Paolini, 2007, pp. 238-249.

[9] I nomi dei figli si evincono dal testamento di Marzia Gonzaga, citato alla nota 7, e da quello di Giulio Nuvoloni in data 25 aprile 1570 (ASMn, Archivio notarile antico, *Minute del notaio Cinzio Petrozanni*, b. 6912): Nuvolone, Fabio, Claudio Filippo, Valerio, i maschi; Fulvia, Ortensia, Ottavia, Lavinia, Diana, Teodora e Marzia, le femmine. La figlia Marzia era l'ultimogenita e sicuramente la madre morì nel darla alla luce: lo prova innanzitutto il fatto che nel testamento di Marzia senior, redatto poco prima della morte, nei lasciti ai vari figli e figlie, nominati singolarmente, di lei non si fa menzione; in secondo luogo nel protocollo del suddetto atto viene riferito che Marzia era «in lecto iacentis oppressa gravedantia»; infine l'attribuzione alla figlia dello stesso nome della madre testimonia il desiderio di perpetuarne il ricordo.

[10] In realtà Fabio non interruppe mai i rapporti con la famiglia Nuvoloni. Infatti il 5 novembre 1580 donava alla sorella uterina Marzia Nuvoloni (vedi nota 9) la somma di mille scudi d'oro da corrisponderle all'atto del suo matrimonio «ad finem ut illius dos augeatur ac facilius et magis honorifice nubere possit» (ASMn, Registrazioni notarili, anno 1580, c. 62). La madre naturale Marzia e il di lei marito Giulio Nuvoloni nei loro testamenti (si vedano le note 7 e 9) lo nominano erede al pari degli altri figli maschi. Anche Valerio, nato nel 1553 e morto prematuramente a Ferrara nel 1576, era figlio di Marzia e Alessandro Gonzaga, però non legittimato (si veda l'albero genealogico n. 2).

[11] ASMn, Archivio notarile antico, *Minute del notaio Benedetto Acquanegra*, b. 1087. Esiste un altro testamento di Alessandro Gonzaga, precedente a questo, rogato il 6 dicembre 1573 (*ivi*). Rispetto a quello del 1577 le differenze sono minime: la più rilevante riguarda la presenza in esso dell'altro figlio naturale, Valerio, pure «suscepto ex prefata quondam magnifica domina Martia Nuvolona» (si veda la nota 10), al quale il padre lasciava la corte del Bondanazzo e lo nominava inoltre erede universale unitamente a Fabio e ad Alessandro, un altro figlio naturale nato da «una povera donna sciolta», di cui si tace il nome, che il padre nel 1569

morte,[12] lo lasciò erede del palazzo sito in Mantova nella contrada del Corno, della corte di Polesine[13] e della corte di Pellaloco,[14] citandolo esplicitamente come «filio suo suscepto ex [...] quondam magnifica domina Martia Nuvolona».[15]

Fabio, seguendo in parte la carriera del padre che per quarant'anni servì Carlo V e Filippo II,[16] dopo circa un ventennio trascorso prevalentemente

---

fece legittimare dall'imperatore Massimiliano II (ASMn, Archivio Gonzaga, b. 288). Si veda in Appendice uno schematico albero genealogico della discendenza di Alessandro (albero genealogico n. 3). Nel testamento del 1577 la corte del Bondanazzo viene destinata ad Alessandro *iunior*, al quale poi, all'atto del suo matrimonio con Francesca Guerrieri, Fabio cederà la corte di Pellaloco (ASMn, Archivio Gonzaga, b. 290, s.d.).

12 Alessandro Gonzaga morì il 14 agosto 1580, a 61 anni, come ricorda la lapide marmorea, trascritta da F. Amadei (*Cronaca universale della città di Mantova*, II, Mantova, Citem, 1954-1557, p. 833) e parzialmente da Carlo d'Arco (C. d'Arco, *Iscrizioni*, cit., p. 128), posta a ricordo nella chiesa dei Cappuccini e come testimonia la registrazione all'Ufficio delle Bollette fatta il giorno dopo la morte (ASMn, Archivio Gonzaga, *Registro necrologico 14*, c. 52*r*): «Die lune 15 augusti 1580, L'illustrissimo signor Alessandro Gonzaga nella contrata del Corno è morto di febre e catarro, infermo giorni 15, d'anni 61». Egli nel suo testamento dispose che il suo corpo fosse trasferito presso il monastero dei frati cappuccini di Santa Marta di Mantova «et ibi in eorum ecclesia [...] sepeliri in capella quam construi fecit ipse illustrissimus dominus testator existente a manu dextra post ingressum ipsius ecclesie, ponendo ipsum eius cadaver in loco deputato seu designato in muro supra terram a dextra parte in ingressu ipsius». Il convento dei Padri Cappuccini di Santa Marta, e l'annessa chiesa non sono più esistenti. Marzia Nuvoloni verrà sepolta, come il marito Giulio, nella chiesa di Sant'Andrea, nella cappella ancora oggi detta dei Nuvoloni o degli Striggi. Di fronte vi è la cappella Boschetti, dove riposa Isabella Boschetti, madre di Alessandro Gonzaga. Si veda l'albero genealogico n. 3.

13 La corte di Polesine fu donata ad Alessandro dal padre duca Federico II con decreto in data 6 giugno 1535 (ASMn, Archivio Gonzaga, *Libro dei decreti 40*, cc. 75*r*-77*r*).

14 Esiste a favore di Alessandro un decreto del duca Guglielmo in data 25 gennaio 1560 (ASMn, Archivio Gonzaga, *Libro dei decreti 46*, cc. 19*v*-21*v*) con cui viene convalidato ed esteso anche agli eredi il possesso «de tota curia Pellalochi una cum immunitatibus»; la corte era stata assegnata ad Alessandro con atto del 4 febbraio 1556 (ASMn, Magistrato Camerale Antico, b. B. I.).

15 Nei suoi testamenti Alessandro Gonzaga ricorderà la madre di due dei suoi figli naturali, disponendo che il collegio e i sacerdoti della chiesa di Sant'Andrea siano tenuti «ad celebrandum quottidie in perpetuum unam missam, scilicet tertiam missam cum oratione "Quesumus, Domine", ad altarem Sancti Bonaventure existens in ipsa ecclesia Sancti Andree pro anima quondam magnifice domine Martie Nuvolone et in remissione peccatorum illius». Marzia Nuvoloni nel suo testamento citato alle note 7 e 9, nomina suoi eredi universali i figli maschi Nuvolone, Fabio, Claudio Filippo e Valerio, come «filios suos legittimos et naturales, natos et conceptos ex ea et [...] magnifico domino Iullio iugalibus». Anche Giulio Nuvoloni nel suo testamento (si veda la nota 9) nomina eredi universali «equaliter et equis portionibus» i quattro figli maschi, ancora minorenni, invitandoli a obbedire sempre al duca di Mantova e ad Alessandro Gonzaga, che nomina loro curatori.

16 Alessandro Gonzaga fu al servizio di Carlo V prima e di Filippo II poi, «nelle guerre

nelle Fiandre, in seguito a una grave frattura a un braccio, fu costretto a tornare a Mantova[17] dove svolse svariate e importanti attività pubbliche: dal duca Vincenzo I, col quale aveva stabilito un rapporto privilegiato,[18] intorno al 1599 fu nominato governatore del Monferrato[19] e nel 1604 «capitano generale delle milizie dello stato mantovano e soprintendente generale di tutte le monitioni da guerra, artiglierie, armarie ecc.».[20] Gentiluomo estremamente raffinato, fu amante dell'eleganza, come dimostrano le numerose ordinazioni di abiti, oggetti preziosi, gioielli, da lui fatte.[21] Come

---

d'Alemagna, Italia e Fiandra» come «capitaneus turme equitum catafractorum ac consiliarius in rebus bellicis regie maiestatis catholice». Si veda il testamento di Alessandro Gonzaga in data 8 giugno 1577 (cfr. nota 11), dove il testatore stesso così si definisce. Si veda anche una minuta di lettera di Fabio Gonzaga datata agosto 1589 (ASMn, Archivio Gonzaga, b. 291) indirizzata a un funzionario del re di Spagna, nella quale, ricordando i servizi resi dal padre Alessandro all'imperatore Carlo V e a Filippo II di Spagna nell'arco di quarant'anni continui, servizi che gli fruttavano «mille scudi di stipendio all'anno», chiede che vengano interposti buoni uffici affinché, in considerazione della propria carriera militare e dei compiti svolti presso i due sovrani, gli vengano accordati dei riconoscimenti, consistenti nell'aumento di 500 scudi della pensione, già in suo godimento, e nella concessione della Croce di Santiago, con i quali si sentirebbe «favorito et rimunerato a bastanza».

17 «Hora vive a Mantova [Fabio], molto favorito dal duca Vincenzo per la gentilezza delle sue maniere, per la generosità de' costumi et in somma per l'infinito suo valore in ogni attione e di pace e di guerra» scriveva nel 1590 C. Campana, in *Arbori delle famiglie le quali hanno signoreggiato con diversi titoli in Mantova fino ai tempi nostri*, Mantova, Francesco Osanna, 1590, p. 45 (rist. anast., Bologna, Forni, 1980); si veda anche ASMn, Documenti patrii d'Arco, *Famiglie mantovane*, III, Famiglia Cauzi Boschetti Gonzaga, p. 146, *ad vocem*). Per qualche sommaria notizia biografica su Fabio Gonzaga, si vedano in particolare: A. Possevino, *Gonzaga*, Mantova, Aurelio e Ludovico Osanna, 1617, tav. fuori testo con la genealogia; F. Amadei, *Cronaca Universale*, cit., II, p. 834; P. Litta, *I Gonzaga di Mantova*, Milano, Basadonna, 1835 («Famiglie Celebri d'Italia»), tav. V; C. Argegni, *Condottieri, capitani, tribuni*, Milano, Istituto Editoriale Italiano B.C. Tosi, 1937 («Enciclopedia biografica e bibliografica italiana», II), s. 19, p. 18. Per più dettagliate informazioni si veda M.L. Chappel, *Appunti sulla vita di Fabio Gonzaga*, «Civiltà mantovana», IV, 21, 1970, pp. 184-194.

18 Fabio nella minuta di cui alla nota 16 ricorda che il duca Vincenzo «sempre ha mostrato di amarmi e di far conto di me molto più ch'io medesimo non conosco di meritare», tanto da volerlo come suo maggiordomo.

19 Cfr. A. Luzio, *L'Archivio Gonzaga di Mantova*, Verona, Mondadori, 1922, pp. 155, note 5 e 269.

20 Patente datata Mantova 26 giugno 1604 (ASMn, Archivio Gonzaga, *Libro delle patenti* n. 8, c. 297).

21 Di tali generi si serviva prevalentemente a Milano. Cfr. R. Piccinelli, *Le Collezioni Gonzaga. Il carteggio tra Milano e Mantova (1563-1634)*, Cinisello Balsamo (Milano), Silvana, 2003 («Fonti, repertori e studi per la Storia di Mantova. Repertori»), docc. 151, 224, 228, 230, 237, 263, 484, 613, 642, 710, 711.

cultore delle lettere e forse egli stesso poeta,[22] intrecciò rapporti amichevoli con Torquato Tasso, il quale scrisse in sua lode alcuni sonetti.[23] Anche se le documentazioni archivistiche non sembrano mettere in rilievo una sua particolare propensione al collezionismo, Fabio nutrì sicuramente interesse per l'arte:[24] sono documentati, infatti, i suoi rapporti col pittore fiammingo Giovanni Bahuet e col pittore Giulio Rubone,[25] che lavorarono per lui, mentre il granduca di Toscana gli fece dono nel 1605 di un quadro rappresentante il *Martirio di san Giacomo Maggiore*, del pittore fiorentino Ludovico Cardi detto il Cigoli, destinato al palazzo della corte di Polesine[26] e qui tut-

---

22 Si veda la lettera di Giulio Girelli da Brescia in data 10 giugno 1606 in cui lo ringraziava per l'invio di una «canzone» che gli «era stata carissima e degna di essere letta da ogni poeta». M. Sermidi, *Le Collezioni Gonzaga. Il carteggio tra Venezia e Mantova (1588-1612)*, Cinisello Balsamo (Milano), Silvana, 2003 («Fonti, repertori e studi per la Storia di Mantova. Repertori»), doc. 802.

23 A questo riguardo cfr. M.L. Chappel, *Appunti*, cit., dove sono pubblicati tre sonetti.

24 Tra le sue carte vi sono molti riferimenti al riguardo, come rileva M.L. Chappel, *Appunti*, cit., pp. 190-191, note 11 e 12, dove pubblica una ricevuta di pagamento, in data 29 maggio 1587 (ASMn, Archivio Gonzaga, b. 291) per lavori eseguiti dal pittore fiammingo Giovanni o Giannino Bahuet, e un conto, in data 15 ottobre 1587 (*ibid.*), relativo a lavori eseguiti dal pittore Giulio Rubone. Nella stessa sede si conservano una nota di spesa, datata 11 dicembre 1587, dove si legge: «a messer Giovanni pitore (quasi sicuramente Bahuet) per il quadreto de le trei done, lire 42,7» e una ricevuta in data 23 marzo 1587 relativa all'acquisto di «oro per la testa di santa Marta», un dono forse per il convento dei frati cappuccini di Santa Marta, attiguo al palazzo della contrada del Corno. Interessante anche una nota di spesa per lavori vari di falegnameria eseguiti per Fabio tra il 1581 e il 1584, tra i quali la confezione di due casse in cui collocare dei quadri da mandare a Milano e per travi e assi necessarie per rinforzare il «sollaro» di una «grotta», verosimilmente sita nel palazzo di Mantova, forse il «Camerino in volt» elencato nell'inventario dei beni di Fabio. Per altre notizie sugli interessi artistici di Fabio Gonzaga si veda anche B. Furlotti, *Le collezioni Gonzaga. Il carteggio tra Roma e Mantova (1587-1612)*, Cinisello Balsamo (Milano), Silvana, 2003 («Fonti, repertori e studi per la Storia di Mantova. Repertori»), doc. 580.

25 Su Bahuet e i suoi rapporti con Mantova si rimanda a V. Pagani, *Notes on a Flemish Portraits at the Court of Vincenzo Gonzaga: Giannino Bahuet (c. 1552-1597)*, «The Burlington Magazine», CXXXIX, 1007, 1987, pp. 110-115. Su Giulio Rubone cfr. R. Berzaghi, *Giulio Rubone (1530-1590)*, in *Manierismo a Mantova. La pittura da Giulio Romano all'età di Rubens*, a cura di S. Marinelli, Cinisello Balsamo (Milano), Silvana, 1998, p. 173.

26 Il quadro fu commissionato nella primavera del 1605 dal granduca di Toscana Ferdinando e inviato come dono a Fabio Gonzaga (cfr. *Beni Artistici nell'Oltrepo Mantovano*, a cura di A. Garuti e G. Martinelli Braglia, Modena, Poligrafico Artioli, 1992, pp. 74-75, scheda n. 73 a cura di R. Berzaghi; A. Mazza, *La Pittura a Mantova nell'età di Ferdinando*, in *Manierismo a Mantova*, cit., pp. 262-263). Alla fine di agosto l'opera (una tela di tre metri per due), per la quale il Cigoli ricevette 115 scudi, fu inviata a Fabio che il 2 settembre scriveva al granduca: «La gracia, che è piacciuto a vostra altezza di farmi, del bellissimo quadro mandatomi a suo nome è per me così singolare che quando per molti altri aspetti io non

tora conservato nella chiesa parrocchiale dove egli lo fece collocare l'anno successivo.[27]

Come ho già accennato, numerose sono nell'Archivio Gonzaga le lettere a lui dirette e quelle da lui scritte, l'ultima delle quali, indirizzata al nipote Alessandro Striggi[28] e risalente al 30 marzo 1617,[29] permette di fissare il termine *post quem* per la sua morte.

Tornando all'oggetto della mia ricerca, l'analisi dell'inventario dà conto dei beni conservati nelle due proprietà di Fabio. Non posso evitare un breve accenno alle loro vicende. Un recente studio[30] ricostruisce la storia della corte di Polesine e del palazzo che vi sorgeva, ora non più esistente, dimostrando che la costruzione del palazzo stesso, databile agli anni Settanta del secolo XV, è dovuta a Luca Fancelli che lo progettò per un nipote del marchese Ludovico II, Ugolotto Gonzaga. Dopo la morte

---

fosse, come sono, infinitamente obligato alla sua benignità, questa bastarebbe per rendermele etternamente obbligatissimo [...]. Rendo a vostra altezza quelle maggiori et più affettuose gracie che io posso di così gran favore, il quale, sì come avanza di gran longa ogni mio merito, se pur ne ho alcuno, et le proporcione della mia villa, dove il quadro ha da essere impiegato, così posso con verità dire che hora, adornata di questa eccellentissima pittura, sarà a me più cara et da me più pregiata et goduta di quel che sollevo». Si veda in particolare sull'argomento M.L. Chappel, *Some Paintings by Ludovico Cigoli*, «The Art Quarterly», XXXIV, 2, 1971, pp. 203-218 e dello stesso autore *Appunti*, cit., p. 186 sgg. Per questo quadro Fabio nel 1606 chiese un'indulgenza straordinaria al papa Paolo V, il quale si disse disposto a concederla solo a patto che il quadro fosse tenuto in casa, mentre Fabio, per le grandi dimensioni dell'opera, aveva deciso di sistemarlo nella chiesa di Polesine (cfr. B. Furlotti, *op. cit.*, docc. 680, 685, 726, 727).

27 A Fabio si devono diverse opere di miglioramento e ammodernamento fatte nella chiesa di Polesine tra la fine degli anni Novanta del XVI secolo e i primi anni del XVII secolo. Si veda, ad esempio, in ASMn, Archivio Gonzaga, b. 268, c. 298, un conto, in data 18 dicembre 1604, relativo a tali lavori.

28 Alessandro Striggi *senior* aveva sposato la nipote di Fabio, Anna, figlia della di lui sorella uterina Marzia Nuvoloni (si veda nota 9) e di Gerolamo Bianchi del Matto (si veda in ASMn, *Registrazioni Notarili*, anno 1590, cc. 1503*v*-1505*r*, l'atto dotale di Marzia in data 27 marzo 1590).

29 ASMn, Archivio Gonzaga, b. 2738.

30 Cfr. C. Parmigiani, V. Negrelli, *Le Corti di Pegognaga. Storia, mestieri, tradizioni e folclore*, Pegognaga (Mantova), Tip. Zapparoli, 1998, pp. 151-159, dove, sulla base delle documentazioni d'archivio viene ricostruita la storia della corte dal XIII al XX secolo, col supporto di un disegno del 1605, conservato in ASMn, Archivio Gonzaga, b. 3200, che, come scrive lo stesso Parmigiani «ci permette di percepirne almeno l'impianto complessivo». Una *Pianta della Fabbrica di Polesine* risalente al 1627 e oggi conservata nell'Archivio di Stato di Firenze (ASF, Medico del Principato, 6128) è stata pubblicata da M. Bourne, *The Gonzaga Country Estates of the Virgiliana, Palidano and Polesine. A Florentine Codex of Property Maps made in 1626-27 for Caterina de' Medici, Duchess of Mantua*, «Quaderni di Palazzo Te», 9, 2001, pp. 107-115. Questa pianta mostra la proprietà come doveva essere all'incirca al tempo della donazione di Fabio al duca di Mantova del 1614, essendo di solo poco più di un decennio posteriore.

di Ugolotto, il palazzo e la corte subirono alterne vicende fino a che nel 1535 il duca Federico II, con un decreto del 6 giugno,[31] donò la corte al figlio naturale Alessandro, dal quale poi per testamento passò, come si è già detto, a Fabio che ne fece la sua residenza privilegiata.

Il palazzo in Mantova nella contrada del Corno (attuale via Trento), detto anche 'il palazzo dell'Abate', è tuttora esistente anche se stravolto per i rimaneggiamenti subiti nel corso del tempo. Finora non mi è stato possibile reperire l'atto che ne documenta il passaggio ad Alessandro Gonzaga[32] neppure nell'Archivio Storico Comunale di Mantova, dove si conserva una ricca documentazione sulle vicende dell'edificio e sui passaggi di proprietà precedenti e successivi alla donazione al duca di Mantova da parte di Fabio Gonzaga.[33] L'edificio è visibile sulla pianta di Mantova del 1628[34] delineata da Gabriele Bertazzolo, dove lo si nota accanto alla chiesa e all'annesso convento di Santa Marta dei Padri Cappuccini, oggi scomparsi: si tratta di un ampio edificio con un corpo centrale e due ali laterali, con giardino interno. Oggi ospita l'Istituto Geriatrico Comunale.

Scorrendo l'inventario carta dopo carta, possiamo dunque conoscere non solo quali e quante stanze componessero i due edifici ma soprattutto quali mobili e suppellettili contenessero. Nel palazzo della corte di Polesine vi erano complessivamente, esclusi i locali accessori, 29 ambienti: tra di essi la camera del 'Mascarone' e la camera 'd'i cocodrilli', certamente così chiamate dalla decorazione che le adornava.[35]

Nel palazzo di Mantova gli ambienti erano 36 oltre alla cucina, la dispensa, il tinello, la cucinetta, la dispensa piccola, la corte grande, la corticella, la dispensa vecchia, la canova.[36]

---

31 Si veda nota 13.

32 Il palazzo era stato acquistato dal duca Francesco III Gonzaga nel 1545 dalla Prepositura di San Benedetto.

33 ASCMn, Atti di cauta custodia, b. 3, fasc. 15. Ringrazio la dottoressa Anna Maria Mortari, direttrice dell'Archivio Storico Comunale, che mi ha segnalato l'esistenza di questo importante *dossier*.

34 Cfr. D. Ferrari, *Mantova nelle stampe*, Brescia, Grafo, 1985, pp. 45-48, stampa n. 15.

35 Agli ambienti suddetti andavano aggiunti gli accessori: la «dispensa», la «cucina», la «stupheta», il «luogo della credenza», un «guardaroba», una «cantina grande» e «una piccola», il «luogo dei tinazzi», la «stalla», il «giardino». E ancora la «casa del fattore», il «pollaio», il «portico», il «porcile», la «colombara», la «barchessa», il «luogo dei legnami detto l'arsenale». Da un atto in data 16 maggio 1607, con cui Fabio Gonzaga affittava la corte, si apprende che facevano parte della proprietà anche «orti et giardini attacati al palazzo et il brolo con la peschiera che vi è in capo et anco il bugnolo detto Ronchobonoldo» (ASMn, Archivio Gonzaga, b. 291).

36 Nel momento della compilazione dell'inventario parte del palazzo era data in uso al

Tra i numerosi beni elencati e disseminati nelle varie stanze dei due palazzi oltre a un numero infinito di letti, cuscini, 'matarazzi', coperte, lenzuola, mobili, scranne, sgabelli, orologi, attrezzi per i focolari, forzieri, recipienti, tavolini, tavole, attrezzi da cucina, armi e armature, sono annoverati anche

- 93 libri, di cui purtroppo non vengono riportati i titoli,[37]
- un unico gioiello («una collana di pietre gioiolate et attacata una testa di can corso con sopra l'argento indorato»),
- alcuni oggetti di oreficeria («un crocifisso d'osso bianco con quattro pezzetti dell'istesso osso in una scatola senza coperto»; «un quadrettino, che si chiude, della madonna di Loreto con il Salvatore, d'argento»; «due croci con reliquie»; «un Agnus»),[38]
- un rilievo descritto come «un quadretto di marmo con sopra una testa»,
- un'opera modellata in terracotta («una statua di terra»),

---

conte Alfonso di Novellara, come segnalano debite annotazioni poste accanto ai beni conservati negli ambienti da lui occupati e indicanti il loro affidamento alle cure del suo maestro di casa. Fabio Gonzaga aveva in un primo tempo rifiutato di cedere la sua abitazione al Gonzaga di Novellara, ricordando, in una sua lettera in data 13 dicembre 1613, scritta da Polesine ad Annibale Iberti, che «Offersi già la mia casa al signor conte Alfonso di Novellara per quattro milla scudi a godere reciprocamente per tre anni, desiderando con essi di pagar debiti et di ritirarmi poi in un casino contiguo a' padri Capucini per passar questo poco tempo di vita che mi resta più lontano dal mondo che fusse possibile. Al signor conte sudetto non piaque il partito né io so come poter servire et obedire al desiderio di Sua Altezza per trovarmi la casa piena delle mie robbe et monitioni per vivere, per il bisogno che ho di venir a Mantova al primo bon tempo per curarmi, come sa il signor medico Brusco. Prego perciò vostra signoria a scusarmi presso l'altezza sua, assicurandola che, se non ne havessi bisogno per me, che la servirei molto volentieri al signor Conte» (ASMn, Archivio Gonzaga, b. 2728); Fabio aveva dovuto cedere poi alle pressioni del duca di Mantova e aveva dovuto ospitare il conte che attendeva che venisse accomodata la sua abitazione «della Porta del Te», come risulta dalla lettera, in data 17 febbraio 1614, di Fabio al duca Ferdinando I Gonzaga (ASMn, Archivio Gonzaga, b. 2731).

[37] I libri erano conservati tutti nel palazzo di Polesine. Nel febbraio 1609 Andrea Marsili da Roma avvisava Fabio Gonzaga d'aver comprato «doi corpi delle opere del signor cardinale Tosco», che constavano in tutto di sedici volumi, e che dopo averli fatti rilegare, glieli avrebbe inviati (B. Furlotti, *op. cit.*, doc. 805). Nell'ottobre 1606 da Verona Giuseppe Cervi inviava a Fabio tre libri e lo informava che «mi è stato promesso a Venetia di mandarne un altro, che tuttavia si stampa, di un teologo parigino» e che gli avrebbe mandato anche «le risposte di altri teologi romani ch'àno scritte le risposte di quelle ch'hano scritte contro sua santità» (M. Sermidi, *op. cit.*, doc. 818).

[38] Nell'aprile 1584 Giovanni Battista Annoni scriveva da Milano a Fabio: «Ho auto da messer Giovan Angelo, orefice, l'anello legatili dentro il crucefisso et l'agnus dei [...]. Gli giuro bene non aver mai visto la più bella cosa in vita mia». Cfr. R. Piccinelli, *op. cit.*, doc. 230.

– una «Tabula Geographica» in pergamena,
– uno strumento musicale («un chitarone con la sua cassa»),
– tre parati di cuoio, il più appariscente dei quali era «un apparamento di corame rosso di pelli numero 88 e liste di colonne numero 27 con fregi sopra e sotto».

Sparse nelle varie stanze dei due palazzi, vi erano 89 stampe, quattro delle quali così descritte: «due quadri grandi di Roma su la carta», «un quadro con sopra il re di Franza a cavallo, sopra la carta», «una tavola di cosmographia in carta». Le restanti, di soggetti non meglio identificati, sono definite come quadri e quadretti «di provincie» e «di paesi» in carta.

Infine, senza alcuna indicazione degli autori, è elencato un centinaio di quadri di pittura. Due sole eccezioni: «un [...] ⟨quadro⟩ con la Madonna et un putino di man di Rafael d'Urbino con le sue portelle adorate», conservato, con altre 11 opere, nel palazzo di Polesine, e «un quadro della Madonna, opera del Mantegna, con fregi intorno adorati, con sopra un scudetto con due fanciulli et in cima un'aquila di legno, con la coltrina di cendal verde», conservata con i restanti quadri nel palazzo di Mantova insieme con «la cassa (*i.e.* custodia) della Madonna ch'è a Polecine, fatta di mano di Rafael d'Urbino, con la coltrina di ormesino turchino con franze d'oro».

Altri 13 quadri, descritti però in modo molto generico, raffiguravano la Madonna:

– «Un quadro con la Madonna che va in Egitto».
– «Un quadro della Madonna con un bambino».
– «Una Madonna con sant'Anna sopra un quadro».
– «Un quadretto della Madonna in rame».
– «Un quadretto adorato con l'imagine della Madonna».
– «Un quadro della Madonna grande»
– «et un piccolo».
– «Un quadro del volto della Madonna con cornice di noce».
– «Due quadretti della Madonna, dorati».
– «Un quadrettino in rame della Madonna incornisato d'hebano con la coltrina di cendal turchino».
– «Un quadretto della Madonna di Loreto».[39]

[39] Fabio Gonzaga era molto devoto alla Madonna di Loreto. Si veda la sua lettera in data 4 ottobre 1615 (ASMn, Archivio Gonzaga, b. 2734, c. 53) ad Alessandro Striggi dove dichiarava: «Havend'io, gran tempo fa, fatto voto d'andar alla santa Casa di Loreto, vedendo

– «Una Madonna con un putino incornisata».

9 raffiguravano santi:

– «Un quadro grande con l'effigie di san Carlo».
– «Un quadro con san Francesco».
– «Un quadro con san Francesco».
– «Un quadretto con san Diego».[40]
– «Un quadretto con san Giovanni Battista».
– «Un quadro di san Francesco sopra il veluto nero».
– «Un quadrettino di san Hieronimo».
– «Un quadrettino di santa Cecilia».
– «Un quadretto di san Girolamo».

Vi erano altre 4 opere di soggetto religioso:

– «Un quadrettino con un Crocifisso e cristallo avanti».
– «Un quadro della Pietà con cornici di hebeno e cristallo in una scatola».
– «Un quadretto del Martirio di san Giacomo maggiore».[41]
– «Un quadro dell'albero della Contemplatione con la coltrina di cendal verde».[42]

Si possono raggruppare 16 quadri che rappresentano 18 ritratti famigliari:

– «Un quadro del ritratto del signor Fabio armato, con la coltrina di cendal di varii colori».

---

questi tempi belli, son rissoluto d'andarvi la presente settimana o al principio dell'altra». Ma il 7 ottobre si rammaricava: «Da tre giorni in qua le mie gambe mi danno tanto gran travaglio che dubito non poter sodisfar al mio voto» (*ivi*, c. 511).

[40] San Diego di Alcalà.

[41] Forse individuabile nel «Quadrettino meno di un braccio dipinto a chiaro e scuro col martirio di san Giacomo e Filippo fatto dal Gilotti» elencato nella *Stima de' quadri della Galleria di S.A.S. fatta dai pittori Canti e Calabrò* [...] (Archivio dell'Accademia Nazionale Virgiliana di Mantova, b. 50, *Memorie di Storia*). Il pittore Gilotti dovrebbe essere Giambattista Zelotti, pittore veronese che lavorò a Mantova, dove dal 1575 fu prefetto delle fabbriche ducali.

[42] Simbolo della redenzione, che nel suo trattato *Lignum vitae* san Bonaventura da Bagnoregio paragona, nell'articolazione dei suoi sviluppi, a un grande albero con i suoi rami, foglie, fiori e frutti. Tale allegoria, tradotta in sintesi grafica, diede vita a un disegno poi variamente elaborato in stampe e dipinti, cfr. *A casa di Andrea Mantegna. Cultura artistica a Mantova nel Quattrocento*, a cura di R. Signorini con la collaborazione di D. Sogliani, Cinisello Balsamo (Milano), Silvana, 2006, pp. 370-372, scheda n. 23 a cura di R. Brunelli.

– «Un ritratto del signor Valerio Gonzaga».[43]
– «Un quadro del ritratto del signor Alessandrino, incornisato».[44]
– «Un quadro del ritratto della madre del signor Fabio, incornisato».[45]
– «Un quadretto col ritratto del signor Alessandro Gonzaga».[46]
– «Un quadro del signor Alessandro Gonzaga armato».
– «Un quadro del ritratto del signor Alessandro Gonzaga».
– «Un ritratto del signor Alessandro Gonzaga in un quadro».
– «Un quadro della signora Giachelina non cornisato».[47]
– «Un quadro della signora Giachelina».
– «Due scatolini con li ritratti del serenissimo signor duca Vincenzo».
– «Un quadro col ritratto del signor duca Vincenzo con la coltrina di cendal diverso».
– «Un quadro del signor cardinal Federico».[48]
– «Un ritratto del signor duca Lodovico di Nevers Gonzaga».[49]
– «Un quadro grande con ritratti del signor duca Federico, cardinal Hercole et don Ferrante, vecchio».[50]

5 ritratti di personaggi noti:
– «Un quadro col ritratto dell'imperatore Massimiliano».
– «Un quadro dell'imperatrice Maria incornisato di noce con profili d'oro».[51]
– «Un quadretto del ritratto dell'imperatrice Maria con la coltrina di cendal turchino».
– «Il ritratto del duca d'Urbino».
– «Il ritratto di papa Pavol quinto».

---

43 Figlio naturale di Alessandro Gonzaga e di Marzia Gonzaga Nuvoloni (vedi note 10 e 11 e albero genealogico n. 3).

44 Altro figlio naturale di Alessandro Gonzaga nato da una «povera donna sciolta» (vedi nota 11 e albero genealogico n. 3).

45 Marzia Gonzaga Nuvoloni (vedi alberi genealogici nn. 1, 2, 3).

46 Figlio naturale del duca Federico II Gonzaga e padre naturale di Fabio Gonzaga, di Valerio Nuvoloni e di Alessandrino Gonzaga (vedi albero genealogico n. 3).

47 Unica figlia documentata, naturale, di Fabio, andata suora nel convento di San Barnaba col nome di Anna Francesca (si veda anche nota 2).

48 Figlio del duca Federico II.

49 Figlio del duca Federico II.

50 Figli del marchese Francesco II Gonzaga e di Isabella d'Este.

51 Figlia di Carlo V e moglie di Massimiliano II d'Asburgo. Fabio ebbe modo di servirla nel viaggio che ella fece dalla Germania alla Spagna. L'imperatrice lo ricambiò facendogli ottenere dall'imperatore una pensione annua in vita di scudi 500. Forse questo quadro o quello che segue potrebbero essere un dono dell'imperatrice a Fabio.

E 2 ritratti di personaggi sconosciuti:
– «Un quadro col ritratto d'una vedova, incornisato».
– «Un quadro d'una fiamenga, senza cornice».

Seguivano poi la genealogia gonzaghesca:
– «Il quadro dell'arbore della casa Gonzaga incornisato».[52]
E
– «Un'impresa con motto Doria».

Rappresentavano il genere paesaggistico 36 quadri, alcuni raffiguranti un luogo preciso, ma la maggior parte, definiti genericamente «quadri a paesi», senza una descrizione specifica che valesse a identificarli:
– «Un quadro grande di Terroane».[53]
– «Un altro quadretto del Monferrato».
– «Un quadro del sito mantovano».
– «Un quadro grande del Guazzo di Cirixe incorniciato».
– «Quattro quadri grandi a paesi».
– «Due quadri grandi a paesi».
– «Sei quadri de paesi in tela, senza cornice».
– «Un quadro a paesi, rotto».
– «Quadretti a paesi con cornice nera dorata numero 12».
– «Due quadri a paese incorniciati di noce».
– «Tre quadri a paesi».
– «Due quadri di paesi incorniciati».

E ancora erano presenti opere rappresentanti fatti storici:
– «Un quadretto della Cavalcata del papa».[54]
– «Un quadro longo della vittoria affricana di Carlo Quinto».[55]

---

[52] Forse lo stesso da cui era stato tratto quello inviato nel dicembre 1608 ad Asdrubale Mattei in Roma che ne ringraziava Fabio dichiarando di averlo particolarmente gradito «per venirmi dalla sua cortese mano et per essere fatto con diligenza et esquisitezza» (B. Furlotti, *op. cit.*, doc. 794).

[53] Thérouanne, città della Francia, già fortezza di Francesco I contro i Paesi Bassi. Attaccata di sorpresa dagli imperiali nel 1553, fu occupata e, per ordine di Carlo V, rasa al suolo.

[54] È possibile che si tratti della cavalcata per l'incoronazione di Carlo V da parte di Clemente VII a Bologna, raffigurata anche da Domenico Brusasorci nel Palazzo Ridolfi-Da Lisca, ora Liceo Messedaglia, a Verona. Pare meno probabile invece che possa trattarsi della cavalcata trionfale da San Pietro a San Giovanni in Laterano che i papi, dopo l'elezione, compivano per prendere possesso simbolicamente della città di Roma.

[55] L'impresa di Tunisi (1535) contro i pirati che avevano occupato Tunisi e infestavano il Tirreno e il Mediterraneo.

– «Due quadri grandi fatti a olio delle guerre di Fiandra, incornisati di noce».
– «Due quadri di guerra, antichi».
– «Tre quadri di guerra incornisati».

Due sole opere di soggetto mitologico:
– «Un quadro di una Venere».
– «Un quadro di Bacco in un bagno».

Un quadro di soggetto allegorico:
– «Un quadro grande della Fortuna».[56]

Uno di soggetto biblico:
– «Un quadro d'Hesdra».

Infine i cosiddetti quadri di genere trovavano un solo riscontro nei
– «Due quadri di streghe e strioni, incornisati».

Malauguratamente, come ho già detto, delle opere non viene mai indicato l'autore, e anche le descrizioni dei soggetti raffigurati, molto sommarie, e a volte addirittura assenti («tre quadri piccoli», «un quadro grande con diverse figure», «un quadro di pittura incornisato cum profili d'oro»), non consentono di determinare il reale valore e l'entità della raccolta, che quindi viene in certo qual modo 'nobilitata' solo dalla presenza delle Madonne dei due grandi maestri. Rilevanza che sembra palese anche nella stesura dell'inventario dal momento che da un'annotazione le due Madonne, insieme con pochi altri quadri, risultano date in consegna all'intendente di Fabio, Annibale Canossa, quasi a rilevarne la preziosità o la predilezione e cura da parte del proprietario. Gli altri quadri affidati al Canossa erano: il «quadretto della Madonna di Loreto», la «Madonna con un putino incornisata», il «quadretto dell'imperatrice Maria con la coltrina di cendal turchino», il «ritratto di papa Pavol quinto», il «quadro dell'arbore della casa Gonzaga incornisato», il «quadro grande della Fortuna».

La mia ricerca, partita dalla vicenda biografica di Fabio Gonzaga, si è allargata a quella della sua rete famigliare, estendendosi a documenti notarili, a conti, a inventari e a testamenti che potessero fornire tracce non solo di queste due importanti opere ma anche di tutte le altre. Purtroppo

---

[56] Come non pensare alla tavola (cm 96,1 × 49,6), attribuita alla bottega di Giulio Romano e conservata ad Hampton Court, Royal Collection? Si veda il contributo di S. Lapenta, R. Morselli, *La Quadreria nell'elenco dei beni del 1626-1627*, Cinisello Balsamo (Milano), Silvana, 2006 («Fonti, repertori e studi per la Storia di Mantova. Atlanti»), p. 338.

l'indagine non ha portato fino a ora a risultati concreti. Sicuramente il percorso dovrà essere integrato in modo interdisciplinare nell'ambito di più estese competenze. Unica eccezione risulta il ritratto di papa Paolo V documentato da una lettera, scritta da Roma nel marzo 1609 da Marsilio Andreasi, che accompagnava l'invio a Fabio di tre ritratti del papa, pregandolo di tenerne per sé un esemplare «come un picciolo tributo della divotione et obsequio che li devo et porto».[57]

Se non è possibile, almeno per il momento, saperne l'origine, si può pensare che la quadreria di Fabio Gonzaga, dopo la donazione, sia confluita per la maggior parte nella celebre galleria gonzaghesca. Scorrendo, infatti, gli inventari del 1626-1627 (la cui importanza fondamentale è data dal fatto di essere stati redatti appena prima della vendita della quadreria gonzaghesca all'Inghilterra e del sacco di Mantova),[58] ci si imbatte in diverse opere che trovano qualche riscontro con quelle elencate nel nostro inventario. Consapevole che la genericità delle descrizioni in entrambi gli inventari consente solo suggestioni, propongo una sequenza di raffronti:

«Un quadro con la Madonna che va in Egitto» / «Un quadertino sopra l'asse dipintovi la Madonna che fugge in Egitto».

«Un quadrettino in rame della Madonna incornisato d'hebano con la coltrina di cendal turchino» / «Un quadertino di rame dipintovi la Madonna con il Bambino e san Gioseppe con cornice d'ebano».

«Un quadrettino di san Hieronimo» / «Un quadertino fatto a miniatura dipintovi san Geronimo con cornici d'ebano e sopra un cristal rotto».

«Un quadretto di san Girolamo» / «Un quadretto picciolo dipintovi san Geronimo che si batte il petto, con cornici».

«Un quadro grande con l'effigie di san Carlo» / «Quadro con l'aritrato di san Carlo».

«Un quadro col ritratto dell'imperatore Massimiliano» / «Un ritrato con sopra la testa di Massimigliano imperatore».

«Quattro quadri grandi a paesi» / «Quattro quadri dipintovi paesi sopra l'asse, con cornice d'ebano».

«Due quadri di streghe e strioni» / «Un quadro dipintovi streghe in campo di paesi con ornamento di noce fregiato d'oro» / «Un altro quadro con un paese dipintovi un strigozzo con ornamento fregiato d'oro».

---

[57] Cfr. B. Furlotti, *op. cit.*, doc. 805.

[58] Cfr. A. Luzio, *La Galleria dei Gonzaga venduta all'Inghilterra nel 1627-28*, Milano, L.F. Cogliati, 1913.

«Un quadro col ritratto d'una vedova, incornisato» / «Un quadro dipintovi un ritrato d'una donna vedova, alla bolognese».
«Un quadro d'una fiamenga, senza cornice» / «Un quadretto con dipintovi una donna fiamenga».

Il quadro di Raffaello trova un minimo richiamo, per le «portelle adorate», con «l'anconeta con ante da serare adorate, dipintovi la Madonna col Bambino in braccio, san Bernardo e san Benedetto et nelle ante san Giovanni, santa Lucia e 2 ritrati», che però nell'inventario del 1626-1627 risulta anonimo. Inoltre si ha notizia della presenza nelle collezioni gonzaghesche di una Madonna di Raffaello, trafugata durante il sacco di Mantova, ma copiata, prima dell'evento, dal pittore veronese Tullio India il Vecchio.[59]

Invece nessuna identificazione è possibile, neppure sulla base delle caratteristiche ornamentali esterne, per la Madonna mantegnesca per la quale si può azzardare un'altra ipotesi suggestiva. Infatti in una stima dei quadri che componevano la galleria gonzaghesca agli inizi del Settecento, redatta per volere dell'ultimo duca Ferdinando Carlo, si legge di «Una Beata Vergine che allatta il puttino, di lunghezza mezzo braccio, dipinto sull'asse, del Mantegna», valutata «doppie 40» e collocata «nella camera propria di sua altezza serenissima».[60] Sembra confermarsi così la felice intuizione di Raffaella Morselli, che, nel suo saggio *La quadreria nell'elenco dei beni del 1626-1627*,[61] a proposito della bassa valutazione economica data in genere, nell'elenco stesso, ai quadri di Mantegna, scrive: «È come se fossero ritenuti adatti a una contemplazione privata e solitaria, meri oggetti di culto familiare». Si può quindi verosimilmente pensare che anche la Madonna mantegnesca di Fabio, una volta approdata nella galleria gonzaghesca, sia stata conservata, nel tempo, dai signori di Mantova tra gli oggetti più familiari, e per questo scampata miracolosamente alla vendita all'Inghilterra e al sacco di Mantova, ma proprio per questo destinata a confondersi nei meandri delle contese ereditarie seguite alla morte dell'ultimo duca.

---

[59] Cfr. B. Dal Pozzo, *Le vite de' pittori, degli scultori et architetti veronesi*, Verona, G. Berno, 1718, p. 76. Devo questa segnalazione a Stefano L'Occaso, che ringrazio.

[60] Si veda la nota 41 dove è già citato questo documento.

[61] Cfr. S. Lapenta, R. Morselli, *op. cit.*, pp. 146-147.

APPENDICE

Descrittione delli beni mobili dell'illustrissimo signor Fabio Gonzaga ritrovati a Polecine et a Mantova.[1]

A dì 3 aprile 1614.

Inventario o descrittione delli beni mobili e semoventi ritrovati nella Corte di Polecine dell'illustrissimo signor Fabio Gonzaga, fatta ad instanza dell'illustre et molto reverendo signor Ottavio Gentili in questa parte agente et procuratore del serenissimo signor duca di Mantova et di Monferrato et cetera, alla presenza sempre di messer Pietro, figliolo di messer Homobono Mazzoni, habitatore in Mantova, al servizio di detto signor Ottavio, messer Matteo, figlio quondam di messer Giovanni Martinelli, servitore di detto illustrissimo signor Fabio, et messer Clemente, figlio quondam di Giovanni Maria d'i Frizzi, habitatore in detto luogo di Polecine, testimoni et cetera.

Nella camera del Mascarone.

Due letti di penna d'ocho.

Quattro mattarazzi di lana.

Due cocchiette di legname da cavaletti, una de' quali è con quattro colonelle, cantinelle, pomi e trabacchina di veli usata.

Coperte imbotite di seta di diversi colori numero 3.

Due altre coperte simili di diversi colori, tutte usate.

Lenzoli numero 4, usati.

Una coperta bianca inbotita di banbagio.

Due cossinoni di lana con le sue fodrette di renso.

Un panno rosso di lana.

Tre cossinetti da stomaco pieni di piumino.

Due cossini di lana con le sue fodrette.

Un altro cossinetto di piuma largo con la fodretta.

Due bufetti di noce, uno con corame sopra et l'altro con una tovaglia bianca.

---

[1] ASMn, Magistrato Camerale, P. V, *Donazioni*, 1600-1619.

Un scrittorio di noce.
Un quadro grande con l'effigie di san Carlo.
Un altro con la Madonna et un putino, di man di Rafael d'Urbino, con le sue portelle adorate.
Due scranne di corame negro da portare et due scanelli.
Due scranne di paviera.
Uno scabello di piella da scrivere.
Un orologio grande da tavola fatto a torre con il suo vetro sopra.
Due cavedoni di ferro da croce, una paletta, una forcina, una moglia et un soppietto.
Un letturino alto due braccia con un breviario in foglio.
Un scrimaglio da foco col piede di noce.
Tre banzole di piella.
Un tripiede di noce con un caldarino di rame lavorato.
Un vasetto da acqua santa d'argento.
Un bacinetto d'ottone con la sua broccha.

Nel camarino contiguo.

Una lettiera di noce con un pagliarizzo, un letto di piuma d'ocho, mattarazzo di lana, piumazzo di piuma, lenzoli due, due panni bianchi, una copertina di seta imbotita, ogni cosa usatissima.
Due scranne da servitio.
Un forciero di corame vecchio.
Un scaldaletto usato con il manico.
Mattarazzi due, un panno, una coperta.
Un piumazzo di penna, lenzoli due usati.
Una scrivania di piella coperta di panno turch[ino].
Due portiere di razzi, usate.
Quadrettini piccoli di carta incornisati numero 49.

Nel camarone contiguo.

Una lettiera di noce con colonelle, cantinelle et pomi.
Un letto di piuma d'ocho, un mattarazzo, due cossinettti di lana con le sue fodrette.
Un piumazzo di piuma, un cossino con la sua fodretta lavorata di seta, un panno rosso, due lenzoli tutti usati.
Un ginocchiatorio di piella.
Un quadro con san Francesco.
Scanelli di corame numero 8.
Una scragna di marochino negro da portare con le stanghe et cinghioni di corame rosso.
Sei scranne d'apoggio di corame di colori diversi.
Due tavole di piella con sopra li corami.
Due tavolini di noce con li suoi corami.
Un horologio con la sua cassa da contrapesi.

Un sbaraino di noce.
Un quadro grande di Terroane.
Un altro quadretto del Monferrato.
Due tripiedi di noce con due caldarini di rame.
Una bottigliaria di piella, antica.
Due cavedoni da croce di ferro con un zanpino et una forcina.
Un forciero da credenza di campagna coperto di corame negro.
Una tavoletta di pioppa da letto.

Nel camarino in capo alla scaletta a lomaca.

Una lettiera di noce, un pagliarizzo, un mattarazzo, un piumazzo di lana, un cossinetto, due coperte et un panno, strazzati, due lenzoli pezzati, un cielo di trabaccha con un pezzo di spaliera.
Un scanno di noce, una banzola di piella.
Un forciero da campagna, un orinale di stagno.
Un'asse grande di piella attaccata al muro.
Un bacino da barbiero d'ottone.

Nel camarino in fondo a detta scaletta.

Una lettiera di noce con le colonelle et cantinelle di ferro, pagliarizzo, mattarazzo, un letto di piuma, due lenzoli usati, un piumazzo.
Due coperte bianche imbotite usate et una trabachetta di tela, ogni cosa usate.
Un scanno di noce.
Una secchietta da servitio con il vaso di rame.
Una tavola di pioppa con una carpetta.
Due cavedoni di ferro da croce.

Nella sala di sopra.

Una tavola del matto con le sue cugolette et ferro e truchi numero 4.
Una credenza di noce.
Un tavolino di piella con il suo corame sopra adorato.
Una tavola di piella col telaro di noce con la sua coperta di corame adorato.
Scranne d'appoggio di corame numero 6.
Un scanello di corame et uno di noce.
Due cavedoni di ferro da croce.
Un quadro d'Hesdra.
Un quadro con la Madonna che va in Egitto.

Nella camera grande seguente.

Una lettiera di noce con un letto, tre mattarazzi, due lenzoli, una coperta di seta turchina, fodrata di bianco, un'altra coperta bianca et un panno rosso, due cossinoni con le sue fodrette bianche di renso, un cossino di lana con la sua fodretta lavorata di seta diversa.
Quattro collonelle mozze con un cordone attorno giallo.
Un quadro della Madonna con un bambino.
Tre seggie d'appoggio di corame diverso.
Un scrannone d'appoggio di corame rosso.

Un scanno di noce vecchio.
Una tavola di pioppa con li cavaletti con sopra un corame.
Un paro de cavedoni di ferro con li pomi d'ottone, con la paletta, gavato, forcina e moglia.
Un scaldaletto.

Nel camarino seguente.

Una lettiera di noce con colonelle et cantinelle con sopra una trabaccha di tela turchina segnata, con tornaletto.
Un pagliarizzo, un letto, un mattarazzo.
Un piumazzo di penna, due lenzoli strazzati.
Una copertina di seta verde, un panno et una copertina di bavella, ogni cosa usata.
Un scanello di corame.
Una tavola di piella con li cavaletti et sopra una carpetta.
Un scanno di noce.
Un secchietto con sopra la sua coperta di trippa[2] et dentro il suo vaso di rame da servitio.
Un quadro con san Francesco.
Un tripiede da caldarino.
Un letturino.
Una cassa da campagna di corame.
Due banchetti con li soi rastelletti.

Nella camera delli stafieri.

Due lettiere, una di noce et una di pioppa.
Due pagliarizzi, tre mattarazzi, due piumazzi di penna, due para di lenzoli strazzati, tre coperte strazzate et una coperta da mulli.
Una tavola di piella.
Un scanno di noce.
Una banzola di pioppa.
Una scalinata di quattro gradini.

Nel camarino contiguo.

Una lettieretta di pioppa con sopra un paglierizzo, un matarazzo, un lenzolo strazzato, una coperta da mullo turchina strazzata, due lettiere disfatte, un'altra lettiera di noce, tre carriole da dormire, otto colonelle longhe et 12 curte, due cavaletti da tavola.
Due scanne da servitio, quattro ferri da lettiera, due selle da mulli.

In cima alla scala a lumaca che va nel granaio.

Sei moschettoni con li suoi cavaletti.
Tre tavole.
Due cestoni da mulli.

---

2 'Tripa', antico tessuto di velluto o di panno costituito di lana e canapa, usato in particolare per ricoprire mobili.

Un cassone senza coperto.

Nel guardarobba di sopra.

Un instrumento da livellare acqua.
Cerchi di ferro numero 6.
Una secchia da correre (?) in tempo di Carnevale.
42 pezzi tra cristallo e vetro, diversi.
Ventagliole diverse numero 16.
Casacche da mascare numero 11.
Busti da mascare numero 8.
Due capigliate.
Un scabello di corame rosso d'appoggiar la gamba.
Due pomi grandi da mettere alla chiesa.
Una cerbotana.
Un arcobugio da ruota.
Un arcobugio alla spagnola.
Rampini da sostentar li acquedutti numero 10.
Una stampa da far balle da zarbotana.
Una forbice.
Una cassetta con diversi ferramenti.
Un soppietto vecchio.
Una cassetta con molte tavolette da tavoliere.
Una chiasura grande con la chiave da bolzone.
Un letto di penna con due piumazzi di penna.
Due cavedoni di ferro da croce
Una cassetta con piombo da vedriate.
Un scaldaletto rotto.
Un palo di ferro.
Un mescolo forato.
Una forcina da foco, un ferro longo et uno spiedo.
Una tenda strazzata.
Due terzaroli.
Tre canne da pistole curte.
Cinque fonde.
Una degagna da pescare, vecchia.
Un mattarazzetto disfatto.
Una lumiera d'ottone.
Un soppietto.
Una cassa vota.
Due ferri da cugole.
Due sacchette con un meschiadizzo.[3]

[3] Miscuglio, mescolanza di varie cose.

Due cossinetti da posta.
Una balestra.
Due palette rotte.
Due polanaglii.
Un ronchetto et una forcina da moschetto.
Una hastina.
Un ventaglio di penne.

Nella camera a meggia scala.

Una lettiera con le colonelle, cantinelle di ferro, trabaccha coperta e tornaletto turchino e bianco, un pagliarizzo, un letto, un mattarazzo, un piumazzo di penna, una fodretta lavorata di seta, un cossinetto, due lenzoli usati, una tavola di noce.
Due tavole di pioppa su li cavaletti con tre carpette strazzate.
Un trepiede da caldarino et un caldarino.
Quattro scanelli di corame.
Un scanno di noce.
Una banzola di pioppa.
Un quadretto con san Diego.
Una secchietta coperta di corame.
Una tela verde.

Nel camarino contiguo.

Una lettiera con quattro colonelle.
Un cielo da trabaccha turchino e bianco.
Un pagliarizzo, un mattarazzo, un piumazzo di lana, due lenzoli, una coperta di seta turchina fodrata di valessio turchino.
Una coperta bianca inbotita.
Una tavola di piella su li cavaletti con sopra una carpetta, un calamaro negro.
Una cassa di piella. Una scranna da servitio.
Una banzola di pioppa.
Un caldarino di ramo.
Un orinale di stagno.
Libri diversi pezzi numero 93, diversi.

Nella camera del pozzo.

Una lettiera di noce con le colonelle et cantinelle di legno et di ferro con una trabaccha d'ormesino canzante e giallo col tornaletto, un pagliarizzo, un letto, un mattarazzo, un piumazzo di penna.
Un cossino con la fodretta lavorata di seta.
Un paro de lenzoli usati, un panno rosso.
Una copertina bianca.
Un tavolino di noce con la coperta di corame.
Una tavola di piella con la coperta di corame.
Un quadretto con san Giovanni Battista.
Una secchietta coperta di panno di rosso con il suo vaso di rame, da servitio.

Una scranna d'apoggio, un scanello di corame.
Un scanno di noce.
Due banzole di pioppa.
Un caldarino di rame.
Due cavedoni di ferro in croce.
Una paletta et una moglia.

Nel camerino contiguo.

Una cocchietta di noce con un trabachino di fioretto, un pagliarizzo, un letto, un mattarazzo, un piumazzo di lana, un paro di lenzoli, due panni bianchi usati.
Una tavola di noce longa con tre cavaletti.
Un scanello di corame.
Un scanno di noce.

Nella sala da basso.

Banche depinte con l'arma Gonzaga numero ***.
Una tavola di pioppa.

Nella camera d'i cocodrilli.

Un lettierone grande con quattro mattarazzoni, quattro meggie colonne adorate e miniate con un cordon di seta, il tornaletto di raso ranzo imbotito, un sparaviero di renso bianco.
Un panno rosso.
Una tavola di pioppa grande con coperta di corame.
Una scranna di corame et un scanello di corame.
Due cavedoni a croce di ferro, una moglia di ferro.
Una Madonna con sant'Anna sopra un quadro.

Nella camera contigua.

Una lettiera di noce con colonelle, cantinelle di legno et di ferro con sopra una trabaccha d'ormesino rigato.
Un pagliarizzo, un mattarazzo, un cossinone.
Un lenzolo, una coperta turchina inbotita.
Una sopra coperta di bavelina rigata di color diverso, fodrata di turchino.
Un banco di noce da dormir sopra col suo mattarazzetto di raso.
Un scanno di noce.
Una secchietta da servitio coperta di corame, con dentro il suo vaso di rame.
Una banchetta di piella dipinta.
In un camarone da basso.
Due lettiere di noce fornite con le sue colonelle e cantinelle e due sparavieri bianchi, tre pagliarizzi, due mattarazzi.
Due piumazzi di penna, quattro lenzoli.
Due panni bianchi, due copertine intovagliate.
Una tavola rotonda di noce con un corame sopra.
Una tavola di piella con su una carpetta di banbagio.
Tre scranne d'apoggio di noce, rotte.

Una banca di pioppa.
Una banzola di piella con l'arma.
Un rastello d'attaccar arme.

Nel tinello.

Una tavola longa di piella con tre cavaletti.
Un scanno di noce.
Una cassa da campagna.
Un credenzone vecchio.
Due tondi grandi da bocale di peltro.
Un caldarino di rame.

Nella dispensa.

Un banco da scrivere.
Due tavole con 4 cavaletti.
Due scanni d'apoggio.
Due centenari di marmo.
Quattro barilli.
Orzi et albarelli di pietra con varie cose dentro, tra grandi e piccoli numero 38.
Maiolica bianca pezzi numero 29.
Una scodella da paiolada et un salino di maiolica.
Due bocali di peltro da dare acqua.
Due vetri da tener dentro candele acese.
Un bacino et un bocale di maiolica negra.
Un bocalino di maiolica bianca.
Zucche di vetro coperte di paglia numero 12.
Una cazza di rame.
Una teggia di rame.
Un botazzo da olio da brusare.
Due bacine di stagno.
Due lumiere di lattoni.
Una canovetta con sei caraffoni.
Peltro pezzi numero 216, pesa pesi numero ***.
Un graffio.
Una ramina di rame.
Un lavezzo.
Una balanza.
Una stadera.
Una moscarola.
Una sogliola da far favette.

Nella cucina.

Tra cadene da foco.
Due cavedoni da foco con le gambe.
Due spediere da campagna.
Cinque mescoli di ferro.

Un mescolo forato.
Una cazzola da torte.
Due gradelle.
Candelieri d'ottone numero 13.
Un refrescatorio di rame lavorato grande.
Un refrescatorio mezano.
Una bastardella di rame da mettere il resto in caldo, con il coperto.
Teggie di rame numero 9.
Un crivelletto di rame.
Due giotte di rame.
Un teggino.
Una gratarola, una rasparola.
Un desco da far pane.
Una gramola col gramolino.
Spiedi da rosto numero 10.
Cazze di rame tra grandi e piccole numero 12.
Due piatti grandi di rame.
Un cesto da torta d'azzale.
Quattro padelle.
Tre cogme da acqua.
Due ramine di rame grandi.
Maiolica pezzi numero 29.
Una mesa, una buratadora.
Due mortari di marmo, due pistoni.
Un badile.
Sette pignatte tra grandi e piccole di rame.
Tre triangoli di ferro.
Una tavola longa da cucina.
Un desco vecchio.
Due parole da bugata dentro alle fornaselle.
Due asse da pane.

Nella camera della massara.

Una lettiera di pioppa con un pagliarizzo, un letto, due lenzoli, una coperta da mullo et un piumazzo di penna.
Un'arca da farina.
Tre conche da salar mezeni.

Nella camera del dispensiere.

Una lettiera di pioppa con colonelle, cantinelle di ferro et legno, trabaccha di tela signata, pagliarizzo, mattarazzo, letto, piumazzo di lana, due lenzoli, un panno bianco, una copertina bianca et una turchina.
Due casse di piella.
Due barilli cerchiati di ferro.
Un tripiede con il caldarino sopra.

Due cavedoni di ferro con la gamba.
Una cassetta di piella, una turchetta di piella.
Una scranna grande di paviera con le spadole.
Un scavello di corame.
Una banzola di pioppa.
Un galeazzo.
Una stagnadina piccola.
Un orinale di rame vecchio.
Un pesetto di ferro.

Nel luogo della credenza.

Una cocchietta su li cavaletti, un paglierizzo.
Un mattarazzo et un lenzolo.
Candelieri d'argento numero 9 con la mochetta et parafumo d'argento.
Un'altra mochetta e parafumo d'ottone.
Due coppe col piede alto d'argento.
Due sottocoppe col piede basso d'argento.
Un tondo da coglier le minuzze d'argento.
Un caldarino d'argento con la sua cazzetta.
Due bocalini da olio et da aceto d'argento.
Zuccherera et peverera d'argento.
Cucchiari d'argento numero 15.
Forcine d'argento numero 15.
Cortelli diversi numero 30.
Salini d'argento dorati piccoli numero 2.
Salini d'argento grandi numero 2.
Un ferro da cugole.
Maiolica pezzi numero 5.
Una fogara da confettare di rame.
Una tavola di piella su li cavaletti.
Un tavolino di noce.
Due scanni di noce.
Due banzole di piella con l'arma.
Un torchietto di noce.
Un caldarino di rame.

Nella cantina grande.

Botte di carro numero 39 su le toppe.
Due boticelli cerchiati di ferro.
Due lore.
Soglii numero 3.

Nella cantina piccola.

Carrari numero 19.
Quattro vasselli due di meggio carro et due di minor tenuta.

Nel luogo delli tinazzi.

Tinazzi numero 18.

Un torchio da graspe.

Un soglio da bugata.

Un carrozzino fornito di veluto verde.

Due conche per i tinazzi.

Un carrozzino da campagna.

Nella stalla.

Una lettiera di pioppa, un mattarazzo col piumazzo di penna, due lenzoli, un panno bianco strazzato.

Selle vecchie numero 3, briglie 2.

Una lumiera di ferro da stalla.

Sei cavalli da carozza bianchi con li fornimenti.

Due altri cavalli: un sauro et un leardo.

Un albio grande di marmo.

Nel giardino.

Naranci parte in casse et parte in vasi numero 28.

Quattro leandri ne' vasi.

Mortelle vasi 2.

Giacemini di Catalonia numero ***.

Nel guardarobba inferiore.

Una cocchietta su li cavaletti con sopra tre mattarazzi, cinque pumazzi di lana, dui cossinoni et un cossino, un cielo di trabacca mischio et un lenzolo, quattro pezzi di coperti da scranna di corame coperte di veluto, et una borsa parimente di corame coperta di veluto verde.

Un cossino verde di veluto e corame.

Un altro cossinetto di corame coperto di raso a opera et un altro cossinetto di corame.

Una borsa di corame.

Due tavolieri con le sue tavolette.

Un letturino piccolo da tener su libri.

Una coperta da mullo turchino con l'arma.

Una trabacca di filo turchina e bianca con due bandinelle con tre pezzetti del medesimo.

Un tapeto strazzato.

Quattro cossini di veluto negro con fiocchi, uno de' quali è meggio di corame.

Un cossinetto di piumino.

Dui cossinoni di lana con le fodrette di renso.

Un tornaletto di banbagio bianco e turchino intovagliato.

Due carpette alla moresca.

Una pelle di corame.

Un tornaletto di raso turchino inbotito.

Un altro tornaletto turchino e giallo di filo.

Un altro tornaletto bianco con corde.

Un altro tornaletto di seta turchino e giallo.

Un altro tornaletto bianco di filo e banbagio.
Un altro tornaletto bianco et argento di filo et banbagio.
Un paro de calcetti di cervetto, un paro di morelano, un paro de borzachini di marochino.
Un cielo da letto di filo con la testiera di tele rigate.
Una trabaccha di filo e banbagio con le bandinelle e tornaletto e copertina.
Un sparaviero di renso bianco col suo capeletto.
Un altro sparaviero di renso col capeletto fornito di franze.
Un altro sparaviero di tela con liste a criveletto.
Due cossini con le fodrette di renso lavorate di seta turchina e ranza.
Due altri cossini con le fodrette lavorate di seta morellina.
Un sparaviero di seta a criveletto di diversi colori col suo capeletto et con la copertina e tornaletto simili fodrati di cendal giallo.
Due lenzoli di renso.
Sette copertine di banbagio intovagliate.
Una cassa di noce con chiave et chiasara con dentro tovaglie trenta di renso intovagliate grandi.
Un'altra cassa di noce con chiave e chiasara con dentro l'infrascritte robbe, cioè due habiti da mascara di tela di Fiandra intieri.
Tovaglioli di renso diversi intovagliati n. 78.
Tovaglie diverse numero 12.
Salviette diverse numero 20.
Tovaglioli piccoli numero 4.
Brazza numero *** tovaglia nova di Fiandra in pezza.
Tovaglie vecchie numero 13.
Una cassa di piella con dentro l'infrascritte robbe:
Tovaglie da tinello tra grandi e piccole numero 11.
Sugamani pezzati numero 12.
Una copertina di zambelotto morella.
Tre tovaglie intovagliate usate e pezzate.
Tre salviette strazzate.
Cinque tovaglioli strazzati.
Un cossino di lana.
Una carpetta di più colori.
Una coperta di ciambelotto taneto.
Una cassa da campo coperta di corame.
Una cassa di piella con chiave e chiasara e manizze di ferro con dentro:
Due lenzoli.
Tovaglie d'accommodare numero 9.
Quattro tovaglioli frusti.
Fodrette strazzate numero 15.
Due moscarole di ormesino con le sue bochette ferrate d'argento.
Otto cordoni da sparaviero.

Una sourherba verda in una sacchetta.
Due bachette di ferro per tirar tele alle fenestre con una tela attaccata turchina.
Un cossinone di lana.
Una cassettina di piella con la chiave e chiasara.
Quattro fodrette di renso.
Due fodrette di renso lavorate di seta diversa.
Due ronchette da giardino.
Una cassetta di piella con dentro fodrette lavorate di seta di diversi colori numero 31.
Fodrette bianche vecchie numero 11.
Tre panirole.
Un lasso novo da cane.
Ceriotti di cera adorati e lavorati numero 6.
Sei quadrettini in forma di scatola.
Cinque bracciali da ballone.
Un orologio da sole.
Un'ombrella di tela.
Una scatola grande con dentro liste di maglia.
Due scatole rosse.
Una banca.
Quattro colini di maiolica.
Un schizzo da ballone.
Sette palette da balla.
Una petteniera nera.
Tre scatole con dentro capeletti e sonaglii da sparaviero.
Due chiasare alla todesca.
Una banca.
Due coppe di lattone.
Una banzola.

Nella camera delli sparavieri.

Li cavaletti per li sparavieri con due sparavierini sopra.

Nella casa del fattore.

Un banco da scrivere.
Una cassa da portar dentro il scrittorio.

Nel pollaro.

Galline numero 40.
Galli 4.
Pittoni 1.
Pavone 4.
Pavoni dalla coda longa: quattro maschi e due femmine.

Sotto il portico.

Coppi novi 3000 in circa.
Tre porci nel porcile.

Anedre tre et una d'India.

Nella camera della colombara.

Una lettiera.

La colombara fornita de colombi.

Sotto la barchessa

Due conche da calcina et una navazza vecchia.

Nel luogo d'i legnami detto "L'arsenale".

Un bancon da marangone.

Nove mazzi di cantinelle.

Diversi legnami, centoli, assi e due telari per la sala.

Sul granaro.

Un staro et due pale et una quarta.

Le possessioni della Corte seguono, cioè:

la *Mantovana* di para quattro e meggio de bovi con casa e fenile.*

il *Gonzaghello* e chiaviche di para tre bovi.*

la *Cadalora* di para tre bovi.*

li *Sabbioni* di para 4 bovi.*

la *Caldarina* di para tre bovi.**

il *Laghetto* di para 4 bovi.**

il *Gralvatto* di para uno e meggio.*

la *Valletta* prativa di biolche 96 con fenile, colombara disfornita, cassina et casello da vacchari.*

*Con casa e fenile in tutte le possessioni.

**Con casa e fenile e colombara sfornita.

Biancaria data in bugata.

Tovaglioli numero 37 di Fiandra.

Tovaglioli vecchi chioppe numero 45.

Salviette da mano numero 5.

Salviette da mano di Fiandra numero 7.

Lenzoli tra buoni e vecchi numero 34.

Tovaglie diverse numero 32.

Sugamani numero 3.

Un tovagliolo novo.

Quattro guardanappi da tinello.

Pezze da credenza numero 5.

Tutti li soprascritti mobili e robbe furono consegnate a messer Ferrante Soragna, fattore in detta Corte, qual promise haverne buona custodia fin tanto che l'illustrissimo signor Fabio sia partito, che alhora poi, se gli sarà imposta nova cura di quelli, intende che ne sia fatto più chiaro e distinto inventario.

A dì 11 aprile 1614.

Descrittione delli beni mobili ritrovati nel pallazzo dell'illustrissimo signor Fabio Gonzaga, posto in Mantova nella contrata del Corno, fatta ad istanza dell'illustrissimo signor Ottavio Gentili, agente in questa parte a nome del serenissimo signor duca di Mantova, alla presenza del signor Giovanni Battista Fezii, mastro di casa di detto signor Fabio, messer Annibal Canossa et mi Giorgio Solimani, drappiere di sua altezza, testimoni et cetera.

Et prima

Nella guardarobba vecchia.

Quattro letti di penna d'ocho.
Otto piumazzi di piuma da lettiera.
Un piumazzo di piuma da cariola.
Tre cossini da testa di piuma.
Tre cossini di lana.
Mattarazzi da lettiera numero 4.
Pagliarizzi da lettiera numero cinque, strazzati.
Due coperte bianche da letto imbotite.
Una fodra da coperta strazzata.
Una copertina di cendal verde qual era imbotita de fiori.
Una copertina da letto di raso turchino imbotita, fodrata di tela ranza.
Una copertina da letto di raso turchino imbotita a fogliami leggieri.
Una copertina da letto di Venetia da una banda cremesina et dall'altra gialla, trapontata.
Una copertina morella d'ormesino, frusta, imbotita.
Una sopracoperta da letto di tela battista con liste damaschine con fondo bianco et due fodrette simili.
Tornaletti diversi vecchi e frusti di diverse tele e sarze numero 7.
Una trabachina di damasco morello a opera grande con 4 bandinelle, coperta e tornaletto, fornita di franze.
Cinque cieli, con la testiera fodrata di corame, da trabacca di tela, diversi, senza bandinelle.
Due cossini larghi con le fodrette lavorate di seta ranza e turchina.
Sei tapetini da tavola di cendal bianco con fregi intorno stampati d'argento.
Un sparaviero di tela con liste alla milanesa lavorate di seta negra col suo capelletto.
Due pezzi di spaliera di dobeletto bianco e negro, strazzati.
Due tapeti da fenestra, vecchi e strazzati.
Una coperta et un tornaletto di spaliera vecchia, fatti a verdura o a brochetta.
Sette corami da tavola con fregi d'oro et colori diversi.
Sei corami da bufetti con fregi simili.
Corami da terra pezzi numero 3.
Una carpetta alla turchesca di diversi colori.

Un fornimento da cavalli in 4 pezzi di mascarata.
Una carpetta de tozzi[4] verde, rotta e pezzata.
Un tapeto da tavola di panno verde ut supra.
Un feltro taneto con le sue bottoniere et l'ancinello d'argento sopra indorato.
Tre valdrappe di panno nero da cavalli, una de' quali è col fregio di veluto nero.
Tre bandiere di cendale rosso e verde.
Una bandiera d'ormesino con l'imagine della Madonna et santa Caterina dall'altra con quattro fiocchi.
Una cornetta da cavalli di damasco giallo col crosolo, colli sui cordoni e fiocchi numero 4.
4 fiocchi per il carozzino verdi di seta.
Due pezzi di corda padovana per li letti.
Tre maniche da piccha di veluto.
Stringoni con li puntali d'argento da stivali numero 4.
Cordoni da stocco numero 2 di seta et oro.
Una tasca di veluto nero all'antica.
Due borse di veluto nero.
Un girello di veluto nero tagliato.
Un altro girello zizolino.
Sette pezzetti di veluto nero ricamati di diversi colori.
Tre laberinti e meggio di veluto verde lavorati d'oro.
Una coperta di veluto taneto da morione listata di corda d'oro all'antica.
Ceriotti di cera tra grossi e piccoli numero 17.
Altri ceriottti mezani numero 20.
Due orinali di stagno.
Una pinta di stagno.
Fiaschettini di stagno numero 4.
Un fiaschettino di latta.
Zucchette d'India numero 4.
Fiaschi di peltro numero 4 coperti di stropelli.
Due fiasche di corame cotto.
Un calamaro di noce grande lavorato, alto.
Un altro calamaro basso.
Un altro calamaro a torre.
Una cassa da tazzone depinta di rosso et indorata.
Zetti d'argento da falcone numero 9 et due monete vecchie et altre piccole in una cassettina di corame nero lavorata d'oro.
Un calamaro grande di legno nero con fogliami adorati et serrature d'argento.
Una cassettina piccola di legno coperta di corame rosso adorato, vecchio, con dentro sei bolli di ferro et un sigillo d'ottone et dodeci cucchiari d'osso rossi.

[4] Toccio, filato di qualità scadente.

Due scatolini con li ritratti del serenissimo signor duca Vincenzo.
Una scatolina da gioiello.
Una scatola con dentro sei lancette da salassare, todesche.
Un botton da specchio.
Un forcirino di corame negro con la chiave e chiasara.
Una scatola da penne.
Una scatola con dentro tre bande diverse.
Un fiocco da banda di seta morella con ordicello[5] d'oro.
Una bautta d'ormesino nero con li suoi occhiali.
Due pezzi di fodra da saglio d'ormesino taneto con un pezzo di veluto taneto fodrato d'ormesino.
Una scatola longa con due fasse da capello et un centurino.
Un quadro della Pietà con cornici di hebeno e cristallo in una scatola.
Tre cortelli et un forcinone da trinzante.
Un crocifisso d'osso bianco con quattro pezzetti dell'istesso osso in una scatola senza coperto.
Due barbe posticcie.
Una scatola con dentro una carta con un poco di triglia d'oro et argento.
Un cannoncino con un poco d'oro.
Bottoni numero 36 di rame dorati per un'ongara turchesca.
Cordoncini gialli e neri di seta in una carta.
Una scatola con dentro tre balanze d'ottone con un fornimento di pesi d'una lira.
Una scatola con dentro alamari per un'ongara.
Una scatola con dentro cornetti numero 11.
Una scatola con tre stampe et quindeci capelletti da falcone.
Un quadro con sopra il re di Franza a cavallo sopra la carta.
Un quadretto col ritratto del signor Alessandro Gonzaga.
Un quadro di san Francesco sopra il veluto nero.
Due croci con reliquie.
Un quadretto della Madonna in rame.
Sei quadretti di carta incornisati.
Un quadrettino, che si chiude, della Madonna di Loreto con il Salvatore, d'argento.
Un quadrettino di san Hieronimo.
Un quadrettino con un Crocifisso e cristallo avanti.
Un quadrettino di santa Cecilia.
Un Agnus.
Un campanello da camera.
Una cassettina d'osso fodrata di cendal verde.

---

5 Ordello, orlo.

Una spada con il suo pugnale et furnimento di veluto rizzo.
Un'altra spada imbornita con li pendoni di marochino.
Una spada da costa con il pugnale con li pendoni di veluto rizzo.
Un'altra spada cum li pendoni di marochino.
Una meggia spada con li pendoni di corame.
Una spada con fornimenti all'antica.
Una cortella con li fornimenti ricamati.
Una scimitarra lavorata alla damaschina con li suoi cortelli.
Un spadone da una mano e meggia.
Un pistolese con li pendoni e centurino.
Un spadoncello.
Un stocchetto.
Quattro scimitarre turchesche.
Tre pugnali all'antica.
Un paro de pendoni e centurino da putto.
Due centure nere.
Una lama da spadoncello.
Una lama da pistolese.
Una lama da stocco.
Un spiede scavezzo.
Un martello alla turchesca.
Quattro quadri grandi a paesi.
Tre quadri piccoli.
Un martello da huomo d'arme.
Una mazza da huomo d'arme con la sua borsa di corame.
Cinque mazze di legno.
Una mazza di corame.
Una fallerina[6] d'osso et due legni.
Una coda di pesce.
Sette para di scarpe di veluto nero.
Due para di scarpe di veluto taneto.
Un paro di scarpe di corda di Spagna.
Un valisino da portar lettere.
Un svegliarolo con la sua cassa.
Due tampani all'imperiale.
Una statua di terra.
Due lumiere d'ottone fornite.
Otto pozzirole da testa, due de' quali è di seta et l'altre di legno.
Una manzarina a foggia di ventaglio col manico di corame.
Una cortelliera con dentro cortelli numero 11 et una forcina.

---

[6] Falera (?), disco o borchietta, normalmente di metallo o d'avorio.

Una cortelliera vota.
Una cortelliera con dentro sei cortelli grandi et una forcina.
Tre cortelliere vote.
Una cortelliera con sei cortelli col manico bianco.
Due quadri grandi a paesi.
Un paro de meggi stivaletti.
Un paro de meggi stivaletti da bariera.
Tre para de stivaletti di marochino.
Una borsa di corame da spetiarie.
Un cannon di latta con una siringa dentro.
Una coda da cavallo.
Un stuzzo[7] da struzziero[8] con 7 ferri dentro.
Una guaina con dentro tre temporarini coperta di veluto negro.
Tre instrumenti da astorre.
Una fiasca d'arcobugio in forma di corna.
Un paro di speroni da huomo d'arme.
Sette lumiere d'ottone da candele.
Due schizzi.
Due caldarinelli d'ottone.
Un bacino con la sua brocca d'ottone.
Quattro fornimenti da spade antiche.
Una padeletta di ferro.
Una tenaglia e martello da marescalco.
Due bacine e dui bocali d'ottone.
Una cazzetta d'ottone col manico con due bottoni.
Una collana di pietre gioiolate et attacata una testa di can corso con sopra l'argento indorato.
Quattro lanze.
Due picche da barriera.
Una mazza da bariera.
Un ventaglio.
Una corona di legno.
Un quadretto di marmo con sopra una testa.
Un lanternino prohibito grande.
Due quadri di provincie in carta, incornisati.
Un quadretto della Cavalcata del papa.
Un sachello con dentro un paradello da pernici.
Quattro colonelle da lettiera indorate con quattro pomi compagni.
Un telaro da trabacca con le bachette di ferro.

---

[7] Stuccio per astuccio.

[8] Chi allevava e addestrava gli uccelli da falconeria.

Quattro scranne all'imperiale di veluto verde.
Due scanni simili.
Quattro scanni di vacchetta, rossi.
Una scranna da servitio col suo cantaretto di rame.
Un altro cantaretto di rame.
Quattro pomi da sparaviero.
Un sbaraino di noce con le tavole.
Un tripié da caldarino.
Cinque store coperte di tela.
Un'asse da tirar dinari.
Un letturino di noce da tavola.
Un forciero di legno coperto di corame nero.
Due casse da campo coperte di corame nero.
Una cassa di piella, vota.
Un bufetto di noce.
Quattro ligorsini da pescare.
Una cassa grande et una cassettina di piella.
Quattro tanburri coperti di corame nero.
Tre forcieri coperti di pelle forniti di latta indorata compreso uno schietto.
Un altro forciero rosso coperto di latta.
Un casson da dinari di noce con l'arma nel meggio con la chiave todesca.
Un banco da scrivere con tre cassettini.
Un chitarone con la sua cassa.
Un banchetto da scrivere.
Tre pezzi di scancie da libri.
Nell'armaria.
Morsi da cavalli diverse numero 43.
Un paro di speroni sforniti.
Un fornimento bianco da cavalli.
Una testiera et un pettorale con le fibbie indorate.
Due pendoni da groppiera.
Una briglia con la testiera alla gianetta.
Un fornimento da cavalli nero, intiero.
Un fornimento da slitta.
Una briglia nova fornita.
Una briglia vecchia.
Due cinture da valise.
Un pomo da sparaviero.
Una cassetta col cantaro da servitio.
Un telaro da scranna da servitio.
Tre cinghie da sella.
Una briglia da cavalli da carozza.
Un filetto da cavallo.

Un cavezzon di vacchetta.
Due cossini da posta.
Due portavaligie.
Una sella con il seder di piumino coperto di veluto taneto con sopracoperto di panno con le staffe d'ottone.
Una sella vecchia di veluto negro sfornita.
Una coperta cotta di corame miniata d'oro da cavallo.
Tre lostrini d'armar cavalli.
Due valisoni di vacchetta piccoli.
Una guaina da bandiera di vacchetta rossa.
Una coperta da morione di vacchetta.
Una borsa da scudo di vacchetta.
Una capelliera.
Tre casse da bacina d'argento.
Due morsi d'ottone.
Due para di speroni.
Due staffe.
14 arcobugi da foco alla spagnola.
Corde numero 6 d'arcobugi e terzaroli.
3 guanti da scrima.
Due sargentini[9] con li fiocchi di seta nera et oro.
Due partisane.
Un stuzzo con instromenti da incalmare.[10]
Un tamburo di corame.
Due brandestocchi con li manicchi involti di ferro.
Un banco di piella coperto di panno verde su due cavaletti.
Un spontone col ferro longo.
Due cortellazzi.
Un spiedo et quattro picche.
Un'altra arma d'hasta col ferro.
Tre maniche e tre guanti di maglia.
Sette altri pezzali di maglia.
Sei portaberette vecchi coperti di corame.
Un fornimento da cavalli di veluto con argento con fiocchi simili, con la sua sonagliara.
Un fornimento da cavalli di veluto nero con fiocchi, con la sediera, groppiera, pettorale.
Un fornimento da cavalli di veluto negro lavorato all'antica.
Un fornimento di veluto nero con le brochette gialle.

---

[9] Armi simili all'alabarda.

[10] Innestare.

Un altro fornimento di veluto nero lavorato con gropetti di seta et oro.
Dui fornimenti di vacchetta con ferri d'ottone.
Un fornimento di veluto negro con ottone.
Due fornimenti di veluto negro schietti.
Due briglie di veluto negro con li ferri dorati.
Una testiera di veluto nero.
Una carta in capretto in scritta "Tabula Geographica" in una scatola longa di legno.
Una tavola longa con 4 cavaletti et un tavolino.
Una armatura bianca da cavalleggiero.
Un'altra armatura simile ma negra.
Una celata da tre creste.
Quattro testiere da cavalli.
Due brocherini bianchi.
Una schiena a botta.
Due para di scarpe di maglia.
Un paro di schinche da stivalli.
Un taschetto a botta.
Una celata antica.
Una celatina.
Una goletta.
Un soprapetto con la crosera da botta.
Una armatura da giostra intiera.
Una targhetta da campo aperto.
Un meggio petto vecchio.
Una armatura vechia nera intiera.
Un meggio braccio di ferro.
Due gambe di ferro.
Un petto et una schiena antica.
Una secretina antica.
Una goletta alemana.
Un pezzo di gola.
Un meggio petto da quintana.
Una targa con un mascarone in meggio.
Un petto da portar sotto.
Una gola.
Sei guanti curti et un longo di ferro.
Una meggia celata da cavalleggiero.
Otto rodelle di ferro.
Due pezzi di lostrino da bardare cavalli.
Due scudi di cartone da bariera.
Una targa, tre balestre et un balestrino.
Un mazzo di frizze.

Martinelli da balestre numero tre.
Due archetti alla turchesca.
Un corno alla turchesca.
Un corno grande da caccia.
Una borsa con frizze.
Staffe numero 16 antiche.
Una banzola.

Nel camarino della ferrarezza.

Un raminone grande di rame.
Tre ramine mezane.
Un ramino da lavar mani.
Quattro caldarini di rame computato un secchion in latta.
Tre teggie da torta et un teggino.
Tre piatti grandi di rame.
Otto coperti da lavezo tra grandi e piccoli.
Una bozzola di rame da vino.
Un tondo di rame.
Una coppa di rame.
Tre candelieri di rame.
Un crivelletto di rame.
Quattro scaldaletti di rame.
Tre leccarde da rosto.
Un parolo grande.
Due lanternoni di rame.
Una cogma.
Una cantimplora.
Un raminon di rame con manizza di ferro.
Due altre cantimplore con manichi di ferro.
Due pezzi di ferriata.
Nove tondi di latta.
Sei sottocoppe di latta.
Una panatiera di latta.
2 scudellini di latta.
Un adacquatore di latta.
Un loretto longo di latta.
Tre botazzi di latta da olio cativo.
Due cavedoni grossi di ferro.
Due spediere piccole.
Due stampi di latta.
Un gradellon grande con 4 rodelle.
Una gradella grande.
Tre triangoli di ferro.
Un manico di padella.

Un paletone fornito d'ottone.
Una gratarola.
Otto cerchii piccoli di ferro.
Cadenazzoli da uscio et diverso ferramento vecchio.
Due cadenazzi longhi et un mezano.
4 lorgne grandi da porta, una de' quali è rotta.
4 bachette di ferro da trabacca.
Due soppietti.
Due cadenelle da pozzo con le sue moglie.
4 mescoli forati rotti in pezzi.
Una cazzola col manico longo.
Una lume da stalla con 2 ordini.
Un lume grande di ferro.
Un pesetto.
Tre chiasare con le sue chiavi da revolto.
Due salini di stagno.
Due orinali di stagno.
Due martelli di ferro.
Otto vide di ferro da lettiera.
Due forcine da scaldare formaggio.
Un pezzo di ferro da due braccia.
Due chiasare alla todesca con una chiave solamente.
Cinque caldarin di diverse tenute di rame.
Una pignatella di rame.
Sei cazze di rame grandi da cucina.
Due cavedoni di ferro col pomo di ottone.
Sette ferri da foco, cioè tre moglie et due gavati con otone et una forcina et una paletta vecchia.
Due cavedoni di ferro da croce.
Tre tripiedi di ferro.
Cinque padelle col manico longo.
Sei mescoli di ferro.
2 cazzole da torte.
Un testo di rame da torte.
Un ferro alla Romana da cosina.
Sette cadene da foco.
Sei ferri da dispensa da porre le pertiche delli salami.
Quattro piatti et 7 tondi di stagno rotti.
Un tondo da torta buso, da torta.
Due scaldavivande d'ottone, un buono et un rotto.
Otto candelieri d'ottone.
Un parafumo con 2 mochette d'ottone.
Due ferri da grespini d'ottone.

Un raminone d'ottone con la sua cazzetta.
Due mescoletti d'ottone.
Una fogara di ferro.
Una scranna da servitio con il cantaro di rame.
Un quadro della Madonna grande et un piccolo.
28 quadretti di paesi in carta incornisati.
Un quadro di Venere.
Una scancia da libri di noce con sei solari.
Una valisa di corame.
Una banchetta di piella.
Una cartiera di corame.

Nella camera del Canossa.[11]

Una lettiera con due letti di piuma, pagliarizzo, piumazzo di lana, un cossinon di lana, una coperta imbotita, un panno bianco, 2 lenzoli, un sparaviero di tela todesca et un pomo da sparavieri.
Un candelier di rame.
Una scranna di piella col cantaro da servitio.
Due letti, un mattarazzo da stalla et due pagliarizzi. Due cochiette, un cozzo et una coperta turchina, strazzati. Una coperta da mullo con l'arma.
Un piumazzo di penna.
Un piumazzetto di cimatura da cariola.
Una tavola di piella con 2 cavaletti grandi.

Nella camera del signor Pavolo, maestro di casa dell'illustrissimo signor conte di Nuvolara.[12]

Una lettiera di noce fornita con 4 bacchette di ferro.
Una trabacca di tela todesca a ferriate con quattro bandinelle e tornaletto simili.
Un pagliarizzo.
Cinque pezzi di spaliera di Bergamo rossa e verde.
Tre scranne di corame all'"imperiale".
Due scranne alla "carpesana" di corame.
Un scanno di noce.
Una scranna d'apoggio di faza.
Un bufetto di noce.

---

[11] Sul margine sinistro della pagina, in corrispondenza dei beni conservati in questa stanza, si legge: «Consignati al Canossa sin al segno». Annibale Canossa era un funzionario di Fabio Gonzaga.

[12] Sul margine sinistro del foglio, in corrispondenza dei beni conservati in questa stanza, si legge: «Consignati al signor Pavolo, maestro di casa del signor conte Alfonso di Nuvolara, sin doe troverassi questo segno //\\». I beni consegnati al signor Paolo proseguono fino a quelli conservati «Nel camarino appresso alla saletta» inclusi, comprendendo i beni conservati in 30 ambienti.

Una tavola di piella con due trespedi all'antica et sopra una carpetta vecchia da Bolzano.
Due cavedoni da croce, una forcina et un gavato.
Un tripiede da caldarino.
Una scranna da servitio.
Tre pezzi di spaliera di tozzi vecchia et rotta.
Una tavola di piella con 4 trespedi.

Nella camera di messer Bartolomeo.[13]

Una lettiera di noce fornita, un panno da sparaviero.
Un sparaviero di celindina fatto a quadretti con corde a longo. Un paglierizzo. Un letto di penna.
2 mattarazzi. Un piumazzo di piuma.
Un quadretto adorato con l'imagine della Madonna.
Una tavola a telaro di piella.
Due scranne di faza, vecchie.
Un tripiede da caldarino, rotto.

In capo alla scala.

Quattro alabarde.
4 spiedi.
2 spiedi da porco cingiale.
Una ronca bolognese.

A meggio scala.

Un lanternon di vetro.

In sala granda.

Una tavola di piella longa col telaro di noce.
Una tavola di piella con li cavaletti alla "francese".
Due banchette depinte.
Un scanno di noce.
Due spiedi.
Un quadro grande con diverse figure.
Sei quadri de paesi in tela senza cornice.
Due torciere di ferro con ottone.
Un tripiede da caldarino.
Nove scranne all'"imperiale" di vachetta rossa con franze di fioretto turchino.
Cinque scranne all'"imperiale" di vachetta rossa con franze rosse.
Una scranna all'"imperiale" di corame giallo con franze del medesimo colore.
Un quadro di pittura incornisato con profili d'oro.
Una tavola di piella con 2 tripiedi grandi alla "francese".
Due cavedoni d'ottone con una moglia e gavato.

Nella camera contigua.

---

[13] Bartolomeo Refatto, maestro di casa di Fabio Gonzaga.

Due cavedoni grandi con l'hasta tutta d'ottone, a uno de' quali manca un mascarone.
Un bufetto di noce.
Un quadro di Bacco in un bagno.
Nel camerino del studio.
Due cavedoni con due pomi d'ottone per ciascuno.
Nella prima camera nova.
Un tavolon di noce con tre cassettini et il piede fatto con balaustri.
Due scranne all'"imperiale" di dobeletto nero con fondo d'argento, vecchie.
Due scranne simili di corame rosso con franze del medesimo corame.
Due scragne alla "carpesana" di corame giallo con franze del medesimo corame.
Un quadro del volto della Madonna con cornice di noce.
2ª camera seguente.
Una tavola di piella con due trespedi alla "francese".
Una lettiera di noce fornita.
Un scanno di corame rosso con franza di fioretto morello.
Un quadro dell'imperatrice Maria incornisato di noce con profili d'oro.
Nell'ultima camera seguente.
Un bufetto di noce.
Una cocchietta di piella rossa con il fondo in quattro pezzi e poi cavaletti bassi.
Un quadro della signora Giachelina non cornisato.
Un quadro del ritratto della madre del signor Fabio incornisato.
Un quadro del ritratto del signor Alessandrino incornisato.
Due cavedoni col piede a triangolo et pomi grossi d'ottone.
Nel camarino novo.
Tre scanni di vachetta rossa con franze di fioretto rosso.
Due cavedoni bassi con li pomi grossi d'ottone, una paletta et una forcina simili.
Un quadro a paesi, rotto.
Un tavolino di piella col piede all'antica.
Una lettiera di noce fornita.
Nella camera dell'airtarse.
Una cochietta di piella con li cavaletti di noce, 4 colonelle e cantinelle.
Una tavola di noce a telaro.
Una banzola di piella con l'armi.
Nel camerino di poggi.
Una lettiera di noce con 4 colonelle e cantinelle.
Un tavolino di piella col telaro di noce.
Tre banzole di piella depinte con l'arma.
Nella saletta da basso.
Un apparamento di corame di pelle di Spagna rosso con fregi sopra et sotto et colonne dorate e turchine: in tutto pelli rosse numero 64 et liste di colonne numero 19.
Un quadro del signor Alessandro Gonzaga armato.

Un quadro del signor cardinal Federico.
Un quadro della signora Giachelina.
Una portiera a fogliami di tapezzaria senza fodra.
Due banche di piella depinte con l'arma.
Un tavolino di noce con due tripiedi simili alla "francese".
Un scanno di vachetta rossa con franze turchine.
Una scranna piccola all'"imperiale".
Due cavedoni di ferro col pomo d'ottone, bassi, un forcinon grosso et una paletta.

In credenza.

Due tavoli di piella con due trespi alla "francesa" depinti di color di noce.

Nella camera attaccata alla saletta.

Un bufetto di noce.
Quattro colonnelle grosse da lettiera di noce polite.
Un quadro grande con ritratti del signor duca Federico, cardinal Hercole et signor don Ferrante, vecchio.
Un quadro del ritratto del signor Fabio armato, con la coltrina di cendal di varii colori.
Un quadro del ritratto del signor Alessandro Gonzaga.
Due spiedi biforcuti.
Due portiere vecchie fatte a fogliazzi, vecchie.
Due scranne all'"imperiale" di cordovano turchino e verde con franze gialle e turchine.
Un apparamento di corame rosso di pelle di Spagna con colonne e fregi d'oro e color turchino, quali apparano detta stanza eccetto verso il camino.

Nel camarino in volt.

Quadretti a paesi con cornice nera dorata numero 12.
Un'impresa con motto "Doria".
Un quadro del sito mantovano.
Un quadretto del Martirio di san Giacomo maggiore.
Due quadri a paese incornisati di noce.
Un apparamento di corame di pelle di Spagna rossa, conpagno delli sodetti.
Un armario da letto posticcio di legno di noce.

Nella camera seguente.

Un tavolin di noce con tre casetini con telaro fatto di noce a balaustri.
Un quadro grande del guazzo di Cirixe, incornisato.
Un quadro col ritratto del signor duca Vincenzo con la coltrina di cendal diverso.
Un quadro col ritratto dell'imperatore Massimiliano.
Un quadro dell'Albero della contemplattione con la coltrina di cendal verde.
Una scranna all'"imperiale" di vachetta rossa portatile con franze di fioretto morello.
Due cavedoni con la balla d'ottone, bassi, con moglia, forcina e gavato.

Una portiera a fogliazzi, vecchia.
Un apparamento di corame simile alli sodetti.
Nella camera ultima in volto.
Un apparamento di corame rosso, simile alli sodetti, di pelli numero 88 et liste di colonne numero 27, con fregi sopra et sotto.
Una lettiera di noce fornita.
Due quadri di guerra, antichi.
Un scabello da scrittore di piella dipinto di color di noce.
Una tavola di piella con tripedi alla "francese".
Nel camerino di messer Pietro.
Un tavolin di piella col telaro.
Un tavolin di noce col telaro.
Una lettiera di noce, vecchia, fornita.
Una scranna all'"imperiale" di corame rosso e franze dell'istesso.
Una banzola di piella vecchia con l'arma.
Nella [*sic*] camerino del scalco.
Una lettiera di noce fornita con bachette di ferro, una trabacca di tela turchina e bianca e 4 candinelle simili e tornaletto.
Un tavolin di piella con tripiedi alla "francese".
Una scranna all'"imperiale" rossa, vecchia, con franze morelle.
Una banchetta di piella.
Nella camera delli staffieri.
Due lettiere vecchie di noce senza colonne.
Una cariola da letto di piella.
Un banchetto di piella fatto in cantone.
Un scanno di noce.
Una scranna da servitio di piella.
Nella camera de' forastieri.
Due lettiere di noce fornite, una de' quali ha 4 bacchette di ferro.
Una tavola di noce a telaro.
Due pagliarizzi vecchi.
Un panno bianco et un rosso da letto.
Un piumazzo di penna.
Un scanno di noce.
Nella camera del signor don Matteo.
Un quadro longo della vittoria affricana di Carlo Quinto.
Una tavola di cosmographia in carta incornisata di noce.
Una lettiera di noce fornita con bachette di ferro, con trabacca vecchia, bianca, tornaletto et coperta.
Due letti di penna, un piumazzo, un pagliarizzo.
Due scanni, 4 banzole, due de' quali sono di noce et l'altre di piella, depinti con l'arma.
Una scranna ad appoggio di faza.

Un tavolin di piella con trespedi alla "francesa".
Una cassa di piella dipinta con l'arma et chiave.
Due quadretti della Madonna, dorati.

Nella cucina.

Un credenzon di piella, vecchio, con tre cassetini.
Due tavole longhe di piella con sei trepedi all'antica.
Un desco di pioppa con quattro piedi.
Due trespedi alla "francesa".
Una cariola da lettiera.
Una banchetta di piella.
Una banzola depinta con l'arma.

In dispensa.

Un banchetto da scrivere col scabello da seder sopra, di piella.
Un armario di piella depinto con l'arma.
Un cassone grande di piella.
Una cassa grande di piella.
Una lettiera di noce senza colonne.

Nel tinello.

Una tavola longa di piella con tre trespedi all'antica.
Un credenzon di piella con 4 cassetti, dipinto di color di noce con l'arma.
Due banche depinte di piella.
Altre tre banche non depinte.
Un trepiede da caldarino.
Una moiolara.

Nella camera del canovaro.

Una lettiera di noce fornita con le colonelle fatte a torno, un cielo da trabacca bianca e turchina, pagliarizzo, un letticello, un mattarazzo, un piumazzo di penna, dui cozzi bianchi.
Una scranna di piella depinta con l'arma.
Una tavola di piella antica su li cavaletti.
Una bozzola da vino di rame, rotta.
Due salini di stagno.
Due sessole da immonditie.

Nella camera del strozziero.

Una lettiera di noce fornita con 4 bachette di ferro, una trabaccha di tela todesca a ferriata bianca e turchina, un pagliarizzo alla "fiorentina".
Un tavolino di piella con due trespedi alla "francesa".
Due casse di piella depinte, una con l'arma et l'altra con rosette d'oro.
Una cadrega et una banzola di noce.
Una scragna da servitio di piella.

Nella camera a meggia scala.

Una lettiera di noce fornita con quattro bachette di ferro.
Tre mattarazzi et un letto.

Due piumazi di lana.
Una cariola di piella.
Una scranna all'"imperiale" rossa con franze rosse.
Due scanni simili.
Una scranna simile con franze turchine.
Due scranne all'"imperiale" di veluto a opera col fondo morello con franze di seta nere e morelle.
Una tavola di piella con trespedi alla "francesa".
Una tavola di noce con tre cassettini.
Una tavola di noce a telaro.
Una secchietta col suo cantaro di rame.
Un tripiedi da caldarino.
Una tavola di noce con tre cassettini.

Nel camarino appresso alla saletta.

Un armario di noce da far letto posticcio con dentro tre matarazzi di lana et un piumazzo di penna.
Un cavaletto da armatura.
Tre scale curte et una longa de travelli con li piroli incastrati dentro.
// \\ Sin qui tutto è consignato al signor Pavolo, maestro di casa del signor conte Alfonso, come anco per poliza per esso fatta al signor guardarobbiere di sua altezza.

Nella camera delle donne.[14]

Una lettiera di noce fornita con un cielo di trabacca et la testiera solamente di tela bianca e turchina, un paglierizzo, tre matarazzi, un piumazo di penna, due coperte bianche imbotite di bambagio.
Dui lenzoli vecchi e pezzati.
Un tavolino di noce con due cassetini.
Tre banzole, cioè 2 di noce et una di piella depinta.
Sette casse di noce, due de' quali son intagliate con l'arma Nuvolona.
Una tavola di noce con tre cassetini.
Tre casse di piella.
Due quadri grandi fatti a olio delle guerre di Fiandra, incornisati di noce.
Due quadri di streghe e strioni, incornisati.
Tre quadri a paesi.
Un quadro col ritratto d'una vedova, incornisato.
Un quadro d'una fiamenga senza cornice.
Due quadri grandi di Roma su la carta, incornisati.
Tre quadri di guerra incornisati.

---

[14] Sul margine sinistro della pagina, in corrispondenza dei beni conservati in questo ambiente fino alla voce «Tre cassse di piella» inclusa, si legge: «Consignati al Canossa sin al segno».

Due quadri di paesi incornisati.
Due cavedoni da croce.
Un quadretto di san Girolamo.

Nella cucinetta.[15]

Un bufetto di noce con sopra un tapitello di Bolzano, usato.
Un scanno di vacchetta rossa con franze simili.
Tre banzole di noce.
Due banzole di piella con l'arma.
Una moiolara da bicchieri.
Una tavola di piella con due trespedi all'antica.
Una credenzetta di piella depinta con l'arma.
Un'asse da pasta longa.
Una tavola di piella.
Una ramina grande et una piccola.
Una cazza di rame col manico di ferro.
Un caldarino et un caldarinello lavorato di rame.
Un trepiede da caldarino.
Due cavedoni di ferro con le spediere et annelli in cima.
Una cadena da foco.
Due gradelle, una grande et una mezana.
Una gratarola, una basia.
Un coperchio da lavezo de rame.
Quattro candelieri d'ottone.
Un mescol di ferro forato.
Tre piatti mezani di peltro.
14 scudelle di peltro.
Undeci tondi di peltro.
2 scudellini piccoli di peltro.
Una tavola da posta.
Due mortari di marmo, un grande et un piccolo.
Una lettiera di noce senza colonne.
Un'asse da pane.

Nella dispensa piccola.[16]

Tre tavole, 2 longhe et una mezana.
Cavaletti all'antica numero 8.
Un armario da cinque solari.

---

[15] Sul margine sinistro della pagina, in corrispondenza dei beni conservati in questo ambiente si legge: «Consegnati al Canossa sin al segno»; il segno è posto dopo l'ultima voce.

[16] In corrispondenza dei beni conservati in questo ambiente fino alla voce «Una tavola longa da cucina» inclusa e dalla voce «Un scrittorio grande di noce di due pezzi» fino alla voce «Un quadro grande della Fortuna» incluso, si legge: «Consegnati al Canossa sin al segno».

Un centenaro da olio di due soglii in circa.
Due lugari di ferro, un grande et un piccolo.
Una pinta di latta.
Cinque casse da bichieri coperte di corame.
Due fiasche et due spolverini vecchi.
Due casse vecchie di piella.
Una conca da salare animali grande.
Una tavola longa da cucina.[17]
Un parolo nella fornella.

Nella corte grande.

Due secchioni con la catena di ferro al pozzo.

Al pozzo della corticella.

Due altri secchioni con la catena di ferro.

Nella dispensa vecchia.

Un centenaro doppio senza coperto.
Un altro centenaro di tenuta d'un soglio e mezo in circa col suo coperto.
Due cavedoni bassi con pomi grandi d'ottone con tutto il suo fornimento da foco.
Due altri cavedoni grossi con un pomo d'ottone con due forcine, una moia, un gavato et un soppietto.
Un scrittorio grande di noce di due pezzi.
Un quadro della Madonna, opera del Mantegna, con fregi intorno adorati, con sopra un scudetto con due fanciulli et in cima un aquila di legno, con la coltrina di cendal verde.
Un quadrettino in rame della Madonna incornisato d'hebano con la coltrina di cendal turchino.
La cassa della Madonna ch'è a Polecine fatta di mano di Rafael d'Urbino con la coltrina di ormesino turchino con franze d'oro.
Un quadretto della Madonna di Loreto.
Un quadretto del ritratto dell'imperatrice Maria con la coltrina di cendal turchino.
Una Madonna con un putino incornisata.
Il ritratto di papa Pavol quinto.
Il quadro dell'Arbore della casa Gonzaga incornisato.
Un quadro grande della Fortuna.
Un ritratto del signor Alessandro Gonzaga in un quadro.
Un ritratto del duca d'Urbino.
Un ritratto del signor Valerio Gonzaga.
Un ritratto del signor duca Lodovico di Nevers Gonzaga.

---

17 Per questi beni esiste l'annotazione, sul margine sinistro della pagina: «Consignati al Canossa sin al segno».

Tre portiere a fogliazzi.
Una cassa da credenza coperta di corame.
Due tripiedi da caldarino.
Un scrimaglio di piella, fatto a ponta di diamante.
Una banzola di noce.[18]

Nella canova.

Botte di carro cerchiate di ferro numero 14 d'arese.[19]
Botte di carro cerchiate di legno numero 10 d'arese.
Una boticella di meggio carro cerchiata di ferro.
Due lore, una grande et una piccola.
Quattro soglii da mano.
Una boticella da aceto di due soglii cerchiata di ferro d'arese.
Due altre de rovere di due soglii cerchiate di ferro da vino, tutte intopate.

Fu fatta consegna generale di tutti li soprascritti beni di Mantova, inventariati come sopra, al signor Francesco Arrigone, notario del guardarobba di sua altezza, agente in questa parte a nome del signor Galeazzo Brasilio, superiore del detto guardarobba, alla presenza delli soprascritti testimoni.

---

[18] In corrispondenza dei beni che vanno da «Uno scrittorio grande di noce» fino a «Un quadro grande della Fortuna», vi è l'annotazione: «consegnati al Canossa sin al segno».

[19] A margine, in corrispondenza di questa voce, vi è l'annotazione: «consignate al Canossa».

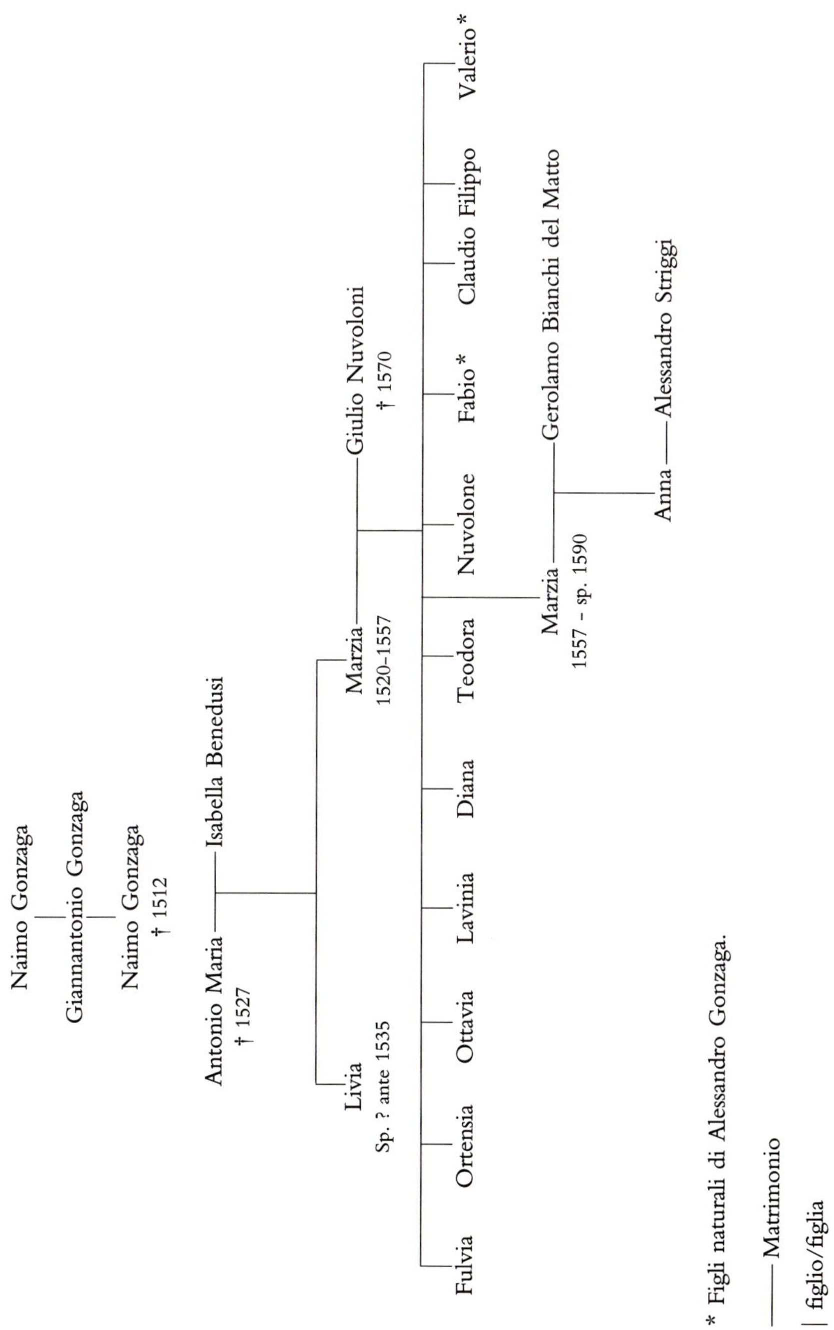
Naimo Gonzaga
Giannantonio Gonzaga
Naimo Gonzaga
† 1512
Antonio Maria
† 1527
Isabella Benedusi
Livia
Sp. ? ante 1535
Marzia
1520-1557
Giulio Nuvoloni
† 1570
Fulvia
Ortensia
Ottavia
Lavinia
Diana
Teodora
Nuvolone
Fabio *
Claudio Filippo
Valerio *
Marzia
1557 - sp. 1590
Gerolamo Bianchi del Matto
Anna
Alessandro Striggi
* Figli naturali di Alessandro Gonzaga.
Matrimonio
figlio/figlia

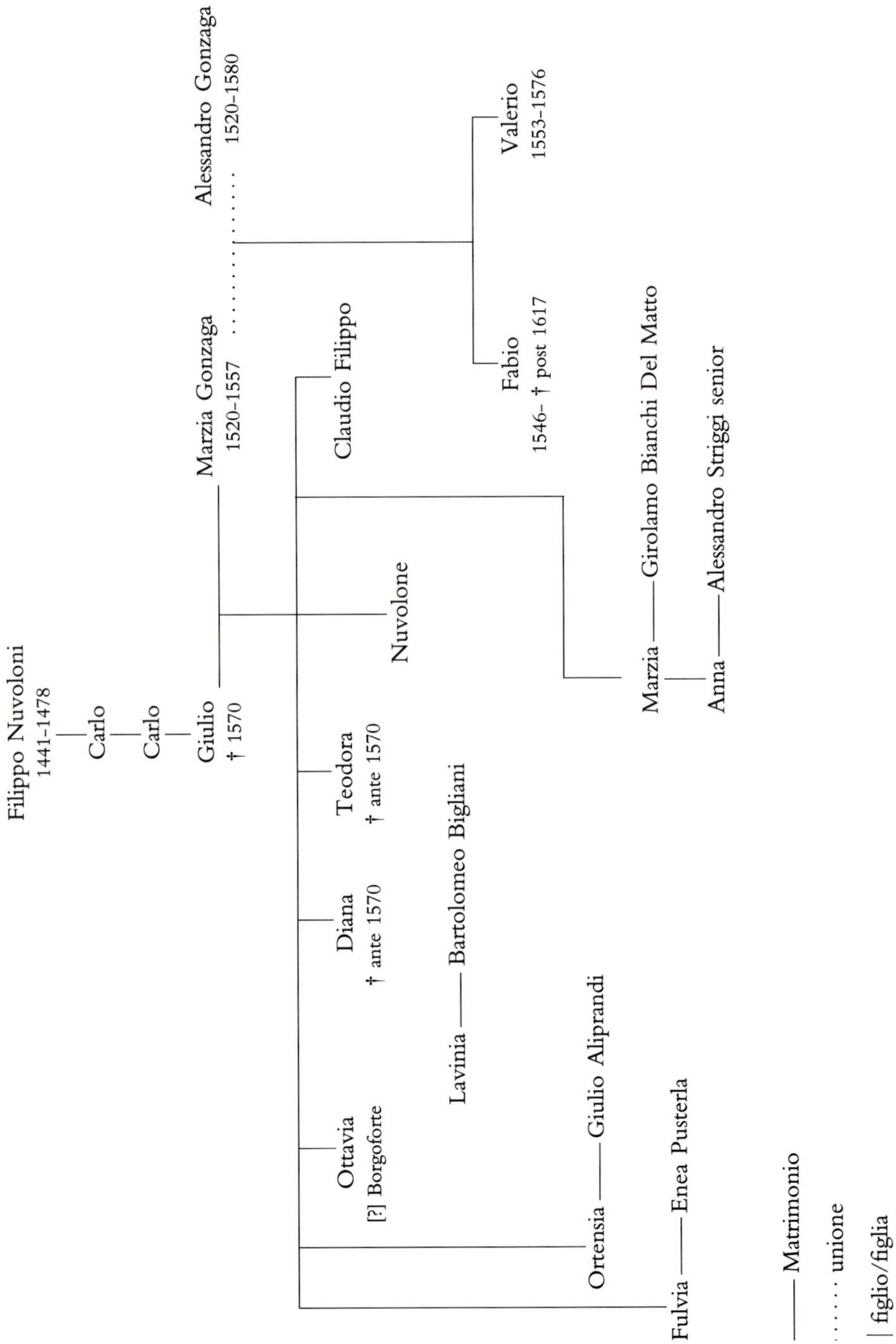

Filippo Nuvoloni
1441-1478
Carlo
Carlo
Giulio
† 1570
Marzia Gonzaga
1520-1557
Alessandro Gonzaga
1520-1580
Valerio
1553-1576
Fabio
1546- † post 1617
Claudio Filippo
Nuvolone
Teodora
† ante 1570
Diana
† ante 1570
Ottavia
[?] Borgoforte
Lavinia
Bartolomeo Bigliani
Ortensia
Giulio Aliprandi
Fulvia
Enea Pusterla
Marzia
Girolamo Bianchi Del Matto
Anna
Alessandro Striggi senior
Matrimonio
unione
figlio/figlia

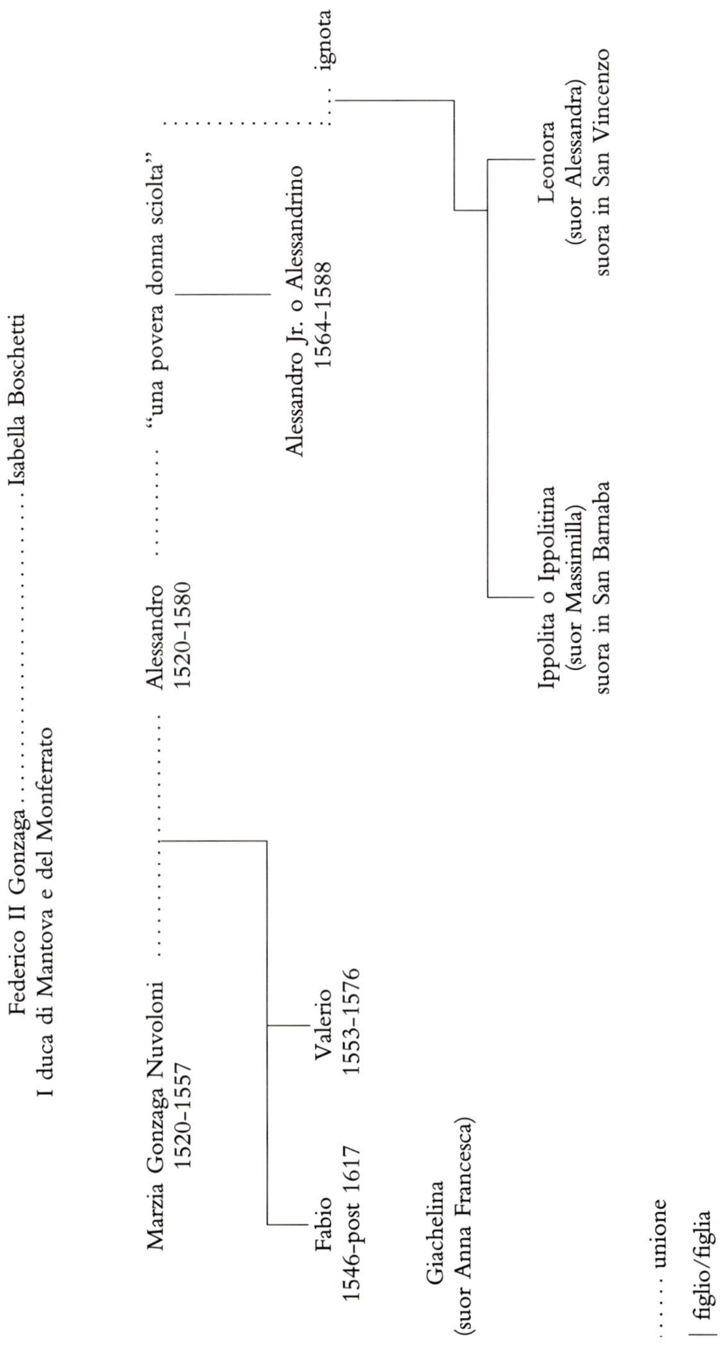
Federico II Gonzaga
I duca di Mantova e del Monferrato
Isabella Boschetti
Marzia Gonzaga Nuvoloni
1520-1557
Alessandro
1520-1580
"una povera donna sciolta"
ignota
Fabio
1546-post 1617
Valerio
1553-1576
Alessandro Jr. o Alessandrino
1564-1588
Ippolita o Ippolitina
(suor Massimilla)
suora in San Barnaba
Leonora
(suor Alessandra)
suora in San Vincenzo
Giachelina
(suor Anna Francesca)
...... unione
| figlio/figlia

Francesco Paolo Fiore

LA CASA DI ANDREA MANTEGNA A MANTOVA

svper / fvndo / a di[vo]. l[odovico]. prin[cipe] / op[timo]. dono / dato an[no]. / g[ratiae]. mcccc / lxxvi and[reas] / mantinia / haec iecit / fondamen / ta xv k[a]l[endas] / novembris / in fr[onte] b[rachia] lii / retro / b[rachia]. cl

La pietra angolare della casa di Andrea Mantegna in via Acerbi a Mantova reca l'inscrizione qui riportata che permette di datare l'atto di fondazione al 18 ottobre 1476 e di conoscere le dimensioni del terreno assegnato alla nuova casa del pittore, che aveva da poco completato la Camera degli Sposi in Palazzo Ducale. Ludovico Gonzaga vi è menzionato come un imperatore romano, in un cortigiano richiamo all'antico che esalta il valore del dono. Dobbiamo alle ricerche più recenti, e in particolare al contributo di Gianfranco Ferlisi,[1] la più ampia ricostruzione delle vicende della casa, giunta fino a noi attraverso trasformazioni successive e un restauro di liberazione e di ricostruzione, limitata alle parti perdute sulle tracce rinvenute nel corso dei lavori (1940-1942).[2] L'edificio

[1] G. Ferlisi, *La Casa del Mantegna: dove l'armonia si dipinge nella pietra*, in *A casa di Andrea Mantegna. Cultura artistica a Mantova nel Quattrocento*, Catalogo della mostra, Mantova, 26 febbraio-4 giugno 2006, a cura di R. Signorini con la collaborazione di D. Sogliani, Cinisello Balsamo (Milano), Silvana, 2006, pp. 154-177; cfr. Id., *Ab Olympo. Il Mantegna e la sua dimora*, Mantova, Provincia di Mantova, 1995; E.E. Rosenthal, *The House of Mantegna in Mantua*, «Gazette des Beaux-Arts», s. 6, LX, 1962, pp. 327-350, con ampia bibliografia precedente anche relativa al restauro del 1940-1942; M. Kraitrova, *Das Haus von Andrea Mantegna in Mantua und von Piero della Francesca in Sansepolcro*, in *Künstler Häuser von der Renaissance bis zur Gegenwart*, a cura di E. Hüttinger, Zürich, Waser Verlag Zürich, 1985 (trad. it. Torino, 1992), pp. 51-56; G. Sacchi, *Mantegna 'archipictor'. La dimora dell'artista*, Mantova, Provincia di Mantova-Casa del Mantegna, 2000.

[2] R. Niccoli, *Casa del Mantegna. Rinvenimento di decorazioni varie ad affresco di soffitti e di altri elementi della struttura originale della casa*, «Le Arti», III, giugno-luglio, 1941, pp. 390-393, e

costituisce la principale testimonianza sopravvissuta delle architetture realizzate da Mantegna e di quanto egli, al quale pensiamo possa attribuirsi anche il progetto,[3] ideò e realizzò come propria abitazione dalle fondamenta, fatto eccezionale per un artista del tempo.

Poco sappiamo invece del processo progettuale e delle fasi della costruzione, che si prolungano per circa vent'anni e danno non poche preoccupazioni a Mantegna. Tornato da Roma nel 1490, non si può infatti stabilire nella nuova casa e ancora nel 1492 lo sappiamo in affitto in una casa in contrada Pusterla, proprietà di Cecilia Malatesta. Né la nuova casa è ultimata quando, nel 1494, la Malatesta chiede di rientrare in possesso dell'abitazione in contrada Pusterla affittata ad Andrea, mentre la sua denuncia di un furto di materiali da costruzione dimostra che il cantiere in via Acerbi è ancora aperto.[4] La casa doveva essere tuttavia prossima alla conclusione e Mantegna vi si sarebbe trasferito poco dopo, visto che è da lì che nel 1496 verrà trasportata in chiesa la pala di Santa Maria della Vittoria e che è lì che nel 1499 sottoscriverà l'atto di dote per la figlia Taddea.[5]

Che le difficoltà incontrate da Mantegna fossero soprattutto di natura economica, è sottolineato dalla sua scarsa volontà di pagare puntualmente l'affitto a Cecilia Malatesta e dalle sue continue richieste di aiuti in denaro, una delle quali indirizzata nel 1484 persino a Lorenzo il Magnifico, che aveva visitato l'edificio in costruzione nel corso del suo soggiorno a Mantova nell'anno precedente.[6] Le dimensioni della

---

Id., *Prima relazione sui lavori di restauro (Verona, 30 maggio 1941)*, dattiloscritto presso l'Ufficio tecnico dell'Amministrazione provinciale di Mantova.

[3] Dopo i dubbi espressi dalla critica precedente, G. Fiocco, *Mantegna*, Milano, Hoepli, 1937, che ritiene la casa uno «studio» piuttosto che un'abitazione e segnala l'indipendenza delle sue soluzioni rispetto al «dominatore» Alberti, si è risolto per l'attribuzione del progetto a Mantegna dandone l'esecuzione a Giovanni da Padova, ipotesi che apre ulteriori interrogativi. Cfr. anche Id., *Andrea Mantegna e il Brunelleschi*, in *Atti del I Congresso Nazionale di Storia dell'Architettura, 29-31 ottobre 1936*, Firenze, Sansoni, 1938, pp. 179-183. Malgrado non dimostrata inequivocabilmente, l'attribuzione dell'architettura della casa a Mantegna è accettata da R.W. Lightbown, *Mantegna with a complete Catalogue of the Paintings, Drawings and Prints*, Oxford, Phaidon-Christie's, 1986 (trad. it. Milano, 1986) e pare la più verosimile alla luce delle capacità d'architetto acquisite dal pittore.

[4] P. Kristeller, *Andrea Mantegna*, Berlin-Leipzig, Cosmos, 1902, p. 557, doc. 129. Cfr. R. Signorini, *I domicili in Mantova di Andrea Mantegna*, «Civiltà mantovana», s. 3, XXVII, 6, 1993, pp. 23-31.

[5] C. d'Arco, *Delle arti e degli artefici di Mantova. Notizie raccolte ed illustrate con disegni e con documenti*, I, Mantova, Agazzi, 1857, doc. 56.

[6] E. Barfucci, *Lorenzo de' Medici e la società artistica del suo tempo*, Firenze, Gonnelli, 1964², p. 19.

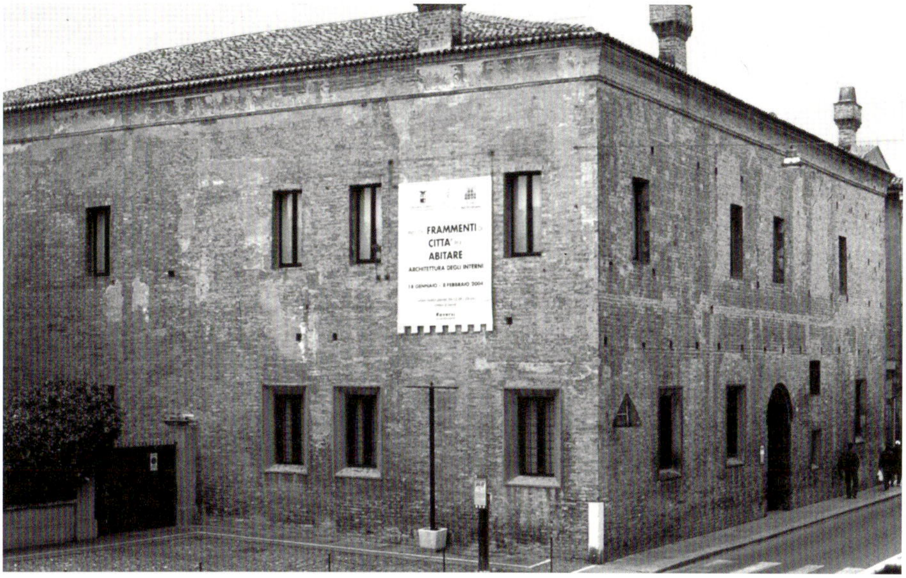

Fig. 1 - Mantova, casa di Andrea Mantegna, scorcio da San Sebastiano.

casa in via Acerbi sono infatti tutt'altro che modeste, oltre che contrassegnate da un colto programma architettonico. Ogni paragone con le dimore signorili quattrocentesche all'antica deve tuttavia essere messo da parte e un confronto con esempi quali il palazzo Medici di Michelozzo o il palazzo Rucellai di Alberti a Firenze sarebbe piuttosto fuorviante, anche se le dimensioni della casa di Mantegna restano assolutamente fuori del comune per quella di un pittore. Nel Quattrocento, infatti, la maggior parte degli artisti abita in case non isolate, ben più modestamente inserite entro le quinte edilizie urbane e prive di un così ampio terreno scoperto asservito all'abitazione. Anche nel Cinquecento la casa di Giulio Romano in via Poma a Mantova,[7] quelle di Raffaello e di Antonio da Sangallo il Giovane in via Giulia a Roma[8] o di Vasari ad

[7] F.P. Fiore, *La casa di Giulio*, in *Giulio Romano*, Catalogo della mostra, Mantova, 1° settembre-12 novembre 1989, Milano, Electa, 1989, pp. 481-485.

[8] L. Wirth, *Die Häuser von Rafael in Rom und von Giulio Romano in Rom und Mantua*, in *Künstler Häuser*, cit., pp. 57-68; S.Y. Cho, *I progetti e la realizzazione del palazzo Sangallo in Via Giulia a Roma*, «Quaderni dell'Istituto di Storia dell'Architettura», n.s., fasc. 40, 2002, pp. 39-52; F. Corona, *Palazzo Sacchetti e l'attività di Antonio da Sangallo il Giovane*, *ivi*, n.s., fasc. 41, 2003, pp. 39-56.

Arezzo e Firenze,[9] per considerare alcuni celebri esempi, saranno a loro volta un'eccezione rispetto alle consuetudini e alle possibilità degli artisti contemporanei. Il terreno a disposizione della casa di Mantegna sarebbe stato poi ampliato, grazie a ulteriori donazioni gonzaghesche, sino a più di tre biolche.

Si comprende a questo punto perché Andrea, pur vantando proprietà anche fuori città e l'appoggio dei Gonzaga, non abbia potuto realizzare celermente il suo progetto, e se ne deve dedurre che sin dall'inizio egli dovette immaginare un'architettura misurata almeno per quanto riguarda i dettagli e l'impiego degli ornamenti all'antica. Va aggiunto, a questo proposito, che per quanto fosse grande la sua fama, certo il favore del principe e forte la sua intenzione di avvicinarsi agli abiti degli antichi, al pittore Mantegna non era probabilmente dato di ricorrere a segni esterni di grandezza e magnificenza quali quelli che sarebbero derivati dall'uso degli ordini architettonici applicati alle facciate della casa verso la città. Alberti aveva chiaramente indicato, nel *De re aedificatoria*, una gerarchia nell'uso degli ornamenti fra il tempio, i palazzi pubblici e signorili e quelli di minore importanza, e si può ritenere che la casa di Mantegna, posta proprio di fronte alla chiesa albertiana di San Sebastiano, non potesse ignorare quei princìpi. Dovremmo perciò tenere conto, nel giudicare l'architettura della casa in via Acerbi, sia della necessità economica che egli ebbe di ridurre gli ornamenti, sia dell'opportunità di rispondere alla sua condizione di pittore, per quanto *familiaris* del principe e artista di fama che oggi diremmo internazionale. Rinunciando ad inserire paraste in mattoni sugli angoli esterni della casa, o a realizzare un portale esterno inquadrato dagli ordini come quelli che troviamo concentrati nel cortile, Mantegna optò non solo per superfici esterne lisce, particolarmente adatte ad accogliere una decorazione dipinta e mostre di finestre quasi incassate, ma anche nell'ambito della decorazione dipinta rappresentò paraste solo sul lato della casa rivolto verso il giardino.[10] La decorazione pittorica

[9] A. Secchi, *La casa del Vasari in Arezzo*, in *Il Vasari storiografo e artista*, Atti del convegno, Arezzo-Firenze, 2-8 settembre 1974, Firenze, Istituto Nazionale di Studi sul Rinascimento, 1976, pp. 85-91; J. Albrecht, *Die Häuser von Giorgio Vasari in Arezzo und Florenz*, in *Künstler Häuser*, cit., pp. 83-100.

[10] Tracce delle paraste decorate con fogliami e patere sono testimoniate da fotografie scattate nel corso del restauro 1940-1942. Non si può escludere che la decorazione fosse completata con l'acquisizione della casa da parte di Francesco Gonzaga, ma è probabile che essa seguisse anche in questo caso l'impostazione stabilita da Mantegna: alcune delle fotografie che corredano la relazione dattiloscritta di R. Niccoli, *Prima relazione sui lavori di re-*

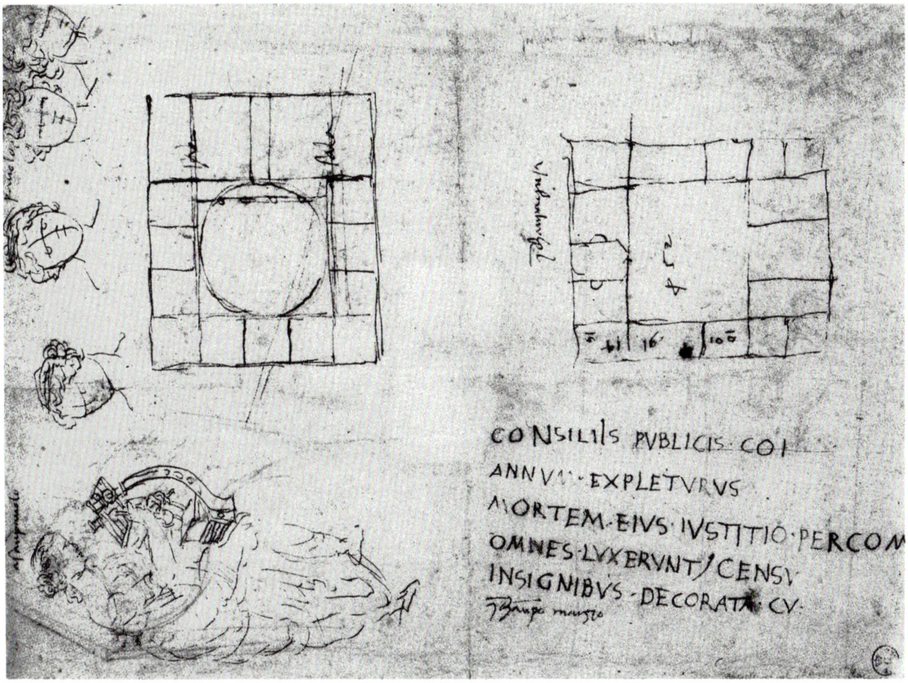

Fig. 2 - Firenze, Uffizi, Gabinetto dei disegni e delle stampe, 326 Ar, FRANCESCO DI GIORGIO, pianta di casa con cortile circolare con rilievo di un edificio, figure e inscrizione antica.

delle superfici esterne, delle quali restano ancora alcuni frammenti, avrebbe avvicinato la casa di Mantegna alle altre case mantovane dipinte similmente a quanto era in voga, in quegli anni, nelle vicine Ferrara, Verona e a Padova. Vista la indubbia qualità del disegno, essa avrebbe nondimeno esaltato le qualità dell'*archipictor*[11] proprietario, e ciò poteva ben rientrare fra gli obiettivi di Mantegna.

---

stauro, cit., sono pubblicate in G. SACCHI, *op. cit.*, p. 73, e in *Ab Olympo, la dimora del Mantegna*, CDRom per la mostra *A casa di Andrea Mantegna*, Mantova, 26 febbraio-4 giugno 2006, a cura di G. Ferlisi, M. Luitprandi, R. Soggia, Mantova, Provincia di Mantova-Casa del Mantegna, 2006. Il tema è discusso con riferimenti alla decorazione pittorica della facciata di Sant'Andrea da M. BULGARELLI, *Mantova 1470 e dintorni. Alberti, Fancelli, Mantegna*, in *Leon Battista Alberti e l'architettura*, Catalogo della mostra, Mantova, 16 settembre 2006-14 gennaio 2007, Cinisello Balsamo (Milano), Silvana, 2006, pp. 120-147.

[11] La definizione, divenuta notissima, è contenuta nel documento del 1499 già segnalato da C. D'ARCO, *Delle arti e degli artefici di Mantova*, cit., II, doc. 54.

La posizione isolata e ben visibile della casa sulla lunga via rettilinea realizzata per congiungere la chiesa di San Sebastiano al centro antico di Mantova, la regolarità e originalità dell'impianto e la vivacità delle decorazioni dipinte, oltre all'affaccio su un ampio brolo e giardino, avrebbero avuto un tale successo da attirare l'attenzione del marchese Francesco Gonzaga, che nel 1501 chiese e ottenne dal pittore la cessione della casa permutata, il 10 gennaio 1502, con la *domus Mercati* in piazza Purgo.[12] Non più come casa, ma quasi come villa suburbana, o addirittura come padiglione, l'edificio entrò così a far parte del complesso del limitrofo palazzo gonzaghesco di San Sebastiano, in via di realizzazione. Del resto le dimensioni e la configurazione della casa di Mantegna ben si confacevano a quelle di una villa. Si pensi per esempio alla villa con cortile quadrato centrale fondata nel 1469 sulle colline di Pesaro per volere di Alessandro Sforza – più tardi affrescata e inserita nel nuovo complesso dell'Imperiale da Girolamo Genga[13] – ma anche agli sviluppi del tema della casa o meglio della villa all'antica centralizzata e con cortile circolare ripreso in tante realizzazioni, ripetuti studi progettuali e sintesi trattatistiche successive.[14]

L'unica architettura di Andrea Mantegna giunta sino a noi, oltre a essere testimonianza architettonica della perfezione formale ricercata per esaltare le capacità artistiche e lo stato sociale raggiunti dal progettista-proprietario, ha infatti il singolarissimo valore di rappresentare una concreta interpretazione delle fonti antiche sulla casa intorno al 1476 e di anticipare le importanti ricerche che sarebbero succedute nel coniugare il

---

[12] Mantegna non abitò mai nella casa del Mercato, che affittò, ma si trasferì in affitto in contrada del Bove e infine in contrada dell'Unicorno, dove il 15 marzo 1505 acquistò un'abitazione (poco lontana dalla casa in via Acerbi) per morirvi il 13 settembre 1506, come in R. Signorini, *L'ultima casa di Andrea Mantegna*, in *Scritti di storia dell'arte in onore di Sylvie Béguin*, Napoli, Paparo, 2001, pp. 103-108.

[13] F.P. Fiore, *Urbino, Pesaro e Girolamo Genga*, in *Storia dell'architettura italiana. Il primo Cinquecento*, a cura di A. Bruschi, Milano, Electa, 2002, pp. 446-455.

[14] P.N. Pagliara, *Vitruvio da testo a canone*, in *Memoria dell'antico nell'arte italiana*, III, a cura di S. Settis, Torino, Einaudi, 1986, pp. 3-85; M. Harder-Merkelbach, *Entstehung von Rundhof und Rundsaal in Palastbau der Renaissance in Italien. Untersuchungen zum Mantegnahaus in Mantua und zu den Traktaten des Francesco di Giorgio Martini*, Freiburg, Hochschulverlag, 1991; L. Pellecchia, *Architects Read Vitruvius: Renaissance Interpretations of the Atrium of the Ancient House*, «Journal of the Society of Architectural Historians», LI, 4, 1992, pp. 377-416; S. Frommel, *Sogni architettonici: i Sangallo, le ville e i palazzi a pianta centrale*, «Quaderni dell'Istituto di Storia dell'Architettura», n.s., fasc. 40, 2002, pp. 17-38; G. Clarke, *Roman House-Renaissance Palaces. Inventing Antiquity in Fifteenth-Century Italy*, Cambridge, Cambridge University Press, 2003, pp. 231-232, 269-272.

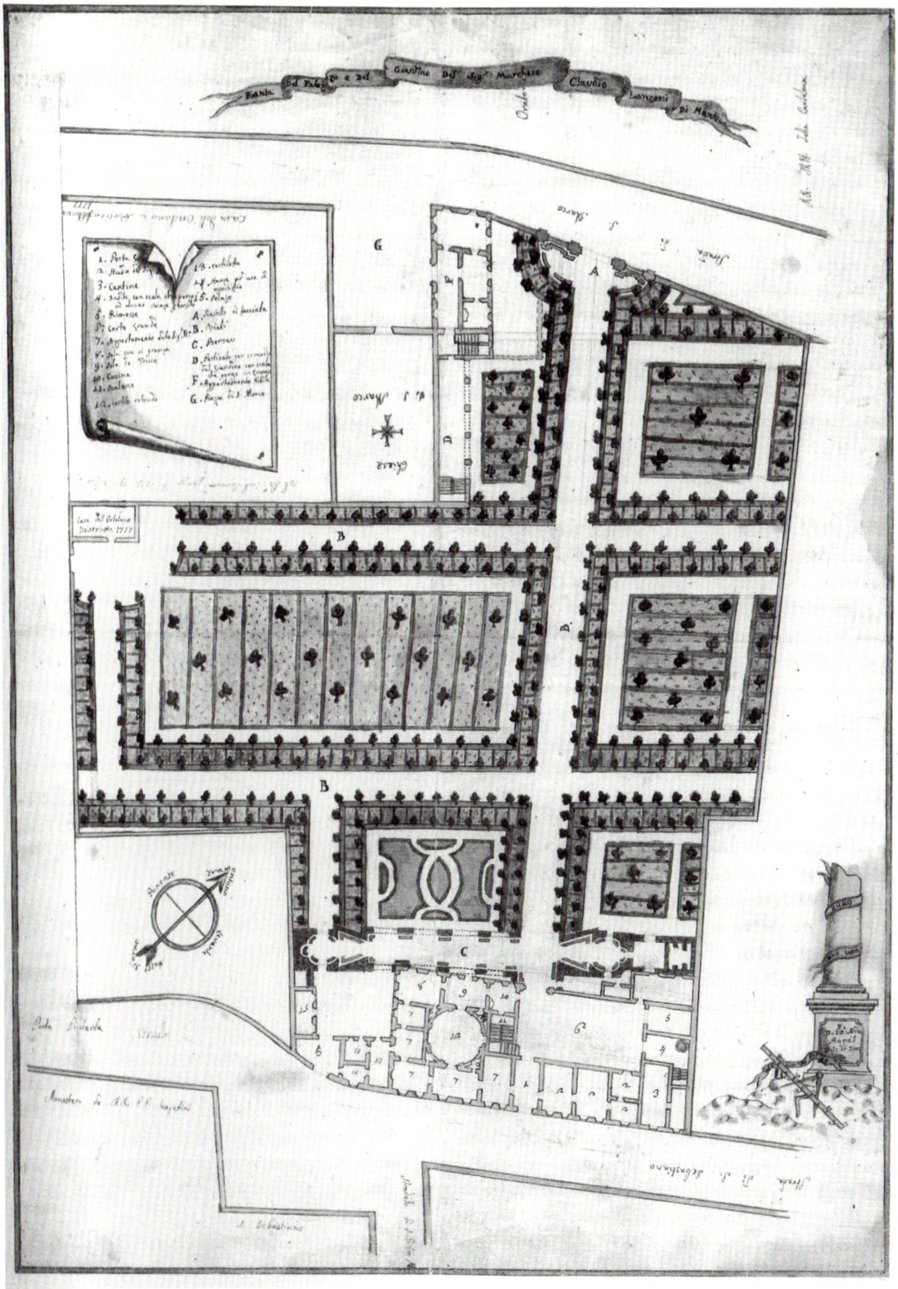

Fig. 3 - Mantova, Archivio Storico Comunale, Atti di cauta custodia, b. 23, pianta del palazzo e del giardino del marchese Claudio Lanzoni, 1775-1777.

tema con la dimensione dell'abitazione del cittadino[15] – per quanto eccezionale per capacità, riconoscimenti e rapporti sociali come Mantegna – piuttosto che di un grande palazzo signorile. Può piuttosto sorprendere che il riferimento primo della casa di Mantegna non sia il *De architectura* di Vitruvio, il cui testo sappiamo presente a Mantova almeno nel 1459, quando Ludovico Gonzaga lo chiede a Leon Battista Alberti per papa Pio II,[16] e che Mantegna non può avere ignorato negli anni seguenti. Per quanto oscura sulla coincidenza fra cavedio e atrio, la trattazione vitruviana della casa romana (e di quella greca) costituisce infatti la più ampia descrizione disponibile sulla casa degli antichi ed è stata invocata come fonte per precedenti quali la villa estense di Belriguardo e il palazzo gonzaghesco di Revere.[17] Tuttavia, come è noto, Vitruvio non parla di atri o cavedi circolari, e la soluzione adottata da Mantegna non attinge perciò direttamente al testo dell'autore latino. D'altro canto, gli impianti di case con cortile circolare proposti da Francesco di Giorgio nei suoi *Trattati* sono certamente posteriori al 1476,[18] ed eventualmente dipendono dalla casa di Mantegna ma non viceversa. La fonte alla quale Mantegna può essersi rivolto può essere dunque la descrizione della villa laurentina di Plinio il Giovane, il quale parla di un cortile (*area*) in forma di lettera D – riproposta anche come C o O in alcuni manoscritti – e riportata come O

[15] Dopo numerose sperimentazioni, il tema emergerà nella trattatistica del Cinquecento con Cesare Cesariano, che dedicherà alla casa del cittadino un'illustrazione della sua traduzione vitruviana (cfr. VITRUVIO, *De Architectura translato, commentato et affigurato da Caesare Caesariano, 1521*, ristampa anastatica a cura di A. Bruschi, A. Carugo, F.P. Fiore, Milano, Il Polifilo, 1981, libro VIII, c. 141*v*) e successivamente con Sebastiano Serlio (cfr. M.N. ROSENFELD, *Sebastiano Serlio on Domestic Architecture*, introduzione di A.K. Placzek e J.S. Ackerman, Cambridge Mass.-London, The MIT Press, 1978; S. SERLIO, *Architettura civile. Libri sesto, settimo e ottavo nei manoscritti di Monaco e Vienna*, a cura di F.P. Fiore, Milano, Il Polifilo, 1994).

[16] W. BRAGHIROLLI, *Leon Battista Alberti a Mantova. Documenti e notizie inedite*, «Archivio Storico Italiano», s. III, IX, 1869, pp. 3-31:6.

[17] M.T. SAMBIN DE NORCEN, *I miti di Belriguardo*, in C. BAGLIONE, F. BENELLI, M.T. SANBIN DE NORCEN, *Nuovi antichi. Committenti, cantieri, architetti, 1400-1600*, a cura di R. Schofield, Milano, Electa, 2004, pp. 16-65; P. CARPEGGIANI, *Il palazzo gonzaghesco di Revere*, Mantova, Ceschi, 1974; J. LAWSON, *The Building History of the Gonzaga Palace at Revere*, «Mitteilungen des Kunsthistorischen Institutes in Florenz», XXIX, 2-3, 1985, pp. 197-228.

[18] M. MUSSINI, *Francesco di Giorgio e Vitruvio*, I, Firenze, Leo S. Olschki, 2003 («Centro Studi Leon Battista Alberti. Ingenium», 6), stabilisce con approfonditi argomenti che la prima versione dei *Trattati* di Francesco di Giorgio si può far risalire al 1480-1482, mentre si possono datare al più presto al 1476 i suoi primi tentativi di tradurre Vitruvio e di accompagnare alla traduzione note e disegni d'architettura moderna, confluiti inizialmente nel proto-trattato tramandato dal codice Zichy.

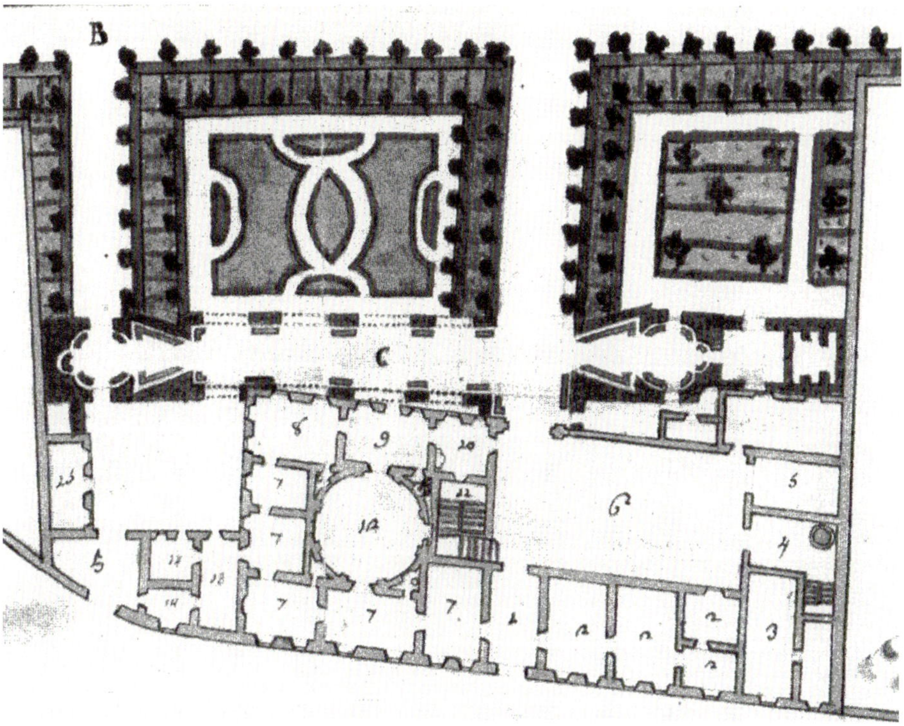

Fig. 4 - Dettaglio dell'illustrazione precedente con la casa di Mantegna annessa al palazzo Lanzoni e l'ala orientale trasformata per accoglierne la scala principale.

nella *Roma triumphans* di Biondo Flavio, opera finita nel 1459 e pubblicata intorno al 1473, della quale Mantegna possedeva la copia «legata in carta bambasina» che passò nelle mani del figlio Ludovico.[19] Ma è difficile escludere dalle fonti di Mantegna il *De re aedificatoria* di Alberti, il quale comprende la coincidenza di cavedio e atrio vitruviani, sostituisce a essi il termine «cuore della casa» (*sinum*: V, 17) per sottolinearne centralità e importanza, indica la forma circolare per il vestibolo (IX, 3) e la ammette anche per altre parti della casa riferendosi, come Biondo Flavio,

[19] C. Elam, *Mantegna at Mantua*, in *Splendours of the Gonzaga*, Catalogo della mostra, Londra, 4 novembre 1981-31 gennaio 1982, a cura di D. Chambers e J. Martineau, Cinisello Balsamo (Milano), Pizzi, 1981, p. 25, n. 7; R. Signorini, *New Findings about Andrea Mantegna: his Son Ludovico's post-mortem Inventory (1510)*, «Journal of the Warburg and Courtauld Institutes», LIX, 1996, pp. 103-118; Id., *Una straordinaria fonte di scoperte su Andrea Mantegna: l'inventario dei beni di suo figlio Ludovico (17 luglio 1510)*, «Civiltà mantovana», XXXIII, 106, 1998, pp. 9-27.

a rovine di edifici come le terme di Costantino sul Quirinale[20] o ad altri edifici antichi dei quali non era nota la destinazione:

> Vi sono infatti membrature che si possono fare *circolari o quadrilatere*, indifferentemente, purché rispondano adeguatamente alle loro funzioni. È però della massima importanza la determinazione della loro grandezza e della loro dislocazione. Alcune di esse, infatti devono essere fatte più ampie, come il 'cuore della casa'; altre necessitano di minore spazio, come le stanze di soggiorno e in genere le parti interne della casa; altre ancora sono di dimensioni medie, come le sale da pranzo o il vestibolo.[21]

Se Mantegna si fosse realmente riferito all'opinione albertiana attraverso la lettura di un manoscritto del *De re aedificatoria* o, più probabilmente, attraverso un diretto contatto con Alberti a Mantova, avremmo trovato un nesso in più fra le due maggiori personalità alle quali il marchese Ludovico si affida per il rinnovamento artistico della sua città. Si comprenderebbe anche meglio il motivo per il quale ritroviamo cortili circolari nei disegni di Francesco di Giorgio, che dal 1476 è in Urbino al servizio di Federico da Montefeltro, in corrispondenza con Ludovico Gonzaga anche su temi d'architettura. Superata per ragioni cronologiche l'ipotesi che le elaborazioni di Francesco di Giorgio possano avere influenzato Mantegna, è dunque il disegno della casa di Mantegna che potrebbe essere giunto a Urbino risultando in sintonia con l'eco delle opinioni che lo stesso Alberti vi avrebbe avuto modo di esprimere, probabilmente nel 1464,[22] e con quelle contenute nel manoscritto del *De re aedificatoria*, che vi giunse tuttavia solo nel 1483.[23] Francesco di Giorgio

---

[20] H. Günther, *La concezione delle case private nel De re aedificatoria*, in *Leon Battista Alberti teorico delle arti e gli impegni civili del 'De re aedificatoria'*, II, Atti dei convegni del Comitato Nazionale, Mantova, 17-19 ottobre 2002 e 23-25 ottobre 2003, a cura di A. Calzona, F.P. Fiore, A. Tenenti, C. Vasoli, Firenze, Leo S. Olschki, 2007 («Centro Studi Leon Battista Alberti. Ingenium», 9), pp. 787-813.

[21] L.B. Alberti, *L'architettura*, II, testo latino e traduzione a cura di G. Orlandi, introduzione e note di P. Portoghesi, Milano, Il Polifilo, 1966, pp. 794-795 (libro IX, cap. 3): il corsivo è mio.

[22] A. Calzona, *Leon Battista Alberti e Luciano Laurana: da Mantova a Urbino o da Urbino a Mantova?*, in *Francesco di Giorgio alla corte di Federico da Montefeltro*, II, Atti del convegno, Urbino, 11-13 ottobre 2001, a cura di F.P. Fiore, Firenze, Leo S. Olschki, 2004, pp. 433-492.

[23] H. Biermann, *Palast und Villa: Theorie und Praxis in Giuliano da Sangallos Codex Barberini und im Taccuino Senese*, in *Les traités d'architecture de la Reinassance*, Atti del convegno, Tours, 1°-11 giugno 1981, a cura di J. Guillaume, Paris, Picard, 1988, pp. 135-150:140.

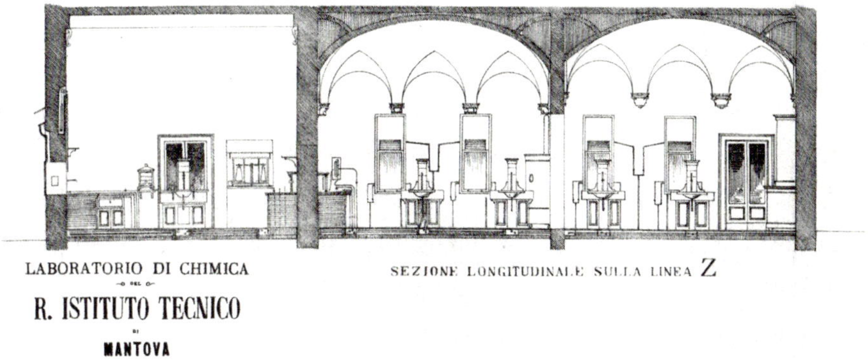

Fig. 5 - Mantova, Archivio Storico Comunale, Archivio dell'Ufficio Tecnico, b. 55, f. 1.19, sezione dell'ala occidentale della casa di Mantegna con le volte ancora esistenti sugli ambienti adibiti a laboratorio del regio Istituto tecnico professionale di Mantova nel 1882.

avrebbe sviluppato numerose piante di case private, circolari e con cortili circolari, ma anche poligonali e quadrilatere con cortile circolare o in forma di C – registrando con ciò stesso il probabile influsso pliniano oltre che albertiano – sia nella prima versione dei suoi *Trattati* (T, ff. 17*v*-19*v*) che nella seconda (M, ff. 18*v*-24*v*). Ma il più aderente raffronto con l'impianto architettonico della casa di Andrea si trova fra i disegni di Francesco di Giorgio dall'antico, sia quelli contenuti nell'*Addenda antiquaria* alla prima versione dei *Trattati*, dove un «edificio in Tiboli» (T, f. 89*v*) si offre come modello possibile a una diretta trasmigrazione al tema della casa all'antica, che nel cosiddetto *Taccuino del viaggio* (che ne è parziale fonte), dove al foglio Uffizi 326 Ar appare una riflessione sul tema della casa quadrata con cortile circolare in alternativa a un cortile quadrato con loggia su di un lato.[24] Come nella casa di Mantegna, anche qui il corpo anteriore è più profondo, e Francesco di Giorgio indica la destinazione a 'sala' di entrambi gli spazi ai lati dell'andito di ingresso. L'idea di un edificio residenziale, e nella fattispecie una villa, su impianto quadrato e con un ambiente centrale a cupola, fa inoltre comparsa fra i disegni di Giuliano da Sangallo, forse su ispirazione dello stesso Lorenzo de' Medici, che visita, come si è detto, la casa di Mantegna

[24] H. Burns, *I disegni di Francesco di Giorgio agli Uffizi di Firenze*, in *Francesco di Giorgio architetto*, Catalogo della mostra, Siena, 25 aprile-31 luglio 1993, Milano, Electa, 1993, pp. 330-357:339, scheda XX.15.

nel 1483.[25] La proposta non trova però realizzazione nell'opera di Giuliano, e si proietta su un'ulteriore elaborazione di impianti centralizzati di villa che vedranno protagonista il fratello, Antonio da Sangallo il Vecchio, e il nipote, Antonio da Sangallo il Giovane, sino a rispecchiare nell'esito più maturo villa Capra, o Rotonda, di Palladio. Mentre è forse ancora attraverso Giuliano da Sangallo che, in alternativa all'impianto quadrangolare del cortile, si opta per il cortile circolare scoperto e in grandi dimensioni, come sarà nella villa per Leone X a Roma, e da lì, attraverso Giulio Romano, nel palazzo di Carlo V all'interno dell'Alambra di Granada.[26]

L'alternativa fra uno spazio centrale cupolato e un cortile aperto non è a sua volta indifferente, e a questo proposito pare difficile seguire Rosenthal, che aveva proposto il paragone fra la pianta della casa di Mantegna e il disegno Uffizi 326Ar di Francesco di Giorgio, sulla possibile relazione fra la «volta a huovolo» disegnata da Francesco nella prima versione dei *Trattati* (T, f. 21*v*), e già nel codice Zichy (f. 130*r*), e una presunta copertura del cortile della casa di Mantegna, che a nostro parere si dovrebbe escludere, a meno che non la si voglia immaginare in struttura leggera, soluzione della quale Francesco di Giorgio non parla.[27] È del re-

[25] S. Frommel, *Lorenzo il Magnifico, Giuliano da Sangallo e due progetti per ville nel codice Barberiniano*, in *Il principe architetto*, Atti del convegno, Mantova, 21-23 ottobre 1999, a cura di A. Calzona, F.P. Fiore, A. Tenenti, C. Vasoli, Firenze, Leo S. Olschki, 2002 («Centro Studi Leon Battista Alberti, Ingenium», 4), pp. 413-454. Nel 1483 anche Guidobaldo da Montefeltro visitò Mantova ed è possibile che Francesco di Giorgio fosse al suo seguito e visitasse la casa di Mantegna in costruzione.

[26] M. Tafuri, *La fortuna di Francesco di Giorgio architetto. Edifici residenziali con cortili circolari*, in *Francesco di Giorgio architetto*, cit., pp. 384-389. Cfr. G. De Angelis d'Ossat, *Giuliano da Sangallo e villa Madama*, in Id., *Realtà dell'architettura*, II. *Apporti alla sua storia. 1933-78*, a cura di L. Marcucci, D. Imperi, Roma, Carucci, 1982, pp. 921-941; C.L. Frommel, *Villa Madama*, in *Raffaello architetto*, a cura di C.L. Frommel, S. Ray, M. Tafuri, Milano, Electa, 1984, pp. 311-322, 331-332; F.E. Keller, *U1054 recto*, in *The Architectural Drawings of Antonio da Sangallo the Younger and his Circle*, II, a cura di C.L. Frommel, N. Adams, Cambridge Massachusetts-London, The MIT Press, 2000, pp. 197-198.

[27] E.E. Rosenthal, *op. cit.*, pp. 332-338, ha sostenuto, valutando concreti motivi (notevole altezza e stato rustico del vano cubico al di sopra di quello cilindrico del cortile, portanza delle murature, illuminazione e aerazione degli ambienti di abitazione anche dall'esterno), la possibilità che Mantegna intendesse coprire lo spazio circolare della casa con una cupola, anche nella convinzione egli traesse ispirazione dagli 'atri' coperti e cupolati illustrati da Francesco di Giorgio nel cosiddetto *Taccuino del viaggio*, che data al 1463 così come la preparazione dei suoi *Trattati*. L'ipotesi, sviluppata in disegni da R. Campagnari, *La casa del Mantegna*, «Civiltà mantovana», IX, 49-50, 1975, pp. 44-60, e ripresa da M. Kraitrova, *op. cit.*, e da R. Tavernor, *The natural House of God and Man: Alberti and Mantegna in Mantua*, in *La corte di Mantova nell'età di Andrea Mantegna: 1450-1550*, a cura di C. Mozzarelli, Roma,

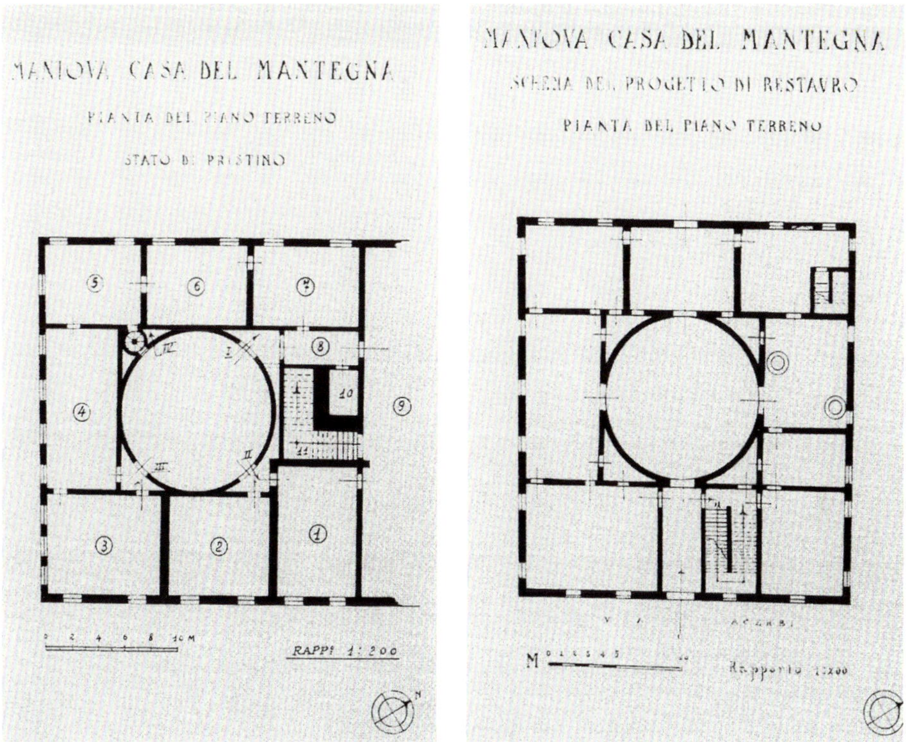

Fig. 6 - Mantova, Archivio della Provincia, pianta del piano terreno nello stato antecedente i restauri e progetto dei lavori eseguiti nel 1940-1942.

sto altra cosa e di minori dimensioni la copertura a cupola, citata nel commento vitruviano di Cesare Cesariano del 1521, di un vestibolo circolare «monoptero tholato» a Milano in palazzo Salvatico, edificio assegnato nel 1468 dallo Sforza a Federico da Montefeltro e recentemente collegato alle proposte di Francesco di Giorgio.[28]

Bulzoni, 1997, pp. 225-234, nasce dalla datazione troppo anticipata, da parte di Rosenthal, dei disegni di Francesco di Giorgio (cfr. M. Mussini, *op. cit.*), e non sembra confortata dall'impianto della casa, che manca di qualsiasi rafforzamento delle murature lungo il perimetro del cortile, né dal fatto che la presenza di una cisterna nel cortile fa ulteriormente propendere per un cortile scoperto, sebbene essa sia da meglio indagare quanto a datazione.

[28] R. Martinis, *Il palazzo del Banco Mediceo: edilizia e arte della diplomazia a Milano nel XV secolo*, «Annali di architettura», 15, 2003, pp. 37-57. Id., *L'architettura contesa. Federico da Montefeltro, Lorenzo de' Medici, gli Sforza e palazzo Salvatico a Milano*, Milano, Bruno Mondadori, 2008, pp. 87-98.

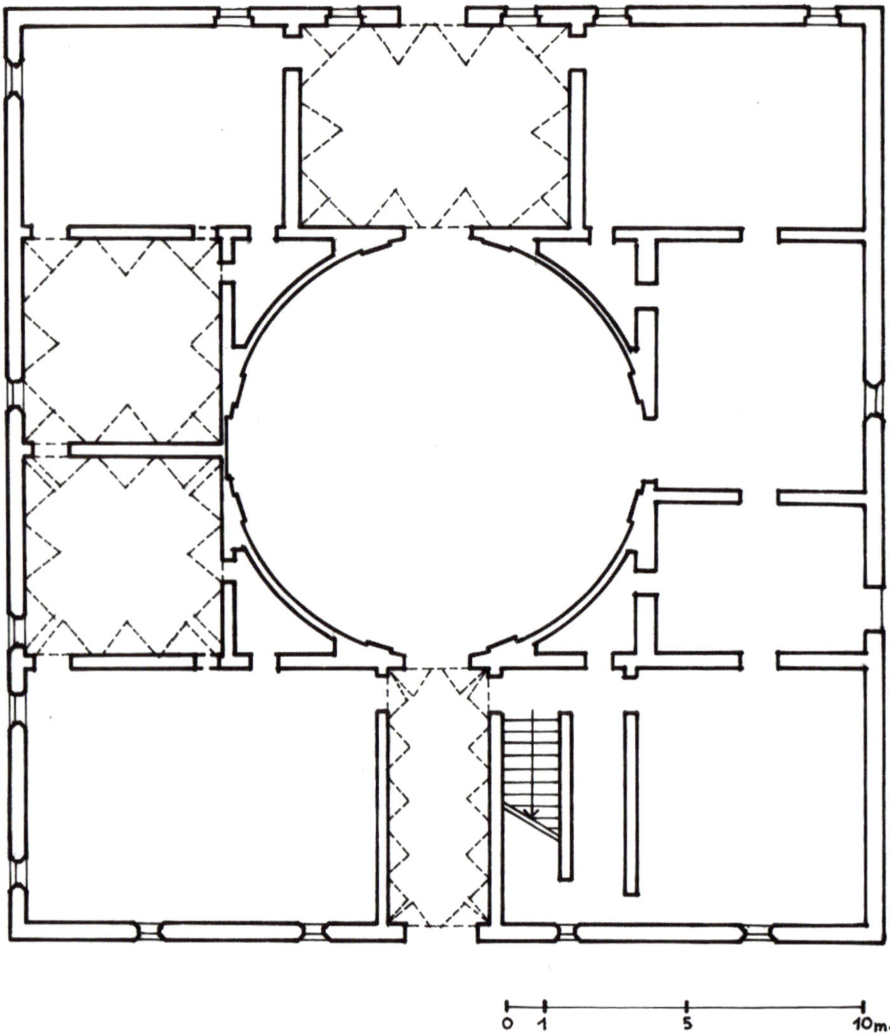

Fig. 7 - Ipotesi ricostruttiva della pianta della casa di Mantegna (disegno di F.P. Fiore).

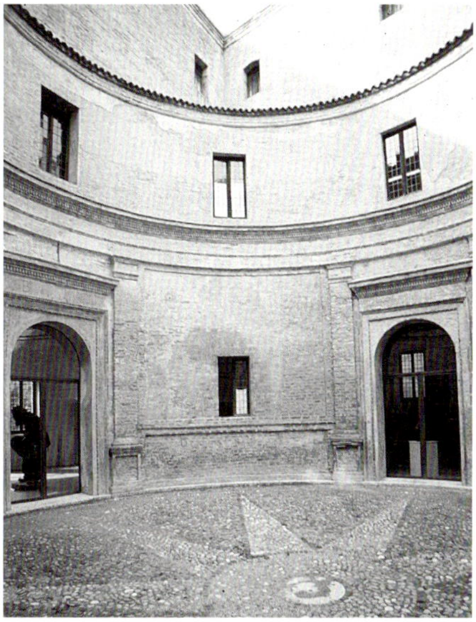

Fig. 8 - Mantova, casa di Andrea Mantegna, i tre livelli del cortile.

Ma torniamo al tentativo di comprendere il progetto di Mantegna a partire dalla fabbrica realizzata in via Acerbi, che conserva la maggioranza delle murature quattrocentesche come testimoniato dalle numerose tracce delle decorazioni dipinte a quel tempo[29] e dal più recente rilievo.[30] La prima constatazione che ne deriva è che il cortile circolare è racchiuso entro un quadrato murario che occupa il nucleo centrale di un'area idealmente suddivisibile in 4 × 4 quadrati.[31] Il cortile circolare è perciò inscritto entro un quadrato minore determinato quanto a posizione e dimensioni dalle diagonali del quadrato maggiore. Da ciò deriva anche l'ampiezza dei corpi laterali, mentre il corpo di facciata, incrementato in profondità di 1/4 rispetto ai quadrati che dettano la profondità degli altri corpi, determina il passaggio dal quadrato al rettangolo della pianta della casa. In altre parole, l'intera pianta, impostata sulla suddivisione del quadrato di base in 16 quadrati minori, subisce una prima deformazione con l'aumento in profondità del corpo di facciata. Tracciando poi le diagonali che si intersecano al centro del cortile circolare, si può notare una seconda differenza, solo apparentemente poco significativa, rispetto allo schema ora descritto. Dal quadrato ideale della pianta risulta infatti escluso lo spessore della muratura del fianco settentrionale, mentre è compreso quello della muratura sull'altro lato,

---

[29] G. Sacchi, *op. cit.*, pp. 71-99.

[30] Si ringrazia il Centro Dipartimentale DIAPReM dell'Università di Ferrara, diretto da Marcello Balzani, per aver reso disponibili i risultati del rilievo (2006) della casa di Mantegna.

[31] G. Ferlisi, *La Casa del Mantegna*, cit., p. 167, indica le dimensioni della pianta in m 24,56 per la facciata sulla via, 25,87 e 25,90 per i lati e 24,65 per la facciata sul giardino, e in *Il progetto*, in *Ab Olympo, la dimora del Mantegna*, CDRom, cit., illustra il proporzionamento *ad quadratum* ora descritto. Per la lunghezza del braccio mantovano, stabilita in m 0,4668598, vedi L. Volpi Ghirardini, *L'iconometria del San Sebastiano*, in A. Calzona, L. Volpi Ghirardini, *Il San Sebastiano di Leon Battista Alberti*, Firenze, Leo S. Olschki, 1994, pp. 219-277:228-234.

9 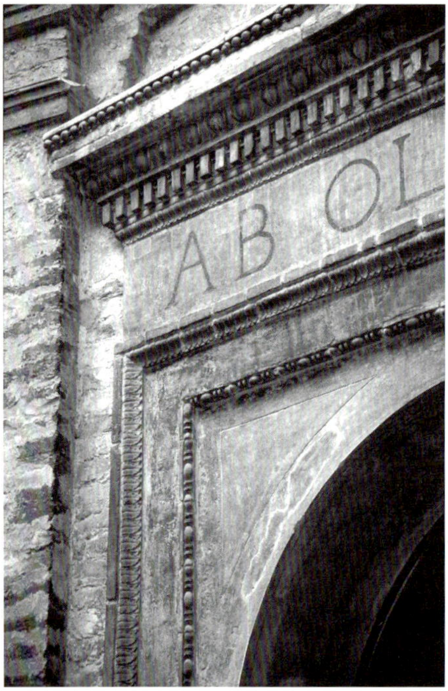

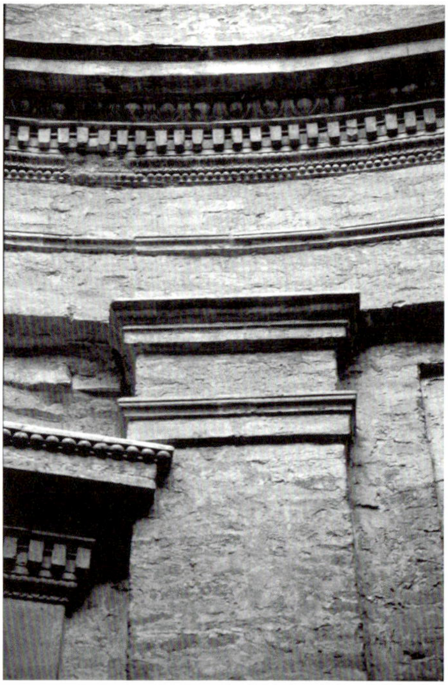 10

Fig. 9 - Mantova, casa di Andrea Mantegna, particolare di un portale nel cortile. Fig. 10 - Mantova, casa di Andrea Mantegna, particolare di un capitello di parasta e della trabeazione.

così come quello sul lato del giardino. Ricordando l'avanzamento del lato di facciata rispetto al quadrato che nasce dal cortile, la figura circolare del cortile non è dunque assiale né rispetto alla lunghezza, né alla larghezza della casa, la quale supera peraltro di più di mezzo braccio la larghezza di 52 bracci mantovani donati dal Gonzaga e menzionati nell'inscrizione della pietra angolare. L'asimmetria del cortile è facilmente verificabile perché il portale di ingresso su via Acerbi, assiale rispetto al cortile circolare, non lo è rispetto alla facciata, che mostra un tratto più lungo verso nord. Il risultato di tale – pur modesto – disassamento del cortile, viene esaltato se si passa a misurare la larghezza interna delle stanze laterali, che è quella realmente percepita e fruibile, e ciò porta a ulteriori considerazioni.

Abbiamo visto che l'ideale impianto quadrato della casa di Mantegna subisce una deformazione, certamente intenzionale, per quanto riguarda la profondità del corpo di facciata. Considerato che l'ala di facciata conteneva sin dall'origine la scala a due rampe ricostruita accanto all'andito

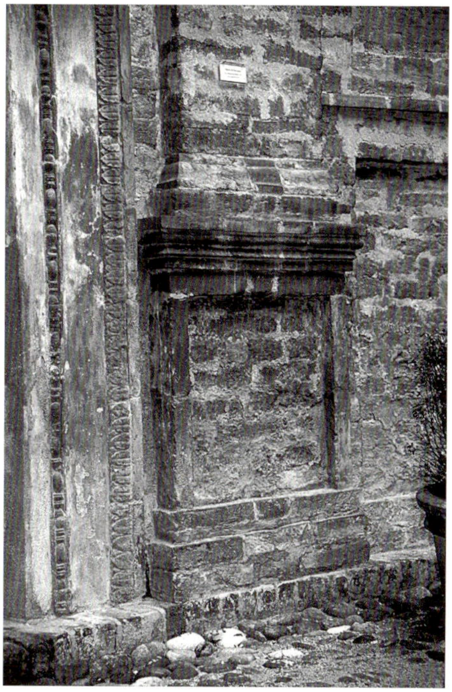

Fig. 11 - Mantova, casa di Andrea Mantegna, particolare di un piedestallo di parasta.

d'ingresso, il suo incremento in profondità può essersi imposto per dare la necessaria lunghezza alle rampe e al pianerottolo e al contempo per dare maggiore spazio agli ambienti vicini all'ingresso, e perciò più facilmente aperti alla visita degli ospiti, rispetto a quelli, più privati, sui lati verso il giardino. La larghezza interna degli ambienti in facciata (7,05 m, circa 1 braccio mantovano e 1/2) risulta perciò visibilmente superiore rispetto a quella degli ambienti sugli altri lati. Ma come giustificare la maggiore larghezza del corpo settentrionale che porta a superare il limite dei 52 bracci? La risposta è resa più difficile dal fatto che l'ala a settentrione fu oggetto dei maggiori interventi, in quanto unita a palazzo Lanzoni nel secolo XVIII, dal quale la casa è stata isolata nel restauro ricostruendo la muratura perimetrale del lato già comunicante, ed essa sembra più spessa di quella sull'altro lato. È qui che era collocata, ed è stata demolita, la scala settecentesca accessibile dal cortile del palazzo Lanzoni che, a giudicare dalla pianta del 1775-1777, dai rilievi del 1869 e da quelli preventivi al restauro, occupava buona parte dei due ambienti centrali di quel lato. Il ritrovamento di un pozzo nell'angolo esterno del maggiore di questi due ambienti ha fatto ritenere che in esso fosse la cucina o almeno un locale di servizio, mentre alcune tracce consistenti hanno fatto ipotizzare che tutto il piano terreno in quest'ala della casa (dalla facciata sul giardino a quella sulla via) fosse stato suddiviso in altezza per ricavarvi un piano mezzanino.[32] La misurazione dell'ampiezza degli ambienti del corpo settentrionale (5,84-5,87 m, pari a 1 braccio mantovano e 1/4) li dimostra comunque

[32] G. Sacchi, *op. cit.*, pp. 89-90.

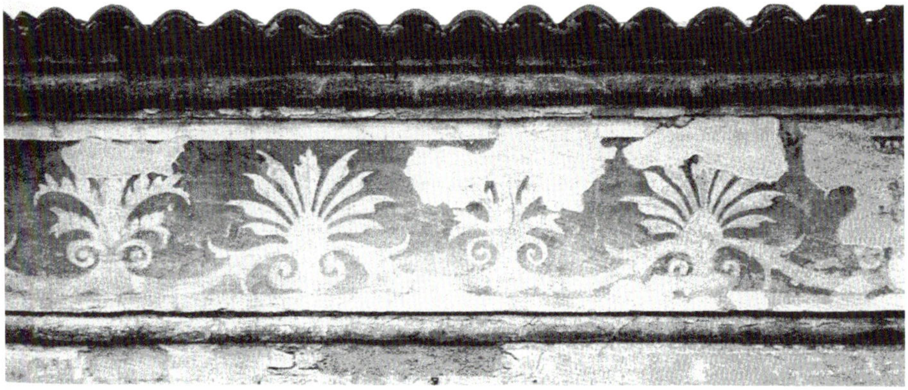

Fig. 12 - Mantova, casa di Andrea Mantegna, Tracce di decorazione pittorica rimaste sulla cornice esterna.

più ampi di quelli della seguente ala verso il giardino (5,62-5,58 m). Qui si può aggiungere che le piante precedenti il restauro mostrano l'assenza dello stanzino esistente sull'angolo settentrionale dell'edificio[33] e, non appena si ricostruisca l'unità dell'ambiente su quell'angolo abolendo idealmente lo stanzino, ci si trova anche di fronte alla progressiva diminuzione in lunghezza dei tre ambienti su quel lato (7,80-7,48-7,28 m), posto che l'ambiente centrale è assiale rispetto al cortile. Infine, l'ala meridionale (5,54 m) è a sua volta più stretta di quella sul giardino. Il rilievo del 1882[34] vi documenta meglio degli altri la presenza di due sale – una delle quali adibita nel XIX secolo e forse già prima a cappella – con volte lunettate, separate da una parete coincidente con l'asse trasversale del cortile. Il portale corrispondente era anche perciò occluso o suddiviso in due più piccoli accessi di servizio.

L'impianto della casa costruita si distacca dunque dal quadrato perfetto, mentre il cortile circolare, lievemente eccentrico rispetto entrambi gli assi principali, sembra dinamicamente avvolto dalla riduzione in senso antiorario dello spessore dei corpi laterali, quasi fosse al centro di una voluta

[33] Cfr. la pianta del palazzo e del giardino del marchese Claudio Lanzoni, 1775-1777 (Archivio Storico del Comune di Mantova, da ora ASCMn, Atti di Cauta custodia, b. 23) e R. Niccoli, *Prima relazione sui lavori di restauro*, cit., con i disegni, allegati e pubblicati da G. Sacchi, *op. cit.*, p. 60.

[34] ASCMn, Archivio dell'Ufficio Tecnico, b. 55, f. 1.19, pubblicato in G. Ferlisi, *La Casa del Mantegna*, cit., p. 165.

o spirale. Il cortile diviene così il fulcro di una suggestiva e ideale rotazione, segnata da sottili progressioni dimensionali, laddove non vuole o non può esserne perfettamente al centro. È difficile immaginare che Mantegna non fosse conscio di tale risultato ed è piuttosto possibile ipotizzare che sin dal progetto abbia voluto animare, attraverso lievi scarti dimensionali, un impianto per il quale sarebbe stato possibile accontentarsi di una più tranquillizzante ma assai più banale simmetria.[35] Se questa ricostruzione rispondesse al processo progettuale che ha portato Mantegna dal tracciato geometrico inizialmente statico della casa a una sua dinamica articolazione, avremmo trovato anche la ragione geometrica delle dimensioni non facilmente esprimibili in bracci mantovani interi o frazioni, che si osservano nella casa così come realmente costruita, primo fra tutti il diametro del cortile che risulta dal rilievo (11,44 m, pari a 2,45 b.m.).[36] In quanto risultato di suddivisioni secondo le diagonali del quadrato di base che procede dai 52 bracci di larghezza del terreno donatogli da Ludovico Gonzaga, le misure dell'edificio sarebbero infatti passate da quelle di un disegno, forse a semplice tratto come quelli di Francesco di Giorgio, all'applicazione degli spessori murari costruiti e al proporzionamento degli spazi interni con le variazioni riscontrabili nel rilievo dell'edificio sino a superare, seppur lievemente, gli stessi 52 bracci di larghezza del lotto e a raggiungere una più organica articolazione della pianta.

È nel cortile che Mantegna concentra del resto la massima chiarezza visiva e pone le aperture sugli assi principali della figura, le segna con portali e le stringe fra paraste separandoli tramite lunghi intervalli murari, probabilmente utili come fondale di statue e pezzi antichi che facevano parte della sua collezione.[37] La continuità dell'involucro murario viene segnata da un ritmo fortemente alternato, sebbene unificato dalle fasce delle

---

[35] Cadrebbero in questo caso tutte le ipotesi proporzionali fondate su di una supposta simmetria della pianta della casa, e i tentativi di dedurne rapporti non fondati sulle reali dimensioni dell'edificio e delle sue parti così come effettivamente costruite.

[36] E.E. Rosenthal, *op. cit.*, p. 347, n. 17, indica in 11 m il diametro del cortile, compatibile con una misura presa da parasta a parasta e non in corrispondenza del perimetro murario, mentre G. Ferlisi, *La Casa del Mantegna*, cit., p. 167, indica il diametro pari a 11,32 m, vale a dire 24 bracci e 1/4, lievemente inferiore a quanto riscontrabile nel rilievo che abbiamo utilizzato.

[37] L'esistenza delle riquadrature delle pareti fra i portali è chiaramente testimoniata dalle fotografie del cortile nello stato precedente il restauro del 1940-1942, che documentano come esse fossero state intaccate solo nella parte inferiore dagli arconi aperti in tempi successivi e ora tamponati: cfr. G. Sacchi, *op. cit.*, p. 59.

13 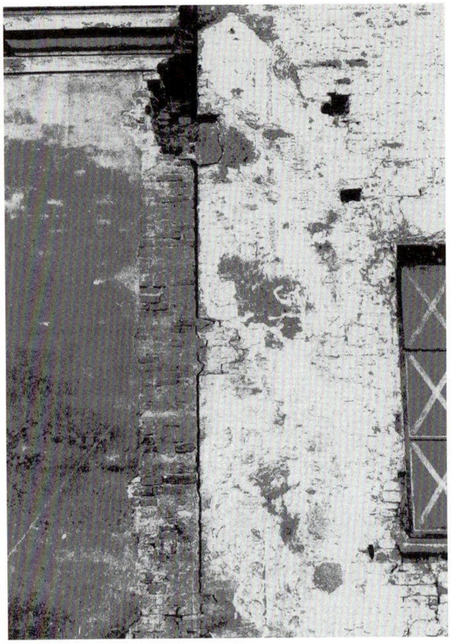 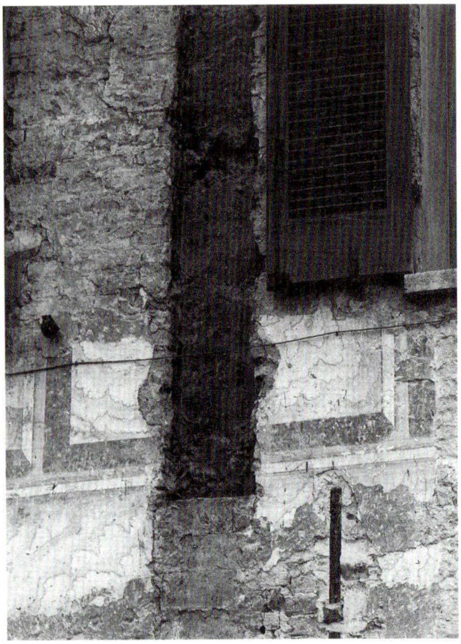 14

Fig. 13 - Mantova, casa di Andrea Mantegna, Tracce di una parasta dipinta rinvenute all'esterno verso il giardino nel corso del restauro del 1940. Fig. 14 - Mantova, casa di Andrea Mantegna, Tracce della decorazione a finte bugne rinvenuta nel corso del restauro del 1940.

pareti riquadrate e, più in alto, dalla trabeazione continua dell'ordine e dalla prosecuzione del cilindro murario in forma di attico, efficace sebbene non siano considerati originali il secondo ordine di colonne dipinte che si intravvede ancora accanto alle sue finestre e la cornice che lo conclude, certamente di restauro.[38] A riprova del citato influsso albertiano, potremmo considerare la concentrazione sugli assi del sistema portale-paraste affiancato da ampie pause – si pensi alla facciata di Santa Maria Novella, ma anche a quella del San Sebastiano – e le paraste su piedestalli, il cui fusto è in proporzione di 1:7, come Alberti raccomanda per il dorico,[39] mentre i capitelli

---

[38] G. Ferlisi, *La Casa del Mantegna*, cit., p. 168.

[39] L.B. Alberti, *L'architettura*, cit., II, pp. 302-303 (libro VII, cap. VI); le misure sono riportate da G. Ferlisi, *La Casa del Mantegna*, cit., p. 174, che nota inoltre come il capitello sia in rapporto di 3:2 rispetto alla larghezza della parasta, il piedestallo sia proporzionato nel rapporto di 3:2 e il vano del portale nel rapporto di 1:2; cfr. P. Zampa, *L'ordine dorico nel De re aedificatoria: modelli e interpretazioni*, in *Leon Battista Alberti teorico delle arti*, cit., II, pp. 859-892.

Fig. 15 - Mantova, casa di Andrea Mantegna, lo stemma di Mantegna che si conserva dipinto nella stanza centrale al primo piano verso il giardino.

pseudo-dorici, articolati in semplici fasce, e la trabeazione, di poco aggetto e priva di triglifi per quanto elegantemente ornata nella cornice, tornano a quell'amore di sintesi che Andrea aveva iniziato a esercitare sin dalle architetture all'antica dipinte agli Ovetari.[40] I portali aderiscono alla medesima impostazione, e si sovrappongono alle paraste laterali, ricordando, quasi per contestarla e per differenziarsi, la marcata sovrapposizione alle paraste del monumentale portale 'ionico'[41] con volute di Alberti sulla facciata del San Sebastiano. Sebbene resti allo stato di ipotesi che Andrea facesse colorire gli ordini e i portali, su uno dei quali troviamo il motto gonzaghesco «AB OLYMPO» nel fregio, si accentua in questo caso nei dettagli l'originalità e autonomia di Mantegna architetto rispetto

---

[40] C. Syndikus, *Forum e Arcus. Leon Battista Alberti e l'architettura nelle prime opere di Mantegna, ivi*, II, pp. 893-912.

[41] C.L. Frommel, *La porta ionica nel Rinascimento*, in Id., *Architettura alla corte papale nel Rinascimento*, Milano, Electa, 2003, pp. 35-87:41.

ad Alberti: evitati gli ordini esterni, fatta eccezione per le paraste riquadrate dipinte all'estremità della facciata verso il giardino, Mantegna concentra nel 'cuore della casa' le sue riprese dell'architettura antica, riduce le connotazioni tridimensionali dell'ordine – sia nell'aggetto che nell'ornato – e le rende tramite la probabile collaborazione di un'ornamentazione architettonica e pittorica insieme.

Quest'ultima è, come si è detto, la sola a comparire sulle lisce superfici esterne, in sintonia molti edifici mantovani e il diffuso uso settentrionale.[42] Una veste economica e festosa, che avrebbe investito anche le grandi chiese albertiane di San Sebastiano e di Sant'Andrea. La pittura, più che rimediare a quanto l'architettura non può realizzare, si spinge dove l'architettura non giunge, e introduce valori cromatici e di forma. Si tratta di un risultato simile a quello che Mantegna ha probabilmente e più esplicitamente introdotto, negli stessi anni, sulla facciata di Sant'Andrea, come abbiamo recentemente proposto,[43] e che si può ancora osservare nella cappella di San Giovanni Battista che Andrea ha realizzato come cappella funeraria per sé e la famiglia nella stessa chiesa di Sant'Andrea. L'analisi delle murature ha dimostrato che anche in questo caso, creando un ingresso e una parete di fondo svasati mediante superfici incurvate,[44] Mantegna ha agito da architetto sottile e consumato, creando uno spazio più ampio e unitario di quello delle altre cappelle, più adatto alla decorazione pittorica e capace di meglio unirsi alla percezione dello spazio cupolato. Si tratta dunque di una via che si distacca

---

[42] G. Ferlisi, *1459. Verso la nuova Mantova di Ludovico II, Alberti e Mantegna*, in *Leon Battista Alberti e l'architettura*, cit., pp. 424-443; Id., *La mantegnesca facciata dipinta dell'antica piazza Purgo a Mantova*, in *A casa di Andrea Mantegna*, cit., pp. 70-83; N. Zuccoli, *Forme della decorazione architettonica a Mantova nell'età di Andrea Mantegna*, *ivi*, pp. 58-69; cfr. P. Davies, *Quattrocento Palaces in Mantua and Ferrara*, in *Mantegna and 15th Century Court Culture*, a cura di F. Ames-Lewis, A. Bednarek, London, Department of History of Art, Birbeck College, University of London, 1993, pp. 72-83.

[43] F.P. Fiore, *La facciata di Sant'Andrea a Mantova*, in *Leon Battista Alberti, architetture e committenti*, II, Atti del convegno del Comitato nazionale, Firenze-Rimini-Mantova, 12-16 ottobre 2004, a cura di A. Calzona, J. Connors, F.P. Fiore, C. Vasoli («Centro Studi Leon Battista Alberti. Ingenium», 12), Firenze, Leo S. Olschki, 2009, pp. 743-775; un coevo esempio di decorazione pittorica capace di influenzare la lettura di uno spazio architettonico da parte di Mantegna è ricostruito da U. Bazzotti, *La chiesa di Santa Maria della Vittoria e la pala di Andrea Mantegna*, in *A casa di Andrea Mantegna*, cit., pp. 200-219.

[44] L. Volpi Ghirardini, *Sulle tracce dell'Alberti nel Sant'Andrea a Mantova. L'avvio di un'analisi archeologica e iconometrica*, in *Leon Battista Alberti*, Catalogo della mostra, Mantova, 10 settembre-11 dicembre 1994, a cura di J. Rykwert e A. Engel, Milano, Olivetti-Electa, pp. 224-241:235-240; G. Pastore, *La cappella di Mantegna nella basilica di Sant'Andrea*, in *A casa di Andrea Mantegna*, cit., pp. 334-345.

per molti aspetti da quella di Alberti e che sottolinea il contributo di Mantegna pittore e al tempo stesso architetto. La sua casa mantovana ne è l'espressione più piena e al tempo stesso legata alla realtà della città gonzaghesca: isolata e di forma apparentemente 'perfetta' ma paragonabile per altezza e volume all'edilizia cittadina, priva di ordini architettonici all'esterno ma ricca di disegni coloriti a fresco come le più eleganti facciate delle case mantovane, nobilitata internamente da un cortile circolare e con gli ordini e allo stesso tempo articolata come una vera casa da abitare. A più di vent'anni dalla scomparsa di Alberti e intorno agli inizi del Cinquecento, Mantegna architetto aggiunge alla novità d'impianto della sua casa all'antica in Mantova gli esiti della lunga ricerca d'intima connessione fra architettura e pittura avviata sin dalle prime esperienze di pittore in Padova.

Lionello Puppi

QUATTRO PERGAMENE INEDITE PER MANTEGNA

I quattro documenti che mi accingo a presentare e a illustrare sono conservati nell'Archivio di Stato di Milano: dislocati nella sezione dedicata ai *Pittori* nella serie degli *Autografi* – ch'ebbe origine, come ognun sa, dalla dissennata sovversione dei fondi storici originali condotta da Luigi Osio, direttore dell'Istituzione milanese dal 1852 al 1872, per ricomporne le carte in ossequio a una ideologia di 'collezionismo archivistico' che riduce il documento a semioforo –,[1] non è più dato stabilire con certezza da quale nucleo furono estrapolati, sebbene sia lecito un sospetto che avanzeremo tra poco. Ma intanto, non si può nascondere la sorpresa che sino a oggi siano stati ignorati[2] sebbene fossero, per dir così, sotto gli occhi di tutti gli studiosi che frequentano gli archivi – tra i quali gli storici dell'arte, ch'eran quelli potenzialmente più interessati a consultarli, non costituiscono, in verità, la schiera più numerosa e assidua –, e ciò vuol dire, pare a me, solo una cosa: che a nessuno poteva venire in mente che, a Milano – eccezion fatta, magari (ma mica tanto), per un'occhiatina

[1] Vedasi, al riguardo, G. Cagliari Poli, *L'Archivio di Stato di Milano*, in *L'Archivio di Stato di Milano*, Firenze, Nardini, 1992, pp. 14-15. Com'è ben noto, 'scorporamenti' siffatti sono stati perpetrati in altre importanti sedi archivistiche pubbliche: cfr. A. De Lescure, *Les autographes et le goût des autographes en France et à l'etranger*, Paris, J. Gay, 1865, p. 34 sgg. e K. Pomian, *Collectionneurs, amateurs et curieux*, Paris, Flammarion, 1987, pp. 15-59. Per la ricostruzione di un caso, vedasi L. Puppi, *Due lettere per Antonello da Messina rivisitate*, «Humanistica», II, 1-2, 2007, pp. 109-116.

[2] Al termine della lettura della presente comunicazione, m'è stato cortesemente fatto osservare da alcuni Colleghi che, quanto meno in parte, i documenti da me presentati potrebbero esser stati ricordati se non addirittura editi: forse, nell'ambito di una recensione a Kristeller, 1902. A capo di ricerche meticolose, al momento di congedare il mio testo per gli atti, non ne ho trovato memoria talché mi par resti inoppugnabile che dalla letteratura mantegnesca non son stati raccolti e, men che mai, dibattuti.

ai carteggi della corrispondenza con Mantova della Cancelleria ducale –, ci si potesse imbattere in documenti d'interesse mantegnesco: compreso, naturalmente, chi scrive, che c'è caduto dentro per caso o, a essere più precisi, cercando altre informazioni. Ma, a meglio pensarci su, ne vuol dire forse anche un'altra, di cosa: che, se un'indagine ha i suoi luoghi privilegiati d'applicazione e svolgimento, questi non sono tuttavia esclusivi. Le peripezie, le distruzioni, le incurie, le disseminazioni patite dalla memoria cartacea della storia comportano la conseguenza inevitabile che le sue testimonianze non s'adagiano, per esaurirvisi, in uno spazio 'topico', ma posson esser sparse dappertutto, come dovrebbe insegnare l'impegno monumentale di raccolta e classificazione avviato da Kristeller con *Iter Italicum*; né, del resto, la stessa esplorazione di un fondo circoscritto, i cui risultati siano stati resi noti e, insomma, editi, per quanto assidua possa essere stata, è da ritenersi conclusiva, come ha dimostrato Francesca Fantini D'Onofrio – e sempre, ovviamente, per quel che concerne i nostri presenti interessi mantegneschi – rituffandosi tra gli incartamenti del Notarile e delle Magistrature civili e penali dell'Archivio di Stato di Padova.[3] Un impegno concreto e meritorio che sarebbe piaciuto constatar condotto con pari acribia nei fondi veneziani, dov'è stato viceversa non più che accennato, e in quelli romani, dove neppur è stato impostato[4] mentre,

[3] F. Fantini D'Onofrio, *Omaggio ad Andrea Mantegna pittore padovano*, Treviso, Canova, 2006. Non si può, tuttavia, far a meno di lamentare, e proprio nel momento in cui si apprezza un così paziente, meritorio e fruttuoso lavoro di ricerca, l'omissione, non solo pei documenti rivisitati e riproposti, d'ogni richiamo a precedente edizione, ma, *tout court*, di qualsivoglia apparato bibliografico: mentre, a integrazione delle novità acquisite, convien ricordare, sulla realtà di Isola di Carturo nel Quattrocento e sulle ragioni del trasferimento di Andrea a Padova (con qualche spunto suggestivo di una sua frequentazione di Montagnana), i contributi di F. Callegari e di C. Bellinati, in *Magister Andrea Mantegna summus pictor*, Padova, Provincia di Padova, 2006 (rispettivamente alle pp. 9-19 e 21-58).

[4] Vedasi *Testimonianze su committenti veneziani del Mantegna*, Catalogo dell'esposizione documentaria, 18-23 settembre 2006, a cura di A. Pelizza, Venezia, Archivio di Stato, 2006. I materiali presentati riguardano Jacopo Antonio Marcello, Gregorio Correr e Francesco Cornaro, senza alcun apporto di novità neppur come approfondimento di spunti pur adombrati. Ad esempio, e mentre su Cornaro son esibiti documenti successivi al 1522, e dunque irrilevanti in prospettiva mantegnesca (neppur sfiorato appare lo spunto suggestivo dei contatti tra i Cornaro e Ludovico Mantegna nel 1502, additato dalla J. Fletcher, *Mantegna and Venice*, in *Mantegna and 15th Century Court Culture*, a cura di F. Ames-Lewis e A. Bednarek, Londra, Department of History of Art, Birbeck College, University of London, 1993, p. 17), l'inedita informazione (Archivio di Stato di Venezia, Collegio Notatorio, registro 8, alla data 19 ottobre 1447) dell'elezione di Gregorio Correr alla successione di Pietro Donà nel vescovado di Padova, «per canonicos et capitulum paduanum», vien lasciata cadere senz'alcun commento. Per altro riguardo, non si capisce perché l'occasione non abbia sollecitato

troppo spesso, l'occasione del Centenario ha moltiplicato tante iniziative ripetitive, pretestuose: per non dir stravaganti come quel 'capitolo' dedicato, nella mostra alla Gran Guardia di Verona, ad *Andrea Mantegna e la Francia*. Laddove, resta sospesa la domanda perché la Francia e non il resto dell'Europa (di materiale suggestivo ce ne sarebbe stato a volontà), con la duplice constatazione che siffatta apertura, se comportava in catalogo un saggio abbastanza spaesato, produceva però una sola scheda, dedicata alla copia di Degas della *Crocifissione* dello scomparto di predella sottratto alla pala di San Zeno. Ciò che tra l'altro non può, per un verso, non denunciare l'incompletezza della pretestuosa sezione, visto che v'è dimenticato l'inquietante disegno di Odilon Redon ispirato da quella stessa immagine mantegnesca, e, per altro riguardo, non far risaltare l'assenza d'ogni commento sulla copia della predella realizzata da Paolino Caliari che, oltre a meritar qualche riflessione sull'inarrivabile capacità di duplicazione della maniera di Mantegna, documenta in maniera quanto mai significativa lo stato conservativo e di offuscamento delle vernici nell'Ottocento.[5]

Ma finiamola con le divagazioni (son spunti, invero, che potremo riprendere, e arricchire, in altra occasione), e veniamo ai quattro documenti inediti annunciati. Della loro attuale ubicazione s'è detto poco sopra, in esordio; precisiamo, adesso, che si tratta di atti di diversa natura, redatti in forma pubblica e solenne, su pergamena: tre da notai mantovani (e le relative minute e registrazioni sono state rintracciate e riscontrate nei fondi dell'Archivio di Stato di Mantova) e uno da un notaio veronese (dei cui protocolli non esiste più traccia presso l'Archivio di Stato di Verona, neppur tra gli incartamenti frammentari dei 'Notai bruciati'). La forma della redazione non lascia dubbi intorno alla loro provenienza da un archivio privato, famigliare, mentre gli interessi patrimoniali che coinvolgono e che riguardano Andrea Mantegna e i suoi eredi inducono al sospetto che l'archivio in questione possa esser stato quello della famiglia Mantegna; anzi, proprio l'archivio personale di Andrea Mantegna: che dobbiam

un'indagine mirata e approfondita sul problema, tutt'ora aperto e scottante (vedasi G. Agosti, *Su Mantegna I*, Milano, Feltrinelli, 2005, pp. 285-286 e 333-335, nota 43) della decorazione murale del monumento di Federico Cornaro ai Frari.

[5] Cfr. G. Toscano, *Per la fortuna di Mantegna in Francia*, in *Mantegna e le arti a Verona 1450-1500*, Catalogo della mostra, Verona, 16 settembre 2006-14 gennaio 2007, a cura di P. Marini e S. Marinelli, Venezia, Marsilio, 2006, pp. 95-104 e *ivi* F. Pesci, *E. Degas, copia da Andrea Mantegna*, pp. 199-200. Per il disegno di Odilon Redon cfr. di chi scrive *Un insidioso rebus di Odilon Redon*, in *Florilegium artium. Scritti in memoria di Renato Polacco*, a cura di G. Trovabene, Padova, Il Poligrafo, 2006, pp. 409-414.

ritenere diviso, all'indomani della sua morte, tra gli eredi Francesco e Ludovico,[6] laddove sta di fatto che un paio di documenti spettanti al nostro *dossier* appaiono elencati tra le carte di «iura et actiones» dell'inventario *post mortem* (1510) di Ludovico, pubblicato da Signorini nel 1996, autorizzando l'ipotesi che anche le altre due carte che ci accingiamo a pubblicare provengano dallo stesso fondo famigliare.[7] Analizziamo dunque le nostre pergamene; e non già nell'ordine cronologico della loro stesura, ma dell'importanza delle informazioni che ci trasmettono, cominciando, così, da un atto rogato dal notaio Eugenio Framberti quondam Antonio, «in domo habitationis [...] Andree [Mantinee] sita in contrata Unicornu» alla presenza dei testi Ognibene fornaio «filio quondam Andree de Reamo cive et habitatore Mantue in contrata predicta Unicornu»; Lodovico notaio «filio quondam ser Francisci de Marassis cive et abitatore Mantue in contrata Cervi»; Domenico tessitore di panni di lana «filio quondam Pauli de Nigronibus» e Gabriele suo figlio anche tessitore di panni (vedi Appendice: doc. 1). La data, di cui è illeggibile il mese nella pergamena, è precisata nella minuta: 5 ottobre 1501,[8] e ciò è di qualche interesse poiché si tratta, se non mi inganno, di una delle ultime attestazioni della residenza di Mantegna nella casa di contrada dell'Unicorno prima della permuta di essa addì 2 gennaio 1502 con la casa del Mercato, in cui peraltro il pittore non andrà mai ad abitare, e della quale diremo tra poco. Materia del rogito è la cessione, da parte dello «spectabilis vir dominus Andreas [...] per se suosque heredes» e «ad novem annos proxime futuros», a Giovanni Maria quondam Nicolò «de Cariola» e a Giovanni Pietro detto Tamagno quondam Bartolomeo «de Bondis», entrambi abitanti «in villa Buscholdi», di «unam petiam terre arative, vineate, prative et constructive,

---

[6] La designazione dei figli Francesco e Ludovico a eredi universali da parte di Andrea Mantegna appare nel codicillo testamentario del 24 gennaio 1506 (vedi P. Kristeller, *Andrea Mantegna*, Berlin-Leipzig, Cosmos, 1902, pp. 578-579, doc. 175; R. Lightbown, *Mantegna*, Oxford, Phaidon-Christie's, 1986, p. 242).

[7] Cfr. R. Signorini, *New Findings about Andrea Mantegna: his Son Ludovico's post-mortem Inventory (1510)*, «Journal of the Warburg and Courtauld Institutes», LIX, 1996, pp. 103-118:115-118 per la trascrizione dell'elenco delle carte di «iura et actiones dicte ereditatis». Cfr. anche Id., *Una straordinaria fonte di scoperte su Andrea Mantegna: l'inventario dei beni di suo figlio Ludovico (17 luglio 1510)*, «Civiltà mantovana», XXXIII, 106, 1998, pp. 9-25. Conviene avvertire che sinora non è stato possibile ricostruire la 'genealogia' della provenienza all'archivio milanese delle quattro pergamene che son oggetto del nostro studio.

[8] Archivio di Stato di Mantova (d'ora in avanti ASMn), Archivio notarile, *Minute*, b. 131, alla data 5 ottobre 1501 (ma vedasi anche *ivi*, *Registrazioni*, bb. 123-130*bis*, anno 1501).

cum una domo supra copata et interazata, cum una tecete et una barchessa, bobulcarum septuaginta vel circha, sitam in teritorio Buscholdi in contrata Assilli», di cui son precisati i confini; di «unam petiam terre arative et vineate bobulcarum tredecim vel circa ut supra», della quale anche son indicati i confini; di «unam petiam terre – infine – prative sitam in teritorio Clericassii vicariatus Curtatoni bobulcarum sex vel circa», del pari topograficamente identificata. La concessione «ad habitandum, tenendum et possidendum» imponeva una contropartita «ad dandum et solvendum anno singulo pro affictus ducatos treginta [*sic*] auri». Si tratta, direi senz'alcun dubbio, di lotti spettanti alla proprietà fondiaria che, giusta la documentazione prodotta da Maria Pia Resti-Ferrari, Mantegna si era assicurato sin dal 1472 nel contado:[9] laddove, mentre sarebbe interessante accertare i motivi in forza dei quali il pittore, all'avvio del Cinquecento, avesse un tal bisogno di liquidità da alienare, e sia pur provvisoriamente, il suo poderetto residenziale («una domo [...] copata et interazata cum una tegete et una barchessa») in campagna, emerge con evidenza eloquente la sua inclinazione, così ben illustrata da David S. Chambers nel prezioso catalogo della mostra esemplare *A casa di Andrea Mantegna*, a non dar minor valore all'«essere riconosciuto come proprietario di beni immobili» che all'essere un sia pur acclamato beneficiario di corte.[10] Il secondo documento che presentiamo risulta stipulato – rogante sempre il notaio Eugenio Framberti – «Mantue, in capitulo claustri ecclesie sancte Agnetis sito in contrata Aquile» il 2 gennaio 1503, contraenti quei frati eremitani e Andrea Mantegna (vedi Appendice: doc. 2), e dovrebbe trattarsi non solo dell'atto di cui Gerola vide la minuta tra gli incartamenti di Framberti presso l'Archivio di Stato di Mantova, limitandosi a darne un brevissimo regesto senz'alcuna precisazione di posizione archivistica al n. 19 della sua edizione di *Nuovi documenti mantovani sul Mantegna*,[11] ma dell'«instrumento de aquisto [*sic*] di miser Andrea [Mantegna] da li frati de

---

[9] M.P. Resti-Ferrari, *Aggiunte al Codice diplomatico mantegnesco del Kristeller*, «Atti e Memorie della Reale Accademia Virgiliana di Mantova», n.s., XIX-XX, 1926-1927, pp. 266-269.

[10] D.S. Chambers, *Andrea Mantegna "civis et habitator Mantuae"*, in *A casa di Andrea Mantegna. Cultura artistica a Mantova nel Quattrocento*, Catalogo della mostra, Mantova, 26 febbraio-4 giugno 2006, a cura di R. Signorini con la collaborazione di D. Sogliani, Cinisello Balsamo (Milano), Silvana, 2006, pp. 148-153:148.

[11] G. Gerola, *Nuovi documenti mantovani sul Mantegna*, «Atti del Reale Istituto Veneto di Scienze, Lettere ed Arti», LXVIII, 2, 1908-1909, p. 915, n. 19.

sancta Agnese sotto dì 2 de zenaro del 1503», dell'inventario *post mortem* di Ludovico.[12] La pergamena testé ritrovata e che costituisce la redazione «in publicam formam» «ab [...] abreviationibus» di Framberti «de sui licentia et mandato» a opera del notaio Giovanni Battista Zambelli, è, in ogni modo, più circostanziata e articolata della minuta,[13] e fa riferimento all'atto di permuta, integralmente trascritto (ma lo aveva già reso noto Kristeller), con cui, il 10 gennaio 1502, Francesco Gonzaga aveva ottenuto – siccome prima abbiam rammentato – la proprietà della casa di Mantegna nella contrada dell'Unicorno in cambio della casa «del Mercato»,[14] che il nostro documento identifica esplicitamente con la «molem aliquam» che «Lodovicus olim marchio Mantue, avus [...] honorandus» dello stesso Francesco, aveva rinnovato a sue spese nella misura di «domum unam cum plurimis apotecis» nel «mercati foro», «quo urbs ipsa spetiosior appareret».[15] Ora, poiché agli Eremitani agostiniani di Sant'Agnese era stato riconosciuto lo *jus* di uno «stallo» precisamente «sub loco ubi dicebatur» – la casa del mercato –, con i patti precisati nella pergamena di cui stiam ragionando – la cognizione dei cui passaggi, abbastanza tormentati, confidiamo alla lettura del documento trascritto – Mantegna lo assicura a sé e propri eredi facendosi carico del debito che i frati avevano contratto con gli eredi di un Matteo «de Tosabetiis». E ciò – possiamo aggiungere – contestualmente all'acquisto, da parte dello stesso «spectabilis vir dominus Andreas filius quondam nobilis Blaxii Mantinea, pictor eximius», per quarantotto ducati, dei diritti del convento di San Domenico sopra due altri «stalli» inerenti la «casa del Mercato», giusta un altro documento

---

12 R. Signorini, *New Findings*, cit., p. 115: si tratta del primo documento dell'elenco di *iura et actiones*.

13 ASMn, Archivio notarile, *Minute*, b. 131*bis*, alla data 2 gennaio 1503 (ma vedasi anche *ivi*, *Registrazioni*, bb. 123-133*bis*, anno 1503, c. 258*v*). La minuta omette il testo del decreto di permuta della «casa del Mercato» con quella di contrada dell'Unicorno: e si veda alla nota seguente.

14 Cfr. P. Kristeller, *op. cit.*, p. 569, doc. 158. Al riguardo, basti il rinvio a R. Signorini, *I domicili di Andrea Mantegna in Mantova*, «Civiltà mantovana», XXVIII, 6, 1993, pp. 26-28.

15 Per un'adeguata contestualizzazione topografica e cronologica, vedasi ancora Id., *I domicili*, cit., pp. 28-29 (sul progetto di *renovatio urbis* di Ludovico II, cfr. frattanto e da ultimo, M. Bianchi, P. Carpeggiani, *Ludovico Gonzaga, la città, l'architettura. Uno scenario per Andrea Mantegna*, in *A casa di Andrea Mantegna*, cit., pp. 20-45:30-35). Sarà il caso di rammentare che, nell'inventario *post-mortem* dei beni di Ludovico Mantegna, tra gli 'immobili', appaiono registrati «botege cinque di fòntico in la cita di Mantua» (R. Signorini, *New Findings*, cit., p. 109).

sunteggiato da Gerola al n. 20 dei suoi regesti mantegneschi, la cui minuta sta pur anche nei protocolli di Framberti.[16]

La terza pergamena che presentiamo (vedi Appendice: doc. 3), coinvolge il 15 dicembre 1517 – giusta la redazione rilevata in «publicam formam» dal notaio Pietro Giovanni quondam Gervasio «de Apprandis» «ab [...] abreviationibus» del notaio Giovanni Matteo Bonadei, dove appare invece la data del 15 ottobre 1517 –,[17] Francesco e Andrea *junior* Mantegna in quanto eredi dello «spectabilis pictor dominus magister Andreas Mantinea», l'uno perché figlio di quest'ultimo, il secondo perché figlio dell'altro erede diretto del pittore, Ludovico, frattanto defunto. Controparte dell'atto – rogato «Mantue [...] in sacrario ecclesie sancti Andree», alla presenza di tre testimoni, Anselmo quondam Egidio «de Virolis», un notaio, Antonio quondam Francesco Campore e un «aromatario», Silvestro quondam Felisio «de Gastaldello» – è Domenico de Mattei, cappellano di Sant'Andrea, il quale agisce «vice nomine Collegii», con il consenso e alla presenza di Jacopo de Varrano, canonico, Giovan Francesco de Raffa, sindaco della Collegiata e Biagio de Peroldis, primo canonico della chiesa e luogotenente generale di Sigismondo Gonzaga, primicerio della stessa. I patti richiamano il punto del testamento di Andrea Mantegna, rogato da Eugenio Framberti il primo marzo 1504, dove il testante legava alla propria cappella nella chiesa di Sant'Andrea la somma di cento ducati.[18] E il riferimento sin qua è puntuale. Esprimendo infatti le sue ultime volontà, il pittore – com'è ben noto – imponeva ai propri eredi, i figli Francesco e Ludovico, di «expendere [...] et exponere ducatos quinquaginta» per le suppellettili della cappella necessarie alla celebrazione della messa, «et alios ducatos quinquaginta in ornando dictam cappellam picturis et aliis ornamentis [...]: et hoc infra unum annum a die obitus testatoris immediate sequuturum». Sappiamo, altresì, che, l'11 agosto dello stesso 1504, Mantegna si preoccuperà di ottenere dai canonici della collegiata la concessione della cappella «in dicta ecclesia sancti Andree sub titulo sancti Ioannis Baptiste que prima in ordine et ingressu ecclesie in

---

16 G. Gerola, *Nuovi documenti*, cit., p. 915, n. 20: al solito, senz'alcuna precisazione della posizione archivistica ch'è in ASMn, Archivio notarile, *Registrazioni*, anno 1503, c. 473*r* (già riconosciuta da R. Signorini, *I domicili*, cit., p. 31, nota 20).

17 ASMn, Archivio notarile, *Minute*, b. 228, alla data 15 ottobre 1517 (e vedi anche *ivi*, *Registrazioni*, bb. 222-231*bis*, anno 1517).

18 Leggasi il 'punto' del testamento nell'edizione offerta da P. Kristeller, *op. cit.*, pp. 570-571, doc. 163.

parte sinistra», e che verrà dotata di cento ducati:[19] una somma – apprendiamo ora dal documento del 15 dicembre 1517 che si rende noto – da investire «in proprietate ex qua percepirentur de affictu ducati quinque» passata in eredità a Francesco e, dopo la morte dell'altro figlio del pittore, Ludovico, ad Andrea *junior* Mantegna: e si tratta del fondo che, con decreto dell'8 giugno 1481, il marchese Federico Gonzaga aveva donato al pittore: «una petia terre arative et vineate, site in territorio Godii in loco Bonmercati, cum domo supra cuppata et murata»; «una petia terre cum quadam insula fluminis Mincii»; «una petia terre sterilis in dicto loco».[20] Orbene, precisamente in forza dello strumento rogato il 15 marzo 1517, in quanto legittimi eredi di Andrea Mantegna, Francesco e Andrea *junior* trasferiscono il «directum dominium» della proprietà – al momento tenuta in affitto dallo «spectabilis dominus Petrus arcerius de Gonzaga commissarius Godii» – alla collegiata di Sant'Andrea. Cos'è lecito dedurre da tutto quanto abbiamo esposto? Non v'è spazio, in quest'occasione, di riproporre la questione relativa ai tempi entro i quali l'allestimento della cappella fu condotto a termine: se, secondo la volontà espressa da Mantegna, entro l'anno richiesto, cioè il 1507 (come ritiene Giuse Pastore nei suoi brillanti contributi in merito)[21] o se entro quel 1516 tracciato in nero sulla parete sopra il busto del pittore e replicato sotto la figura di Giuditta.[22] Con la riserva di tornar sulla questione, a me pare frattanto che la cessione alla Collegiata nel 1512 della proprietà su cui erano stati investiti i cento ducati necessari all'allestimento e al funzionamento della cappella sanzioni la conclusione dell'impegno, offrendo quindi nuova e inattesa credibilità al 1516 come data di conclusione di tutti i lavori previsti. Ed ecco finalmente il quarto e ultimo documento: a mio giudizio, il più interessante – e gravido di conseguenze – del mazzetto sfoderato in questa occasione. Siamo al cospetto, infatti, della pergamena su cui il notaio Giovanni Guglielmo di Bartolomeo «de Magninis», di Santa Maria «ad Fra-

---

[19] Vedi il documento 166, *ivi*, pp. 573-574.

[20] Anche il decreto della donazione di Federico Gonzaga è stato reso noto *ivi*, pp. 539-540, doc. 82.

[21] Di G. Pastore vedansi almeno i saggi *La cappella di San Giovanni Battista in Sant'Andrea*, in *La Cappella del Mantegna in Sant'Andrea a Mantova*, a cura di G. Pastore, Mantova, Provincia-Casa del Mantegna, 1993, in particolare pp. 14-19 e *La cappella di Mantegna nella basilica di Sant'Andrea*, in *A casa di Andrea Mantegna*, cit., in particolare pp. 337-338.

[22] Vedasi C. Tellini Perina, in P. Carpeggiani, C. Tellini Perina, *Sant'Andrea in Mantova. Un tempio per la città del Principe*, Mantova, Publi Paolini, 1987, p. 112.

tam» in Verona, trascrive in pubblica forma (vedi Appendice: doc. 4) una sua minuta – purtroppo andata perduta, come s'è anticipato, con tutte le carte del legale che l'aveva stesa – e che dovrebbe riconoscersi nell'«istromento del dote de madonna Libera rogato per ser Zohanne Gulielmo di Magnini» figurante nell'inventario *post mortem* di Ludovico Mantegna, la cui importanza non era sfuggita alla vigile attenzione di Rodolfo Signorini.[23] Non si tratta però del patto d'assegnazione dotale, bensì di una sua conseguenza. Leggiamo infatti che, alla data 7 novembre 1502, «in studio domus habitationis egregii et docti causidici Ioannis Benedicti notarii quondam domini Bartholomei de Camisano in contrata Sancti Petri in Carnario», «nobilis vir Lodevicus filius et procurator cum plenissimo mandato [...] magnifici et generosi militis domini Andree Mantinee civis Mantue de contrata Bovis», riceve dall'«egregius vir Cavalerius notarius quondam domini Francisci de Montanea civis Verone de contrata Sancti Martini Acquario», «pro se et patre suo acceptanti, ducatos centum auri in auro», e ottiene «facultatem exigendi et percepiendi omni anno libras septuaginta quinque denarii, monete veronensis, de fictu a magnifico et generoso patricio ianuensi domino Thomasino de Campo Frugosio abitatori [*sic*] de presenti in Garda gardesane Verone districtus».[24] Ma ciò a completamento dell'impegno dotale che, per la figlia Libera, il suddetto «Cavalerius [...] de Montanea» aveva assunto nei confronti del genero Lodovico Mantegna e di suo padre Andrea, anticipando «ducatos ducentos auri in pecunia numerata, cum omnibus donariis promissis, et ducatos vigintiquinque pro una veste computata in ipsis denariis», giusta lo strumento di assegnazione dotale del notaio Lazzaro Fracanzani «de Falsurgo, Verone», il 28 marzo 1500 e una lettera di ricevuta di Andrea Mantegna datata del 4 aprile seguente. Ora, malgrado che l'importantissimo rogito di Fracanzani, come la lettera di Mantegna – esibiti e letti nell'occasione della stipulazione del 7 novembre 1502 – siano andati perduti, disponiamo di informazioni di indubbia, se non clamorosa, rilevanza, ancorché – dopo che Signorini, sin dal 1996, aveva rivelato il cognome della moglie di Ludovico Mantegna e alcune circostanze del matrimonio[25] – Daniela

---

[23] R. Signorini, *New Findings*, cit., pp. 103-104 e note 8 e 9.

[24] Il coinvolgimento nella faccenda, ancorché laterale o marginale, di un esponente dell'aristocrazia genovese a Verona meriterà d'essere approfondito in altra sede.

[25] R. Signorini, *New Findings*, cit., pp. 103-104. Secondo lo Studioso – il quale ha anche documentato che Libera mariterà in seconde nozze Aurelio Musoni (già individuato da R. Lightbown, *op. cit.*, p. 247, nota 1, ma con l'indicazione inesatta «Mussano» del nome) –,

Zumiani, in un eccellente contributo che con qualche sorpresa vedo ignorato dalla bibliografia allegata al catalogo della mostra alla Gran Guardia, già su altri documenti, ci avesse fatto sapere che, attraverso le nozze del figlio, Mantegna si era imparentato con la famiglia veronese dei Montagna – ché di costoro si tratta –: in particolare, attraverso l'edizione del testamento insinuato da Cavallerio (o Cavaliere) Montagna il 3 aprile 1519 «in camera domus habitationis [...] Hieronimi Piacentini notarii» a Verona, nel quale il gentiluomo, tra i vari legati predisposti, assegna a «domine Libere filie sue legittime et naturali olim uxori nobilis viri Ludovici Mantegne de Mantua, vel ea premoriente Andree et Barbare pupillis filiis suis ex dicto quondam Lodovico, dotes suas cum donariis alias sibi sive dicto eius marito aut suocero pro ea traditas et solutas», in accordo con i patti stipulati, come abbiam constatato, il 28 marzo 1500 e 7 novembre 1502, e che ci consentono di computare una dotazione complessiva di ben seicento ducati.[26] Ora, val la pena di annotare come Cavallerio Montagna, del ramo di San Martino Acquario e con prevalenti interessi nell'area di Caprino, appartenesse a un ceppo famigliare presente in quella contrada – siccome ha accertato Stefano Lodi –[27] sin dal 1337 e che, nella seconda metà del secolo XIV, aveva raggiunto l'apice del prestigio economico e sociale nell'universo scaligero; se, volgendo al termine il secolo successivo, stava declinando verso una certa decadenza, tuttavia si trattava pur sempre di ceppo di insigne connotazione nobiliare.[28] E Andrea Mantegna è ben consapevole del prestigio e del valore che, in quel senso, assumeva l'imparentamento per via matrimoniale, se – l'abbiamo constatato – dai patti dotali che lo sancivano, assume in prima persona la gestione e il controllo. Ma v'ha, ovviamente, di più, giacché l'agganciamento ai Montagna dovette precedere, e forse non di poco, gli accordi dotali dell'anno 1500. Ove pur si volesse immaginare che l'incontro tra Ludovico Mantegna e Libera Montagna sfociato nel matrimonio possa

---

il matrimonio tra Ludovico e Libera dovette essere successivo a quel gennaio 1497 in cui il primo indirizzava al marchese Francesco Gonzaga versi irridenti l'istituzione matrimoniale («Tristo chi ha in casa spose»).

[26] D. Zumiani, *Cà Montagna. Una dimora signorile tra medioevo e primo rinascimento*, Padova, Grafiche P2, 1996, pp. 34-36. Il «testamentum egregii viri domini Cavalierii de Montagna notarii» del 3 aprile 1519 vi è pubblicato alle pp. 119-122.

[27] S. Lodi, *Il palazzo e la contrada. La famiglia patrizia veronese nello spazio urbano*, in *Edilizia privata nella Verona rinascimentale*, Atti del convegno, Verona, 24-26 settembre 1998, a cura di P. Lanaro, P. Marini, G.M. Varanini, Milano, Electa, 2000, pp. 93-94.

[28] Vedasi D. Zumiani, *op. cit.*, in particolare pp. 29-37.

esser avvenuto nel corso dell'*iter*, travagliato ed estenuante, per la confezione della pala di Santa Maria in Organo a partire dal 1494,[29] ciò nulla toglierebbe all'ipotesi – che, a questo punto, resta tutta da esplorare e certificare – di una confidenza di Andrea Mantegna con il mondo veronese assai più articolata e profonda di quel che, sino a ora, non si ritenesse, e tale da aver risonanza e trasparenza anche sul piano dell'attività artistica.[30] Se già ho per le mani qualche altra carta che, esplicitamente, autorizza codesto convincimento (ma ne darò notizia in una prossima occasione), il fatto che Andrea, tornando da Roma, deviasse su Verona per sollecitare a Battista Guarini (che provvede il 22 ottobre 1490) una raccomandazione presso Isabella d'Este, può – intanto – significare qualcosa.[31]

29 Sulla pala vedasi R. Lightbown, *op. cit.*, pp. 184-185, e 439-449. Per una sintesi, cfr. S. Marinelli, *Madonna col Bambino in gloria fra santi e angeli musicanti (Pala Trivulzio)*, scheda n. 15, in *Mantegna e le arti*, cit., pp. 218-222.

30 Al riguardo, l'invito ad approfondimenti da parte di Daniela Zumiani (*op. cit.*, p. 34), che pur avanza qualche opportuno suggerimento, non mi par sia stato raccolto: sì che gioverà, per l'appunto, provvedere.

31 Vedasi in P. Kristeller, *op. cit.*, p. 549, doc. 110.

APPENDICE

(trascrizioni e regesti a cura di Francesco Trentini)

1. *1501, 5 ottobre, ind. IV, Mantova.*

Andrea quondam Biagio Mantegna concede in locazione per nove anni a Giovanni Maria quondam Nicolò de Cariola e Giovanni Pietro 'Tamagno' quondam Bartolomeo de Bondis tre appezzamenti di terra, uno dei quali comprensivo di una casa d'abitazione, ad un canone di trenta ducati aurei l'anno.

In Christi nomine, amen. Anno Domini a nativitate eiusdem millesimo quingentesimo primo, indictione quarta, die martis quinto Octobris tempore serenissimi principis et domini domini Maximiliani divina favente clementia Romanorum regis et semper augusti. Mantue, in domo habitationis infrascripti domini Andree sita in contrata Unicornu, presentibus: Ugnabeno furnario filio quondam Andree de Reamo cive et habitatore Mantue in contrata predicta Unicornu teste noto et idoneo qui ad delationem mei notarii sua manu tactis scripturis ad sancta Dei evangelia iuravit et dixit se bene cognoscere omnes et singulos infrascriptos eius contestes et contrahentes, ac de ipsis omnibus et singulis plenam habere cognitionem; Lodevico notario filio quondam ser Francisci de Marassis cive et habitatore Mantue in contrata Cervi et Dominico textore pannorum lane filio quondam Pauli de Nigronibus et Gabrielle eius filio etiam textore, ambobus civibus et habitatoribus Mantue in contrata Pusterle, testibus omnibus notis et idoneis ad hec omnia et singola vocatis spetialiter.

Ibi spectabilis vir dominus Andreas filius quondam Blasii Mantinee civis et habitator Mantue in contrata Unicornu per se suosque heredes dedit, concessit et locavit ad novem annos proxime futuros tantum Johanni Marie filio quondam Nicolai de Cariola potestarie Vitaliane nunc habitatori in villa Buscholdi et Ioanni Petro dicto Tamagno filio quondam Bartholomei de Bondis habitatori Boscholdi, ambobus presentibus et conducentibus pro se suisque heredibus, unam petiam terre arative, vineate, prative et costructive, cum una domo supra copata et interazata, cum una tegete et una barchessa, bobulcarum septuaginta vel circa, sitam in teritorio Boscholdi in contrata Assilli inferioris penes Franciscum de Aliprandis ab uno latere, heredes quondam Iohannis Donati de Pretis a secundo, viam Communis a tertio, et aggerottum vallis a quarto; item unam petiam terre arative et vineate bobulcarum tredecim vel circa sitam ut supra penes heredes scripti quondam Iohannis Donati ab uno latere, dominum Iacobum de Gazio a secundo, heredes quondam Iohannis de Mediolano a tertio, et suprascriptum dominum Iacobum de Gazio a quarto, nominatum 'el campo grando'; item unam petiam terre prative sitam in teritorio Clericassii vicariatus Curtatoni bobulcarum sex vel circa penes Malatestam de Baisio ab uno latere, Iacobum de Mediolano et fratres a secundo, vallem seu canale vel dugale Lodoli a tertio, et suprascriptos fratres de Mediolano et Malatestam suprascriptum a quarto – salvis aliis confinibus verioribus si qui forent – ad habitandum, tenendum et possidendum, meliorandum et non peiorandum, et ad dandum et solvendum anno singulo pro affictu et nomine affictus ducatos treginta [*sic*] auri pro suprascriptis tribus petiis terarum [*sic*] quem affictum ipsi conductores per sese suosque heredes ipsi domino locatori presenti et stipulanti pro se suisque heredibus dare et solvere promiserunt hoc modo, videlicet:

[*non leggibile*] ducatos decem auri quos prefatus dominus Andreas mandavit per ipsos conductores dari Francisco eius filio utique ipsi conductores prefato domino Andree stipulanti dare et solvere promiserunt, et alios ducatos viginti ipsi conductores per sese suosque heredes ipsi domino Andree presenti et stipulanti pro se suisque heredibus dare et solvere promiserunt per totum mensem aprilis proxime futurum, anni et proximi sequturi millesimo quingentesimo secundo; et reliquos ordines affictus aliorum annorum predicti [*non leggibile*] conductores, per sese et ut supra, ipsi domino Andree presenti et stipulanti pro se et ut supra, dare et solvere promiserunt anno singulo per totum mensem aprilis cuiuslibet anni sub pena dupli dicti affictus, solenni stipulatione promissa, duplique totius damni, interesse et expensarum litis, et ex ac sub obligatione omnium et singulorum suorum bonorum presentium et futurorum; iuraveruntque suis manibus tactis scripturis ad delationem mei notarii ad Sancta Dei Evangelia predicta omnia et singula suprascripta vera esse eaque perpetuo attendere et observare et non contrafacere aliqua ratione vel causa sub pena et obligatione predictis ac sub vinculo et virtute iuris iuramenti, his tamen pactis inter ipsas partes solenni stipulatione firmatis, videlicet: quod ipsi conductores non possint incidere aliquas arbores virides nisi de voluntate ipsius locatoris, conductoribus incidendi, teneantur ipsi conductores dare ipsi locatori tertiam partem ipsorum lignorum viridium incidendorum vectam ad casamentum ipsius locatoris, et casu quo ipse locator vellet sua impensa incidi facere ipsas arbores virides teneatur dare ipsis conductoribus tertiam partem ipsorum lignorum in loco incisionis ipsorum. Si autem ipse locator incidi faceret aliquas arbores ab opera, id facere possit pro eius libito sine ulla parte danda ipsis conductoribus; item quod, si alique arbores penitus exicarentur, illas ipsi conductores possint incidere de scientia tamen ipsius locatoris sine aliqua parte reddenda, reponendo tamen alias arbores eiusdem spetiei seu salices vel plopas loco eorum et illas pro posse educare; item quod si accideret aliqua calamitas in fructibus divinitus vel humanitus fiat diminutio vel remissio iuxta formam iuris et statutorum communis Mantue dummodo intimetur ipsi locatori ipsa sterilitas vel damnum infra viginti dies post quam illatum fuerit: quo casu liceat ipsi locatori aut facere diminutionem vel remissionem prout sibi placuerit, aut accipere fruges in se pro eo anno, aut diminuere arbitrio duorum peritorum de communi concordia eligendorum; item quod pro deganeis occurrentibus durante presenti locatione ipsi conductores solvere teneantur pro ipsis temporibus debitis ad computum ducatorum decem affictus predicti quos ipse locator anno singulo dari mandavit per dictos conductores predicto Francisco eius filio et non ad computum aliorum ducatorum viginti; item quod, si ipsi conductores fecerint aliqua edifitia seu melioramenta utilia et necessaria seu et utilia tantum et necessaria tantum de voluntate tamen ipsius locatoris, teneatur ipse locator eo casu solvere pro ipsis melioramentis arbitrio peritorum communiter eligendorum; item quod pro vitibus que plantaverint seu plantari fecerint ipsi conductores infra sex annos proxime futuros nulla fiat solutio ipsis conductoribus, pro vitibus vero plantatis et educatis ultimis tribus annis pro illis ipse locator solvere teneatur arbitro [*recte* arbitrium] peritorum dummodo ipse vites sint plantate in locis aptis et idoneis, et similiter pro arboribus dicto ultimo tempore plantatis; et predicta omnia et singula suprascripta promiserunt dicte partes sibi ipsis ad invicem solenni stipulatione hinc inde interveniente, singula singulis congrue referendo, perpetuo firma et rata habere, tenere, attendere et observare et non contrafacere aliqua ratione vel causa sub pena dupli valoris dictarum terrarum solenni stipulatione promissa; qua pena soluta vel non semel aut plura, nihilominus presens contractus, ac omnia et singola in eo contenta, firma maneant atque perdurent, cum restitutione omnium et singulorum damnorum, interesse et expensarum litis, et ex ac sub obligationibus omnium et singulorum suorum bonorum presentium et futurorum; iuraveruntque suis manibus tactis scripturis ad delationem mei notarii ad Sancta Dei Evangelia predicta omnia et singola suprascripta vera esse eaque perpetuo attendere et observare, et non contrafacere aliqua ratione vel causa, sub pena et obligationibus predictis ac sub vinculo et virtute iuris iuramenti; rogantes dicte partes me notarium quatenus de predictis duo publica eiusdem tenoris confitiam instrumenta ipsis partibus danda expensis dictorum conductorum.

Ego Eugenius filius quondam Antonii de Frambertis civis Mantue publicus imperiali auctoritate notarius scriptis omnibus et singulis presens fui et rogatus scribere publice scripsi.

Receptum fuit per me Iohannem Baptistam Zambellum notarium. Rogatum Mantue dicto anno 1502 indictione 2ª.

Ego Lodovicus filius quondam sier Antonii de Frambertis civis Mantue publicus imperiali auctoritate notarius suprascriptum instrumentum rogatum per suprascriptum doctum virum dominum Eugenium Frambertum notarium publicum et civem Mantue ab eius abreviationibus de sua licentia et mandato in hanc publicam formam fideliter relevavi et quia facta diligenter auscultata in omnibus concordare reperii, ideo me cum meis signo et nomine consuetis scripsi et subscripsi.

Ego Eugenius filius quondam Antonii de Frambertis civis Mantue publicus imperiali auctoritate notarius suprascriptis omnibus et singulis praesens fui et rogatus scribere sed, pluribus occupatus, suprascriptum instrumentum suprascripto Lodovico notario ad abreviationibus meis in hanc publicam formam tradidi relevandum, et quia facta diligenti auscultata in omnibus concordare reperi, ideo me cum meis signo et nomine consuetis subscripsi.

2. *1503, 2 gennaio, ind. VI, Mantova.*

Ratifica, approvazione e celebrazione mediante pubblico strumento della liberazione di uno stallo situato nel luogo detto 'la casa del mercato' dallo jus dei frati Eremitani di Sant'Agnese a Mantova a compensazione del debito contratto dagli stessi nei riguardi degli eredi di Matteo de Tosabetiis.

In Christi nomine, amen. Anno Domini a nativitate eiusdem millesimo quingentesimo tertio, indictione sexta, die lune secundo mensis Ianuarii, tempore serenissimi principis et domini domini Maximiliani divina favente clementia Romanorum regis et semper augusti. Mantue, in capitulo claustri ecclesie Sancte Agnetis sito in centrata Aquile, presentibus: Roberto notario filio quondam ser Iacobi de Balistreriis cive et habitatore Mantue in contrata Cigni, teste noto et idoneo qui ad delactionem mei notarii sua manu tactis scripturis ad Sancta Dei Evangelia iuravit et dixit se bene cognoscere omnes et singulos infrascriptos eius contestes et contrahentes ac de ipsis omnibus et singulis plenam habere cognitionem, domino Nicolao filio quondam Gulielmi de Braciolis cive et habitatore Mantue in contrata Aquile et Smiraldo calzolario filio quondam Manfredi de Gandino de Cantis cive et habitatore Mantue in contrata Aquile, testibus omnibus notis et idoneis ad hec omnia et singola vocatis spetialiter et rogatis.

Cum monasterium et ecclesia fratrum heremitarum sancti Augustini sub titulo Sancte Agnetis de Mantua haberent ius in quodam stallo, ut sic nuncupatur, sub loco ubi dicebatur 'la casa del mercato', ex quo percipere solebant ipsi fratres affictum annuum librarum undecim cum dimidia; indeque illustris dominus domini Franciscus marchio Mantue ipsum ⟨locum⟩ domus mercati alienaverit et tradiderit spectabili viro domino Andree filio quondam ser Blasii Mantinee, pictori eximio civique et habitatori Mantue in contrata Bovis; promiseritque eidem locum predictum liberare a multis obligationibus et a pluribus habentibus ius in eo, et etiam decreverit liberare et alodialem facere ipsum locum a dicta ecclesia et fratribus predictis; cumque ipsi fratres essent veri debitores de libris sexcentis tredecim parvorum Mantue heredum quondam Mathei de Tosabetiis pro pretio unius domus ab eis empte contigue eidem ecclesie; prefatusque illustrissimus dominus noster esset verus creditor dictorum heredum de quantitate predicta et contentus fuerit compensare dictum debitum dictorum fratrum, quod habebant cum ipsis heredibus quondam Mathei, cum credito ipsius illustris domini nostri, quod pariter habebat contra ipsos haeredes quondam Mathei, et sic compensaverit, ut latius constat publico decreto dominationis sue solitis sigillo et signatura roborato tenoris infrascripti ibidem per infrascriptos dominum priorem et fratres exhibito; velintque ipsam liberationem et conpensationem de qua in ipso decreto ratas habere et approbare, et predicta per publicum instrumentum celebrare; ibi igitur venerabilis praedicator frater Franciscus de Papia prior ac ut et tanquam prior fratrum et conventus ecclesie predicte Sancte Agnetis de Mantua, in presentia, voluntate et consensu infrascriptorum eius fratrum ibidem sono campanelle trina vice pulsate, ut moris est, congregatorum, videlicet fratris Leonori de Como vicarii, fratris Pancratii de Fontanella, fratris Dionisii de Brixia, fratris ⟨Danielis⟩ de Vitaliana, fratris Hieronymi de Papia, fratris Andree de Pergamo, fratris Petri de Clusono, fratris Hieronymi de Papia, fratris Homoboni de Valcamonica, fratris Ioannis Evangeliste de Faventia, fratris Benedicti de Medulis, fratris Nicolai Marie de Axola, fratris Angelici de Crema, fratris Clementis de Mantua, fratris Ioannis Gabrielis de Pergomo, fratris Federici de Aquanigra, fratris Cornelii de Laude, fratris Benvenuti de Palestro, fratris Hieronymi de Vercellis, fratris Nicolai de Aquanigra, fratris Steffani de Aquanigra, fratris Ioannis Baptiste de Mantua, fratris Andree de Trivilio, fratris Victorini de Belono et fratris Rochi de Ghedo, omnium fratrum dicti monasterii et habentium vocem in capitulo, asserentium et protestantium sese esse maiorem partem fratrum dicti monasterii et ultra duas partes ex tribus, per sese suosque successores volontarie, sponte et expresse et nullo iuris vel facti errore ductus, ut asseruit, sed ex certa animi scientia asserentesque et protestantes ipsi omnes fratres sese habere plenam scientam de predictis et de contentis in ipso decreto illustris domini nostri ibidem per eos exhibito tenoris infrascripti ad instantiam prefati domini Andree Mantinee presentis et stipulantis pro se suisque heredibus ac mei notarii uti publice persone, stipulantis nomine et vice prefati illustris domini nostri ac omnium aliorum quorum interest vel intererit – ratificavit, ipse dominus prior, et ⟨cum consensu⟩ predictorum eius confratrum, predictam compensationem et liberationem dicti stalli seu loci domus mercati alias iuris dicte ecclesie, ita quod ⟨ipse⟩ dominus Andreas dictum locum et stallum habeat, teneat et possideat pro libero et alodiali ac de illo disponat pro libito voluntatis et possessionis eiusdem, quam ipse dominus Andreas habet et habere confessus est, ipse dominus prior cum consensu predicto eadem plenissime confirmavit, et per se suosque successores ipse dominus prior in presentia, voluntate et consensu predictis, eidem domino Andree stipulanti pro se suisque heredibus dedit et cessit omnia et singula prefati monasterii et ecclesie iura et actiones generis cuiuscumque, quas et que prefatus dominus prior seu monasterium predictum habet, habebat aut quo vis modo habere poterat in ipso stallo seu loco domus mercati, ut supra, faciens eundem dominum Andream eorum seu monasterii predicti procuratorem et ponens ipsum in eius locum ut in rem propriam, ita quod animo, actionibus et iuribus quibuscumque ipse dominus Andreas dicere, facere et exercere possit prout et quemadmodum poterant ipsi fratres seu ipsum monasterium ante presentem contractum; promisitque prefatus dominus prior per se et ut supra, in presentiaque, voluntate et consensu prefatorum eius fratrum, ipsi domini Andree stipulanti pro se suisque heredibus de dicto stallo seu loco domus mercati nullam unquam litem, causam vel questionem inferre nec inferrenti consentire quin immo illam seu illum perpetuo et legittime defendere, auctorizare et disbrigare in iuditio et ex omnibus suis sumptibus et expensiis; et predicta omnia et singula suprascripta et in dicto infrascripto decreto contenta, apposita et inserta, promisit ipse dominus prior, in presentia et cum consensu predictis, prefato domini Andree stipulanti pro se suisque heredes, perpetuo firma et rata habere, tenere, attendere et observare et non contrafacere aliqua ratione vel causa sub obligatione omnium et singulorum dicti monasterii et ecclesie introituum presentium et futurorum.

Tenor decreti de quo supra est hic, videlicet:

De consensu nostro Franciscus marchio Mantue actum. Quoniam illustris quondam dominus Lodovicus olim marchio Mantue, avus noster honorandus, bonum in humanis ageret animum adiecisset urbem suam pro viribus decorare sepiusque conspexisset solum domus mercati foro propinquum nullis ornatum edifitiis sordescere, quo urbs ipsa spetiosior appareret, statuit molem aliquam ibidem instaurare sicque eius impensa domum unam cum pluribus apotecis extruxit; cumque in eodem solo venerabiles fratres heremitani ordinis sancti Augustini degentes in ecclesia Sancte Agnetis ius habere pretenderent pro uno stallo pro quo affictum annuum ut dicitur librarum undecim cum dimida solebant percipere, nobisque predicta significaverint orantes dignaremur pro valore ipsius stalli, qui erat, ut asseritur, librarum ducentarum quinquaginta quinque cum dimidia, ac pro affictibus preteritis hactenus non solutis, ascendentibus ad summam librarum trecentarum quinquaginta septem cum dimidia, eisdem satisfacere, quo et ipsi solvere possent pretium unius domus eorum monasterio propinqua et per eos acquisita ab heredibus quondam Mathei Tosabetii; cumque compertum sit ipsos heredes tam ex facto ipsius Mathei olim eorum patris quam quondam Nicolai eorundem olim avi in longe maiori quantitate nobis teneri, ut in Libro Guanti in carta CCXXIIII[a] ac in Libro Stelle in carta XVIIII[a] late constat, mandavimus spectabili Raffaeli a Centuris factori nostro generali et intratarum magistro ut ipsos heredes quondam Mathei creditores faceret, ad oppositum debiti eorum, de predictis ambabus quantitatibus, capientibus summam librarum sexcentarum tredecim, ipsosque fratres debitores ad oppositum crediti faciendi pro valore ipsius stalli et affictibus eiusdem hactenus debitis dummodo ipsi fratres liberarent ipsum stallum ac finem facerent pro ipsis affictibus; et quo predicta maius robur nanciscantur decrevimus hec etiam presenti rescripto comunire; ex certa igitur nostri scientia et de plenitudine potestatis qua fungimur prefatos heredes quondam Mathei de Tosabetiis, tam pro facto eiusdem quam quondam Nicolai eius olim patris, liberamus et absolvimus ac liberatos esse volumus a debito quod nobiscum habent quantum est pro ipsis libris sexcentis tredecim parvorum Mantue; hec notantur ut ipsos fratres heremitanos ab ipsis heredibus de Tosabetiis pro aliis libris sexcentis tredecim in quibus iidem fratres ipsis heredibus tenebantur pro valore et pretio dicte domus ab eis acquisite similiter liberamus et absolvimus adeo quod pro dicta quantitate ipsi fratres seu Marcus quondam Fidelis di Gonzaga qui pro eis apud dictos heredes occasione predicta intercessit ab eisdem minime valeant molestari; sed ex nunc ea computata intelligatur et sit in pretio quod erat illis persolvendum per ipsos fratres pro dicta domo acquisita maxime cum ipsi heredes a nobis de totidem libris fuerint absoluti ut praefertur; ita tamen quod ipsi fratres pro dicto stallo seu eius valore et affictibus debitis seu debendis nihil ultra consequi valeant volentesque ipsam domum per ipsos acquisitam ex loco dicti stalli pro rata succedere presertim quoniam de illius pretio seu valore pars ipsius domus fuerit et sit modo predicto persoluta, decernentes insuper ipsam domum mercati perpetuo liberam esse et alodialem ab omni iure quod ipsi fratres seu monasterium et ecclesia habent pro dicto stallo et iure affictum aliquem exigendi illius occasione; mandantes quibuscumque officialibus nostris tam presentibus quam futuris quatenus sub pena indignationis nostre ipsos heredes quondam Mathei pro quantitate predicta non molestent, nec eos molestare permittant ipsos fratres et monasterium seu Marcum prefatum de Gonzaga, et contra eos ad eorum heredum instantiam ius aliquid non reddant pro dicta summa librarum sexcentarum tredecim, et similiter ad instantiam ipsorum fratrum centra aliquem pro ipso stallo et affictu debito illius occasione; aliquibus in contrarium facientibus non obstantibus, quibus obstantibus, aut obstare valentibus, de prefata nostri scientia et de plenitudine potestatis qua fungimur, derogamus et derogatum esse volumus, in quorum fidem presens decretum fieri iussimus nostrique soliti appensione munire. Datum Mantue primo Augusti MCCCCC secundo. Raphael Centurinus, Egidius Spagnolus prefati domini nostri cancellarius visa segnatura. Raphael Centurinus scripsit. Antimachus vidit.

Ego Eugenius filius quondam Antonii de Frambertis civis Mantue publicus imperiali auctoritate notarius suprascriptis omnibus et singulis presens fui et rogatus scribere scripsi.

Ego Iohannes Baptista filius Zambelli de Zambellis civis Mantue publicus imperiali auctoritate notarius suprascriptum instrumentum rogatum per suprascriptum doctum virum dominum Eugenium Frambertum notarium publicum, causidicum peritum et civem Mantue ab eius abbreviationibus de sui licentia et mandato in hanc publicam formam fideliter redegi nil addito vel diminuto quod sensum, sententiamve mutet, et quia facta diligenti auscultata in omnibus concordare reperii, ideo me cum meis sigillo et nomine consuetis scripsi et subscripsi.

Ego Eugenius filius quondam Antonii de Frambertis civis Mantue publicus imperiali auctoritate notarius suprascriptis omnibus et singulis presens fui et rogatus scribere sed pluribus occupatus suprascriptum instrumentum suprascripto Iohanni Baptista notario ab abreviationibus meis in hanc publicam formam tradidi relevatum, et quia facta diligenter auscultata in omnibus concordare reperi ideo me cum meis signo et nomine consuetis subscripsi.

3. *1517, 15 dicembre, ind. V, Mantova.*

Gli eredi di Andrea Mantegna trasferiscono e assegnano 'in solutum' a Domenico de Matteis, cappellano della chiesa di Sant'Andrea e massaro del collegio dei canonici, il dominio diretto su tre appezzamenti di terra tenuti in affitto da Pietro arciere di Gonzaga al canone annuo di cinque ducati.

In Christi nomine, amen. Anno Domini a nativitate eiusdem millesimo quingentesimo decimo septimo, indictione quinta, tempore serenissimi principis et domini domini Maximiani [*recte* Maximiliani] divina sibi favente clementia romanorum regis et semper augusti, die martis quinto decimo mensis decembris. Mantue et in sacrario ecclesie Sancti Andree, presentibus: Anselmo filio quondam Egidii de Virolis cive Mantue de contrata Unicornu teste noto et idoneo qui delato sibi iuramento per me notarium infrascriptum, manu eius propria corporaliter tactis scripturis, ad sancta Dei evangelia iuravit se bene cognoscere infrascriptos omnes et singulos eius contestes et contrahentes ac de ipsis omnibus et singulis plenam et claram habere notitiam et veram cognitionem: Antonio filio quondam Francisci Campore notario de contrata Cigni et Silvestro filio quondam magistri Felisii de Gastaldello aromatario, omnibus testibus notis et idoneis ad hec infrascripta omnia et singula vocatis spetialiter et rogatis.

Cum sit quod spectabilis pictor dominus magister Andreas Mantinea civis Mantue in eius ultimo testamento, rogato per dominum Eugenium de Franbertis notarium subscriptum anno Domini millesimo quingentesimo quarto die veneris primo martii, legaverit capelle sue site in ecclesia predicta Sancti Andree, sive Collegio dicte ecclesie, ducatos centum investiendos in una proprietate ex qua perciperentur de affictu ducati quinque, institutis heredibus Francisco et Ludovico eius filiis legittimis et naturalibus; sitque quod ipse Lodovicus decesserit, relicto post se Andrea eius filio et herede; et velint ipsi Franciscus et Andreas satisfacere pro dicto legato – ibi igitur ipsi Franciscus et Andreas per sese et heredes suos, iure proprio et in proprium ac in liberum et expeditum allodium, hoc est sine aliqua condictione affictus, decime vel alicuius alterius oneris et servitutis, dederunt, tradiderunt et in solutum assignaverunt venerabili domino Dominico de Matheis, capellano dicte ecclesie Sancti Andree et massario dicti Collegii, presenti, stipulanti et acceptanti pro se suisque successoribus ac vice et nomine dicti Collegii, in presentia, cum consensu et auctoritate venerabilis domini Iacobi de Varrano canonici substituti, domini Ioannis Francisci de Raffa sindici dicti Collegii et venerabili domini Blasii de Fagnano et sindici et college sui; in presentia quoque et auctoritate reverendi decretorum doctorum domini Francisci de Peroldis, primi canonici dicte ecclesie ac locum tenentis generalis reverendissimi et illustrissimi domini domini Sigismundi de Gonzaga primicerii dicte ecclesie, dirrectum dominium seu infrascriptas petias terrarum in fine presentis instrumenti descriptas – quas tenet et recognoscit spectabilis dominus Petrus arcerius de Gonzaga commissarius Godii ad solvendum omni anno de affictu ducatos quinque ipsis de Mantinea, prout ibidem dictus dominus Petrus ibi et presens dixit et declaravit, et quas petias terrarum dictus quondam dominus Andreas dona habuit ab illustrissimo quondam domino Federico de Gonzaga marchione Mantue pro ut constat decreto dominationis sue, opportune signato et sigillato, scripto anno Domini 1481 die octavo iunii, ibidem viso et lecto – ad habendum, tenendum et possidendum et quicquid dicto domino massario suisque successoribus et dicto Collegio deinceps perpetuo placuerit fatiendum [*sic*], una cum omnibus et singulis qui infra dictarum terrarum subnotatos continentur confines vel alios, si qui forent veriores, accessibus, ingressibus et egressibus, suis viis, usantiis et pertinentiis usque in viam pubblicam, et cum omnibus et singulis quae dicte infrascripte petie terrarum habent super se, infra seu intra se in integrum, omnique iure et actione, usu seu regressu dictis infrascriptis petiis terrarum vel ipsis de Mantinea pro eis modo aliquo spectante et pertinente, salvo semper iure prefati spectabilis Petri arcerii. Quas nominatas petias terrarum sic ut supra assignatas dicti Franciscus et Andreas de Mantinea constituerunt sese, vice et nomine dicti domini massarii et Collegii predicti, tenere et possidere donec et usque quo ipse massarius illarum tenutam acceperit et corporalem possessionem, quam accipiendi propria auctoritate et deinceps in se perpetuo retinendi sibi licentiam omnimodam contribuerunt atque dederunt; et, si quam habet sibi, plenissime confirmaverunt, dantes, cedentes, transferentes et mandantes per sese et heredes suos dicto domino massario persona stipulanti et acceptanti pro se et suis successoribus ac vice et nomine dicti Collegii omnia et singula eorum iura et actiones reales et personales, utiles et dirrectas, tacitas et expressas, mixtas et hyppothecatas ac omnes alias et alia generis et materici cuiuscumque, que, quas, quales, quantas et quot ipsi de Mantinea habuerunt, habebant et habent in dictis infrascriptis petiis terrarum eorumque iuris erant et esse poterant, fatientes [*sic*] et constituentes dictum massarium presentem et acceptum procuratorem suum vel in rem propriam, et ponentes eum in locum suum et jurium predictorum itaque animo, iuribus et actionibus predictis et aliis quibuscunque dictum collegium sic possit et valeat agere, petere, causare, persequi, vendicare, litemque movere et se defendere vel meri et generaliter omnia alia et singula tam in iuditio quam ex occasione dictarum infrascriptarum terrarum dicere, facere et plenum exercere quae prout et quemadmodum ipsi de Mantinea ante presentem contactum poterant et potuissent seu de persona possent; promittentes etiam ac promiserunt dicti consortes per sese et haeredes suos dicto domino massario stipulanti et accepienti pro sese et ut supra de dictis infrascriptis petiis terrarum vel earum aliqua nullam umquam ipsi Collegio vel habentibus causam ab eo inferre vel movere litem, causam, operationem vel controversiam aliquam nec moventi vel inferenti consentiret quin ymo easdem tam in proprietate quam in possessione propria et legitimitate sibi manutenere, defendere, autorizare et desbrigare ab omni homine, persona communi, Collegio et universitate inquetante seu inquetare volente omnibus eorum sumptibus et expensis. Pro quibus quidem terris sic ut supra assignatis dictus dominus massarius per se suosque successores ac vice et nomine dicti Collegii, in presentia, cum consensu et auctoritate predictorum, fecit ipsis Francisco et Andree, stipulantibus pro sese et heredibus suis, finem, remissionem, quetationem, absolutionem et pactum perpetuum de ulterius aliquid non petendo tam occasionem dicti legati ut supra facti quam affictuum hactenus cursorem cassans, irritans, revocans et annullans dictum legatum et omnem aliam scripturam tam publicam quam privatam in quibus dicti Franciscus et Andreas occasionibus premissis debitores apparent; iubens, volens et mandans eas omnes scripturas fore et esse vanas, cassas, irritas, anullatas et cancellatas nullisque roboris vel momenti.

Et presentem scriptam assignationem et finem ac omnia et singula scripta et in presenti instrumento contenta, apposita et inserta, singula singulis congrue referendo, promiserunt dicti contrahentes sibi ipsis ad invicem et vicissim solemnibus stipulationibus hinc inde intervenientibus perpetuo firmas, ratas et gratas, et firma, rata et grata habere, tenere, attendere, observare et adimplere et in predicto vel aliquo predictorum numquam contrafacere vel contravenire per sese vel alium seu alios aliqua ratione tam modo vel ingenio, de iure vel de facto, sub pena dupli scriptorum ducatorum centum solemni stipulatione promissa, duplique totius damni interesse et expensarum litis et extra, qua soluta vel non semel aut plura nihilominus presens contractus et omnia et singula in eo contenta firma maneant atque perdurent cum reffectione et restitutione omnium et singulorum dannorum, interesse et expensarum litis, et ex et sub obligatione omnium et singulorum ipsorum de Mantinea ac introituum et reddituum dicti Collegii presentium et futurorum; demum ad maius robur dicti Franciscus et Andreas, delato eis et utrique eorum de per se iurato per me notarium infrascriptum modis propriis, corporaliter tactam scripturam, ad Sancta Dei Evangelia iuraverunt infrascripta omnia et singula vera esse et fuisse eaque perpetuo firma, rata et pacta habere, tenere, attendere, observare et adimplere et in nullo umquam contrafacere vel contravenire per sese vel alium seu alios aliqua ratione tam modo vel ingenio, de iure vel de facto, sub pena et obligatione predictorum ac sub vinculo et virtute sibi ipsis presentis prefati iuramenti.

Petie terrarum de quibus supra sunt hec, videlicet:

Primo una petia terre arative et vineate, site in territorio Godii in loco Bonmercati cum domo supra cuppata et murata, penes viam communis ab uno latere; olim iura Ioannis de Padua, nunc Nassimbenum de Ceresariis a 2°; et decreta iura olim et nunc Ioannis Francisci de Federicis a tertio; et foveam de Bonmercato mediante via a quarto; bobulcarum duarum et tabularum viginti.

Item una petia terre cum quadam insula fluminis Mintii penes flumen Mintii ab uno latere; foveam Revelini pontis a 2°; navilium mediante via lata brachiorum viginti quatuor a tertio; et iura Sancti Viti a quarto; bobulcarum trium et tabularum decemocto.

Item una petia terre sterilis in dicto loco et infra dictos confines; bobulcarum trium et tabularum septuaginta novem.

Ego Iohannes Matheus filius quondam domini Thome de Bonadeis, civis Mantue, publicus imperiali auctoritate notarius, suprascriptis omnibus et singulis presens fui et rogatus publice scribere scripsi.

Receptum fuit per me Petrum Iohannem infrascriptum notarium. Rogatum Mantue dicto anno 1519, indictione 7ª.

Ego Petrus Iohannes filius quondam comendabilis viri ser Giervasii de Apprandis, civis Mantue, publicus imperiali auctoritate notarius suprascriptum instrumentum assignatum, rogatum per suprascriptum doctum virum dominum Iohannem Matheum de Bonadeis, civem et notarium publicum Mantue, ab eius abreviationibus de sui mandato in suprascriptam publicam formam relevavi, et visa concordantia, me cum meis sigillo et nomine consuetis subscripsi.

Ego Ioannes Mattheus filius quondam domini Thome de Bonadeis de Crema civis Mantue publicus imperiali auctoritate notarius suprascriptum instrumentum per me rogatum, aliis ocupatus dicto domino Petro Iohanni notario ab abbreviationibus meis in hanc publicam formam relevatum tradidi, et facta diligenti averatione mea cum signo et nomine consuetis subscripsi.

4. *1502, 7 novembre, ind. V, Verona.*

Il 4 novembre 1502 Giovanni Vincenzo quondam Giovanni di Sanio redige un mandato per Ludovico Mantegna; il 5 novembre il potestà di Mantova, Bernardino da Casale, firma le lettere di legalità per Ludovico, sottoscritte dal notaio Pietro Leonardo di Migliarini. Francesco Mantegna dichiara di aver ricevuto sinora 200 ducati d'oro (con tutti i doni previsti, tra i quali si computa una veste per cui furono versati 25 ducati d'oro) in parziale soluzione degli impegni dotali, come risulta da documentazione del notaio Lazzaro Fracanzani di Falsurgo, in data 28 marzo 1500.

In presenza dei notai il suocero di Ludovico gli paga allora altri 100 ducati d'oro residui dell'impegno dotale, che di fatto ammonta a 600 ducati d'oro. Il medesimo provvede a completare la soluzione dotale trasferendo a Mantegna il diritto e la facoltà di riscuotere ogni anno 75 lire veronesi di affitto per alcune terre e di affrancare il conduttore da tale onere qualora lo desiderasse, come da strumento datato 16 aprile 1502.

In Christi Nomine, amen. Anno a nativitate eiusdem millesimo quingentesimo secundo, indictione quinta, die lune septimo mensis novembris, Verone, in studio domus habitationis egregii et docti causidici Ioannis Benedicti notarii quondam domini Bartholomei de Camisano in contrata Sancti Petri in Carnario, presentibus: ipso Iohanne Benedicto notario rogato in solidum cum me notario infrascripto de infrascriptis publicum conficere instrumentum ita tamen quod, altero nostrum scribente, alter computetur ⟨in numero testium⟩; providis viris Ioanne Mattheo quondam ser Christophori de Ramanzanis de Insulo Infra atque Aluisio quondam ser Christophori de Alcenago de Sancto Vitale, omnibus civibus Verone asserentibus cognoscere infrascriptos contrahentes, testibus idoneis, notis, adhibitis spetialiter et rogatis.

Nobilis vir Lodevicus filius et procurator cum plenissimo mandato ad infrascripta per me roganda magnifici et generosi militis domini Andree Mantinee civis Mantue de contrata Bovis scripto sub signo et nomine Ioannis Vincentii quondam domini Ioannis de Sanio de Mantua publici et auctentici notarii sub die veneris quarto mensis presentis, munito litteris legalitatis magnifici et generosi equitis domini Bernardini de Casale de Mediolano potestatis Mantue subscriptis per Petrum Leonardum de Miliarinis notarium et scribam prefati magnifici domini potestatis die quinto mensis instantis cum solita sui sigilli impressione, ibidem viso et lecto in forma legali et autentica, omni penitus suspicione carente, per me notarium infrascriptum titulo et nomine dotis honestissime domine Libere uxoris sue, traducte et publice desponsate ut moris est tempore contracti matrimonii, filie egregii viri Cavalerii notarii quondam domini Francisci de Montanea civis Verone de contrata Sancti Martini Aquario, pro se et dicto procuratorio nomine, sponte et ex certa animi scientia, confessus fuit se et dictum patrem suum habuisse et recepisse a predicto Cavalerio notario socero suo continue instante et dotante pro dicta filia sua ducatos ducentos auri in pecunia numerata, cum omnibus donariis promissis, et ducatos vigintiquinque pro una veste computata in ipsis donariis, de qua solutione constat ex instrumento Lazari notarii de Frachanzanis de Falsurgo, Verone, de anno Domini millesimo quingentesimo, die vigesimo octavo mensis martii, et per litteras manu prefati domini Andree Mantinee sub die quarto aprillis eiusdem anni visas et lectas per me notarium; et in instrumento suprascripti mandati etiam fit specialis mentio de ipsis ducentis ducatis receptis per ipsum dominum Andream. Ultra quam solutionem prefatus Cavalerius ex causa dotis praedicte ibidem coram testibus suprascriptis et me notario infrascripto manualiter dedit et numeravit suprascripto Ludovico genero suo, pro se et dicto patre suo acceptanti, ducatos centum auri in auro et monetis argenti pro residuo vero dicte dotis in totum ascendentis ad summam sexcentorum ducatorum auri.

Idem Cavalerius, observando pacta conventa tempore promissionis ipsius dotis ex causa presentis contractus omnibus melioribus modo, via, forma et causa quibus melius et validius de iure fieri et esse possit, cessit, transtulit et mandavit dicto Lodovico genero suo pro se et nomine dicti patris sui acceptanti ius et facultatem exigendi et percipiendi omni anno libras septuaginta quinque denarii, monete veronensis, de fictu a magnifico et generoso patricio ianuensi domino Thomasino de Campo Frugosio abitatori [*sic*] de presenti in Garda gardesane Verone districtus, cum plenaria libertate et auctoritate exigendi et percipiendi omni anno dictum fictum et faciendi absolutionem et liberationem ipsi domino Thomasino de receptione solutionis ipsius fictus in valida forma; constituens ipse Cavalerius eumdem Ludovicum presentem et acceptantem et suprascriptum dominum Andream eius patrem, licet absentem, ambos procuratores suos ad faciendum venditionem et traditionem ipsi domino Thomasino et heredibus suis de petiis terrarum obligatis ad dictum fictum septuagintaquinque librarum in anno quandocumque ipse dominus Thomasinus aut heredes sui se affranchare voluerint per exbursationem trecentorum ducatorum auri sive medietatis dicti pretii cum subtractione fictus pro rata, et pretium ipsum recipiendum ad computum dotis prediate et ad promittendum de evictione et legitima defensione quantum est solummodo pro facto proprio ipsius Cavalerii, et non aliter nec alio modo de evictione promittendum neque ad pretii restitutionem sive ad aliquid aliud, quia idem Cavalerius eodem modo promisit et obligatus est in instrumento locationis sue intra ipsum dominum Thomasinum scripto per Bartholomeum notarium de Zuchalmaio de anno presenti, die sextodecimo aprillis.

Contra quam dotem capientem summam sexcentorum ducatorum auri prefatus Lodevicus pro se et procuratorio nomine dicti patris sui [sive] ex causa donationis propter nuptias investivit dictum Cavalerium socerum suum, pro se et nomine diete domine Libere filie sue et heredibus suis acceptantem, super tot de suis et dicti patris sui et utriusque eorum in solidum bonis mobilibus et immobilibus, presentibus et futuris, equivalentibus dicte doti et propter nuptias donationi. Quam dotem et propter nuptias donationem ipse Lodevicus sese et dictum patrem suum, et utrunque [*sic*] eorum principaliter et in solidum, et heredes utriusque eorum, et bona principaliter et in solidum obligando et renunciando ut infra, per solennem stipulationem promisit, omni exceptione penitus remota, dare, restituere et cum effectu consignare ipsi Cavalerio pro se et dieta eius filia et eorum heredibus stipulanti sive illis quibus ius dederit et casus evenerit, in omnem casum et eventum [dotis] restituende dotis et donationis propter nuptias consignande, servata semper in premissis forma iuris et statutorum communis Verone. Et praemissa omnia et singula per solemnem stipulationem promisit dictus Lodevicus pro se et ut supra praefato Cavalerio socero suo pro se et dicta filia sua et eorum heredibus stipulanti semper et perpetuo firma, rata et grata habere, tenere, attendere ac observare et nunquam [*sic*] in aliquo centra facere aut venire per se vel alios aliqua ratione vel causa, de iure aut de facto, sub pena dupli suprascripte quantitatis dotis et refectione damnorum omnium et expensarum ac interesse litis et extra, in singulis capitulis huius contractus in solidum solemni stipulatione promissa, committenda et exigenda quotiens contrafactum aut ventum fuerit in aliquo de praemissis et pro uno quoque capitulo non attendito et non servato; et pena soluta vel non nihilominus premissa servare.

Renuntians dictus Lodevicus pro se et dicto patre suo, in premissis omnibus et singulis, exceptioni non sic actorum omnium [et] premissorum et ne aliter dicere valeat doli mali in factum actioni, conditioni, indebiti sine causa vel ex iniusta et non vera causa, exceptioni non habitorum et non receptorum suprascriptorum ducentorum ducatorum auri cum donariis de quibus supra, speique alicuius future numerationis aut traditionis et precipue beneficiis novarum constitutionum de fideiussoribus et de duobus seu pluribus reis debendi (Epistule divi Adriani) et generaliter cuilibet alii suo iuri et legum auxilio quibus ipse et dictus eius pater contra predicta et aliquid predictorum facere aut venire posset. Pro quibus omnibus et singulis sic firmiter attendendis et plenius observandis dictus Lodevicus obligavit predicto socero suo pro se et dicta eius filia acceptanti omnia sua et dicti patris sui in solidum bona mobilia et immobilia presentia et futura, que bona pro eo et dicta filia sua tenere constituit usque ad predictorum omnium et singulorum plenissimam observationem.

Ego Ioannes Gulielmus filius Bartholomei notarii de Magninis de Sancta Maria ad Fratam Verone publicus imperiali auctoritate notarius predictis interfui et rogatus ea publice scripsi.

Daniela Ferrari

ANDREA MANTEGNA E DINTORNI. ALCUNE NOTE SUI SIGILLI CHIUDILETTERA

Nell'ambito delle mostre mantovane dedicate a Mantegna nel corso del 2006[1] per la prima volta tutte le lettere autografe dell'artista, conservate presso l'Archivio di Stato di Mantova, sono state offerte in visione al pubblico, proponendo un confronto di testimonianze dirette che ancora oggi può suscitare riflessioni e suggerire nuovi spunti di indagine per ripercorrere momenti ed episodi della vita dell'artista, al servizio della Corte Gonzaga per circa quarantasei anni.

Curando la riedizione di tali documenti[2] mi sono infatti resa conto che essi presentano alcuni elementi mai resi noti prima d'ora e possono essere esaminati da nuovi punti di vista, in grado di aggiungere nuove conoscenze. Per esempio non erano state finora prese in considerazione le filigrane, di cui ho dato conto nel catalogo della mostra di Palazzo Ducale,[3] per sug-

---

1 Cfr. i rispettivi cataloghi *A casa di Andrea Mantegna. Cultura artistica a Mantova nel Quattrocento*, Catalogo della mostra, Mantova, 26 febbraio-4 giugno 2006, a cura di R. Signorini con la collaborazione di D. Sogliani, Cinisello Balsamo (Milano), Silvana, 2006; *Andrea Mantegna e i Gonzaga. Rinascimento nel Castello di San Giorgio*, Catalogo della mostra, Mantova, 16 settembre 2006-14 gennaio 2007, a cura di F. Trevisani, Milano, Electa, 2006. Nella prima sono state esposte dodici lettere dell'artista e nella seconda tutte le ventisei lettere firmate 'Andrea Mantegna', conservate nella busta 7 della raccolta Autografi, costituita nell'Archivio di Stato di Mantova nel secolo scorso, estrapolando dall'Archivio Gonzaga lettere di papi, sovrani, letterati, uomini illustri e altri artisti celebri, in relazione con la famiglia dominante (da Leon Battista Alberti a Giulio Romano, a Tiziano, a Rubens, ecc.).

2 *Andrea Mantegna. Lettere autografe*, in *Andrea Mantegna e i Gonzaga*, cit., pp. 156-185. Le lettere autografe di Mantegna erano ovviamente tutte già note e pubblicate, a partire dal monumentale lavoro di P. Kristeller, *Andrea Mantegna*, London-New York-Bombay, Longmans, Green & Co., 1901 e Id., *Andrea Mantegna*, Berlin-Leipzig, Cosmos, 1902.

3 D. Ferrari, *Filigrane*, in *Andrea Mantegna e i Gonzaga*, cit., pp. 78-79.

gerire utili confronti con quelle presenti su stampe mantegnesche, elencate nella ricognizione effettuata da Suzanne Boorsch e David Landau, sul catalogo della mostra di Londra del 1992.[4] La filigrana nasce come marchio di identificazione del produttore di un foglio, e proprio come segno identificativo e di qualità può individuare l'area di provenienza di un documento.

Nell'ambito poi di un più ampio lavoro di trascrizione, finalizzato all'edizione di un *corpus* di fonti documentarie relative all'artista, che sto curando insieme a Giovanni Agosti e Andrea Canova, è possibile affermare che delle ventisei cosiddette lettere autografe di Mantegna in realtà alcune – almeno cinque o sei – sono allografe, ossia riconducibili ad altra mano, nello specifico quella dei figli Ludovico e Francesco e a una terza mano non ancora individuata. Riservandomi di entrare nel merito di un confronto specialistico in altra sede, può risultare interessante riflettere sulle motivazioni che indussero Mantegna a far scrivere ad altri missive sotto il suo nome; nel caso dei figli certamente essi avrebbero avuto minori possibilità di vedere esaudite le loro suppliche presso il marchese Gonzaga se avessero scritto in prima persona; la sottoscrizione paterna costituiva invece una garanzia costante di autorevolezza e potersene giovare aumentava di gran lunga le aspettative di essere ascoltati.

Sulla passione per la scrittura che accompagna Mantegna durante tutta la sua esistenza, riconducibile all'ambiente padovano della sua formazione, già è stato scritto,[5] così come sulla passione profonda per l'erudizione archeologica che porta l'artista a riprodurre la bellezza classica nella sua arte, a ridar vita alle gloriose rovine di Roma, a risuscitare il mondo classico, testimoniato dalla costruzione dipinta di complesse architetture.[6]

Le formule di saluto, le modalità di redazione degli indirizzi sulle lettere autografe, le varie iscrizioni presenti sui dipinti testimoniano che il gusto per la scrittura non viene mai meno nella sua pittura. L'artista è inoltre tra i primi a diffondere l'uso delle maiuscole antiquarie; egli aderisce agli stilemi della scrittura umanistica corsiva, profondendovi a piene

---

[4] Cfr. *Appendice II. Filigrane*, in *Andrea Mantegna*, Catalogo della mostra, Londra, 17 gennaio-5 aprile 1992, New York, 9 maggio-12 luglio 1992, a cura di J. Martineau, Milano, Olivetti/Electa, 1992, pp. 470-483.

[5] Si veda in proposito D. Chambers, J. Martineau, R. Signorini, *Mantegna e gli uomini di lettere*, *ivi*, p. 10 sgg.

[6] Per una bibliografia generale aggiornata sull'artista rimando al recente lavoro di G. Agosti, *Su Mantegna I*, Milano, Feltrinelli, 2005.

mani gli elementi della sua formazione artistica: una proporzione euritmica di linee e di curve informata alla *concinnitas* e dominata dalla proporzione geometrica che deriva dall'epigrafia romana. Le numerose iscrizioni presenti sui dipinti sembrano scolpite e sono spie inequivocabili della passione antiquaria dell'artista che si nutre di epigrafia; nell'insieme rispondono a criteri di simmetria ed equilibrio, e denotano l'abitudine inveterata di Mantegna a riprodurre la scrittura lapidaria romana in raffinate composizioni.[7]

Un aspetto inedito di queste lettere riguarda i sigilli di chiusura. Generalmente nella corrispondenza privata le lettere venivano scritte sulla facciata di un unico foglio che, opportunamente ripiegato, surrogava l'uso della busta; si procedeva quindi alla chiusura tramite l'apposizione del sigillo: all'esterno della lettera ripiegata si faceva colare una piccola quantità di cera fusa, in un angolo, che veniva ancorata al foglio per mezzo di una incisione attraverso la quale passava una minuscola linguella di carta; sopra veniva invece disposto un lembo di carta più esteso (la cosiddetta 'nizza') che talvolta poteva essere ritagliato dallo stesso foglio della lettera e aderiva alla cera tramite l'impressione della matrice incisa (matrice che poteva essere in pietra dura o in metallo). Il lembo di carta veniva ripiegato a mo' di fascetta quindi si procedeva alla redazione dell'indirizzo, ogni riga del quale iniziava sulla nizza e continuava sul foglio. L'apertura comportava necessariamente la rottura del lembo e talvolta la rottura del sigillo, che proprio per le modalità di apposizione appena illustrate viene detto 'aderente sottocarta'; in tal modo era garantita la riservatezza poiché soltanto il destinatario poteva aprire la lettera sigillata con la certezza che nessun altro l'avesse fatto prima di lui (Fig. 1).

Poiché si tratta di materiali fragili e molto delicati, in molti casi i sigilli sono andati perduti, in altri casi sono pressoché illeggibili, causa la caduta di frammenti di cera o la scarsa qualità del risultato ottenuto al momento dell'impressione; a volte, infine, la cera è caduta del tutto mentre è rimasta l'impronta a secco che si staglia nitidamente sulla carta.

Quali sono i sigilli adottati da Mantegna? Di lui conosciamo almeno tre diverse impronte.

Si sa che nella bottega di Squarcione i discepoli si esercitavano su pezzi antichi della sua celebre raccolta; un riflesso evidente di questo gusto

---

[7] D. Ferrari, *La scrittura di Andrea Mantegna tra forme e modelli. Le lettere autografe*, in *A casa di Andrea Mantegna*, cit., pp. 137-147 e Ead., *Andrea Mantegna. Lettere autografe*, in *Andrea Mantegna e i Gonzaga*, cit., pp. 69-81.

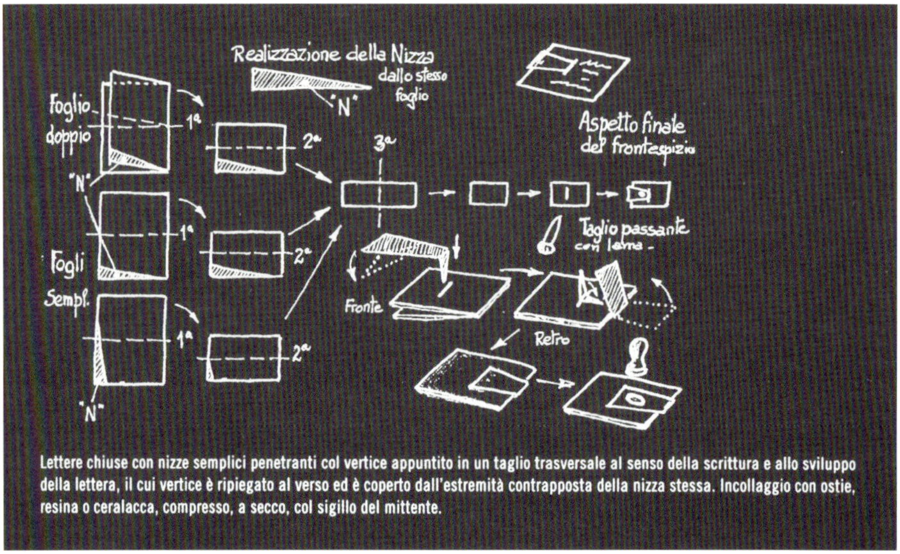

Fig. 1 - Esempio di realizzazione di nizza (per gentile concessione del Circolo Filatelico Numismatico Mantovano).

antiquariale è testimoniato anche dall'uso dei sigilli: lo stesso Squarcione aveva adottato una testa di Cesare per chiudere le proprie missive (Fig. 2).[8]

Mantegna utilizza in primo luogo un sigillo che richiama gli elementi araldici del suo stemma: il sole e le fasce (Fig. 3). Lo vediamo nella forma completa in una sala nella sua casa, con la corona d'oro e due palme incrociate in campo nero nel quarto di destra; il sole (emblema mutuato dalle insegne del marchese Ludovico Gonzaga) nel quarto di sinistra; due fasce nere in campo d'oro nel partito inferiore. Lo stemma è presente inoltre nella cappella funeraria, dove è dipinto sia sulla volta all'apice della cupola (Fig. 4), sia sul paliotto ligneo d'altare, in due versioni, una delle quali è incompleta;[9] infine è ripetuto nel vetro dell'occhio della finestra nella stessa cappella. È un'arma di concessione, conferita e autorizzata dal

[8] Un esempio è nella perizia da lui redatta il 6 febbraio 1454 (Archivio di Stato di Padova, Archivio Giudiziario Civile, Ufficio delle Vettovaglie, b. 144, fasc. 23), pubblicato in F. Fantini D'Onofrio, *Omaggio ad Andrea Mantegna pittore padovano*, Padova, Archivio di Stato di Padova, 2006, p. 74.

[9] Cfr. *La cappella del Mantegna in Sant'Andrea a Mantova*, a cura di G. Pastore, Mantova, Provincia-Casa del Mantegna, 1993, pp. 93-94.

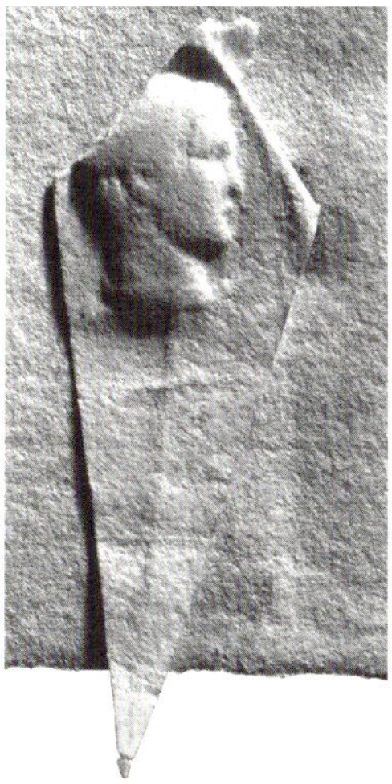

2

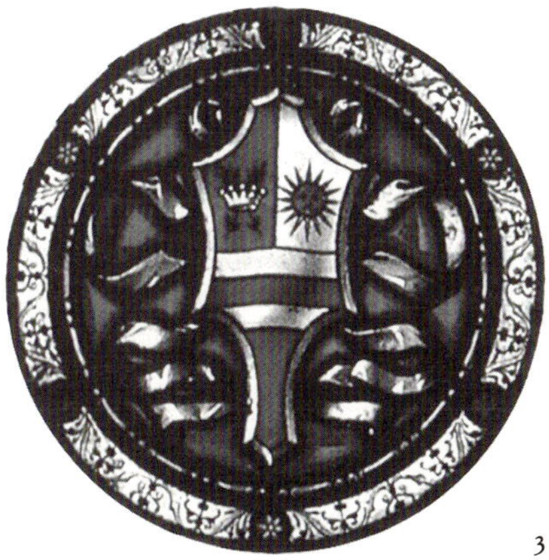

3

4

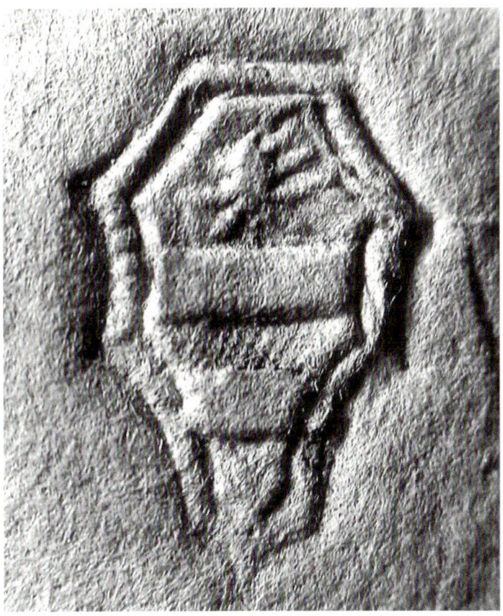

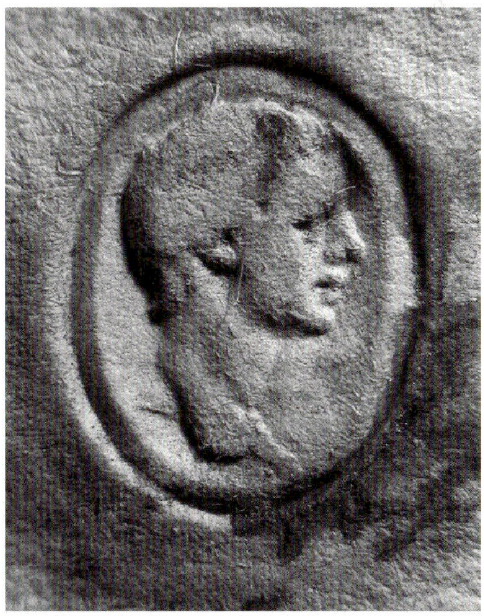

5

Fig. 2 - Archivio di Stato di Padova, Francesco Squarcione, sigillo. Fig. 3 - Mantova, basilica di Sant'Andrea, cappella di Andrea Mantegna, stemma. Fig. 4 - Archivio di Stato di Mantova, Autografi, b. 7, c 88*v*, Andrea Mantegna, sigillo. Fig. 5 - Archivio di Stato di Mantova, Autografi, b. 7, c 121*v*, Andrea Mantegna, sigillo.

principe, infatti Ludovico Gonzaga con un decreto del 30 gennaio 1459 aveva concesso a Mantegna la facoltà di usare l'impresa del sole con il motto francese *Par un désir*;[10] l'artista comincia evidentemente a utilizzare l'arma anche nei sigilli chiudilettera a partire dal 1463 (non sono per altro pervenute sue lettere autografe anteriori a quella data), che ritroviamo nel 1464 e nel 1468.[11]

Le ambizioni sociali di Mantegna trovano ulteriore riconoscimento nel 1484, quando ottiene dai Gonzaga il titolo di cavaliere, mentre userà quello di conte, ottenuto dall'imperatore, soltanto molti anni dopo.[12] Secondo Giuseppe Arrivabene, invece, il titolo di cavaliere gli fu concesso più tardi dal marchese Francesco, «nello spedirlo a Roma in quell'epoca»;[13] l'onorificenza non comportava una effettiva carica feudale, ma era pur sempre il simbolo di un'alta dignità.[14]

In secondo ordine compare una testa maschile di gusto classico, o meglio il profilo di un imperatore inserito in un ovale, quasi certamente Giulio Cesare, presente in lettere del 1474, 1488, 1489, 1494[15] (Fig. 5); non sembra superfluo ricordare in proposito l'importanza che il tema ha avuto per Mantegna, a cominciare dai ritratti degli imperatori dipinti nella volta della Camera degli Sposi e ancor più nel ciclo dei *Trionfi*, per i quali l'artista si preoccupava da Roma nel 1489, in una celebre lettera del 31 gennaio (suggellata proprio con la testa di Cesare, la cui matrice evidentemente l'artista aveva portato con sé), dove egli scrive al marchese:

---

[10] Archivio di Stato di Mantova (d'ora in poi ASMn), Archivio Gonzaga, b. 2886, copialettere 35, c. 57*r*.

[11] ASMn, Autografi, b. 7, cc. 88*v*, 90*v*, 97*v*.

[12] R. Lightbown, *Mantegna*, Milano, Mondadori, 1986, p. 137.

[13] ASMn, Documenti patrii d'Arco, n. 137, *Memorie della famiglia Mantegna raccolte e scritte da Giuseppe Arrivabeni da Mantova*, c. 5*v*.

[14] Cfr. R. Signorini, *Una straordinaria fonte di scoperte su Andrea Mantegna: l'inventario dei beni di suo figlio Ludovico (17 luglio 1510)*, «Civiltà mantovana», s. III, XXXIII, 106, 1998, pp. 9-27; in particolare alla nota 11 l'autore afferma che i rami di vegetazione presenti nello stemma di Mantegna sono di palma e non di ulivo o di alloro, come sostiene Malacarne (G. Malacarne, *Lo stemma del Mantegna*, «Civiltà mantovana», s. III, XXVII, 5, 1992, p. 136).

[15] ASMn, Autografi, b. 7, cc. 103*v*, 119*v*, 121*v*, 139*v*. Per una più adeguata identificazione dell'immagine presente sul sigillo, utili potranno essere i confronti con repertori di immagine relativi a monete, gemme e cammei antichi, che sovente costituiscono modelli da cui derivano sigilli, come la monumentale opera di A. Furtwängler, *Antike Gemmen*, Leipzig-Berlin, s.e., 1900, ora disponibile anche in formato digitale.

Racomando ala excellencia vostra li Trionfi mei ch'el se faci fare qualche riparo ale finestre che non si guastino, perché in verità non me ne vergogno di averli fati et anco ho speranza di farne degli altri.[16]

Il terzo sigillo, più tardo, è costituito semplicemente dalle iniziali maiuscole 'AM' che riproducono il modello della capitale quadrata di gusto epigrafico, in forma di *litterae insertae* iscritte in un cerchio, presenti nel 1505 e nel 1506[17] (Fig. 6).

I sigilli mantegneschi rappresentano dunque altrettanti episodi nei quali la riflessione formale dell'artista è felicemente coniugata allo studio filologico e antiquario, e testimoniano la fedeltà del pittore a quegli ideali di severità e di discrezione che ne informano tutta l'attività artistica.

Naturalmente Mantegna non è il solo artista a utilizzare sigilli chiudilettera personalizzati e presumibilmente ideati da lui stesso. Interessante è il sigillo presente su una lettera autografa di Leon Battista Alberti, che si distingue per le dimensioni ridottissime (mm 10 × 7 complessivamente), per l'assenza di immagini e per l'originalità del formato della nizza che gli conferisce una sobria eleganza[18] (Fig. 7).

Altri artisti utilizzavano certamente sigilli chiudilettera personali: è rimasta traccia della impronta in cera, ma purtroppo in alcuni casi sono caduti i sigilli, nelle lettere autografe di Perugino,[19] mentre nell'unica lettera pervenuta di Bernardino da Parenzo, detto il Parentino, per altro vergata con scrittura colta ed elegante, l'immagine del sigillo non è identificabile per la resa modesta dell'impressione;[20] si legge invece nitidamente in una lettera di Vittore Carpaccio, datata 15 agosto 1511 e caratterizzata da un'elegante nizza, l'immagine di uno scudetto crociato inserito in un esagono e affiancato ai lati da due lettere, la prima delle quali è illeggibile (forse 'V' per l'iniziale del nome di battesimo, Vittore?); la seconda è la maiuscola 'C', quasi certamente da riferire all'iniziale del cognome[21]

---

16 ASMn, Autografi, b. 7, c. 121*v*.

17 *Ivi*, cc. 143*v* e 146*v*.

18 *Ivi*, c. 3 *quinquies*.

19 Presso l'Archivio di Stato di Mantova sono conservate cinque lettere di Perugino, due delle quali sono riconducibili alla sua mano (ASMn, Autografi, b. 7, cc. 183 e 185), mentre le restanti sono di altra mano (*ivi*, cc. 184, 186, 187).

20 *Ivi*, c. 5*v*.

21 *Ivi*, c. 30*v*. Lo scudetto è simile, per forma e dimensioni, a quello utilizzato da Pietro Lombardo in alcune lettere scritte da Venezia tra il 1496 e il 1505 (*ivi*, cc. 81-85).

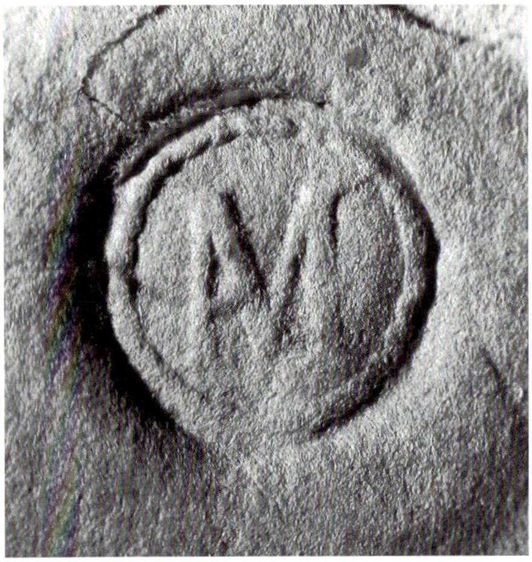
6

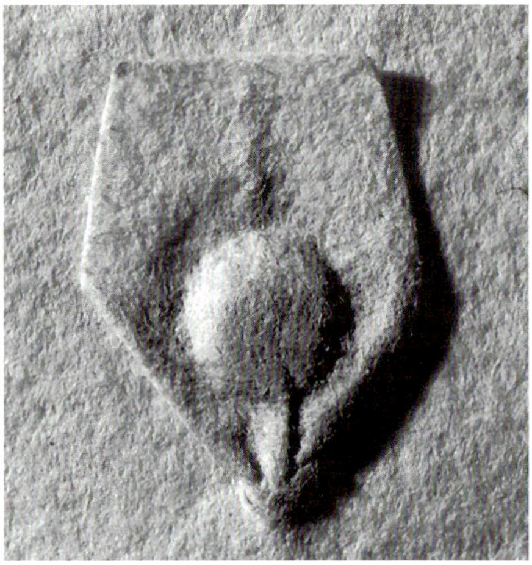
7

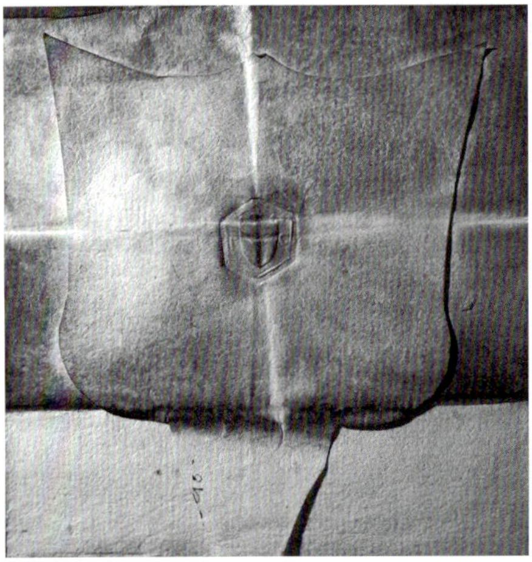
8

Fig. 6 - Archivio di Stato di Mantova, Autografi, b. 7, c 143*v*, Andrea Mantegna, sigillo. Fig. 7 - Archivio di Stato di Mantova, Autografi, b. 7, c. 3 *quinquies*, Leon Battista Alberti, sigillo. Fig. 8 - Archivio di Stato di Mantova, Autografi, b. 7, c. 30*v*, Vittore Carpaccio, sigillo.

(Fig. 8). Ancora si distingue un cavaliere, forse san Giorgio che uccide il drago, nel sigillo che chiude una lettera di Giovanni Bellini del 2 luglio 1504[22] (Fig. 9).

Anche i figli di Mantegna, Ludovico e Francesco, entrambi funzionari di Corte, nonché pittori essi stessi, utilizzano sigilli chiudilettera. Mantegna è particolarmente legato al primogenito ed è preoccupato di assicurare la

22 *Ivi*, c. 44*v*.

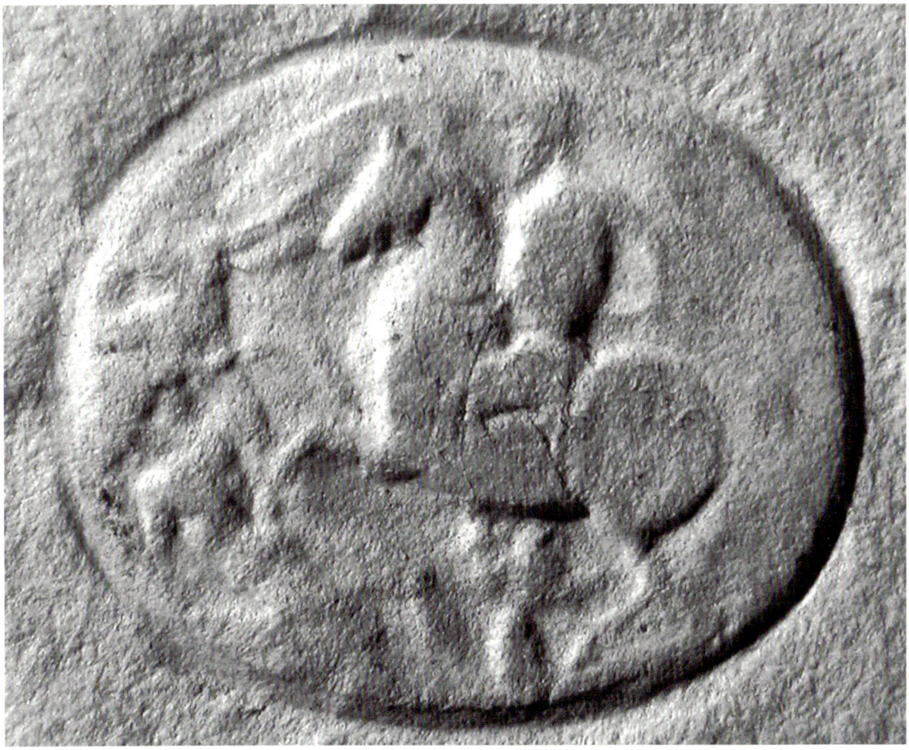

Fig. 9 - Archivio di Stato di Mantova, Autografi, b. 7, c. 44*v*, Giovanni Bellini, sigillo.

trasmissione del patrimonio, come si evince dalle disposizioni testamentarie; l'avergli inoltre imposto il nome di Ludovico è un segno di devoto omaggio al suo massimo committente, il marchese Ludovico Gonzaga.

Di Ludovico Mantegna sono attestati tre diversi sigilli: uno scudetto araldico (presente sulla lettera datata 8 maggio 1499 riconducibile alla sua mano, ma firmata con il nome del padre 'Andrea Mantegna'),[23] una scena mitologica (Fig. 10) e una testa femminile (Fig. 11). Quest'ultima è un profilo di gusto classico riconducibile alla famiglia dei Flavii; utile in proposito è il confronto con un busto del I secolo d.C., per altro di fattura non eccellente, conservato nel museo di Palazzo Ducale; la capigliatura, che è l'elemento più appariscente del ritratto e generalmente si richiama a quella dettata dalla casa imperiale, in questo caso è caratteriz-

---

[23] *Ivi*, c. 141*v*.

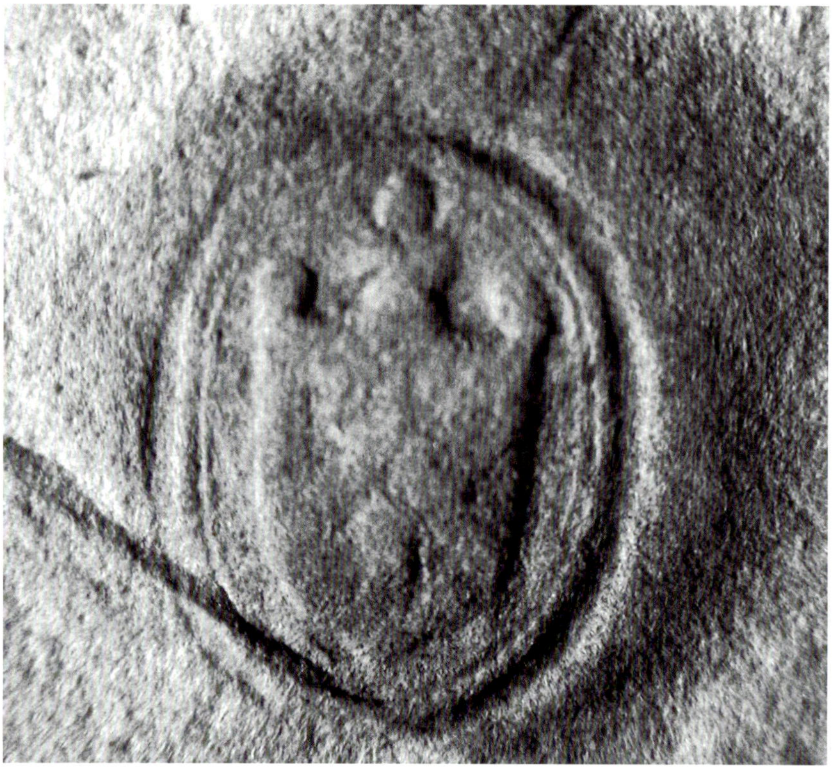

Fig. 10 - Archivio di Stato di Mantova, Autografi, b. 7, c. 141*v*, Andrea Mantegna, sigillo.

zata da un'elaborata acconciatura con i capelli raccolti sulla nuca e arricciati da un *toupet* sulla fronte, secondo la moda adottata da Domizia Longina, moglie di Domiziano[24] (Fig. 12).

Certamente riconducibile a motivi classici, ma di difficile interpretazione per la resa modesta dell'impronta, è la scena mitologica attestata nel sigillo dell'importante lettera del 2 ottobre 1506, in cui Ludovico Mantegna, appena morto il padre, chiede al marchese Francesco Gonzaga di poter procedere con l'alienazione di opere del genitore per tacitare i debitori[25] (Fig. 13).

---

[24] P. Tomasoni, *Due ritratti di età imperiale romana nel museo di Palazzo Ducale di Mantova*, «Rivista Archeologica dell'Antica Provincia e Diocesi di Como», 169, 1987, pp. 197-207:200. Ringrazio Anna Maria Tamassia, già responsabile della Soprintendenza Archeologica per la Lombardia, Nucleo operativo di Mantova, per la cortese segnalazione.

[25] ASMn, Autografi, b. 7, c. 181*v*; la stessa immagine, purtroppo solo parzialmente leg-

11 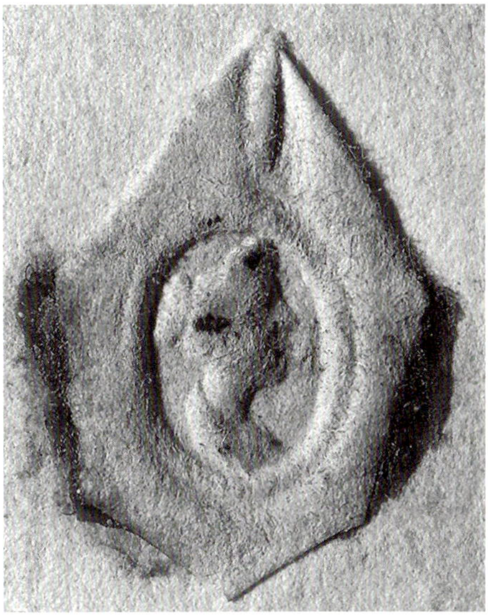

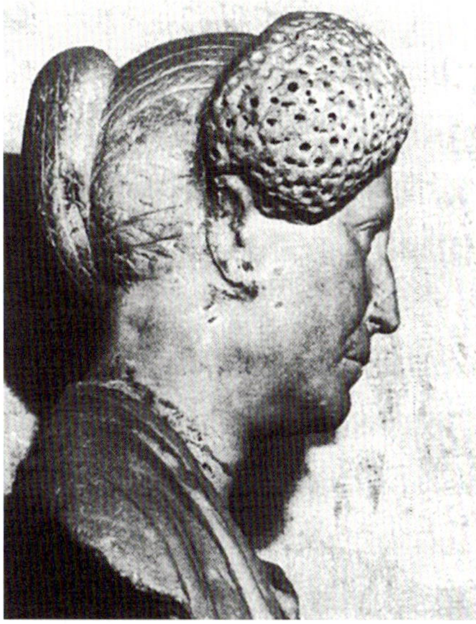 12

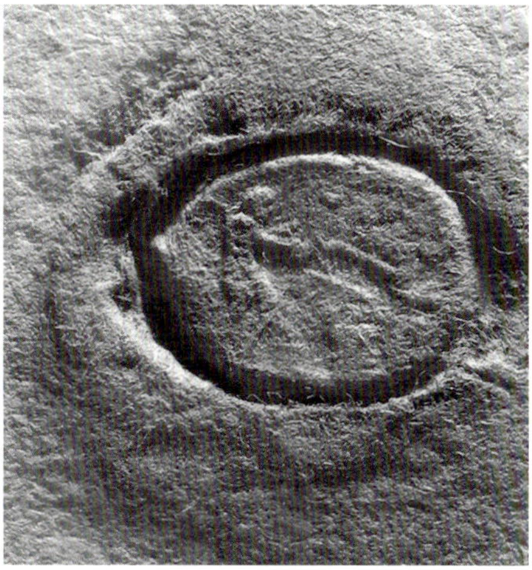 13

Fig. 11 - Archivio di Stato di Mantova, Archivio Gonzaga, b. 1439, c. 226*v*, Andrea Mantegna, sigillo. Fig. 12 - Mantova, Palazzo Ducale, busto femminile, I sec. d.C. Fig. 13 - Archivio di Stato di Mantova, Autografi, b. 7, c. 181*v*, Andrea Mantegna, sigillo.

Libera Montagna, moglie di Ludovico Mantegna, dopo essere rimasta vedova si risposa con Aurelio Musoni, ma ciò nonostante risulterà essere sposata anche con il causidico mantovano Carlo Magni, tanto che nel 1525, già incarcerata e condannata alla decapitazione, sarà rilasciata e as-

gibile, è presente nel sigillo di una sua lettera del 12 novembre 1507 (ASMn, Archivio Gonzaga, b. 2470, c. 472*v*).

solta dall'accusa di bigamia giusto per un postumo omaggio alla memoria di Andrea Mantegna.[26]

Libera Montagna suggella una lettera del 2 agosto 1512 con l'immagine dell'araba fenice sormontata dalla fiamma. La scelta di tale immagine sembra essere particolarmente significativa; il contenuto della lettera riguarda il tentativo di assassinio perpetrato a suo danno per mano del cognato Francesco Mantegna e del marito Aurelio Musoni:[27] il messaggio affidato all'immagine del sigillo è quello di poter superare le avversità della vita risorgendo dalle proprie ceneri come il mitico uccello. Il sigillo merita inoltre di essere segnalato anche per essere uno dei pochi sigilli femminili presenti nel carteggio gonzaghesco dell'epoca[28] (Fig. 14).

Il secondogenito di Mantegna, Francesco, utilizza prevalentemente un sigillo composto da cinque asterischi, disposti geometricamente, che assumono nell'insieme sembianze floreali; esso si distingue soprattutto per il dettaglio della nizza ondulata[29] (Fig. 15). Più raramente il secondogenito dell'artista adotta l'immagine del reliquiario contenente il preziosissimo sangue contornato dalla scritta «XPI(STI) IHESV SANGVINIS» (Fig. 16), un'icona molto simile a quella presente sul rovescio di alcune monete gonzaghesche, in particolare il marchesano d'oro di Ludovico II, la prima moneta aurea con ritratto dal vero coniata a Mantova, realizzata all'inizio degli anni Settanta del Quattrocento, secondo la moda importata da Milano[30] (Fig. 17).

Anche funzionari di corte, come Matteo Sacchetti, detto l'Antimaco, segretario marchionale, utilizza un sigillo aderente con una figura di gusto classico, forse un Cupido (ancora una volta, tuttavia, lo stato di conservazione non consente un sicuro giudizio). Un esempio è presente nella nota lettera del 1° settembre 1492, con la quale informa il marchese Francesco Gonzaga che un figlio del conte Guido di Rossi vorrebbe visitare la *Ca-*

---

26 *Ivi*, Archivio Gonzaga, *Mandati*, b. 10, libro 25, c. 108*r*, 18 gennaio 1525.

27 *Ivi*, Archivio Gonzaga, b. 2485, c. 278*v*.

28 Segnalo tuttavia un elegante sigillo adottato da Benedetta Gonzaga in una supplica del 6 settembre 1512, con un'immagine di gusto classico raffigurante un Cupido che sostiene con la mano destra un lungo arco appoggiato a terra (*ivi*, Archivio Gonzaga, b. 2485, c. 287*v*).

29 Cfr. *ivi*, Autografi, b. 7, c. 155*v*.

30 La moneta riveste un elevato significato artistico, dato che propone un ritratto ripreso dal vero, per la prima volta dai tempi di Roma antica, cfr. la scheda di M. ROSSI, in *Andrea Mantegna e i Gonzaga*, cit., p. 150; il reliquiario del preziosissimo sangue è inoltre presente nel ducato d'oro del marchese Federico I, moneta rara, considerata dagli specialisti una delle più affascinanti del Rinascimento italiano, *ivi*, p. 151.

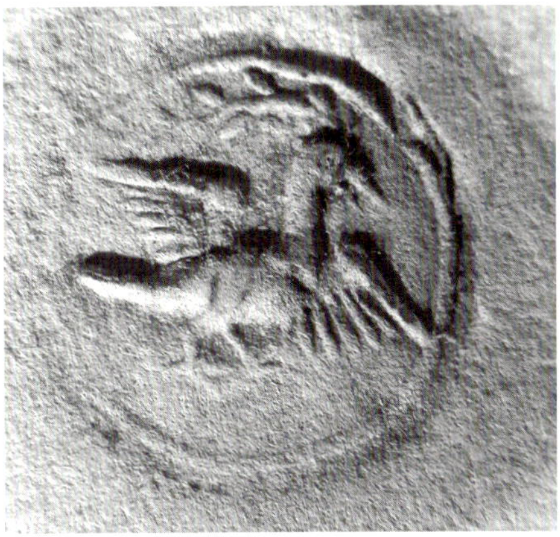
14

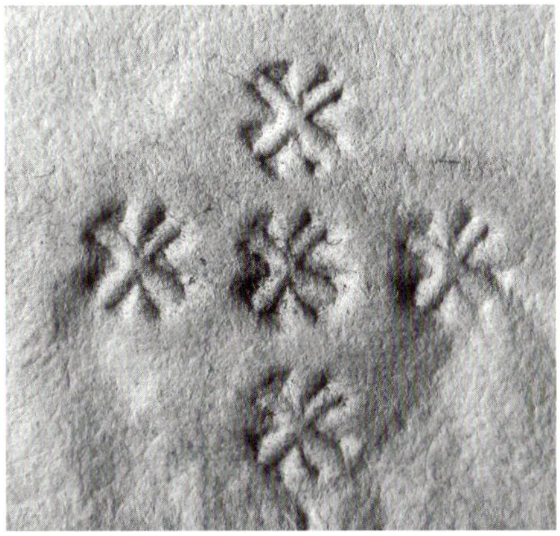
15

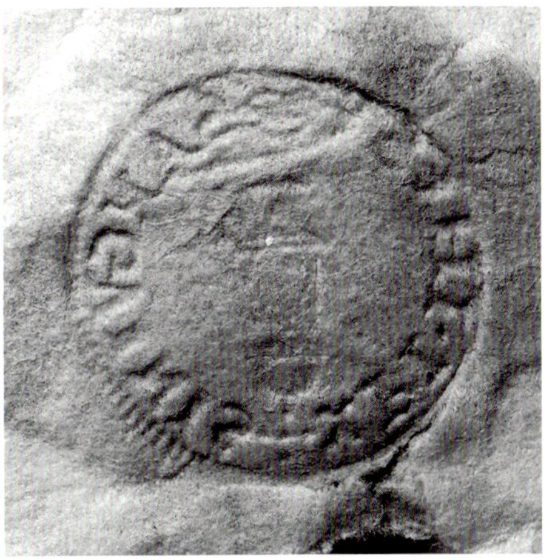
16

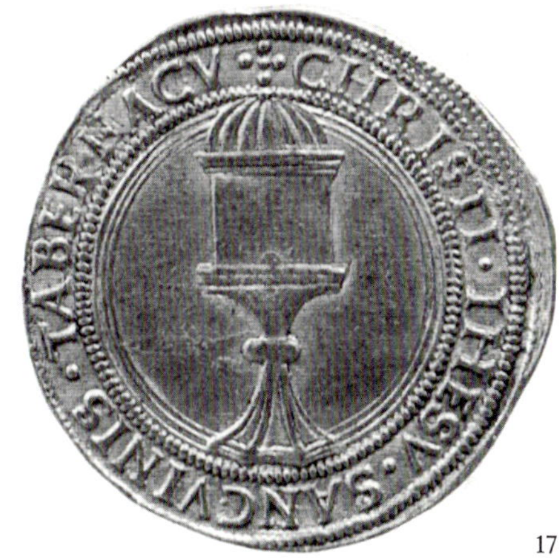

17

Fig. 14 - Archivio di Stato di Mantova, Archivio Gonzaga, b. 2485, c 278*v*, Libera Mantegna, sigillo. Fig. 15 - Archivio di Stato di Mantova, Autografi, b. 7, c. 155*v*, Francesco Mantegna, sigillo. Fig. 16 - Archivio di Stato di Mantova, Archivio Gonzaga, b. 2446, c. 204*v*, Francesco Mantegna, sigillo. Fig. 17 - Moneta con reliquiario.

mera dipinta,[31] (Fig. 18). È questo il sigillo più frequente nelle copiose serie della sua corrispondenza, meno frequente è invece l'immagine dell'arma di famiglia con lo scudo[32] (Fig. 19).

---

31 ASMn, Archivio Gonzaga, b. 2441, c. 159*v*.

32 *Ivi*, c. 104*v*.

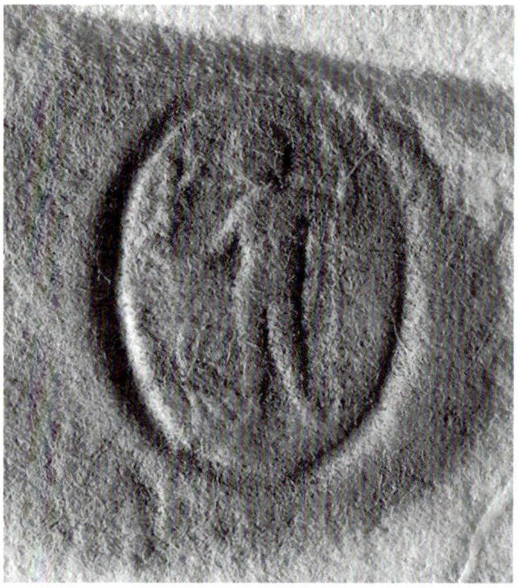
18

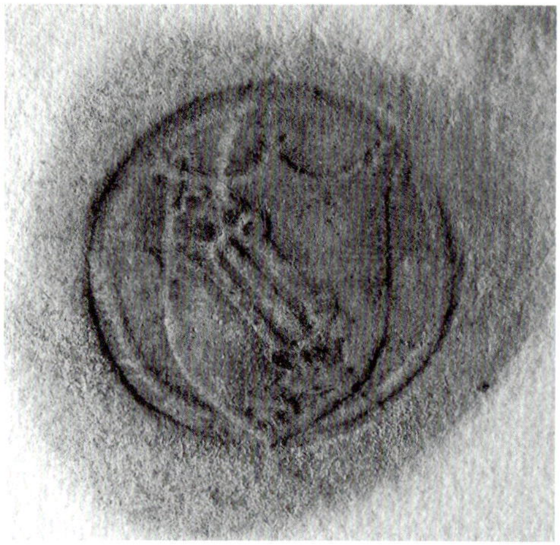
19

Fig. 18 - Archivio di Stato di Mantova, Archivio Gonzaga, b. 2441, c. 159*v*, Antimaco, sigillo. Fig. 19 - Archivio di Stato di Mantova, Archivio Gonzaga, b. 2441, c. 104*v*, Antimaco, sigillo.

Secondo quanto afferma Carlo d'Arco, Matteo Sacchetti, che prende il nome dal luogo di origine, Sacchetta, è un funzionario di umili origini che tuttavia è in grado di costruirsi una solida carriera dopo avere viaggiato ed essersi acculturato,[33] tanto da ellenizzare il proprio nome, sotto l'influsso di una tendenza degli intellettuali dell'epoca; è infatti nominato segretario marchionale e incaricato di delicate missioni diplomatiche. Dei suoi figli il più noto è l'umanista Marco Antonio, che si recò in Grecia a studiare letteratura ellenica sotto la guida di Giovanni Mosco e assunse lo stesso epiteto del padre.[34] Egli

---

[33] «La soa stanza era da San Barnabè [...] andò in tempo per lo mondo e vense a casa molto scaltrito [...] fu fatto cancellero cavalcante [...] stimato per uomo dotto e delle scienze cultore», ASMn, C. d'Arco, *Annotazioni genealogiche di famiglie mantovane*, I, pp. 178-179; al termine della sua vita l'Antimaco tuttavia cadde in disgrazia, subì un processo e l'esilio, cfr. una sua supplica al marchese Francesco Gonzaga, datata Verona 9 luglio 1505, pure sigillata con l'immagine di Cupido (ASMn, Archivio Gonzaga, b. 1441, cc. 244-245); per una sua biografia si veda inoltre J. Herold, *Mattheo Sacchetti, gennant Antimachus. Das Schiksal eines Sekretärs in den Diensten der Markgrafen von Mantua 1475-1505*, in *Der Fall des Günstlings. Hofparteien in Europa vom 13. bis 17. Jahrhundert*, Atti del convegno, Neuburg an der Donau, 21-24 settembre 2002, Ostfildern, Thorbecke, 2004, pp. 263-285.

[34] ASMn, C. d'Arco, *Notizie delle Accademie, dei giornali e delle tipografie che furono in Mantova e di circa mille scrittori mantovani*, I, pp. 124-130; E. Yotopoulou-Sicilianou, *L'ellenista bizantino Giovanni Mosco, polo di attrazione per gli studiosi italiani della fine del XV secolo*, «Schifanoia. Notizie dell'Istituto di Studi Rinascimentali di Ferrara», 22-23, 2002, pp. 71-80.

abitava insieme al fratello Federico nella casa oggi in via Porto, che sullo stipite dell'ingresso riporta incise nel marmo le parole «ANTIMACHVM NE LONGIVS QVAERAS». Sulla facciata dell'edificio – secondo le testimonianze di Carlo d'Arco – ancora intorno alla metà dell'Ottocento erano visibili medaglioni con effigi di imperatori «coloriti alla maniera usata da Andrea Mantegna»;[35] d'Arco tralascia per altro lo stemma gentilizio riportato nel sigillo chiudilettera, che evidentemente non gli era noto.

Il francese Jamet de Nesson è intermediario tra il marchese Francesco Gonzaga e il cardinale Georges d'Amboise. Questi, arcivescovo di Rouen e primo ministro del re di Francia Luigi XII, chiede al marchese di poter avere un dipinto «del primo pictore del mondo» – alludendo naturalmente a Mantegna – per la cappella del palazzo arcivescovile;[36] de Nesson, che italianizza il suo nome in Gemetto, suggella una lettera del 3 agosto 1506 con un bel profilo di imperatore coronato di alloro[37] (Fig. 20).

Ancora, Antonio Bonatti, esponente di un'antica famiglia al servizio dei Gonzaga, utilizza nel suo sigillo personale una coppia di guerrieri all'antica armati di elmo e di scudo[38] (Fig. 21), immagine che assurge a simbolo del suo brillante *cursus honorum*: valente giureconsulto, consigliere del Comune, vicario marchionale, segretario, egli è infine nominato cavaliere e diventa oratore presso il pontefice.[39]

Policleto Ferrari è invece un medico che ricorre a un'immagine composita nella quale è possibile distinguere un satiro che insidia una ninfa; si tratta di una scena erotica che quasi certamente assume a modello un cammeo o una gemma antica[40] (Fig. 22).

Sigismondo Golfo è uno dei precettori di Isabella d'Este; mantovano di adozione, sul finire del Quattrocento svolge mansioni di bibliotecario e di segretario al servizio dei marchesi Federico I e Francesco II;[41] egli adot-

---

[35] *Ivi*, p. 179: «Ed abitò [Federico] insieme ai fratelli quella casa oggi distinta dal civico numero 324 posta nella contrada di Porto, su cui all'esterno tuttodì veggonsi dipinti fregi ed ornati con entrovi alcune medaglie, rappresenta le effigie degli imperatori romani coloriti alla maniera usata da Andrea Mantegna».

[36] G. AGOSTI, *op. cit.*, p. 110.

[37] ASMn, Archivio Gonzaga, b. 2467, c. 39*v*.

[38] *Ivi*, b. 2441, c. 672*v*, lettera del 26 gennaio 1492.

[39] C. D'ARCO, *Annotazioni genealogiche*, cit., II, p. 182.

[40] ASMn, Archivio Gonzaga, b. 2441, c. 240*v*, lettera del 9 febbraio 1492.

[41] Cfr. *Mantova. La Storia*, II, a cura di L. Mazzoldi, Mantova, Istituto Carlo d'Arco per la Storia di Mantova, 1961, p. 205 e p. 388.

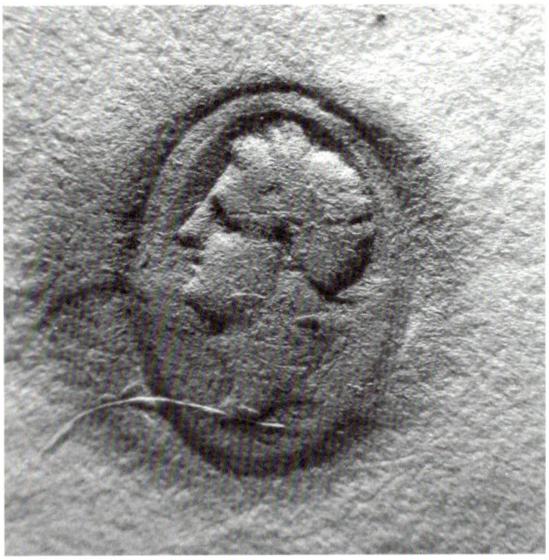

20

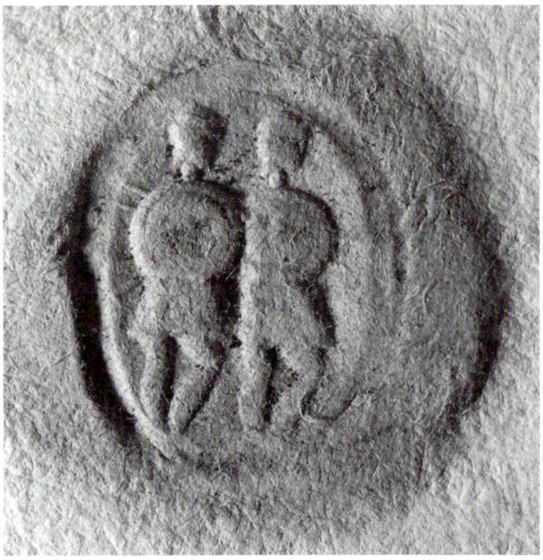

21

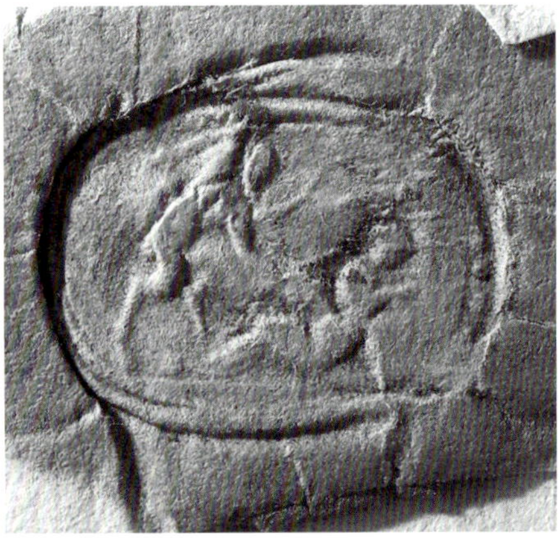

22

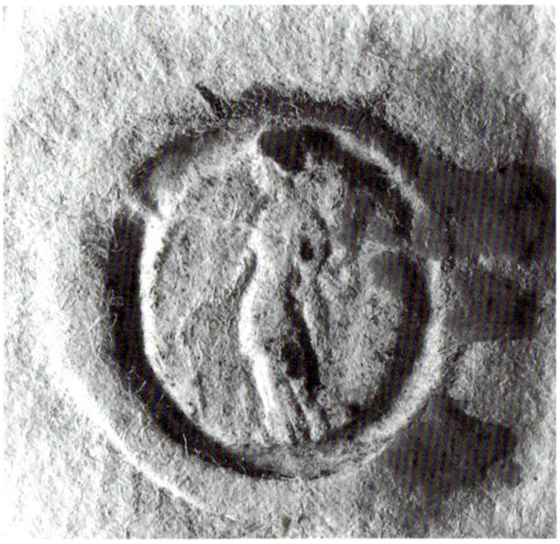

23

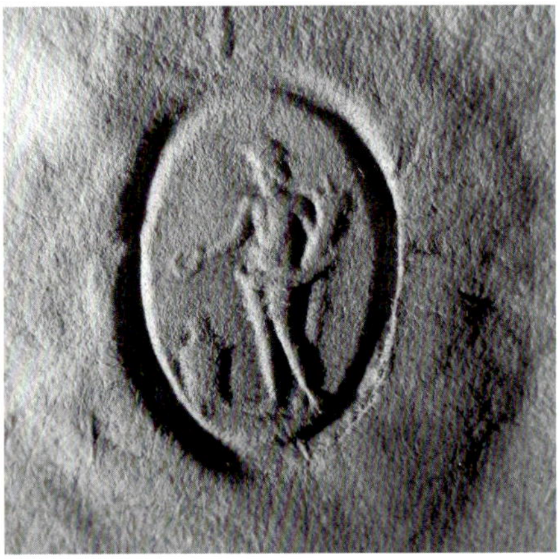

24

Fig. 20 - Archivio di Stato di Mantova, Archivio Gonzaga, b. 2467, c. 39*v*, G. Nesson, sigillo. Fig. 21 - Archivio di Stato di Mantova, Archivio Gonzaga, b. 2441, c. 672*v*, Antonio Bonatti, sigillo. Fig. 22 - Archivio di Stato di Mantova, Archivio Gonzaga, b. 2441, c. 240*v*, Policleto Ferrari, sigillo. Fig. 23 - Archivio di Stato di Mantova, Archivio Gonzaga, b. 2441, c. 272*v*, Sigismondo Golfo, sigillo. Fig. 24 - Archivio di Stato di Mantova, Archivio Gonzaga, Federico Cattaneo, b. 2472, c. 722*v*, sigillo.

ta nei sigilli chiudilettera un'immagine femminile di gusto classico inserita in un tondo (forse una Vittoria, per quanto è possibile giudicare dall'esiguità e, soprattutto, dalla scarsa qualità dell'immagine). Il sigillo appartiene a una lettera del 18 giugno 1492 nella quale informa il marchese che alcuni pittori, non meglio identificati, hanno messo a punto dei disegni e ne chiedono l'approvazione prima di metterli in opera; aggiunge inoltre che sta facendo redigere una copia della *Historia* del Platina: «facio scrivere quella historia che compose il Platina in latina per collocarla in la sua libraria»[42] (Fig. 23).

Certamente ispirata a una scena mitologica è l'immagine presente sul sigillo di Federico Cattaneo, nominato cavaliere dai Gonzaga, che nel 1508 è al servizio di Isabella d'Este[43] (Fig. 24).

Dunque pittori, architetti, letterati, ma anche funzionari di Corte, segretari, uomini di scienza, adottano sigilli come segno distintivo del loro *status* sociale e culturale.

La passione antiquaria, di cui Mantegna è l'espressione più alta, è condivisa da un altro illustre artista al servizio dei Gonzaga: Pier Jacopo Alari Bonacolsi, detto l'Antico (Mantova 1460 circa-Gazzuolo 1528), il più importante scultore mantovano del Rinascimento, il cui ruolo è stato messo in luce da più autori a partire dalla fine dell'Ottocento[44] e al quale Mantova ha dedicato una mostra nel 2008.[45] La sua fama è legata soprattutto ai celebri bronzi, statuette di sontuosa bellezza che rielaborano modelli antichi; dopo la sua morte nessun altro scultore mantovano è in grado di emularne il talento e di sostituirlo nell'arte del bronzo che quasi scompare.

In un fervido recupero di memorie anticheggianti, l'Antico diventa il rappresentante più significativo della tendenza classicistica che trova

---

42 ASMn, Archivio Gonzaga, b. 2441, c. 772*v*.

43 Lettera del 13 aprile 1508 (*ivi*, b. 2472, c. 722*v*); scarne note biografiche relative a Federico Cattaneo sono in C. D'ARCO, *Annotazioni genealogiche*, cit., III, p. 117.

44 U. ROSSI, *I medaglisti del Rinascimento alla Corte di Mantova. II. Pier Jacopo Alari-Bonacolsi detto l'Antico*, «Rivista Italiana di Numismatica», I, 2, 1888, pp. 1-40; H.J. HERMANN, *Pier Jacopo Alari Bonacolsi, gennant Antico*, «Jahrbuch der Kunsthistorischen Sammlungen der allerhöcsthen Kaiserhauses», XXVIII, 1909-1910; C. PERINA, *Scultura e arti minori. L'epoca isabelliana*, in *Mantova. Le Arti*, II, Mantova, Istituto Carlo d'Arco per la Storia di Mantova, 1961, pp. 540-545; A.H. ALLISON, *The bronzes of Pier Jacopo Alari-Bonacolsi, called Antico*, «Jahrbuch der Kunsthistorischen Sammlungen in Wien», Band 89-90, 1993-1994, pp. 37-310.

45 *Bonacolsi, l'Antico. Uno scultore nella Mantova di Andrea Mantegna e di Isabella d'Este*, Catalogo della mostra, Mantova, 13 settembre 2008-6 gennaio 2009, a cura di F. Trevisani e D. Gasparotto, Milano, Electa, 2008.

espressione matura e compiuta nelle istanze umanistiche della cultura e nel collezionismo gonzaghesco. Abile e sapiente interprete dei gusti della marchesa Isabella d'Este – accanto a Gian Cristoforo Romano, altro valente scultore milanese giunto a Mantova dopo la caduta di Ludovico il Moro – egli è anche restauratore di opere d'arte e consigliere per l'acquisto di oggetti antichi. Su incarico di Isabella si reca a Roma per reperire rarità antiquariali e nel 1506 è chiamato a esprimere un giudizio e una stima di valore in merito all'acquisto della celebre *Faustina maggiore* (moglie dell'imperatore Antonino Pio) offerta a Isabella da Andrea Mantegna. L'ispirazione plastica antica di Jacopo Alari si coglie anche nella produzione di placchette e di medaglie e nell'uso di sigilli chiudilettera; l'artista sa coniugare in modo mirabile, nelle ridottissime dimensioni, le sue straordinarie capacità di valente orafo, di incisore e di scultore, con un gusto antiquario costantemente rielaborato in modo raffinato e personalissimo, come testimonia l'eleganza delle figure mitologiche, dei cavalli, dei putti, degli emblemi e delle imprese dei committenti (come la folgore alata, motivo ripreso dai medi bronzi di Augusto, o il crogiuolo tra le fiamme). Sono gli stessi motivi presenti nei sigilli utilizzati per la corrispondenza, che possiamo ipotizzare creati da lui stesso: una testa con elmo (forse Minerva o Alessandro, Fig. 25), un cupido con l'arco (Fig. 27), una biga trainata da due cavalli, condotta da un auriga[46] (Fig. 26).

Il sigillo, attraverso un codice identificativo costituito da precise scelte iconografiche, trasmette un messaggio che connota la cultura e il ruolo sociale di appartenenza; nel caso di Mantegna, ma anche dell'Antico e di altri, il nesso con i suoi titolari diventa ancora più significativo, dato che presumibilmente essi ne sono anche gli inventori. In quest'ottica i sigilli utilizzati da Mantegna, ma anche da funzionari, cortigiani, letterati, uomini di legge e di scienza, non sono mero accessorio dei documenti,

---

[46] Tali immagini, presenti rispettivamente in lettere del 15 luglio 1506 (ASMn, Archivio Gonzaga, b. 1813, c. 10*v*), ottobre 1516 (*ivi*, b. 2494, c. 523*v*) e del giugno 1521 (*ivi*, b. 2500, c. 3*v*), sono state pubblicate da A.H. Allison, *op. cit.*, p. 288 e p. 291; cfr. anche D. Ferrari, *Margin Notes on the Seals of Pier Jacopo Alari Bonacolsi, called 'Antico'*, in *In the Light of Apollo. Italian Renaissance and Greece*, I, Atene, 22 decembre 2003-31 marzo 2004, a cura di M. Gregori, Cinisello Balsamo (Milano), Silvana, 2004, p. 357 e schede VII.8, VIII.9, VIII.10, pp. 373-374; Ead., *Note in margine ai sigilli di Pier Jacopo Alari Bonacolsi, detto l'Antico*, «Universitas Mercatorum Mantuae. Rivista di Documentazione e Studi Economici e Civili della Camera di Commercio Industria, Artigianto e Agricoltura di Mantova», 18, 2004, pp. 126-131; Ead., *Documenti. L'Antico nelle fonti d'archivio*, in *Bonacolsi, l'Antico*, cit., pp. 300-328: 313, 314, 317, 319.

25 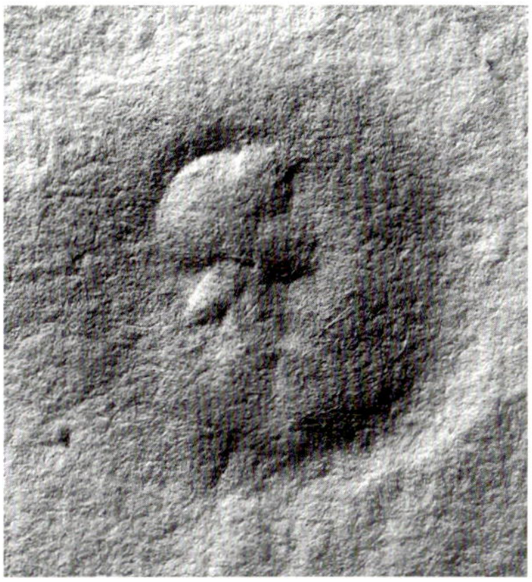

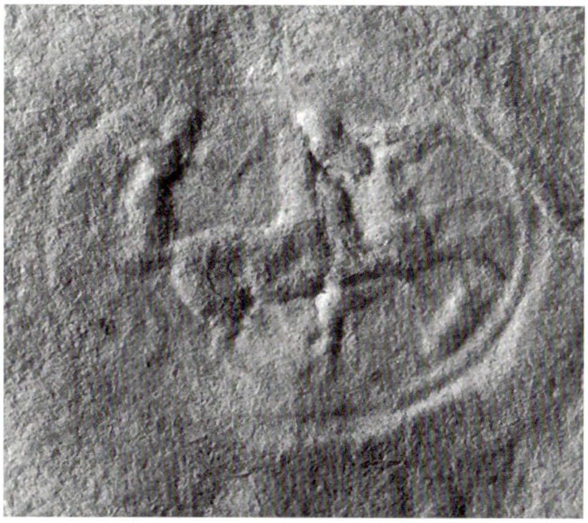 26

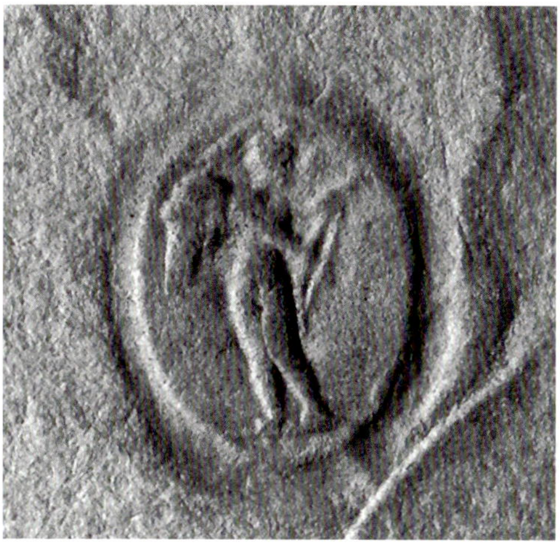 27

Fig. 25 - Archivio di Stato di Mantova, Archivio Gonzaga, b. 1813, c. 10*v*, Jacopo Bonacolsi, sigillo. Fig. 26 - Archivio di Stato di Mantova, Archivio Gonzaga, b. 2500, c. 3*v*, Jacopo Bonacolsi, sigillo. Fig. 27 - Archivio di Stato di Mantova, Archivio Gonzaga, b. 2494, c. 523*v*, Jacopo Bonacolsi, sigillo.

bensì alta espressione artistica, nella quale il virtuosismo tecnico è mirabilmente coniugato al potere di evocazione del mondo classico. Al pari di monete, medaglie, cammei e gemme incise, i sigilli rappresentano un vero e proprio microcosmo culturale, favoriscono la circolazione di modelli, diventano veicoli di trasmissione di schemi iconografici che da un lato sono citazioni delle arti maggiori, dall'altro sono, a loro volta, in grado di proporre autonomamente soluzioni stilistiche originali e di raggiungere esiti eccezionali anche dal punto di vista artistico. Soprattutto nel caso di Mantegna, sono l'espressione di quel classicismo archeologico che l'artista rappresenta come vertice.

Vittorio Sgarbi

ANDREA MANTEGNA SCULTORE*

In premessa, va detto che Mantegna è come Leon Battista Alberti: un artista di dimensione universale.

Vi sono alcuni artisti universali – è il caso soprattutto di Michelangelo, e in parte anche di Leonardo – che si manifestano in tutte le discipline. Noi sappiamo che Michelangelo è un grande architetto, un grande scultore, un grande pittore, anche un gran poeta. È un uomo così universale che scrive sonetti petrarcheschi di formidabile energia; dipinge, nella cappella Sistina, il *Giudizio Universale*, opera immortale; scolpisce *Pietà* e *Prigioni*, forse i suoi capolavori più straordinari; ed è architetto di importantissimi edifici, a parte la cupola di San Pietro, come la Biblioteca Laurenziana, con eccezionali invenzioni, che oggi sono accostate a quelle di Palladio.

Michelangelo, insomma, è artista universale perché si esprime parimenti in tutte le discipline. Ma questo non vuol dire che se uno non lo manifesti in modo esplicito, non lo sia nel suo pensiero. Abbiamo infiniti segnali che Mantegna, già dall'epoca degli affreschi della cappella Ovetari, a Padova, avesse una spiccata vocazione per l'architettura, ovvero per l'ideazione metodica dello spazio. La costruzione straordinaria, che sviluppa idee parallele a quelle di Piero della Francesca, i temi della prospettiva, della città, della scena teatrale, che sarà portata alle estreme conseguenze nel *San Sebastiano* di Antonello, sono tutte anticipate, intorno al 1458-1459, nella cappella Ovetari. Lì si vede una città ideale, dipinta da chi ha in mente un pensiero architettonico. È indiscutibile – mi pare che

* Testo tratto dalla conferenza tenuta il 16 novembre 2006 a Verona, nell'ambito del ciclo di conferenze *Le mostre nell'anno di Andrea Mantegna* promosse dal Comune di Verona, Civici Musei d'Arte.

uno degli interventi del convegno lo abbia argomentato – che Mantegna sia architetto. Che cosa abbia poi fatto, quali imprese, in quali città, non si può dire altro che con riferimento a una attribuzione, peraltro convincente, della sua stessa casa mantovana, dove egli manifesta un pensiero mirabile del rapporto fra il cilindro e il cubo, che determina quell'architettura che tutti conoscete.

È indubitabile che Mantegna sia architetto non tanto per quella architettura, ma perché ciò che egli avrebbe voluto fare l'aveva già fatto, o lo stava facendo Leon Battista Alberti. Il quale, peraltro, non era architetto in senso tecnico. Era un letterato, coltissimo, studioso razionale, ideatore di architetture da altri realizzate. Allo stesso modo, Mantegna pensava architetture come quelle che Leon Battista Alberti immaginava, e che Matteo de' Pasti e Luca Fancelli, uomini di formazione manuale, realizzavano. Ma il pensiero ideale, filosofico, che ispira quelle architetture era uno.

Ovviamente Mantegna è pittore. Mio zio, letterato sofisticato, a lungo preside del Liceo Beccaria di Milano, aveva tra i suoi percorsi, i suoi viaggi, alcune mete predilette, ideali e reali. Una era la cappella Brancacci, con gli affreschi di Masaccio; l'altra era il trittico di San Zeno (Fig. 1). Tornava a casa da questi viaggi, e raccontava a me, che non avevo ancora la patente, la grandezza di queste opere. Ritengo che egli – così come Gombrich ha indicato discutendo il rapporto poesia-struttura che Benedetto Croce ha delineato – avesse identificato, in esse, un rapporto antinomico: una struttura filosofico-teologica, di ordine puramente intellettuale, dentro cui stanno incastonati brani di poesia. Questa è la *Divina Commedia*: Gombrich discute quella tesi crociana che tende a isolare alcuni momenti poetici o lirici rispetto alla struttura, invece, di apparato e di pensiero che la *Commedia* rappresenta. Mio zio assumeva il pensiero crociano come metodo di lettura della pala di San Zeno, intendendo che la cornice e l'elemento architettonico costituiscono la struttura rispetto alla poesia, ovvero alla pittura. È, come dire, uno spostamento concettuale, non privo di interesse, perché è vero che quando noi guardiamo la pala di San Zeno vediamo un'architettura che è in parte dipinta, in parte reale. La cornice è un'autentica struttura architettonica che continua, illusivamente, nella pittura. E quell'effetto pittorico di un solo spazio, e non più di un trittico, dipende dal rapporto struttura (cioè architettura)-pittura. È un fatto che, quando ancora non ero interessato alla storia dell'arte, mi colpì molto. Sappiamo che in quegli anni, anche nel Nord Italia, si passa dal polittico alla pala d'altare unica; individuiamo una delle prime grandi pale nell'opera pesarese di Giovanni Bellini, ma da un punto di

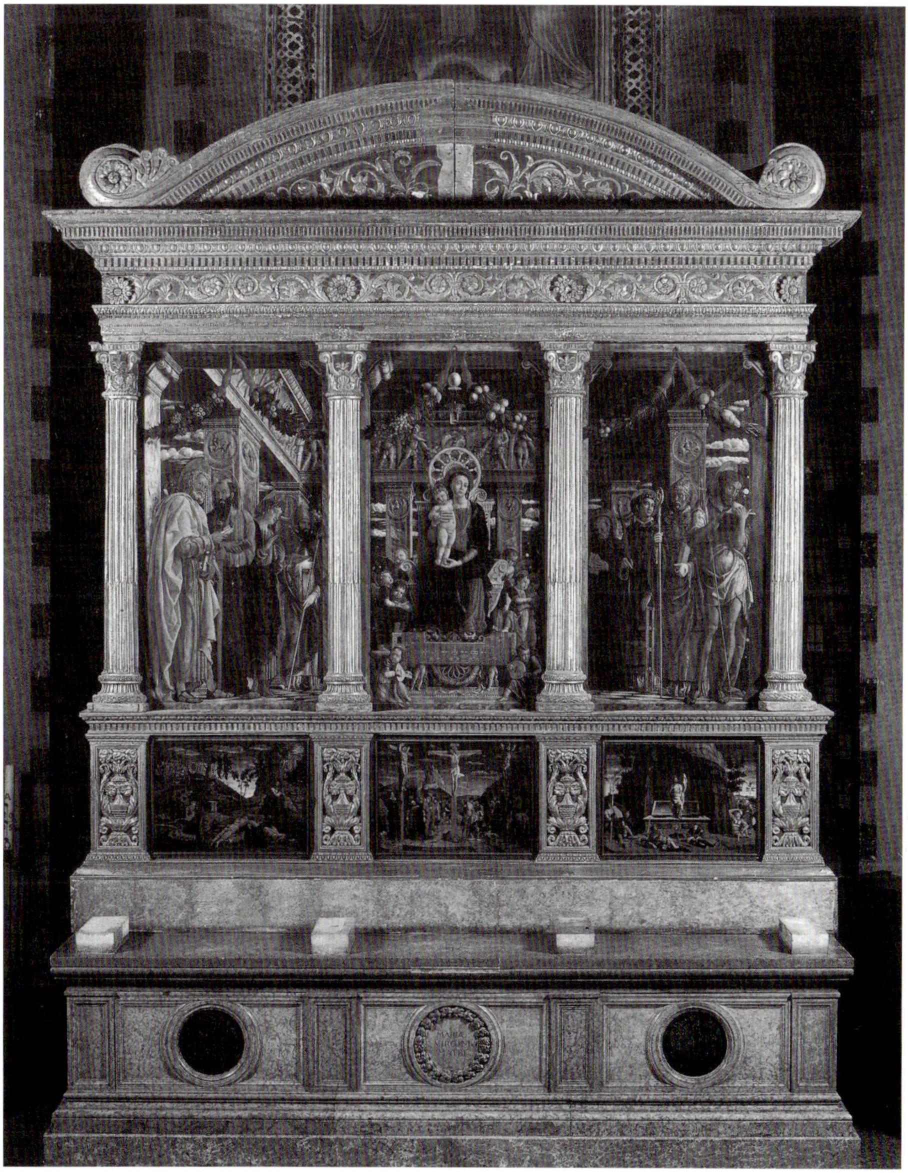

Fig. 1 - Verona, basilica di San Zeno Maggiore, Andrea Mantegna, pala di San Zeno.

vista meramente spaziale, pur mantenendo ancora gli elementi residuali delle semicolonne, ad aggetto, la prima a campo unico è proprio il trittico di San Zeno. Non ci sono tre elementi separati, e lo stesso Benaglio lo intuirà perfettamente, ma uno spazio continuo fra ciò che è illusione dipinta e ciò che è architettura reale. È il teorema della concezione architettonica di Mantegna, legata a un'unità inscindibile di architettura e pittura. Nel momento stesso in cui l'architettura prosegue la pittura, la pittura integra l'architettura della cornice, che diventa quindi il meccanismo scatenante degli altri, elemento chiaramente pensato da Mantegna, chiunque sia il falegname che l'ha eseguito.

Arriviamo quindi a un altro tema fondamentale della poetica di Mantegna, per la quale abbiamo individuato il rapporto di reciprocità fra architettura e pittura. Guardiamo di nuovo gli affreschi della cappella Ovetari, e più ancora la pala di San Zeno, la plasticità straordinaria delle sue figure. Non possono essere considerate sculture dipinte? Certamente: la pittura di Mantegna è un omaggio costante alla scultura, esplicito, perfino insistito. Per ragioni che sono ideali non meno che formali: non dobbiamo mai dimenticare che il Rinascimento, a Firenze, è nato attraverso esperienze scultoree, di Brunelleschi, Donatello, Ghiberti, e, in secondo luogo, architettoniche, solo successivamente convertite in pittura da Masaccio. E questo perché l'antico, il modello greco-romano che il Rinascimento vuole recuperare e rivivere, poteva essere conosciuto, essenzialmente, attraverso resti archeologici di origine scultorea. Conformare la pittura alla scultura significa, perciò, riconoscerne la priorità, materiale, in un certo senso anche morale, nell'opera di recupero dell'ideale antico.

La scultura, dunque, base della continuità rinascimentale fra antico e moderno. Si rifletta sulla *Madonna delle cave* (Fig. 2). Cos'è una cava? È il luogo dove si prende la pietra per fare anche architettura, ma soprattutto scultura, come Michelangelo insegna. Gli scultori pensano alle cave, non i pittori. Vediamo com'è fatto questo dipinto. La Madonna, quasi anticipando un'invenzione di Michelangelo, sembra uscita da un blocco di pietra, pare ricavata «per via di tôrre», come diceva Buonarroti, proprio da quella montagna che ha alle spalle: questa perfezione della natura è la forma umana della Vergine. A destra della Madonna, in una cava, un gruppo di scalpellini sta lavorando colonne, pietre e un sarcofago, con l'intendimento di trarne materiale per lo scultore. L'arte, la disciplina, tecnica e intellettuale, con cui si riporta in superficie, conciliando Cristianesimo e Neoplatonismo, l'idea di perfezione che è *in nuce* nella natura, è, innanzitutto, scultura.

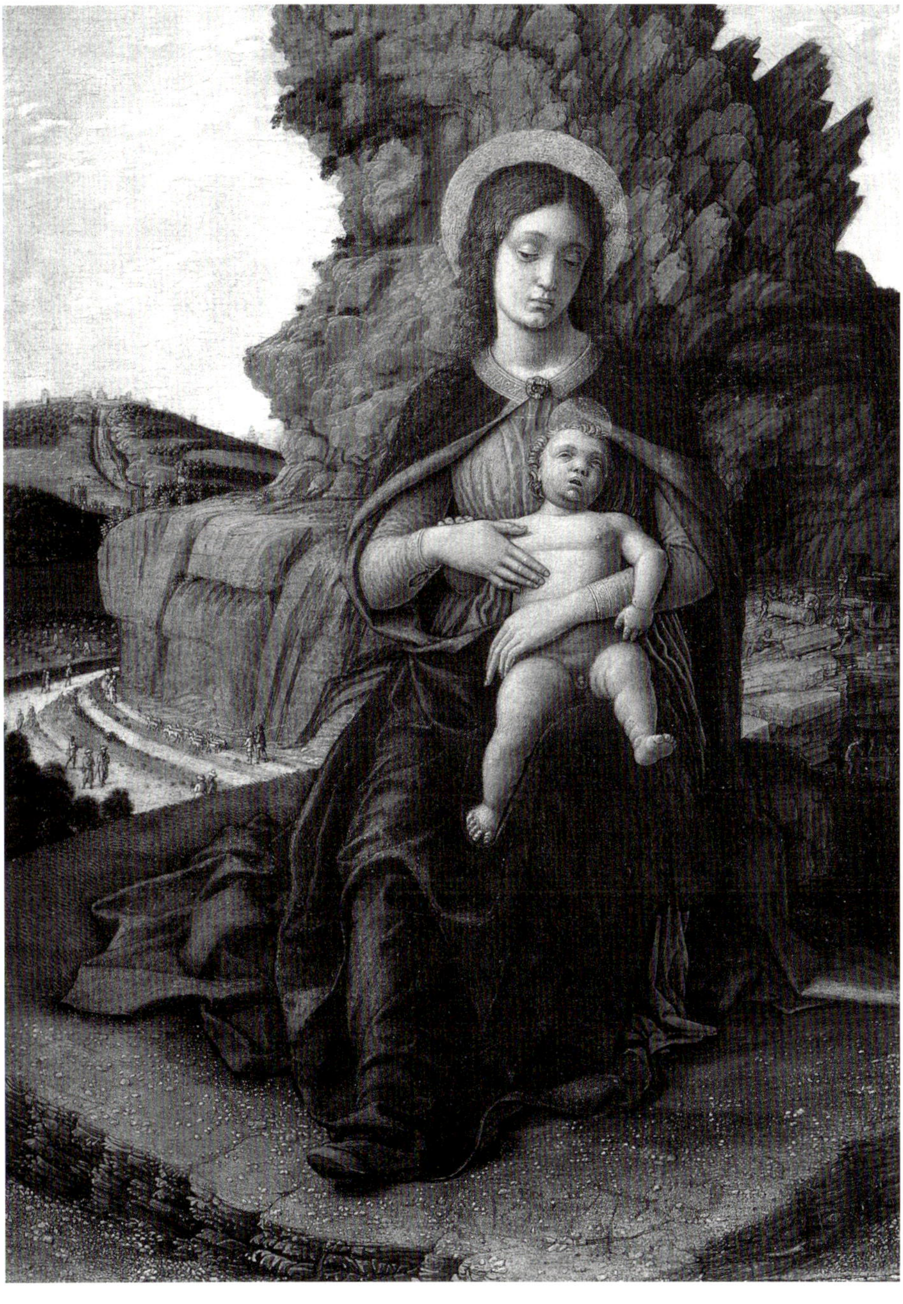

Fig. 2 - Firenze, Galleria degli Uffizi, ANDREA MANTEGNA, *Madonna col bambino in un paesaggio* (*Madonna delle cave*).

Mantegna è veramente ossessionato dalla scultura. Vasari, nel 1568, scrive:

> Mentre che Andrea stette a lavorare in Roma, dipinse, in un quadretto piccolo, una Nostra Donna col Figliuolo in collo che dorme; e nel campo, che è una montagna, fece dentro a certe grotte alcuni scarpellini che cavano pietre per diversi lavori, tanto sottilmente e con tanta pacienza che non par possibile che con una sottil punta di pennello si possa fare tanto bene: il qual quadro è oggi appresso l'illustrissimo don Francesco Medici, principe di Fiorenza, che lo tiene fra le sue cose carissime.[1]

Una dichiarazione di poetica per cui, dipingendo, Mantegna vuole fare emergere, in qualche modo, la sua vocazione di scultore.

Consideriamo il quadro *Cristo risorto*, conservato a Copenhagen (Fig. 3). Osserviamo questa straordinaria immagine sotto due specie. Intanto, nella dimensione di questo volto trasfigurato e lontano dalle cose terrene, un volto sostanzialmente etereo, con gli angeli che stanno alle spalle del risorto. La loro capigliatura, romana, tornita, a 'caschetto', è molto simile a quella delle sculture successive di Tullio Lombardo, alle sue configurazioni plastiche. Ma, ancora di più, vediamo come la scultura si attagli a questo corpo. Si osservi un particolare a destra. Cosa c'è in quella cavità? Un gruppo di scalpellini che, come nella *Madonna delle cave*, sta lavorando colonne, e più in alto vi è anche una scultura sbozzata. La scultura sul fondo è molto simile alla *Santa Eufemia* lucana di cui tanto si è parlato: una figura non ancora compiutamente finita, che è sbozzata nella parte in alto, a destra. Anche in questo caso, il riferimento di Mantegna è a una cava, metafora dell'arte, da dove si estraggono elementi per l'architettura e per la scultura.

Un'altra dichiarazione di poetica: nella Camera degli Sposi (Fig. 4) analizziamo il particolare in cui si vede l'incontro fra il marchese Ludovico e il figlio cardinale; uno guarda, e vede in alto una città, bellissima. Ci avviciniamo a essa, e ci accorgiamo che è Roma, una Roma immaginata, con la piramide di Caio Cestio, con Castel Sant'Angelo: l'ha ricostruita come un urbanista, dotato delle conoscenze di un antiquario. Perché, anche qui, ci mette una cava? Perché ha, se non un mestiere, una vocazione, un desiderio, una *Sehnsucht*: un'aspirazione, almeno intellet-

---

[1] G. Vasari, *Le vite de' più eccellenti pittori, scultori, e architettori nelle redazioni del 1550 e 1568*, testo a cura di R. Bettarini e commento secolare a cura di P. Barocchi, Firenze, Sansoni, 1971, p. 554.

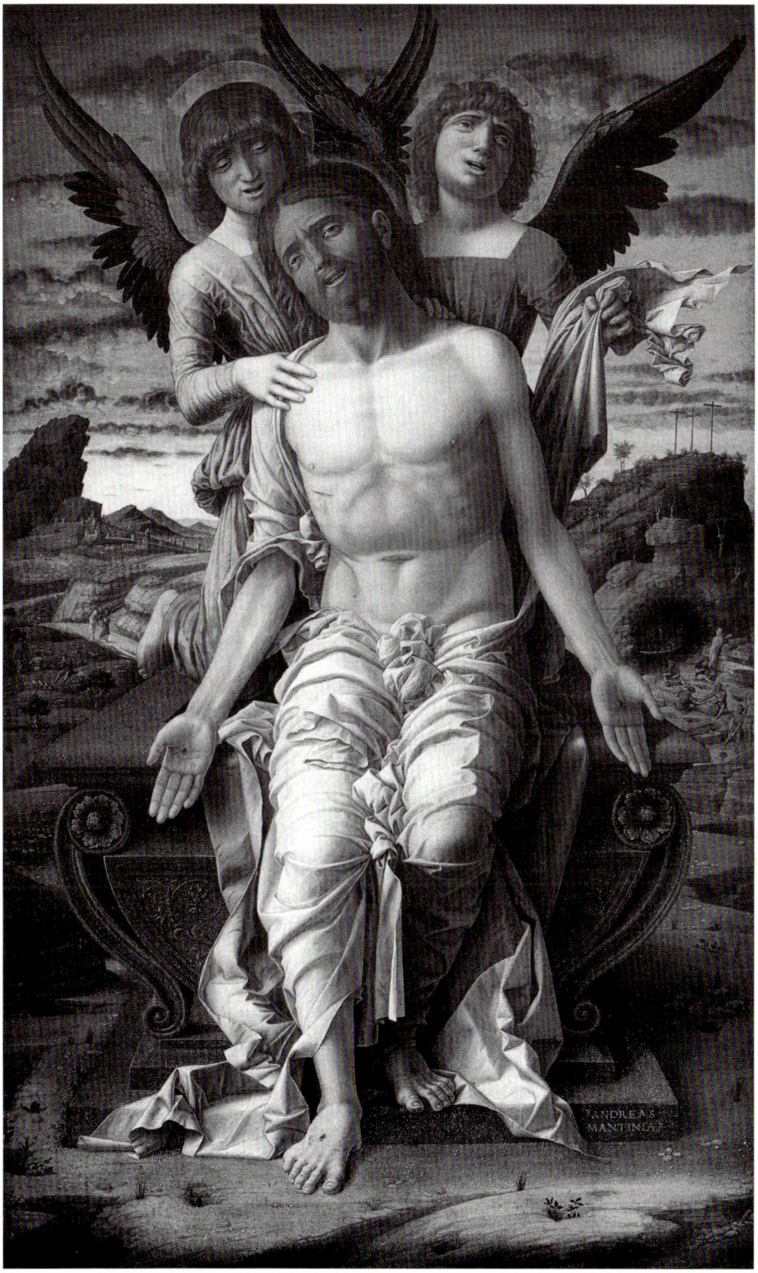

Fig. 3 - Copenhagen, Statens Museum for Kunst, ANDREA MANTEGNA, *Cristo in pietà sorretto da due angeli.*

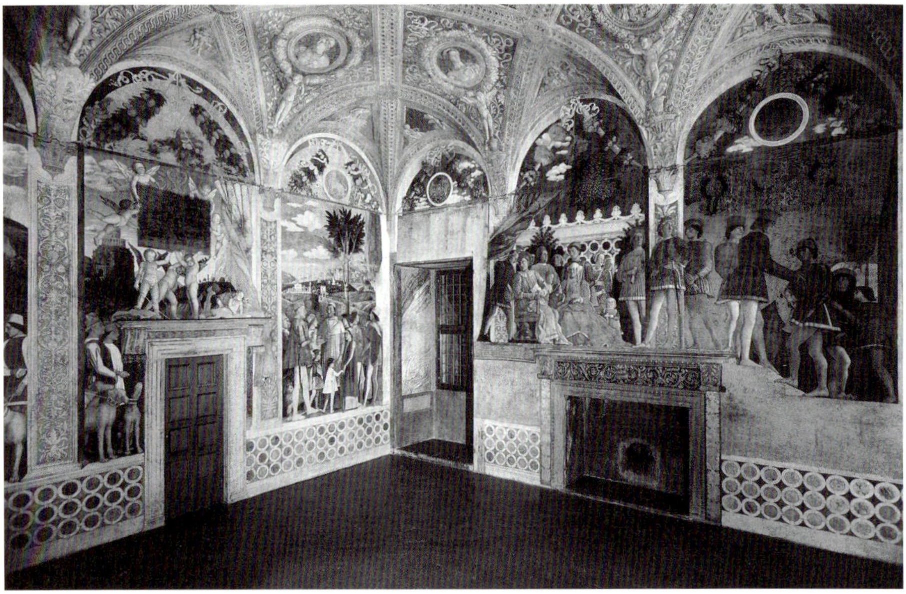

Fig. 4 - Mantova, castello do San Giorgio, Andrea Mantegna, *Camera picta.*

tuale, alla scultura, qui rappresentata da uno scalpellino inginocchiato che sta lavorando una colonna. A destra c'è un blocco di pietra per una scultura, e lo vediamo in una cava, nel centro della roccia, scavata sotto quei pilastri antichi, quelle colonne, quel tempio antico. Lì c'è la cava, ormai *topos* tipicamente mantegnesco, dove si estrae la pietra per le sculture.

In tre tempi diversi, in tre opere così importanti, abbiamo riscontrato un motivo di unità, un continuo richiamo al tema della scultura, correlativo materiale dell'antico.

Ancora. Si consideri il *San Sebastiano* di Vienna (Fig. 5), uno dei tre di Mantegna: c'è un'evidente intenzione di mettere in rapporto la nudità di san Sebastiano, apollinea, con alcuni resti dell'antico, un'architettura, un arco antico con una bella scultura, un bassorilievo. Come se non bastasse, c'è anche una serie di frammenti archeologici, questa volta a sinistra. Cosa sono? Sculture antiche dipinte, tra frammenti architettonici, teste, piedi, un bassorilievo con un putto che porta l'uva. Falsi romani, moderni, ma come se fossero antichi. Non era questo, in fondo, il senso del Rinascimento? Questo Mantegna 'falsario' ricorda, indubbiamente, il suo vecchio compagno di truffa, Squarcione, che faceva falsi antichi. Da notare anche la scritta in greco, dotta, misteriosa, e il divertimento allusivo del-

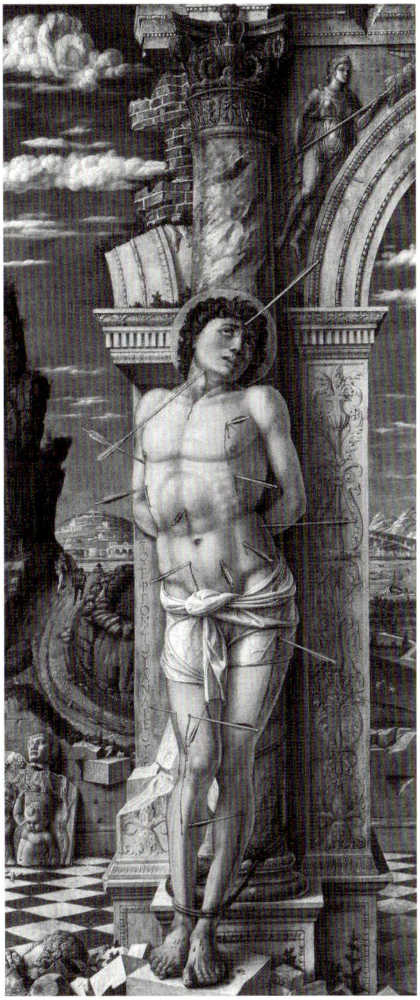

Fig. 5 - Vienna, Kunsthistorisches Museum, ANDREA MANTEGNA, *San Sebastiano*.

l'omologia fra piede dipinto e scolpito. Si potrà anche dire che Mantegna non è uno scultore; però, continua a scolpire dipingendo.

Un grande capolavoro: il *San Sebastiano* del Louvre (Fig. 6). Rispetto al precedente, presenta una posizione più articolata, più mossa, con uno spazio più ampio alle spalle, con una maggiore nobiltà della postura, una dimensione ancora più statuaria. Il martire non è più rappresentato con la freccia, che gli attraversa il volto, orribile: il *pathos*, da carnale, diventa spirituale. Sotto, personaggi meravigliosi che sono sculture policrome, opere di Niccolò dell'Arca o di Guido Mazzoni, tradotte in pittura, tanto hanno carattere plastico i loro volti rugosi. Ancora una volta, ecco il gioco fra la realtà, pittura e scultura. Ancora una volta, il piede di una scultura antica, frammento della Roma in cui è immaginato il martirio, luogo ideale, ma in senso romantico, infinito campo archeologico in cui, camminando, ci si può imbattere in resti architettonici e di sculture che invogliano a sognare l'antico, più che a recuperarlo fedelmente. C'è sempre, in Mantegna, questo atteggiamento pre-romantico nel confrontarsi col passato: al dotto, pratico di lingue antiche, spetta la filologia, all'artista la ricostruzione fantastica, per quanto fondata sulla conoscenza antiquaria.

L'insistenza di Mantegna sul rapporto fra pittura e scultura è continua, incessante, maniacale. Ho scelto, come 'antiporta' del catalogo della mostra di Verona, un particolare del Cristo in 'scurto' di Brera, perché non è chi non veda che questo è un paradigma di architettura. L'effetto di que-

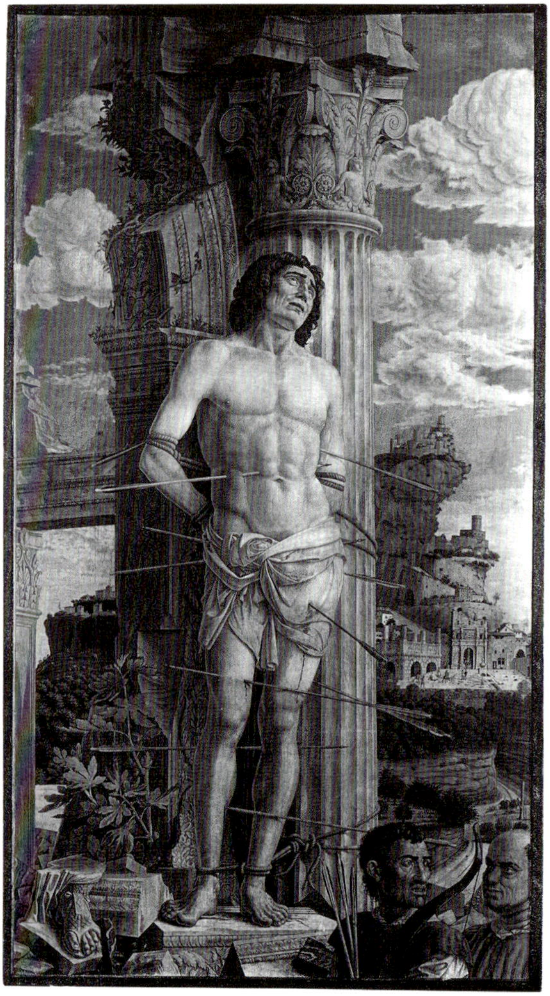

Fig. 6 - Parigi, Musée du Louvre, ANDREA MANTEGNA, *San Sebastiano*.

sta stanza, un vero e proprio obitorio, è quello che me l'ha fatto paragonare alla nota immagine del cadavere di Che Guevara. Nel concepire il suo più noto capolavoro, non c'è dubbio che Mantegna pensi a un corpo vero, a un cadavere realmente studiato, per dimostrare di avere conseguito la stessa capacità di resa anatomica degli antichi, esaltata dall'uso, tutto moderno, della prospettiva. Però, anche in questo caso, Mantegna non si dimentica della scultura. Basti vedere come vengono trattati i volti, con le carni incartapecorite, la configurazione anatomica del busto, il movimento dei panneggi; tutto ciò è pura scultura, così come lo sarà in Pietro Lombardo, con la materia che viene articolata nel marmo di Carrara, piuttosto che nella piattezza della tempera.

Soffermiamoci, a proposito di panneggi, su quello del *Cristo* di Copenhagen (Fig. 3). Se questa non è una scultura, che cos'è? La morbidezza del busto, il *pathos*, la delicatezza dei lineamenti che sono illanguiditi, propri di chi sta tornando alla vita ed è appena risorto, distolgono dal farci notare quanto sia arrovellato il panneggio, che è insistito fino all'inverosimile. Ma se noi lo isoliamo, provando a vederlo come in un'opera di Domenico Gnoli, esso è solo scultura, un divertimento, come in Novello Finotti, uno scultore che si diverte a fare un gioco assai virtuosistico, rielaborando il panneggio del celebre *Cristo* 'in scurto'. Anche la posizione delle mani potentemente plastica, il modo di metterle sopra il panneggio, come se fossero blocchi di pietra, l'articolazione del mignolo: mi pare uno degli esiti più compiuti della vocazione maniacale di Mantegna alla scultura, di questo agitare il panneggio come potrebbe fare – e io, non per caso, l'ho accostato a lui nella mostra di Mantova – uno scultore lombardo come Mantegazza, oppure i ferraresi dell'epoca, che in scultura producono serie virtuosistiche senza limite. Nel *Cristo* di Copenhagen l'accentuazione perfino esagerata del panneggio è l'indicazione di uno stile.

La *Giuditta con la testa di Oloferne* (Fig. 7), anch'essa dai panneggi assai caricati, è un monocromo che finge un bassorilievo, come se Mantegna avesse riprodotto un reperto archeologico, immaginario, ma non troppo. Guardate la tenda posta contro quella lastra alabastrina: non è un cielo, è pietra preziosa su cui poggia un meraviglioso letto, ispirato al mondo antico. Prima ancora di amare la scultura, Mantegna ama la bella pietra. La pietra resiste alle offese del tempo, trasmette la bellezza nei secoli, a differenza della pittura, giunta dall'epoca antica in misura assai più ridotta. Ecco perché, nella capacità di farsi, lungo i secoli, veicolo del bello, la pietra ha un valore assoluto, metafisico, inconfutabile.

Per capire meglio il rapporto emotivo e concettuale di Mantegna con la pietra, vediamo altri brani di opere, come la vestale *Tuccia* (Fig. 8), *Sofonisba* (Fig. 9), *Isacco* (Fig. 10). Qui appare più evidente, nella varietà del colore bruno, la pietra bianca, appoggiata come su una lastra di alabastro. Se questo non fosse ancora sufficiente, vediamo ancora, nei dipinti meglio restaurati della serie, una scultura a bassorilievo appoggiata su fondo alabastrino, in maniera nitidissima. Un rovello continuo di pieghe, secondo uno schema che è quello che abbiamo già esperito nel *Cristo* di Copenhagen, e che ritroveremo ancora. Nel *Giudizio di Salomone* (Fig. 11) il risalto del bassorilievo, come quelli che andranno nel camerino d'alabastro a Ferrara, emerge da un fondo più scuro; e ancora, *Sansone e Dalila* (Fig. 12) presenta un contrasto ancora più netto fra questa ambientazione del tema biblico e il fondo, dai toni sanguigni.

Andiamo avanti, arriviamo a una scultura vera: la *Santa Eufemia*, l'opera da cui è nato il *casus belli*. Oggi contenuta in una nicchia, e ieri, probabilmente, in un'edicola sostenuta da quattro colonne, in marmo rosso di Verona, una delle quali ancora reca la data, 1454. Lì comincia la storia che si riferisce al dipinto di Mantegna della *Santa Eufemia* (Fig. 13), datata 1454, ora a Capodimonte: fino a dieci anni fa non si sapeva che essa proveniva

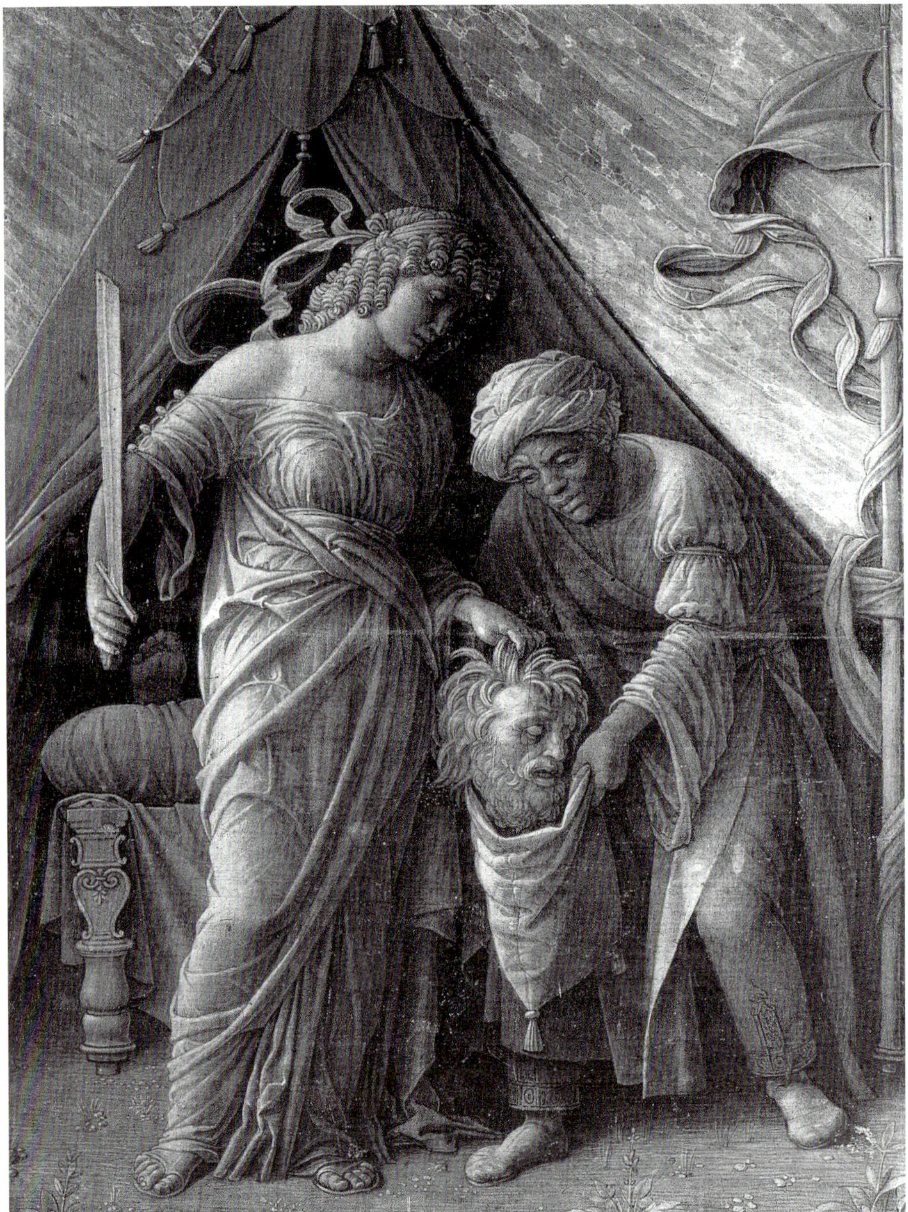

Fig. 7 - Dublino, National Gallery of Ireland, Andrea Mantegna, *Giuditta con la testa mozzata di Oloferne.*

8 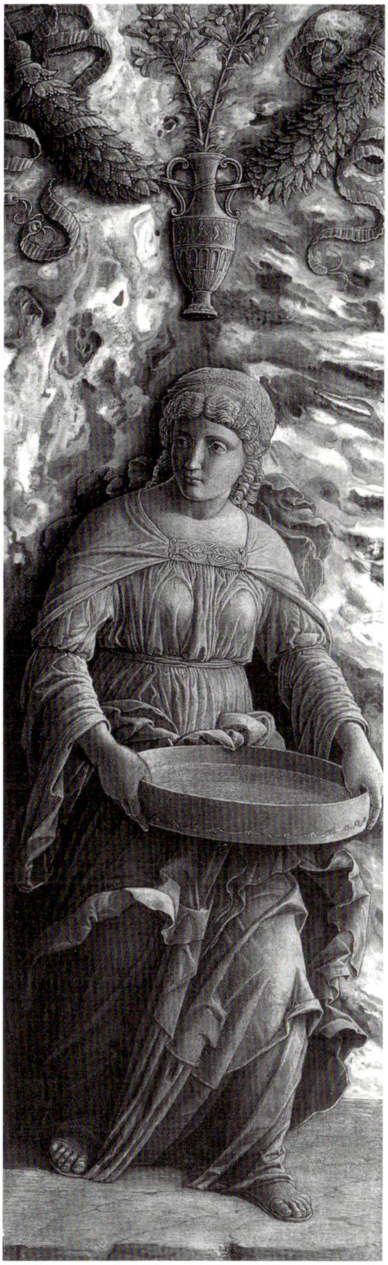

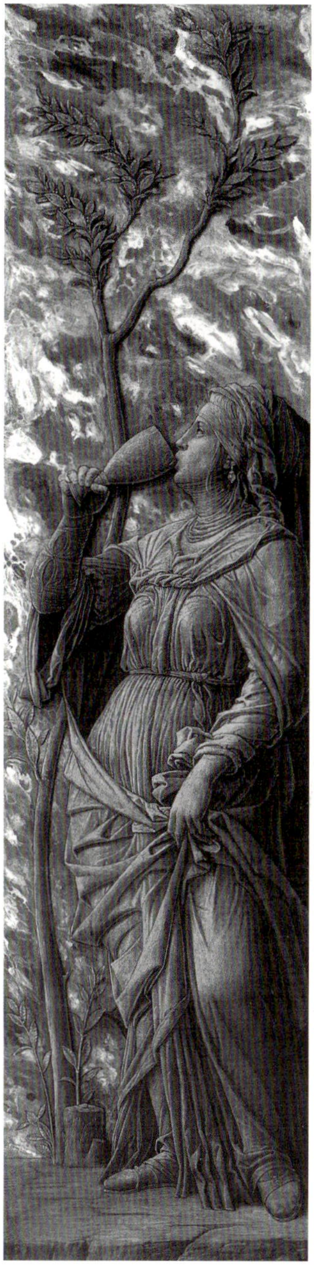 9

Fig. 8 - Londra, National Gallery, ANDREA MANTEGNA, *Tuccia*. Fig. 9 - Londra, National Gallery, ANDREA MANTEGNA, *Sofonisba*.

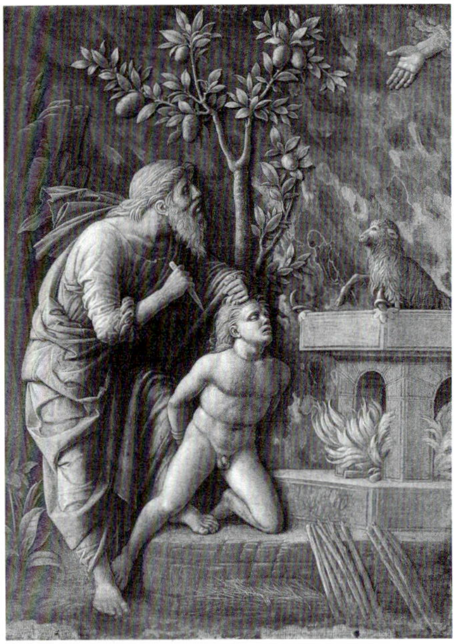

10

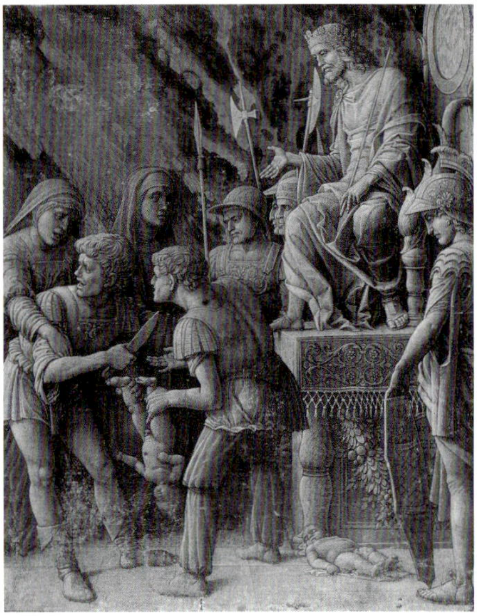

11

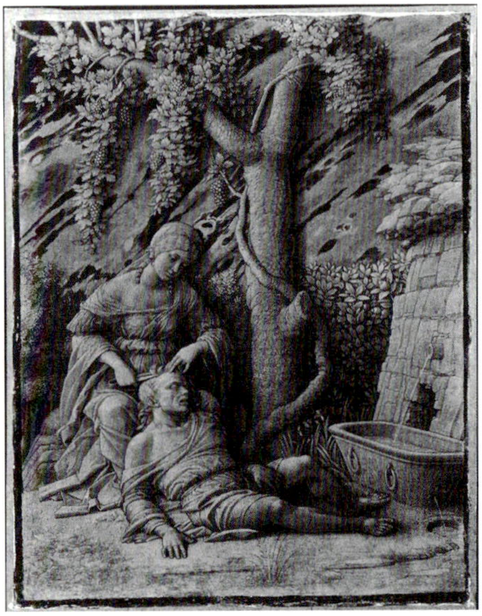

12

Fig. 10 - Vienna, Kunsthistorisches Museum, ANDREA MANTEGNA, *Sacrificio di Isacco*. Fig. 11 - Parigi, Musée du Louvre, ANDREA MANTEGNA, *Il giudizio di Salomone*. Fig. 12 - Londra, National Gallery, ANDREA MANTEGNA, *Sansone e Dalila*.

dalla Basilicata, ovvero da Montepeloso, oggi Irsina. Un paese remoto, molto difficile da raggiungere, ma noi siamo riusciti ugualmente a convincere il vescovo a mandarci questa scultura. Questo era il luogo natale di Roberto de Mabilia, il quale, trasferendosi a Padova, trova un mondo in effervescenza, dove ci sono Donatello, Mantegna, Squarcione, i ferraresi che arrivano: una festa, come a Parigi nei primi dieci-quindici anni del Novecento. Roberto guarda, capisce, incontra Donatello, il giovane Mantegna, gli commissiona la *Santa Eufemia* per il suo paese natale, e nel 1454 invia il dipinto, insieme a qualche reliquiario, una *Madonna con il Bambino*, un'altra *Santa Eufemia*, una o più colonne, un'acquasantiera in marmo rosso di Verona, due sculture in pietra di Nanto, pietra tenera che poteva essere dipinta, la stessa che ha usato in qualche occasione anche Donatello. Una testimonianza che è più di un segnale. Le opere non vengono considerate fino al decennio scorso, quando si comincia a guardarle con diversa attenzione. Una studiosa, Clara Gelao,[2] ricostruisce

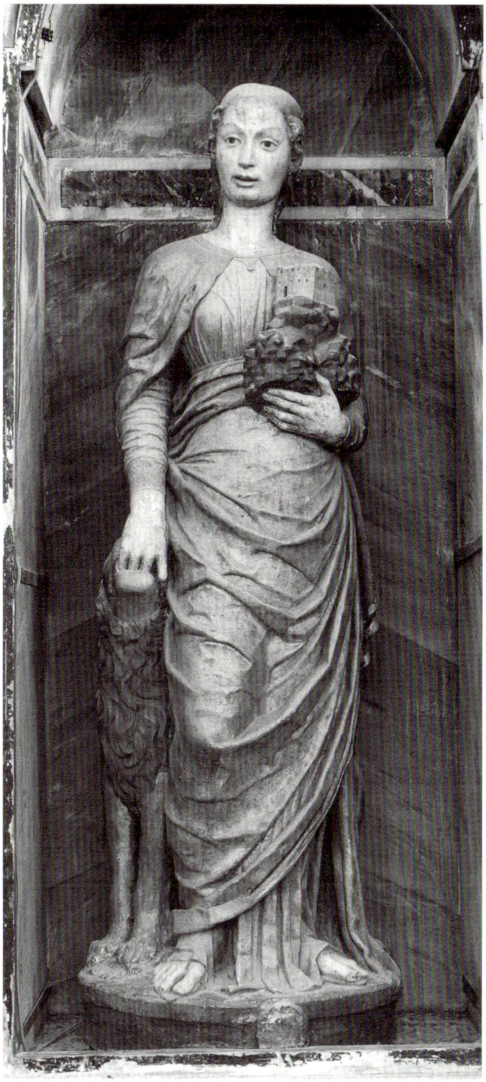

Fig. 13 - Irsina (Matera), cattedrale di Santa Maria Assunta, ANDREA MANTEGNA (?), *Santa Eufemia.*

[2] C. GELAO, *Per Andrea Mantegna. Una precisazione e una proposta*, Matera-Spoleto, R&R, 1996; EAD., *Andrea Mantegna e la donazione de Mabilia alla cattedrale di Montepeloso*, Matera, La Bautta, 2003.

il loro percorso, individua la scultura della *Santa Eufemia* e ardisce attribuire questa scultura a Mantegna stesso. Devo dire che allora la cosa mi colpì molto e sono stato, forse, il primo italiano a recarsi in Basilicata per nessun'altra ragione che Mantegna. Da allora, sono stato così tante volte in Basilicata, che alcuni mi vedono come il patrono dell'attribuzione di quest'opera a Mantegna; che nasce certamente nello spirito, nella città, nel luogo di formazione di Mantegna, da uno scultore che ha la stessa sensibilità del Mantegna della *Madonna delle cave*. Questa andatura così cartacea delle pieghe, come nel celebre *Cristo* in 'scurto', e la testa, accostabile, in particolare, alla *Santa Giustina* del polittico di San Luca, non hanno convinto tutti, determinando un controverso risultato di accettazione dell'attribuzione.

Io non so ancora se concludere che Mantegna l'ha concepita e qualcuno l'ha realizzata, preso atto che egli non sia stato mai uno scultore in senso specifico, materiale, ma appare assai singolare che Matteo Ceriana[3] l'abbia indirizzata, senza dubitare, verso Pietro Lombardo (Fig. 14). Pietro Lombardo è uno scultore degno di ogni attenzione, ma la prima sua opera certa che conosciamo è di quasi quindici anni dopo, in una situazione storica e artistica già cambiata. Qui siamo nel 1454, lì nel 1468. Ora, mi pare molto più sensato pensare che chi ha fatto nel 1454 il dipinto della *Santa Eufemia* abbia avuto a che fare anche con la *Santa Eufemia* scolpita. Sono ragioni quasi inerziali a mettere insieme, in qualche misura, le due opere, in un contesto in cui si trovano Pizzolo, Mantegna, Squarcione, quando Pietro Lombardo non è ancora attivo. E allora è giusta l'ipotesi di accostare questa scultura, così eletta sul piano delle forme, a quella di un sodale di Mantegna, anch'essa arrivata in Basilicata, una *Madonna col Bambino* assegnabile a Niccolò Pizzolo (Fig. 15). La *Madonna col Bambino*, inviata da Roberto de Mabilia a Montepeloso, rispecchia un gusto derivato da Mantegna, e con una posizione identica a quella di un'opera, anzi, a più di un'opera, di Donatello. Questa scultura, più esile nelle proporzioni rispetto a quella più forte di *Santa Eufemia*, ma comunque vicina a Mantegna, è stata attribuita a Niccolò Pizzolo. Le opere sono attestate nel 1454 a Montepeloso, e il 1452-1453 viene considerato il punto di arrivo dell'attività di quell'artista.

Niccolò Pizzolo riprende Donatello, anche se con una conduzione meno geniale, meno disinvolta nell'affrontare la materia. Con lui en-

---

[3] M. Ceriana, *Pietro Lombardo. San Gerolamo*, scheda in *La scultura al tempo di Andrea Mantegna tra classicismo e naturalismo*, Catalogo della mostra, Mantova, 16 settembre 2006-14 gennaio 2007, a cura di V. Sgarbi, Milano, Electa, 2006, pp. 86-87.

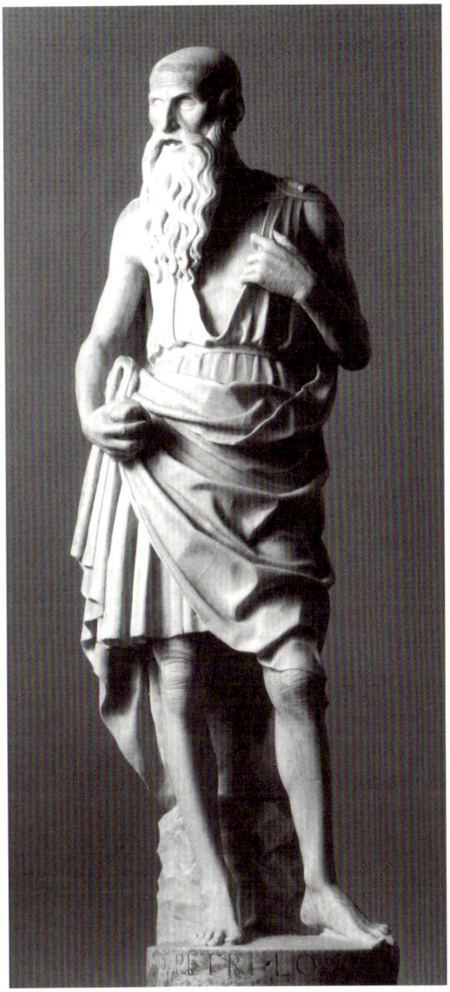

14

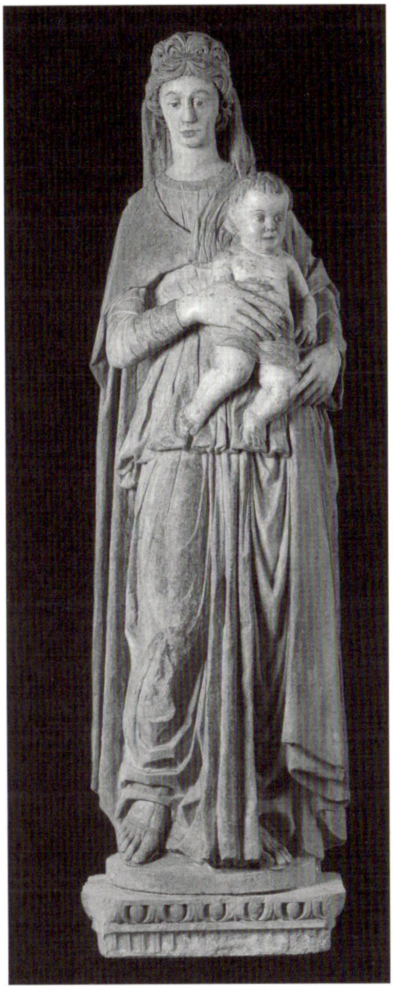

15

Fig. 14 - Venezia, chiesa di Santo Stefano Protomartire, PIETRO LOMBARDO, *San Gerolamo*. Fig. 15 - Irsina (Matera), cattedrale di Santa Maria Assunta, NICCOLÒ PIZZOLO (?), *Madonna con Bambino*.

triamo nell'ambito specifico della mostra, ossia alla fase in cui il classicismo antiquario, recuperato da Mantegna e convertito in lingua moderna, diventa caratteristico di un movimento che investe tutta l'area padana, attraverso alcuni artisti erranti che lasciano testimonianza in diversi luoghi (Milano, Cremona, Crema, Padova, Mantova, Bassano, Verona).

Era ritenuta di uno scultore derivato da Donatello, Antonio Minelli da Bardi, questa statua di *Isaia* (Fig. 16), poi attribuita, sulla base di un documento ritrovato nel 1972, a De Fondulis. Giovanni de Fondulis è un artista di Crema, uno dei tanti che, in quest'area, vengono toccati dalla sensibilità per l'antico e per la statuaria classica proprio perché contagiati da Mantegna, avendone il viatico al successivo dialogo con Bramante. Si osservi quanto di mantegnismo c'è nella figura di questo profeta, e come la composizione generale abbia ancora una morbidezza d'esecuzione che sembra continuare a riprodurre il rapporto fra pittura e scultura. Se in alcuni casi abbiamo visto che le pitture di Mantegna sono sculture, qui vediamo che c'è un intento pittorico nell'addolcire le forme, soprattutto nella composizione principale di cui fa parte la figura del profeta, il *Battesimo di Gesù con gli angeli* (Fig. 16). Viceversa, i due personaggi ai lati, Davide e Isaia, hanno una più forte natura statuaria, plastica. In certe opere, a metà strada fra Domenico Boccalaro, un altro artista padovano, e Giovanni de Fondulis, è la testimonianza di un clima di mantegnismo perfino esacerbato, quasi a elevare alla potenza l'espressività dei panneggi sottolineata da Mantegna a partire dalla pala di San Zeno. Queste sculture stanno in un monumento particolarmente significativo, trovandosi nella parete di sinistra della chiesa degli Eremitani, la chiesa, cioè, dove Mantegna ha lasciato gli affreschi degli Ovetari. Dopo una ventina d'anni, l'autore sembra ancora sentire fortissima l'influenza di Mantegna nella costruzione del panneggio, così potentemente plastico.

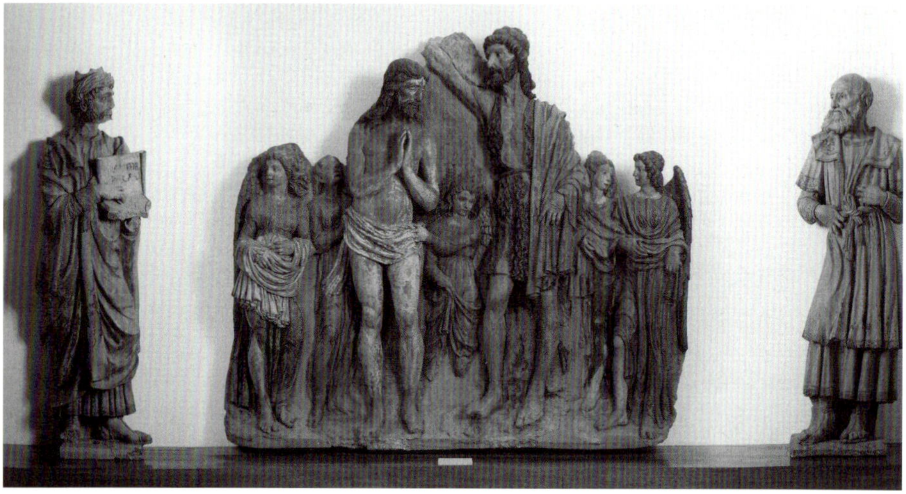

Fig. 16 - Bassano del Grappa (Vicenza), Museo Civico, GIOVANNI DE FONDULIS, *Battesimo di Gesù con gli angeli.*

Anche il monumento dedicato a san Nicolò da Tolentino, quando ormai Mantegna è da più di vent'anni a Mantova, sembra far sentire che la lezione, la memoria, la trascrizione dalla pittura alla scultura che l'artista ispira, continuano ancora in queste importanti testimonianze. Sculture 'ipermantegnesche', con il panneggio cartaceo, quasi virtuosistico, esibito, per un divertimento che non è diverso da quello manifestato nei due *Cristi*, il morto e il resuscitato, che stanno al Museo Civico di Padova, provenendo dal Vescovado. Hanno diverse attribuzioni, a Giovanni Minelli e a Riccio, ma rappresentano perfettamente la situazione di mantegnismo che perdura a Padova per più di trent'anni, dalla partenza del maestro, e che continua come un *pattern*, un'impronta, a riprodursi, piuttosto in scultura che in pittura. Ritornano, per esempio, i motivi dei monocromi mantegneschi, come le pieghe a canna, fra i piedi, che le stringono, e in qualche modo le evidenziano. Il taglio e il movimento di questo panneggio riproducono quello di quarant'anni prima della *Santa Eufemia* di Montepeloso.

Lo stesso assunto può valere anche per il *Cristo in pietà tra la Vergine e San Giovanni* (Fig. 17), proveniente dalla chiesa di Santo Stefano a Due Carrare, variamente attribuita a Riccio, che rientra – credo – sempre nell'ambito generale dei De Fondulis. Anche nell'iconografia, c'è uno stretto legame con Mantegna, e addirittura con quel momento mantegnesco di Giovanni Bellini della *Pietà* di Brera, che ha la stessa organizzazione scenica, con il dialogo fra la testa dolente, quasi urlante della madre, e la testa ormai sfinita di Cristo, suggellato dal grido straziato che esce dalla bocca di san Giovanni Evangelista.

Passiamo, poi, a considerare un'ipotesi divertente, per quanto serissima, arrivata all'attenzione della critica d'arte qualche anno dopo la scoperta di Clara Gelao: un *Cristo risorto* (Fig. 18) di una collezione privata mantovana, molto attutito nella sua tagliente configurazione plastica dalla brutta vernice che lo riveste, che è stato attribuito a Mantegna da Rodolfo Signorini.[4] Credo che Signorini abbia buone ragioni, perché il movimento del panneggio riproduce, anche nel rapporto con il costato, più o meno il sistema del *Cristo* di Copenhagen. Vi è, oltretutto, un'incisione di Mantegna da cui questa scultura è derivata, quindi se anche il maestro

---

[4] R. Signorini, *Andrea Mantegna (?) o bottega (?), Cristo risorto*, scheda n. 119, in *A casa di Andrea Mantegna. Cultura artistica a Mantova nel Quattrocento*, Catalogo della mostra, Mantova, 26 febbraio-4 giugno 2006, a cura di R. Signorini con la collaborazione di D. Sogliani, Cinisello Balsamo (Milano), Silvana, 2006, pp. 480-481.

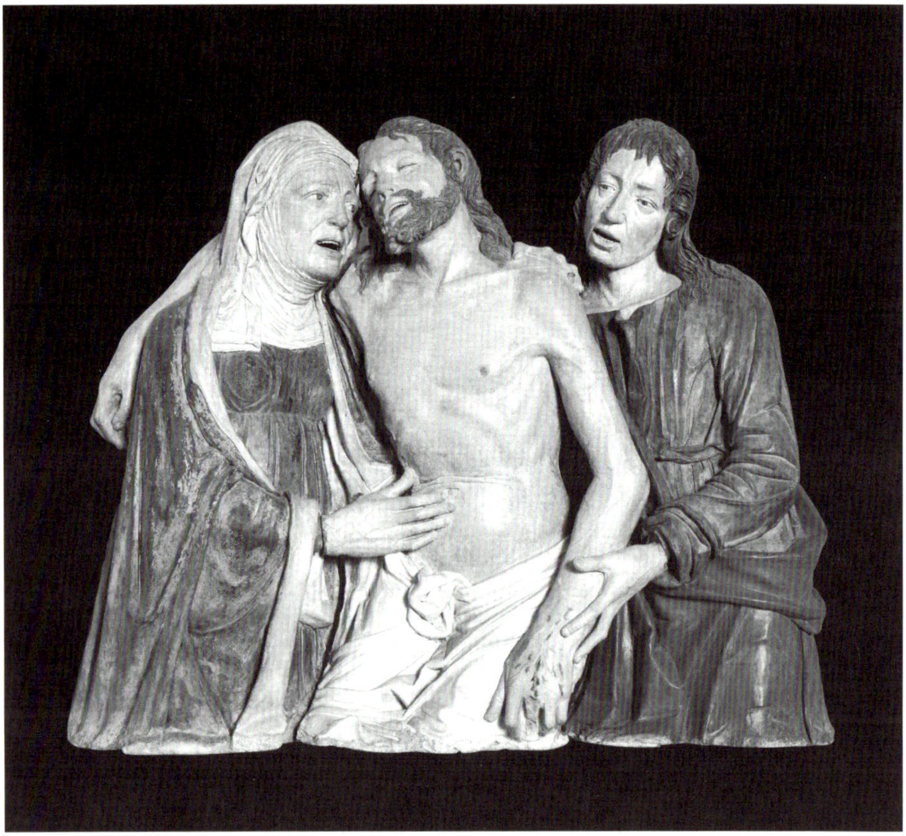

Fig. 17 - Due Carrare (Padova), chiesa di Santo Stefano, *Cristo in pietà fra la Vergine e san Giovanni.*

non l'avesse eseguita, certamente l'ha ispirata con un disegno che è diventato incisione, e che come incisione ha circolato arrivando da Milano a Crema, a Cremona, a Padova, a Verona, a Bassano, con la capacità di determinare un paradigma grafico. Possiamo continuare ad avere qualche incertezza nell'attribuzione allo scultore Mantegna, ma certamente questa è un'opera 'mantegniana', nello spirito e nella visione.

Funziona da paradigma la *Deposizione nel sepolcro* (orizzontale Fig. 19), incisa da Mantegna, che continua a indicare il rapporto con la cava, da cui sembrano uscire queste figure come sculture. Guardate bene il blocco, umano e scultoreo, delle pie donne, dolenti davanti al Cristo morto. Lo ritroveremo con insistenza altrove.

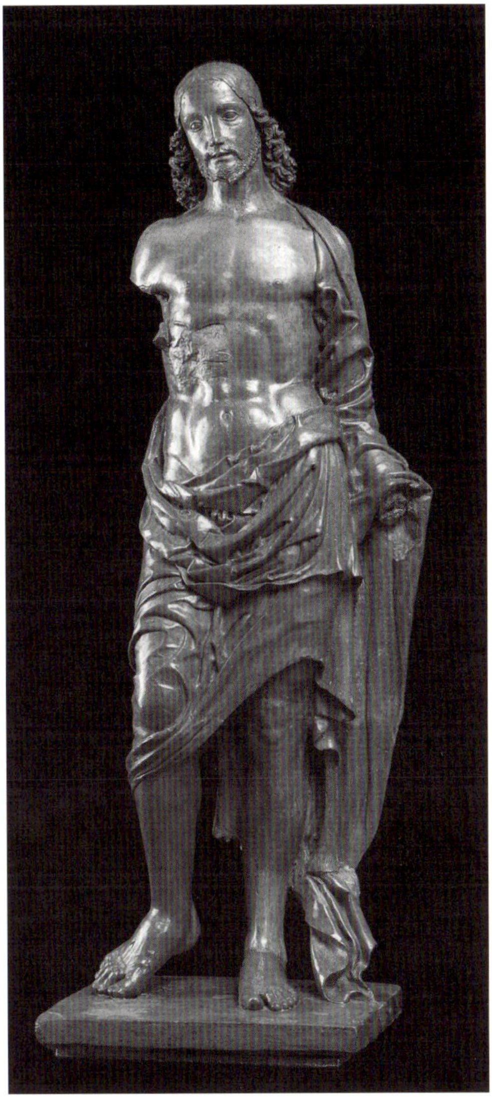

Fig. 18 - Mantova, collezione privata, ANDREA MANTEGNA (?), *Cristo risorto*.

A proposito di deposizioni, cominciamo a vedere una serie di compianti: ecco quello di San Sepolcro a Milano, dei De Fondulis, con la posizione sapiente delle mani, il grido emesso da san Giovanni Evangelista, con le mani in alto, a implorare la pietà che Dio dovrebbe avere per la morte di suo figlio.

Di tutte le opere che sono state avvicinate a Mantegna, il *Compianto sul Cristo morto* di Medole, presso Mantova (Fig. 20), è quella che ha più buone ragioni per essere accostato alla sua mano. È un compianto dove i temi mantegneschi che abbiamo fin qui visti, nelle diverse rappresentazioni pittoriche e, soprattutto, nell'incisione del *Cristo morto*, vengono tradotti in sculture dipinte, secondo una prospettiva molto veloce, modernissima. L'estrema sottigliezza dei panneggi, questa ricerca degli effetti che sono quelli taglienti dell'incisione, fa pensare che Mantegna abbia addirittura sovrinteso all'esecuzione di questa scultura, che poi essa sia stata dipinta per creare questo effetto così straordinario di evidenza reale, che è quello che le sculture hanno rispetto alla pittura. Le sculture hanno patito nel tempo molti danni, le basi sono state ricostruite in modo discutibile, ma il gruppo rimane ugualmente toccante. Altri dettagli: la testa della Madonna, una delle più espressive, patetiche, e particolarmente il

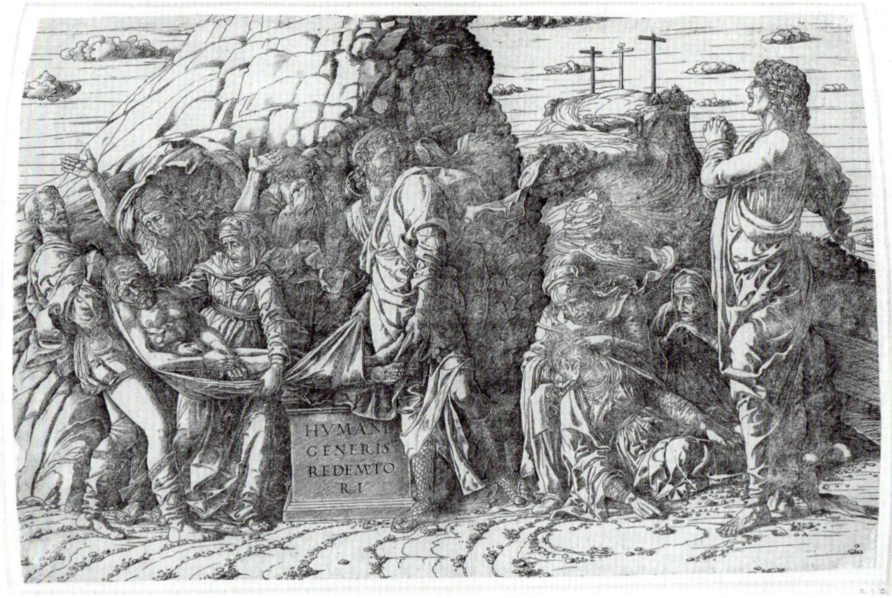

Fig. 19 - Vienna, Graphische Sammlung Albertina, ANDREA MANTEGNA, *Deposizione nel sepolcro* (orizzontale).

volto, richiama la Madonna dolente nella incisione mantegnesca. Anche il movimento della piega del panneggio sul braccio e sul petto si ritrova nella scultura. Ora è evidente che quest'opera o è un'imitazione oppure chiama in causa Mantegna. Suscitano meraviglia anche la figura della Maddalena, molto inventata, ma commovente, la smorfia dolente di san Giovanni, la testa del Cristo, anche se manifesta un'evidente ridipintura. Questa straordinaria scultura, a mio modo di vedere, è la testimonianza più vicina a Mantegna nel convertirne la pittura alla terza dimensione.

Passiamo a Verona, dove, nella chiesa di San Bernardino, in una nicchia da cui era difficile vederla, si conserva l'opera segnalatami dall'amico Mauro Cova. È stata recuperata e restaurata in due fasi, sotto la direzione della dottoressa Cuppini. Il gruppo, se nelle sculture dei due dolenti ha un andamento plastico più ampio e più largo, nella composizione dominante delle pie donne è anch'esso direttamente derivato dal prototipo di Mantegna. Come dire che Mantegna, a Padova, a Mantova, Verona, dove era passato, ha lasciato l'impronta di qualcosa che la scultura si incarica di rappresentare meglio di quanto non faccia la pittura. Se facciamo fatica

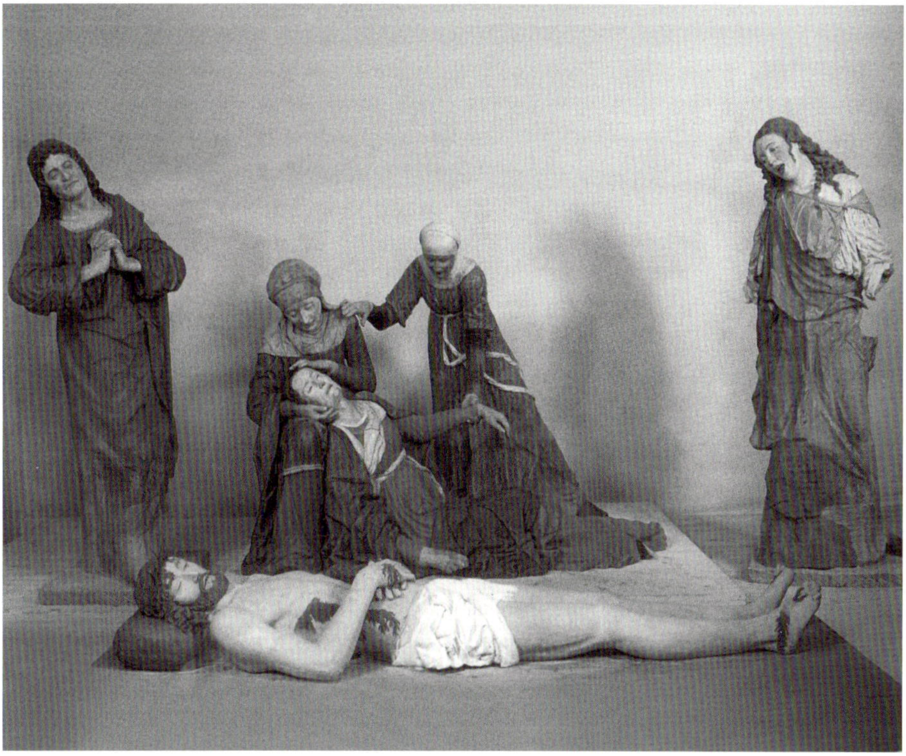

Fig. 20 - Medole, chiesa parrocchiale, scultore prossimo ad Andrea Mantegna, *Compianto su Cristo morto*.

a immaginare un allievo pittore di Mantegna, troviamo più facilmente in tutto questo movimento di mortòri, di composizioni come questa, o come quelle di Milano, Crema, Busseto, una serie continua di opere derivate da quell'incisione analizzata poc'anzi, e che in questo gruppo sembra continuare a riprodurre quel motivo dominante. Il Cristo di San Bernardino (Fig. 21) è più espressivo, intenso, umano, in stretto rapporto con il *Cristo morto* di Brera, deve essere nato, evidentemente, da un plasticatore sensibile al magistero e al pensiero di Mantegna.

Ritroviamo poi Mantegna e le sue forme in queste belle sculture per un edificio, oggi al Museo della Città di Mantova (Fig. 22), che stavano all'esterno, integrate in un *continuum* per cui pittura, architettura e scultura erano una cosa sola. Sono particolarmente sofisticate nel dettaglio delle mani, nel movimento del panneggio. Se non sono di Mantegna, certa-

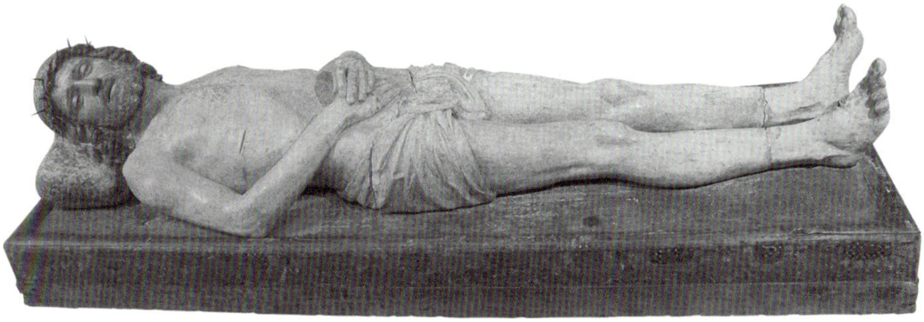

Fig. 21 - Verona, chiesa di San Bernardino, cappella del Sepolcro, da ANDREA MANTEGNA, *Compianto su Cristo morto.*

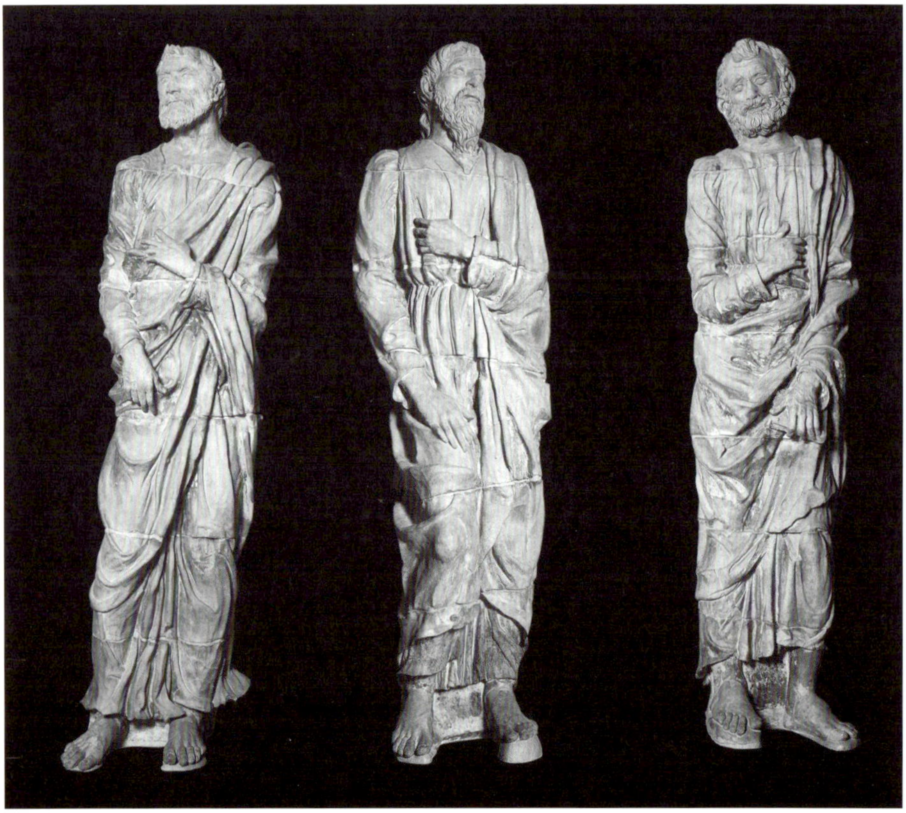

Fig. 22 - Mantova, Museo della Città, Palazzo di San Sebastiano, scultori padovani o mantovani, *San Paolo, San Pietro, Evangelista.*

mente fanno pensare che a Mantova, in quel momento, così come a Verona, così come a Padova, così come a Medole, doveva operare uno scultore che non meriterebbe di essere lasciato nell'anonimato, probabilmente uscito da una bottega di Mantegna, che lavora su suoi prototipi grafici.

Si arriva, infine, a due mascheroni in terracotta, fatti per impaurire, provenienti dai Musei Civici di Brescia (Fig. 23). Non hanno storia, non si sa neppure da dove vengano (stavano all'esterno di una casa). Esprimono il tema della terribilità, ovvero dell''impressionante'. Queste forme, quasi caricaturali, sono segnate da movimenti molto veloci che

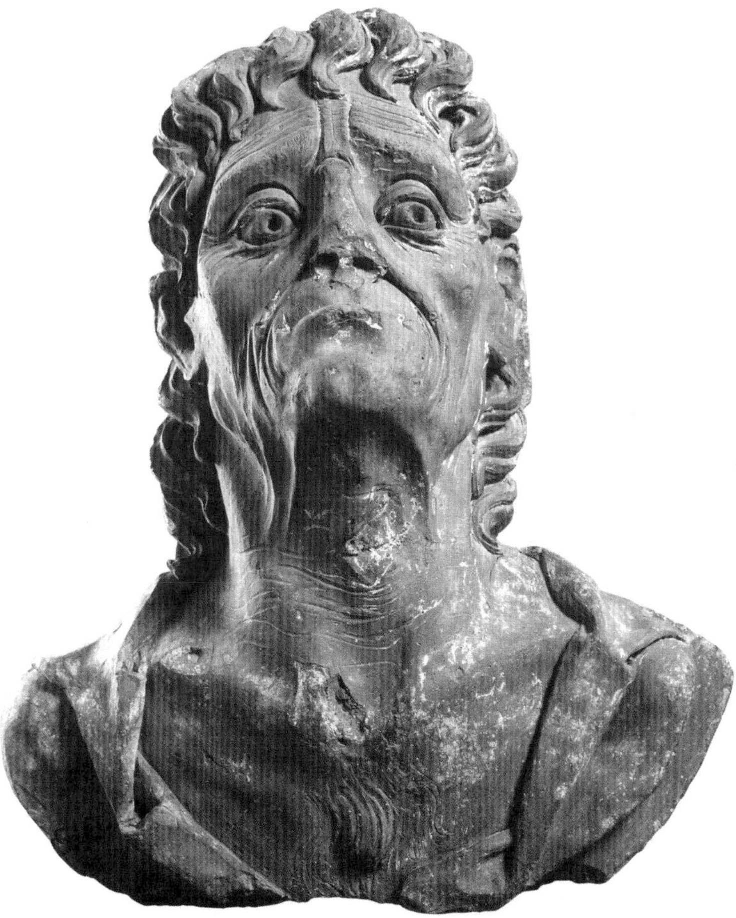

Fig. 23 - Brescia, Musei Civici, scultore cremonese, mascherone.

riescono a indicare i tratti del volto in modo espressionistico; sembrano aprire il ponte verso Bramante e la grande scultura lombarda dell'ultimo Quattrocento. È evidente che Mantegna arrivò a influenzare artisti anche popolari o poco più che popolari: qui non c'è la mano di un grande maestro, ma una veloce intuizione nel rappresentare la carne molle attraverso un rapido procedimento di modellazione della terra. Anche nelle rughe espressive della fronte, negli occhi, si determina questo senso di maestà e di terribilità, temi facilmente constatabili nella pittura di Mantegna.

Il percorso finora definito serve, per così dire, da viatico alla mostra, per questo mi sono limitato a ciò che è di più mantegnesco, in area prevalentemente veneta, all'interno della plastica negli anni che vanno fra 1450 e il 1490. Ma la mostra si apre anche al contributo emiliano, con le testimonianze di Niccolò dell'Arca e di Guido Mazzoni, e al filone lombardo, che rappresenteremo in una mostra prevista per l'autunno a Milano, che va da Mantegna a Bramantino, al Castello Sforzesco, con le sculture che girano intorno a Amadeo, Piatti, Mantegazza. In tal modo si vedrà che esiste una *koiné* costante, rappresentata da diversi artisti, ispirata da Mantegna scultore; il quale, se non è stato scultore in proprio, lo è stato per procura, con un'energia, una capacità di trasmettere la propria visione, che ha influenzato il dominio della scultura in Lombardia, in Emilia e in Veneto come nessun altro scultore ha fatto. In questo senso mi pare che si possa chiudere questa relazione confermando la natura di Mantegna scultore, indipendentemente dall'autografia delle singole opere, in perfetta coerenza con un modo di concepire l'antico che, come sapete, in quanto patrimonio arrivato a noi, è soprattutto scultura, volendo farlo rinascere in invenzione moderna.

Ugo Bazzotti

AGGIORNAMENTO SUGLI AFFRESCHI DI SANTA MARIA DELLA VITTORIA

Il rendiconto sugli elementi decorativi emersi fino al dicembre 2005 nella chiesa di Santa Maria della Vittoria è stato pubblicato sul catalogo della mostra *A casa di Andrea Mantegna*, tenutasi tra il 26 febbraio e il 4 giugno 2006.[1] In quella sede venivano tratteggiate anche le vicende relative alla commissione della pala mantegnesca e della cappella destinata a custodirla. Non per la prima volta, dacché l'interesse per la cappella votiva eretta da Francesco II Gonzaga tra il 1495 e il 1496 prese avvio da un articolo scritto da Attilio Portioli nel 1873, per riaffiorare, di tanto in tanto, sino ai nostri giorni, espresso in contributi volti ad approfondire i vari aspetti della singolare commissione artistica.[2] Portioli stesso tornava sull'argomento nel 1884; nell'intervallo tra il primo e il secondo articolo,

---

[1] U. Bazzotti, *La chiesa di Santa Maria della Vittoria e la pala di Andrea Mantegna*, in *A casa di Andrea Mantegna. Cultura artistica a Mantova nel Quattrocento*, Catalogo della mostra, Mantova, 26 febbraio-4 giugno 2006, a cura di R. Signorini con la collaborazione di D. Sogliani, Cinisello Balsamo (Milano), Silvana, 2006, pp. 200-219.

[2] Si indica una bibliografia essenziale: A. Portioli, *La vera storia di un dipinto celebre*, «Giornale di erudizione artistica», II, giugno 1873, pp. 145-158; Id., *La chiesa e la Madonna della Vittoria di A. Mantegna in Mantova*, «Atti e Memorie della R. Accademia Virgiliana di Mantova», 9, 1884, pp. 55-79 (la 'memoria' era stata letta il 22 aprile 1883); A. Luzio, *La ''Madonna della Vittoria'' del Mantegna*, «Emporium», 10, 1899, pp. 358-374; S. Settis, *Artisti e committenti fra Quattro e Cinquecento: Mantova 1495-96, la 'reverentia' del popolo*, in *Storia d'Italia. Annali*, 4. *Intellettuali al potere*, a cura di C. Vivanti, Torino, Einaudi, 1981, pp. 712-722; M.H. Bourne, *Out of the Shadow of Isabella: the artistic Patronage of Francesco II Gonzaga, Fourth Marquis of Mantua (1494-1519)*, Tesi discussa ad Harvard, Cambridge, Massachusetts, 1997; D.E. Katz, *Painting and the Politics of Persecution: Representing the Jew in Fifteenth-Century Mantua*, «Art History», 23, 4, 2000, pp. 475-495. Successivamente alla celebrazione del convegno, l'argomento è stato trattato nell'importante saggio: M. Bourne, *Francesco II Gonzaga. The Soldier-prince as Patron*, Roma, Bulzoni, 2008.

1 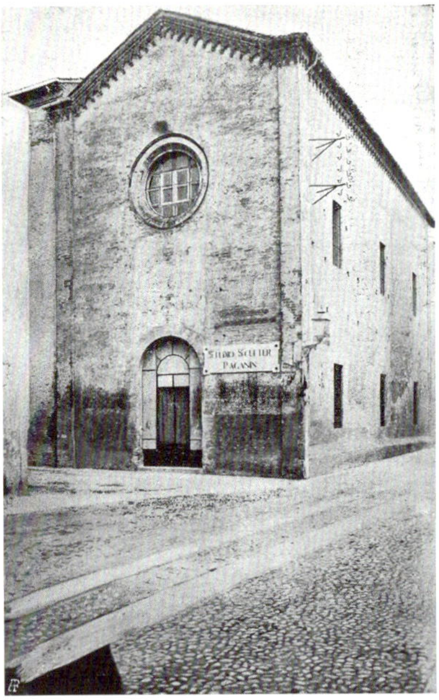

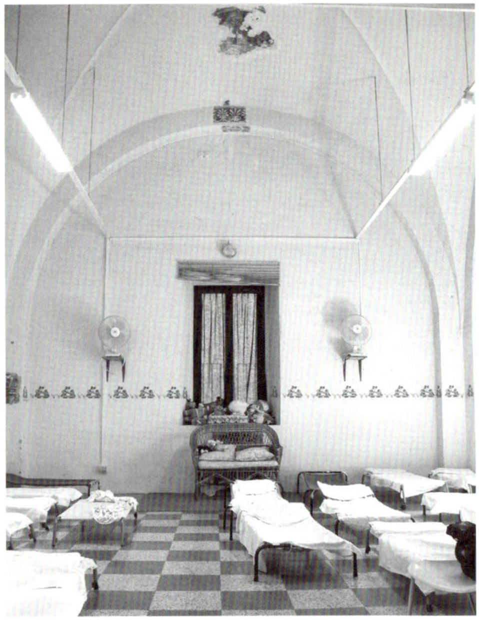 3

2 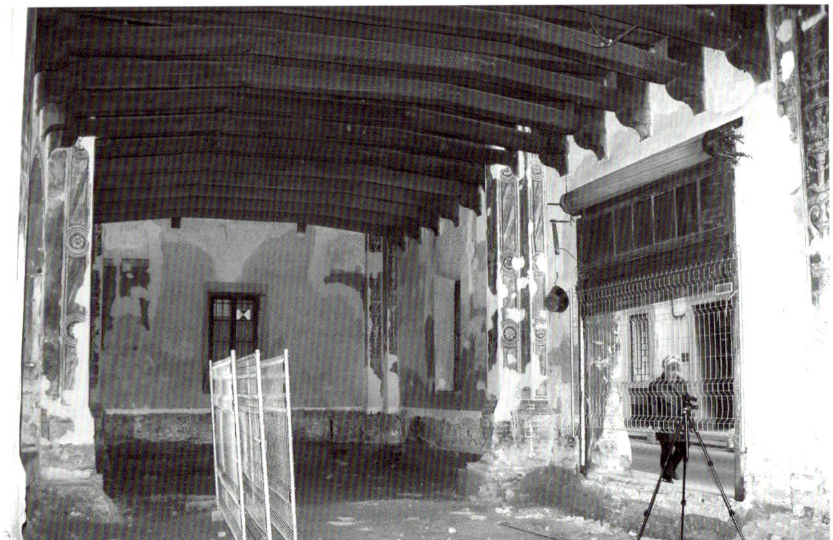

Fig. 1 - Mantova, Santa Maria della Vittoria, esterno negli ultimi anni dell'Ottocento. Fig. 2 - Mantova, Santa Maria della Vittoria, piano terreno nel corso del recupero, 2005. Fig. 3 - Mantova, Santa Maria della Vittoria, piano superiore, sezione dormitorio, con i primi saggi che hanno consentito un'ipotesi di ricostruzione dell'apparato ornamentale complessivo (cfr. successiva fig. 15).

4 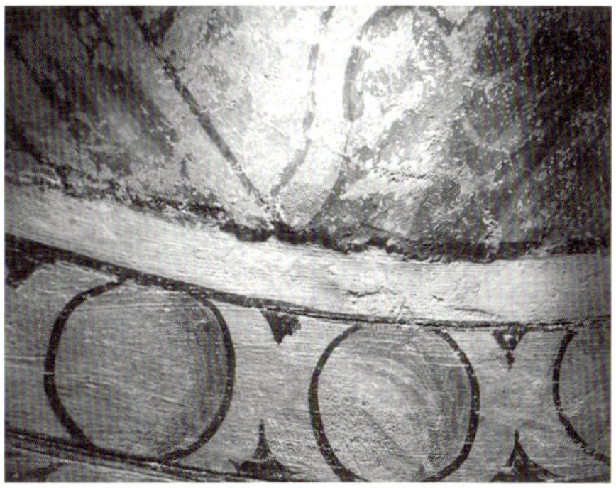

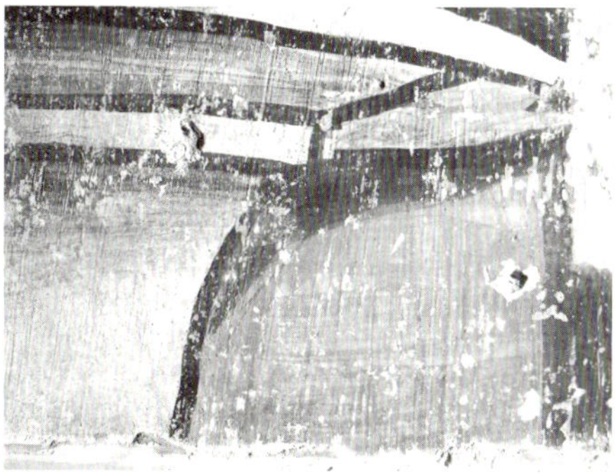 5

6 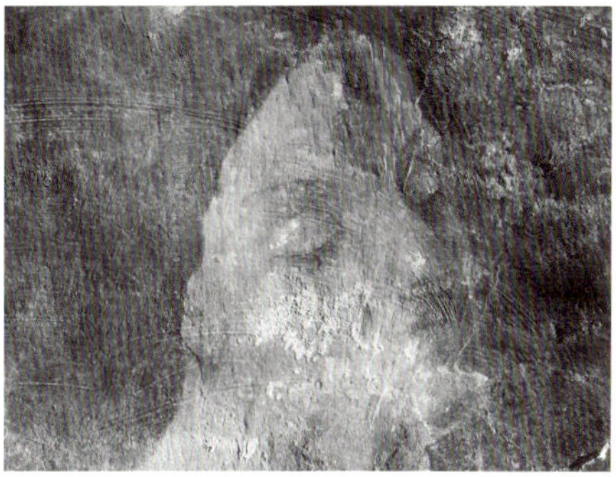

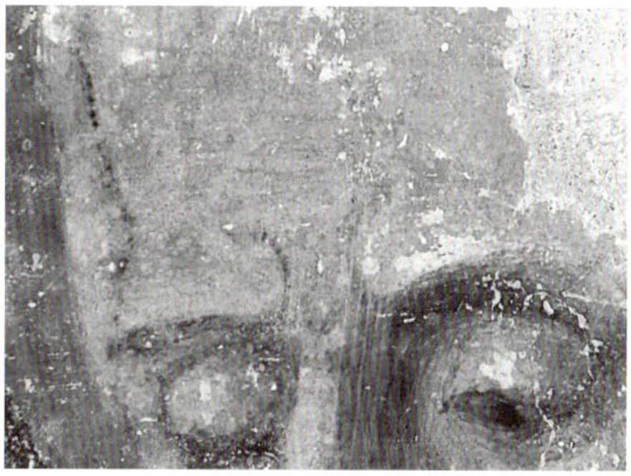 7

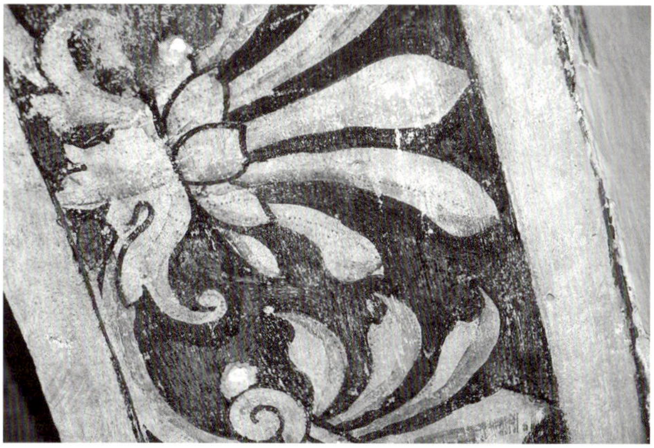 8

Fig. 4 - Mantova, Santa Maria della Vittoria, sovrapposizione dell'intonachino dell'oculo a quello circostante. Fig. 5 - Mantova, Santa Maria della Vittoria, fastigio di una candelabra, particolare. Fig. 6 - Mantova, Santa Maria della Vittoria, volto di san Giovanni durante lo scoprimento, particolare. Fig. 7 - Mantova, Santa Maria della Vittoria, volto di san Marco durante lo scoprimento, con il profilo definito dallo spolvero, particolare. Fig. 8 - Mantova, Santa Maria della Vittoria, tracce di spolvero su un fregio a palmette.

l'anno 1877, la chiesa veniva trasformata a uso di magazzino dal Genio Militare, con manomissioni che ne stravolsero irrimediabilmente i caratteri architettonici: divisione orizzontale dello spazio tramite un pesante solaio; tamponatura delle finestre originali e apertura di nuove finestre al primo e al secondo piano; snaturamento della porta di ingresso.[3] Allo storico mantovano andrebbe rimproverata, più che l'imprecisa trascrizione di documenti, come farà con insistente acrimonia Luzio, la manchevole testimonianza sull'aspetto originario del monumento.

A fine Ottocento lo spazio interno fu assegnato nella parte inferiore allo scultore Agamennone Paganini, che vi aprì bottega, e nella superiore a un asilo infantile. Ancora oggi la sala al primo piano è utilizzata dalla Scuola materna Strozzi-Valenti, e i lavori di restauro hanno dovuto contendere ai bambini uno spazio destinato al riposo pomeridiano e all'attività fisica. Fu in occasione del recupero del vano inferiore, intrapreso con generosità dagli Amici di Palazzo Te,[4] che mi parve logico indagare sulla

---

[3] Al termine delle prime indagini del 2005 mi parve possibile ipotizzare l'esistenza, in origine, di due finestre nelle pareti opposte della prima campata e di altrettante nella terza (cfr. U. BAZZOTTI, *op. cit.*, p. 206). Ulteriori elementi emersi nel corso del restauro fanno ora propendere per l'esistenza di tre alte finestre, probabilmente archiacute, sul fianco meridionale della chiesa, una per campata, oltre all'oculo di facciata. Tale disposizione delle aperture è ulteriore testimonianza della cura posta da Mantegna nella predisposizione di fonti di luce reale che illuminano dal giusto lato le immagini dipinte. Una quinta finestra architravata venne aperta in epoca più tarda sul fianco nord della terza campata: in un inventario del 1671 sono citate cinque finestre (*ivi*, pp. 216-218, note 32 e 76). Mi sembra di poter suggerire anche che la porticina sul lato a mezzogiorno, della quale rimane visibile il filo dello stipite esterno destro e l'imposta dell'arco acuto che la chiudeva, faccia parte dell'edificio preesistente alla chiesa. Non si trova infatti in posizione simmetrica rispetto alla campata centrale dell'edificio sacro. Da quanto emerso dalla rimozione dell'intonaco recente, risulta che il vano fu in un primo tempo tamponato in ampiezza all'esterno, ma non completamente nello spessore, in modo tale da offrire una sorta di nicchia all'interno dell'edificio. Non è improbabile che sia la porta, sia l'intervento di parziale occlusione siano da porre in relazione con la casa degli Scaldamazzi, acquisita dai Norsa, poi espropriati da Francesco II Gonzaga. V'è da aggiungere che nel corso degli scavi effettuati nella navata per bonificare il suolo, inquinato dai precedenti usi industriali, sono venuti alla luce alcuni moduli in cotto, ben conservati, formanti in origine un cornicione ad archetti pensili trilobati, di un tipo ricorrente in edifici del primo Quattrocento mantovano, come la chiesa di San Francesco, di Santa Paola, il campanile di Sant'Andrea e così via. È verosimile che anche in questo caso ci si trovi di fronte a un reperto di casa Scaldamazzi-Norsa.

[4] L'Associazione 'Amici di Palazzo Te e dei Musei Mantovani' ha ottenuto dal Comune di Mantova, ente proprietario, la concessione di Santa Maria della Vittoria in uso per i propri fini istituzionali, assumendo in cambio gli oneri del recupero; alla direzione dei lavori hanno collaborato Paolo Corbellani e Speranza Galassi. Lo scoprimento degli affreschi del vano superiore è stato attuato da Augusto Morari e seguito da chi scrive. Gli interventi sono stati autorizzati e

9 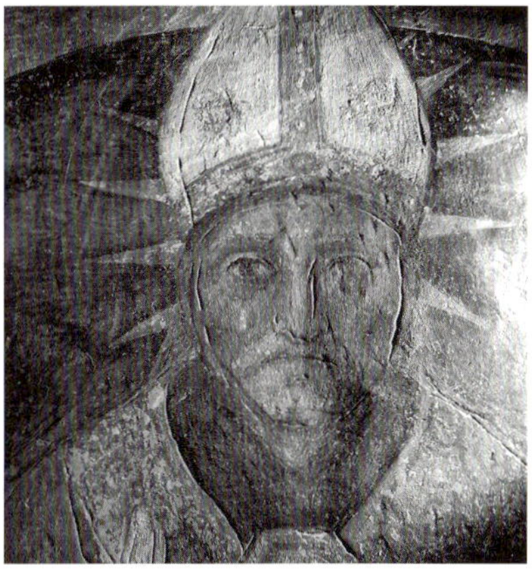 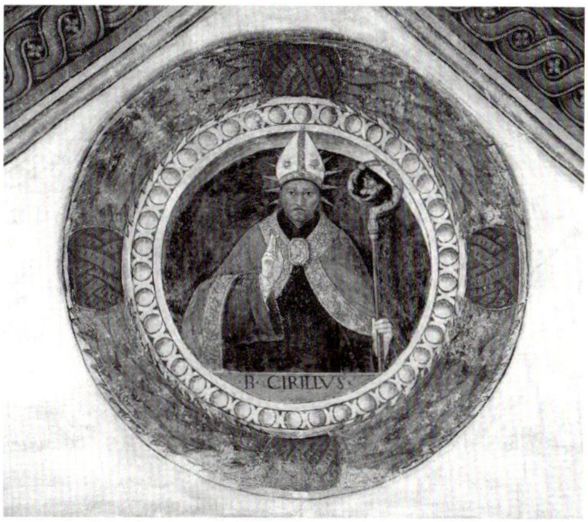 10

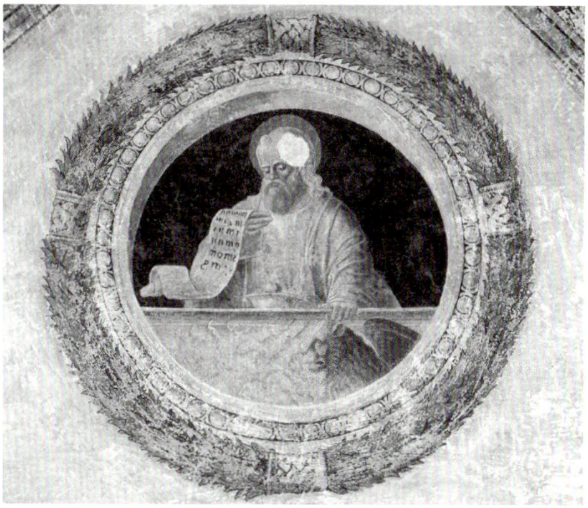 11

Fig. 9 - Mantova, Santa Maria della Vittoria, san Cirillo a luce redente. Sono in evidenza i solchi arrotondati tipici dell'incisione indiretta. Fig. 10 - Mantova, Santa Maria della Vittoria, ornamento dell'oculo del tipo presente nelle prime due campate. Fig. 11 - Mantova, Santa Maria della Vittoria, ornamento dell'oculo presente nella terza campata.

probabile sussistenza di decorazioni nella parte superiore. Un intervento diretto dalla Soprintendenza aveva messo in luce, a metà degli anni Novanta, gli intonaci affrescati delle lesene, da terra sino al soffitto ottocentesco: si confidava che nella parte frequentata dai bambini fosse sopravvissuto il seguito della decorazione. Le speranze non andarono deluse: venne gradualmente alla luce una superficie pittorica conservatasi in larga percentuale e generalmente con le finiture più delicate e labili, come le campiture di azzurrite, emerse su lesene, ghiere d'arco e costoloni. Le

controllati dalla Soprintendenza per i Beni Architettonici e per il Paesaggio di Brescia, Cremona e Mantova, soprintendente Luca Rinaldi, funzionari Vincenzo Gheroldi e Daniele Rancilio.

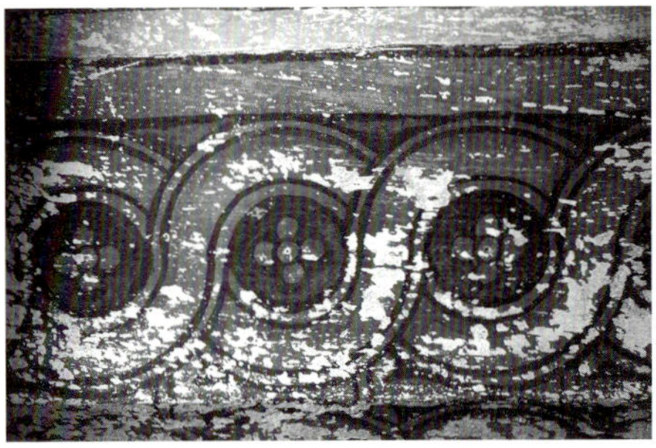

12

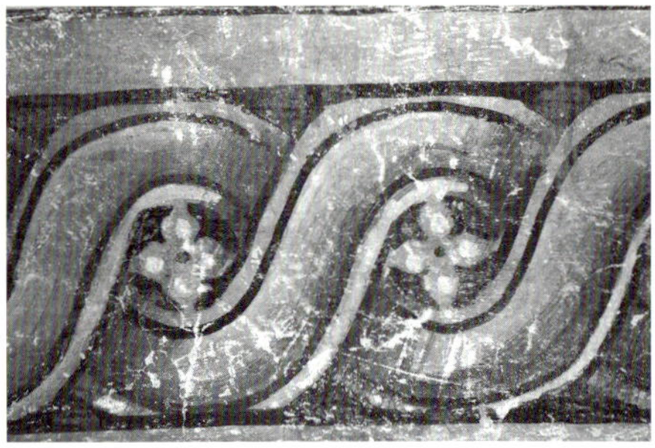

13

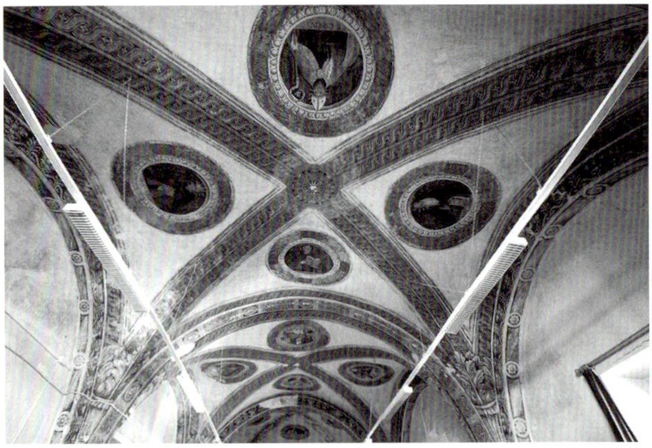

14

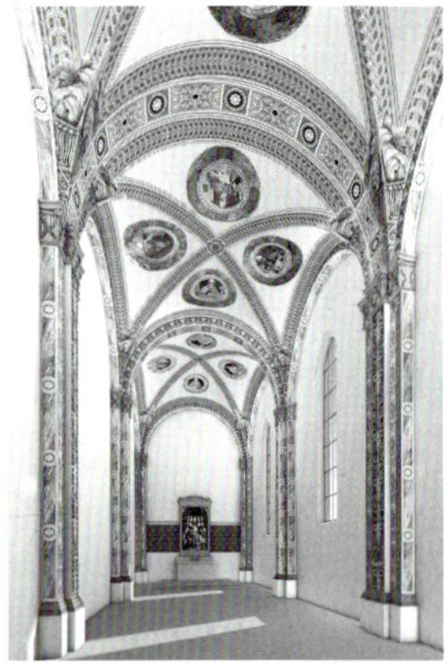

15

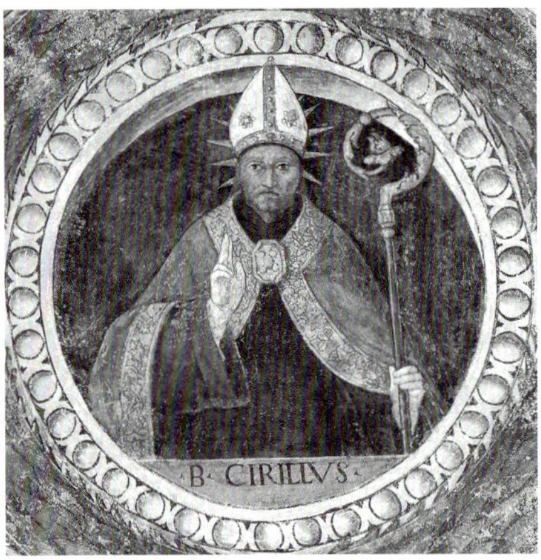

16

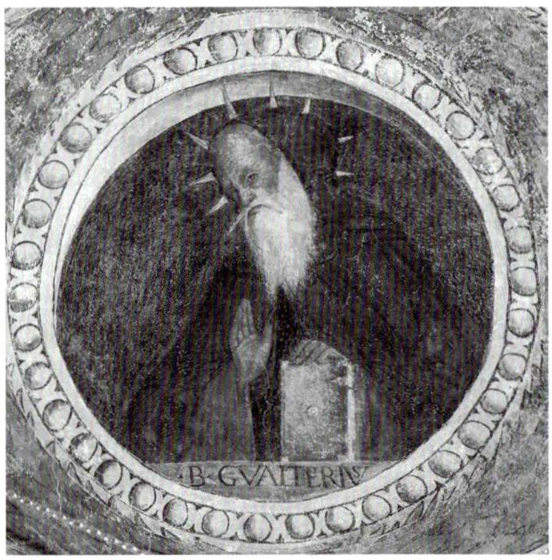

17

Fig. 12 - Mantova, Santa Maria della Vittoria, treccia della terza campata, particolare. Fig. 13 - Mantova, Santa Maria della Vittoria, treccia delle prime due campate, particolare. Fig. 14 - Mantova, Santa Maria della Vittoria, veduta della volta dopo lo scoprimento della decorazione. Fig. 15 - Mantova, Santa Maria della Vittoria, ricostruzione ipotetica dell'aspetto originario della chiesa (elaborazione informatica tridimensionale di Guido Bazzotti). Fig. 16 - Mantova, Santa Maria della Vittoria, Cirillo d'Alessandria. Fig. 17 - Mantova, Santa Maria della Vittoria, Gualtiero di Pontoise.

operazioni furono avviate sfruttando le vacanze pasquali del 2005, per proseguire nelle vacanze estive e natalizie dello stesso anno e terminare, con un'intensa campagna di discialbatura, il primo settembre 2006. Inattesa fu l'apparizione di oculi contornati da ghirlande e ospitanti, ciascuno, il busto di un santo. Vincenzo Gheroldi, mettendo a frutto i risultati delle analisi eseguite sui primi elementi emersi, ha dimostrato che la decorazione è coeva alla fabbrica, che è stata eseguita su intonaco steso in maniera rapida e omogenea, che anche la pellicola pittorica è costituita dagli stessi pigmenti e dagli stessi leganti in ogni punto della superficie muraria. Lo studioso rileva che i partiti ornamentali propriamente detti sono eseguiti su un'imprimitura di calce; tanto l'imprimitura, quanto la pellicola pittorica sono a tempera d'uovo. Questo legante è utilizzato nella pittura delle figure, stesa tuttavia direttamente sull'intonachino, levigato e compresso per richiamare la calce contenuta nel suo spessore.[5]

Il procedere dei lavori di scoprimento e delle indagini ha confermato la correttezza dell'osservazione. Le parti decorative sono predisposte su ampie superfici di malta, fatto che comporta l'impossibilità di eseguire gli ornati a intonaco fresco e la necessità di riattivare il processo di carbonatazione tramite l'applicazione di un'imprimitura di calce. In ciascuno dei dodici tondi, invece, l'intonaco fu steso separatamente, prima di togliere la pontata superiore servita per dipingere gli ornati della volta. L'osservazione a luce radente permette di cogliere il modo in cui la malta destinata a ricevere le figure si sovrappone alla parte circostante, già definita nei motivi geometrici e fitomorfi. Ma s'è appurato che anche la tecnica pittorica relativa alle figure presenta due significative varianti, attribuibili a differenti pittori, che chiameremo per il momento 'maestro A' e 'maestro B'. Le porzioni di due tondi appartenenti al primo erano già visibili al momento dell'indagine di Gheroldi, che ne analizza il procedimento. Il pittore stende una prima mano di colore direttamente sull'intonaco; un secondo strato di pittura a uovo con colori più intensi e una finitura con velature grigio-brune completano l'opera. Dal confronto di due immagini possiamo rilevare la differenza tra l'affresco su scialbo e l'affresco su intonaco. Nella prima, il particolare del fastigio di una candelabra, notiamo con chiarezza la traccia a rilievi paralleli lasciata da un pennello grossolano intriso di calce bianca; nella seconda, il volto di san Giovanni

[5] V. Gheroldi, *La decorazione interna della chiesa di Santa Maria della Vittoria a Mantova: indagini stratigrafiche, analisi chimiche, ricostruzioni tecniche*, in *A casa di Andrea Mantegna*, cit., pp. 220-229.

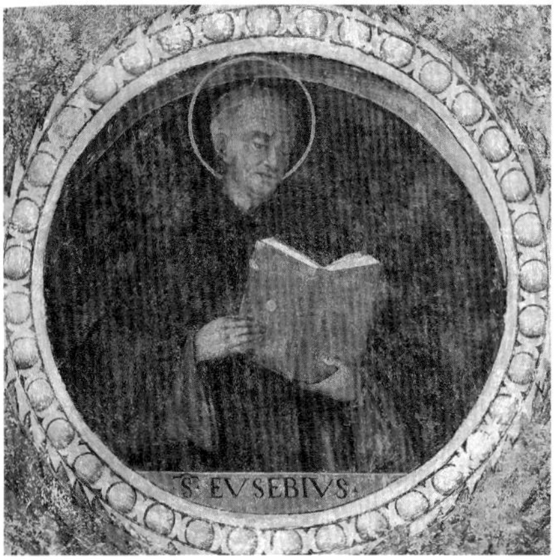

18

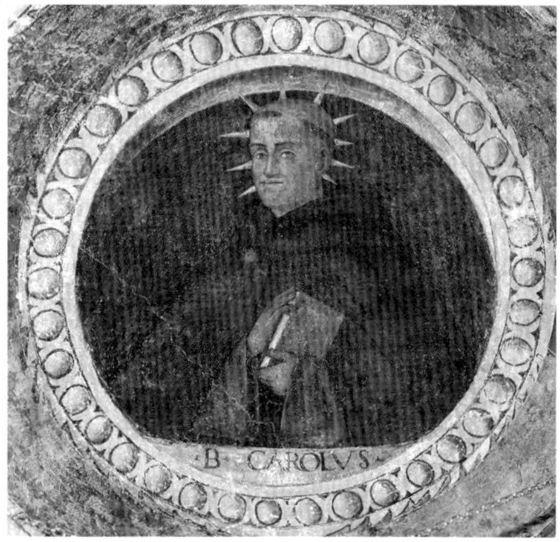

19

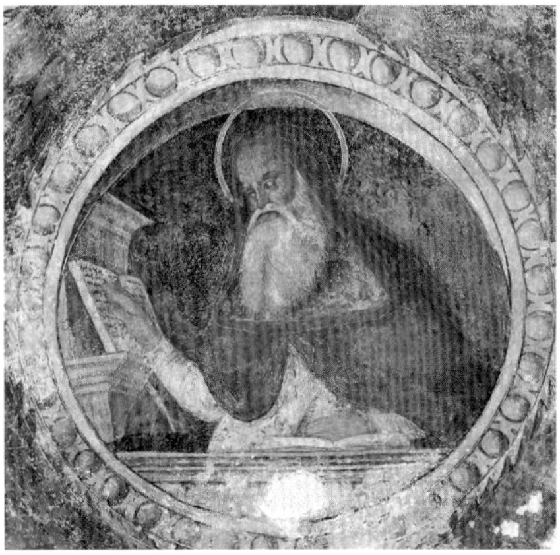

20

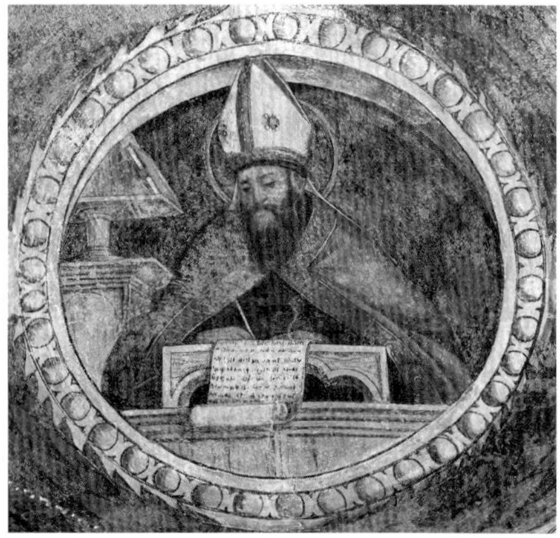

21

Fig. 18 - Mantova, Santa Maria della Vittoria, Eusebio di Strigonia. Fig. 19 - Mantova, Santa Maria della Vittoria, Carlo da Montegranelli. Fig. 20 - Mantova, Santa Maria della Vittoria, san Gerolamo. Fig. 21 - Mantova, Santa Maria della Vittoria, sant'Agostino.

Evangelista, sono invece in evidenza i solchi paralleli causati dai granuli di sabbia trascinati dalla cazzuola con la quale si levigava un'ultima volta la calce prima di stendere il pigmento.

Il 'maestro A' utilizza lo spolvero per riportare il disegno sull'intonachino. Sono rimaste tracce della sequenza di puntini lasciata dalla polvere di carbone nella figura di san Marco, sulla fronte e sulla mano dell'evangelista, sul capo del leone. Tratti delle vesti, o dei copricapo, sono poi ripassati con lo stilo; le aureole di sant'Eusebio e dei dottori della Chiesa,

22 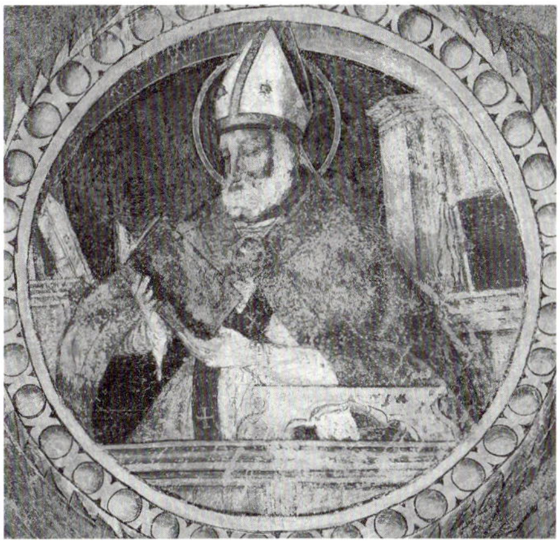

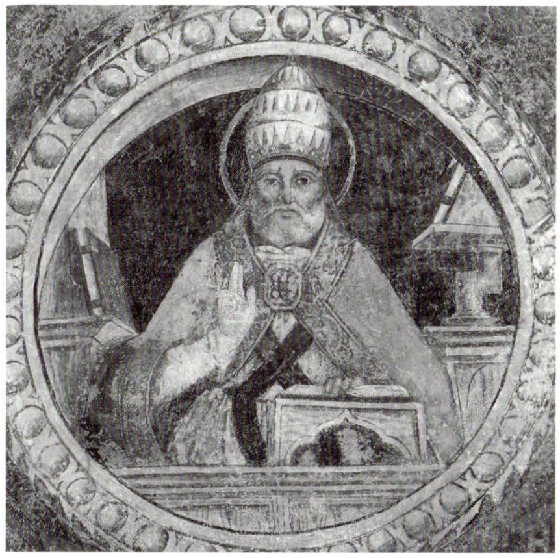 23

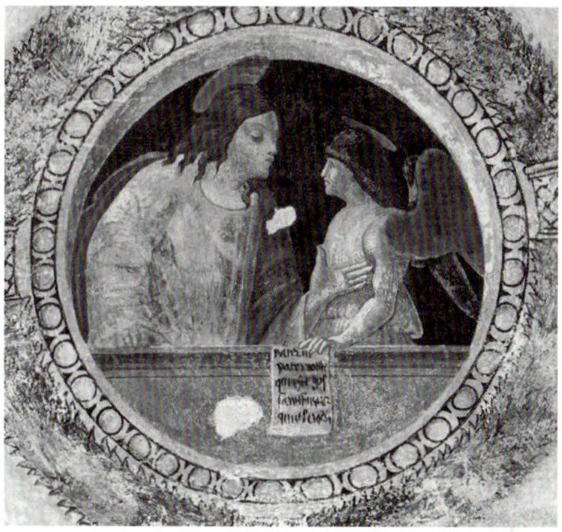 24

Fig. 22 - Mantova, Santa Maria della Vittoria, sant'Ambrogio. Fig. 23 - Mantova, Santa Maria della Vittoria, san Gregorio. Fig. 24 - Mantova, Santa Maria della Vittoria, Matteo.

che si presentano come una corona circolare molto sottile e sempre frontale, sono tracciate con il compasso. Il metodo dello spolvero è utilizzato anche per l'apparato ornamentale: porzioni di fregio ne conservano i segni evidenti, come alcune palmette del fianco settentrionale. Il 'maestro B', invece, utilizza il sistema dell'incisione indiretta, praticato su intonaco ancora fresco, al punto da consentire l'impressione dello stilo attraverso la carta su cui è tracciato il disegno. Soprattutto in questo caso la malta viene compressa e levigata da ripetuti colpi di cazzuola, affinché l'umidità riaffiori conferendo una più elevata plasticità all'intonaco e migliore possibilità di coinvolgere il pigmento nel processo di carbonatazione. Fotografie a luce radente mettono bene in evidenza, in questo caso nella figura di Cirillo, sia i caratteristici solchi arrotondati dell'incisione indiretta, posti a marcare i tratti essenziali delle fisionomie e delle vesti, sia la tormentata superficie dell'intonachino.

Le linee verticali delle partizioni ornamentali sulle lesene sono definite con la tecnica della corda battuta: le battiture, con l'impronta elicoidale dei trefoli, sono in parte visibili ai margini di cornici a campiture. Si passa quindi all'incisione diretta, tracciata a riga con un segno sottile e preciso, per le superfici dalla lieve curvatura all'imposta della volta; più grossolana e imprecisa, talora sdoppiata, è invece l'incisione delle partizioni che occupano le superfici concave della sommità. Ancora, incisioni dirette eseguite col compasso sono servite a delimitare i campi concentrici riservati all'incorniciatura degli oculi. Archi di cerchio ripetuti a distanza regolare lungo la corona che ospita la ghirlanda servono a ritmare correttamente l'intreccio delle foglie, i cui vertici toccano il segno inciso, e a conferire, mediante la disposizione curvilinea degli elementi, effetto di volume alla composizione. La doppia treccia che chiude le vele è delimitata da incisioni lineari, ma la fascia dipinta ha subito un diverso trattamento nella terza campata rispetto alle prime due. La necessità di un rapido completamento della chiesa ha evidentemente costretto a suddividere anche i lavori di ornato fra diverse maestranze, e il risultato finale è disomogeneo. Il maestro che ha decorato la prima e la seconda campata ha dipinto fasce più larghe, con una treccia di colore ocra-dorato, e anche le ghirlande sono più ampie e rigonfie. Meno estesa è la treccia nella volta della cappella maggiore, e di colore ocra-bruno, così come ridotte di spessore sono le ghirlande. Molto diversi appaiono anche i nodi che legano le fronde: di colore rosso e profilo tondeggiante quelli della prima serie; più rosati e sfumati quelli della seconda, dal profilo cilindrico e chiusi all'estremità da una cornice rilevata. Torniamo alla stesura della treccia: i particolari mettono in evidenza come questo secondo maestro si sia avvalso del compasso per impostare le spire: lo si nota dal foro posto al centro di ciascun modulo. In questa treccia le rosette centrali hanno lobi tondi, regolari e piatti, mentre nell'altra l'ornatista ha steso in maniera meno regolare, ma con maggiore scioltezza, sia le spire, sia le rosette, dai petali puntuti e rilevati da tocchi di luce. Si è potuto notare, alla rimozione dello scialbo, che l'intonaco affrescato giunge a contatto delle catene quadrangolari di rinforzo alla muratura, che sono quindi da ritenere coeve alla costruzione dell'edificio.

V'è infine da dire, per completare il quadro tecnico d'assieme, che il restauro ha restituito una decorazione sostanzialmente integra, tale da rendere assai bene l'immagine originaria del complesso decorativo, certamente progettato di concerto con Mantegna. Riusciamo a cogliere la veridicità dell'asserzione vasariana, altrimenti inspiegabile se riferita all'aspetto esterno dell'edificio, che Santa Maria della Vittoria è «chiesa fabbricata con ordine e disegno d'Andrea».[6] Tuttavia, alcuni particolari hanno sofferto nel corso dei secoli per i colpi di spatola inferti dagli imbianchini all'intonaco, nell'intento di scrostare gli strati di scialbo decoesi e cadenti, ma giungendo in più casi a ferire la delicata superficie pittorica sottostante: ancora prima che le ridipinture fossero rimosse, erano visibili tacche e profonde strie che percorrevano la volta.

Vediamo ora come sono distribuite le 12 figure di santi, che dimostrano, dal punto di vista compositivo, il perdurare del modello della cappella Ovetari. La scelta e la disposizione dei soggetti fanno pensare alla presenza di un progetto iconografico coerente. Lo dobbiamo probabilmente a Girolamo Redini, il frate eremita che, come attestano i documenti, convinse Francesco Gonzaga ad attuare il progetto di una chiesa *ex voto* per la battaglia di Fornovo, suggerì l'intitolazione a Santa Maria della Vittoria, fornì indicazioni fondamentali per la composizione della pala di Mantegna e fu il primo rettore del nuovo tempio.[7] Una proposta iconografica inconsueta, per quanto attiene alla prima campata, giustifica l'iscrizione dei nomi dei personaggi effigiati, in chiare lettere capitali, a beneficio dei riguardanti. L'attento rispetto delle gerarchie celesti induce a distinguere i beati dai santi: i primi hanno il capo contornato da una raggiera, gli altri da una sottile aureola; gli evangelisti esibiscono un disco d'oro pieno, orientato in prospettiva. La vela in prossimità della porta d'ingresso ospita un beato Cirillo, vescovo, che propongo di identificare con Cirillo d'Alessandria (370 circa-444). Questi, nel concilio di Efeso, al termine di lunghe dispute, riuscì a far prevalere la tesi che Maria fosse la Madre di Dio (*Θεοτόκος*), non semplice madre della persona umana di Cristo. Cirillo fu proclamato dottore della chiesa e santificato solo nel 1882; la collocazione della sua immagine all'inizio del percorso verso l'altare è frutto di una sottile scelta dottrinale: la Vergine, titolare della chiesa votiva ed effigiata con maestosa grazia nella pala, è in tal modo compiutamente celebrata come l'essere umano prescelto dalla Provvidenza a occupare il vertice della devozione cristiana.

Fanno corona al vescovo di Alessandria tre monaci rivestiti di umile saio. Sono frati legati, per intima vocazione e opere pie, alla vita eremi-

---

[6] G. VASARI, *Le vite de' più eccellenti pittori, scultori e architettori*, I, Firenze, Giunti, 1568, p. 491.

[7] Si veda U. BAZZOTTI, *op. cit.*, pp. 201-206.

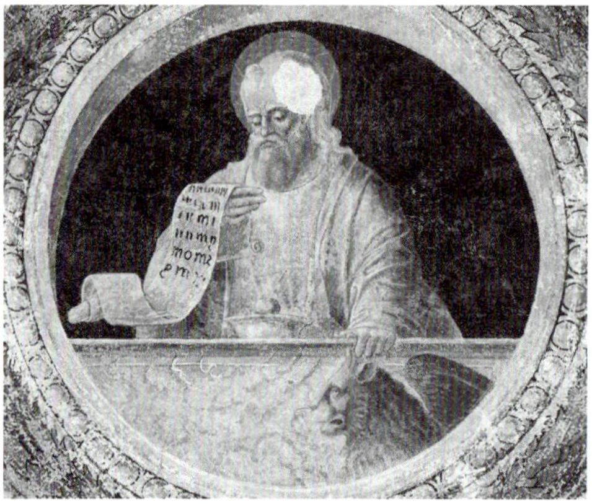
25

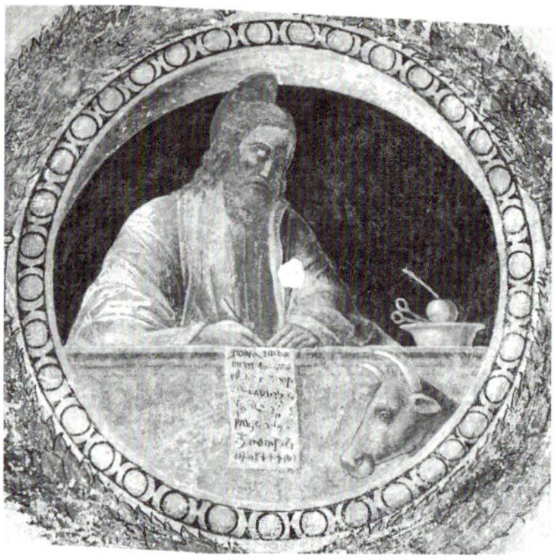
26

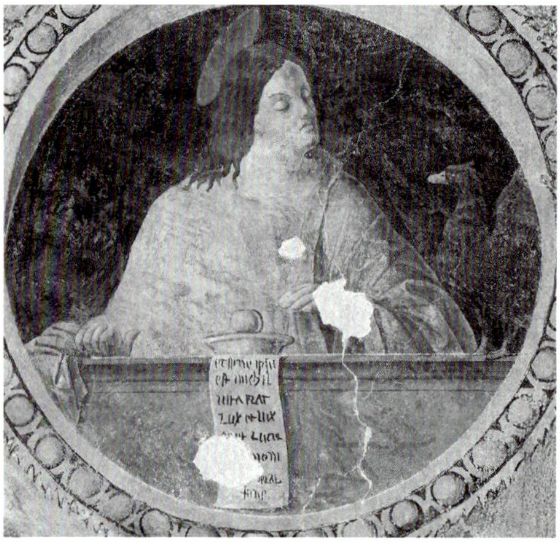
27

Fig. 25 - Mantova, Santa Maria della Vittoria, Marco. Fig. 26 - Mantova, Santa Maria della Vittoria, Luca. Fig. 27 - Mantova, Santa Maria della Vittoria, Giovanni.

tica; solo Redini può averli scelti, per glorificare la propria congregazione agli occhi dei fedeli e come atto di devozione speciale da parte sua e dei confratelli. Nella vela destra il beato Gualtiero è a mio avviso identificabile con l'abate di San Martino di Pontoise, vissuto all'incirca tra il 1030 e il 1099. Egli non ama gli oneri e i privilegi della carica, e fugge per raggiungere in incognito Cluny, ove è accolto come semplice frate. Scoperto e riportato a San Martino, dopo qualche tempo abbandona un'altra volta l'abbazia e si rifugia su un'isola della Loira nei pressi di Tours, per condurvi vita eremitica, compiendo opere di bene. Nuovamente scoperto e riportato al convento, non appena può intraprende un viaggio a Roma per chiedere, invano, al papa Gregorio VII di essere sollevato dall'obbligo abbaziale. Accanto a lui è dipinto sant'Eusebio. Di nobile e ricca famiglia ungherese, diviene canonico di Strigonia, l'odierna Esztergom, ma nel 1246 abbandona agi e onori per ritirarsi sulla montagna di Pilis. Qui lo raggiungono molti eremiti, che eleggono a propria dimora le grotte di cui la regione è ricca. Nel 1250 Eusebio fa costruire una chiesa e un monastero dedicati alla Santa Croce. Nel 1262 compie un viaggio a Roma, ove ottiene da papa Urbano IV l'autorizzazione a fondare l'*Ordo sancti Pauli primi eremitae*.

Di aspetto giovanile è il quarto personaggio, beato Carlo. È certamente Carlo da Montegranelli, vissuto tra il 1330 e il 1417, rampollo della branca toscana dei Guidi di Bagno, signori di Romena, nel Casentino. Nel 1360 si ritira a Fiesole, occupando i ruderi delle mura che circondano la rocca. Ricevuto probabilmente in dono il terreno da Cosimo de' Medici il Vecchio, vi fonda un oratorio dedicato a san Girolamo, per i confratelli eremiti che si uniscono a lui sempre più numerosi. Nel 1405 istituisce la Congregazione degli Eremiti di San Girolamo, riconosciuta da Innocenzo VII, e fonda chiese e conventi nell'Italia centro-settentrionale: tra questi, il veronese San Giovanni in Monte. Sarà questa congregazione a reggere Santa Maria della Vittoria dopo il ritiro di Redini, sino al 1668, anno in cui Clemente IX la sopprime. Non resta molto da dire sulla scelta iconografica relativa alle rimanenti campate: i dottori della Chiesa nella centrale e, sulla volta della terza, in corrispondenza dell'altare maggiore e della pala, gli evangelisti. È un crescendo di santità quello che conduce sino ai quattro «animali / coronati ciascun di verde fronda»,[8] per citare gli autori dei Vangeli con allegoria dantesca, i soli in grado di presidiare il carro della Chiesa trainato dal grifone-Cristo:

> Lo spazio dentro a lor quattro contenne
> un carro, in su due ruote, trionfale,
> ch'al collo d'un Grifon tirato venne.[9]

Luogo privilegiato, tra gli evangelisti, è quello prossimo alla pala di Mantegna. Ancora una volta dobbiamo probabilmente all'accorto consiglio di Redini il suggerimento che vi sia dipinta la figura di san Luca. Protettore dei pittori e primo ritrattista della Vergine, secondo l'antica

---

[8] *Purg.* XXIX, 93.

[9] *Purg.* XXIX, 106-108.

tradizione, è anche il solo evangelista che narri per esteso la storia di santa Elisabetta, presente nella pala, e del suo miracoloso parto: nel nome della santa è celata l'allusione a Isabella;[10] nella maternità tardiva descritta dal Vangelo è implicito l'augurio che la marchesa dia alla luce l'agognato erede, a sei anni dal matrimonio.[11]

La questione attributiva merita certo un vaglio più approfondito, che seguirà nel tempo; tuttavia confido che la via imboccata sia sostanzialmente corretta, e possa condurre a ulteriori certezze. Fin dall'inizio, i primi saggi aperti sulle figure della volta inducevano a guardare alla pittura veronese coeva, e particolarmente opportuno mi parve il suggerimento offerto da Paola Marini di prendere in considerazione la decorazione del transetto di Santa Maria in Organo. In effetti, il cantiere della chiesa veronese si sovrappone, cronologicamente, a quello di Santa Maria della Vittoria, per più di un fatto. Mantegna sta lavorando alla pala destinata a Verona quando, nella seconda metà del 1495, gli viene assegnata la commissione della tela per la vittoria di Fornovo. È comprensibile come egli interrompa ogni altro lavoro per dedicarsi alla grande composizione, da ultimare in meno di un anno: un tempo insolitamente breve per il maniacale perfezionismo del grande maestro. Consegnata l'opera nell'anniversario della vittoria, il 6 luglio 1496, Andrea porterà a termine il lavoro per gli Olivetani di Verona, che nel frattempo incaricano Domenico Morone, probabilmente affiancato dal figlio Francesco, di decorare le volte del transetto e il padiglione della crociera: il lavoro si estende, a quanto pare, agli anni tra il 1495 e il 1499. Domenico era già attivo alla corte dei Gonzaga, come attesta la notissima tela, firmata e datata 1494, con la *Cacciata dei Bonacolsi.* A Morone padre e figlio sembrano riferibili i santi dipinti sulla volta del tempio votivo mantovano: ripropongo questa

---

10 L'ebraico *Elisheba* diviene 'Ἐλισαβέθ ed 'Ἐλισαβέτ nella versione biblica dei Settanta. La Vulgata traduce *Elìsabeth,* dalla quale derivano tutte le varianti europee. Tra esse, lo spagnolo introduce *Elisabél,* più tardi *Isabél,* che in portoghese assume la forma di *Isabella*; su questa, o sul francese *Isabelle,* a sua volta mutuato dalle parlate iberiche, si fissa l'italiano *Isabella.* Nelle epigrafi ufficiali è presente la forma *Elisabetta* in alternativa a *Isabella* (C. TAGLIAVINI, *Un nome al giorno,* Torino, ERI, 1955, pp. 181-182).

11 Il manifestarsi, nel passo evangelico di Luca, della benevolenza di Dio, che consente a Elisabetta di partorire un maschio al marito Ezechiele, può avere indotto Francesco a formulare, attraverso l'omaggio pittorico alla Santa, un'invocazione per la nascita del sospirato erede, dopo che era venuta al mondo Eleonora il 31 dicembre 1493. Il 13 luglio 1496 Isabella partorisce invece un'altra femmina, Margherita, che muore il 22 settembre dello stesso anno. Il primogenito Federico nascerà di lì a tre anni, il 17 maggio 1500, accolto da grandi festeggiamenti.

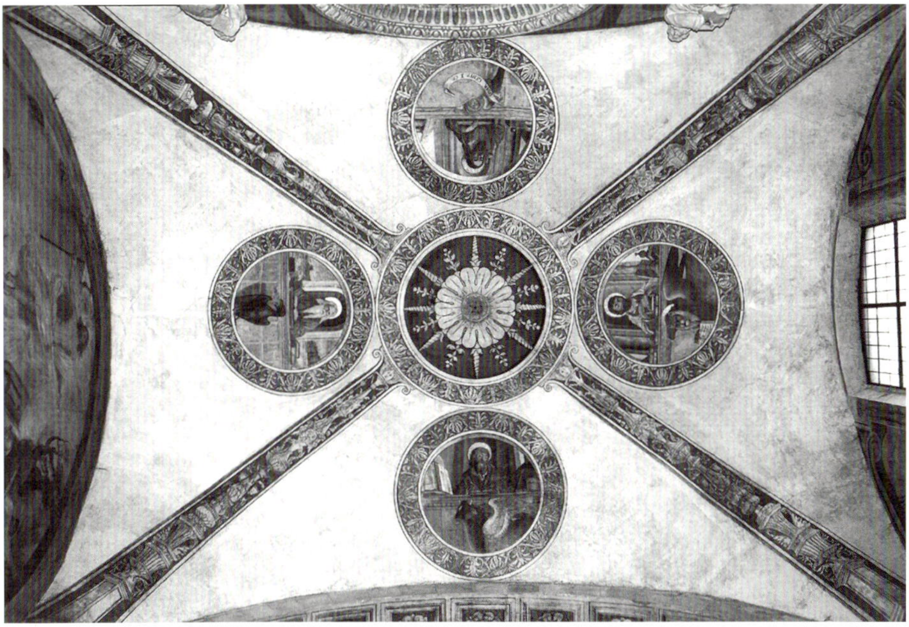

28

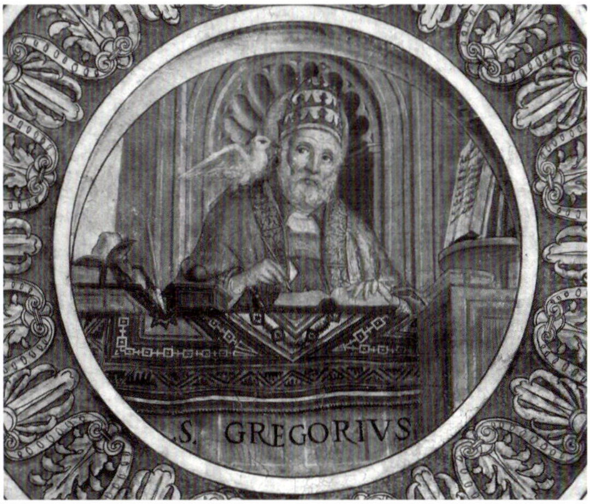

29

Fig. 28 - Verona, Santa Maria in Organo, braccio sinistro del transetto. Fig. 29 - Verona, Santa Maria in Organo, braccio destro del transetto, san Gregorio.

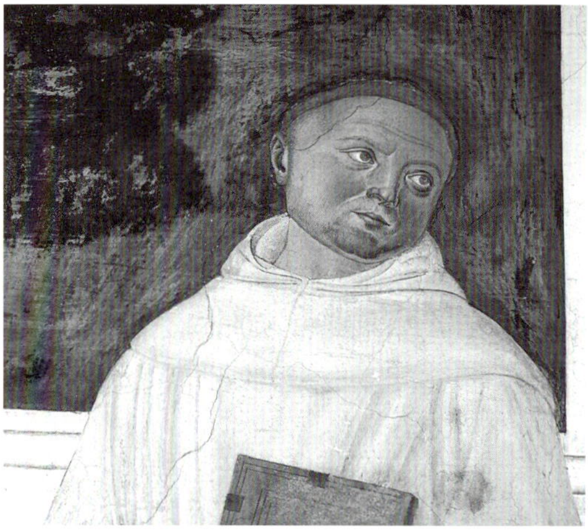

30

Fig. 30 - Verona, convento di San Bernardino, Libreria Sagramoso, santo francescano, particolare. Fig. 31 - Mantova, Santa Maria della Vittoria, tondo di san Luca, particolare del calamaio.

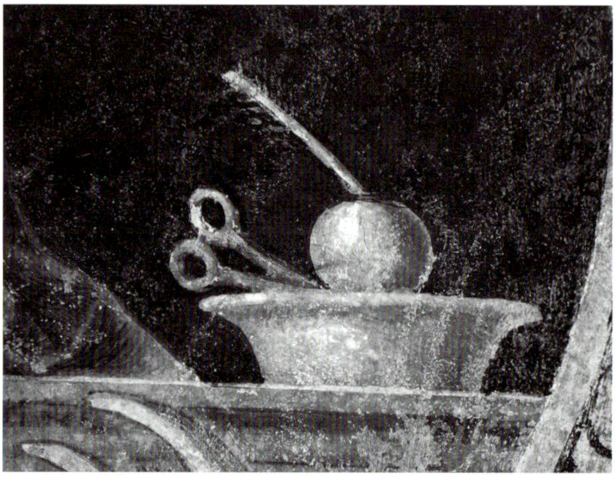

31

ipotesi di studio, avanzata con la debita cautela nel catalogo della mostra alla Casa del Mantegna, confermata autorevolmente da Sergio Marinelli e Paola Marini nel catalogo della mostra veronese.[12]

Le figure di santi del 'maestro B', i cui tondi sono emersi nella seconda fase dei saggi in Santa Maria della Vittoria, trovano riscontro in alcune

---

[12] S. Marinelli, *Mantegna. L'eternità e la storia*, in *Mantegna e le Arti a Verona 1450-1500*, Catalogo della mostra, Verona, 16 settembre 2006-14 gennaio 2007, a cura di S. Marinelli e P. Marini, Venezia, Marsilio, 2006, pp. 23-35:32-33; P. Marini, *Intorno a Mantegna*, *ivi*, pp. 7-21:12.

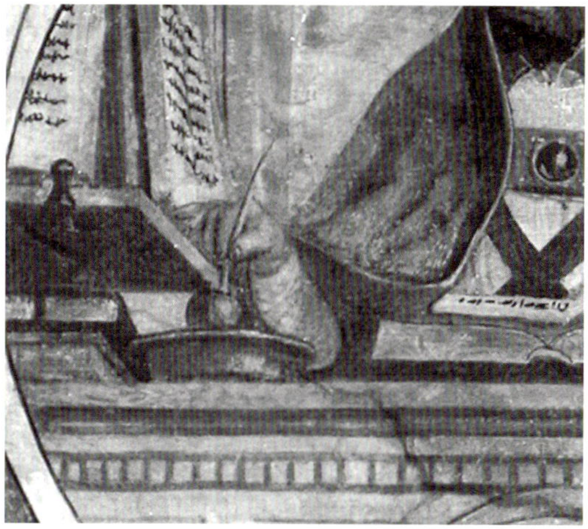

Fig. 32 - Verona, Santa Maria in Organo, tondo di sant'Agostino, particolare del calamaio.

tra le immagini più salde del transetto di Santa Maria in Organo, ove peraltro la qualità diseguale degli episodi e un restauro forse troppo incisivo rendono ardua la puntuale distinzione delle mani e un'accurata comparazione tra quel ciclo e questo di Mantova. Si vedano tuttavia il san Gregorio veronese e quello mantovano: sono entrambe figure di plastica evidenza, definite con piani ampi, luminosi, che sembrano ricondurre alla produzione di Domenico, spiccando nel percorso che porterà al più maturo, solido e armonioso linguaggio dispiegato nella Libreria Sagramoso. Le prove del maestro di Santa Maria della Vittoria, dalla tessitura cromatica più brillante, se identificabili quali autografi di Domenico, si configurano come anello di congiunzione tra la ricerca pittorica da lui svolta nell'ultimo decennio del secolo e il traguardo espressivo del salone di San Bernardino, datato 1503 e connotato da «forme solide, robuste, intere, lucide», per dirla con un Bellosi che però respingeva la paternità moroniana.[13]

All'osservazione ravvicinata, i santi di Mantova rivelano analogie con i personaggi del ciclo veronese anche nella stesura del colore e nell'uso dell'incisione indiretta per definire i tratti essenziali delle fisionomie. Paiono riconducibili a una stessa mano, nella serie mantovana, anche i busti di Cirillo, Girolamo, Carlo, Eusebio.

Al figlio Francesco sono collegabili le figure rimanenti, differenti anche per scelte tecniche, come si indicava poc'anzi. L'attribuzione non è scevra da qualche esitazione, derivante dal fatto che ci troveremmo di

---

[13] L. Bellosi, *Un'indagine su Domenico Morone (e su Francesco Benaglio)*, in *Hommage à Michel Laclotte. Etudes sur la peinture du Moyen Age et de la Renaissance*, Paris-Milano, Reunion Des Musees Nationaux, 1994, pp. 281-303. Sul ciclo pittorico è altresì importante: A. Zamperini, *Committenza aristocratica e iconografia francescana nella basilica di San Bernardino a Verona*, «Annuario Storico Zenoniano», prima parte, 2002, pp. 51-66; seconda parte, 2003, pp. 79-103.

fronte ai primi saggi di pittura murale del giovane Francesco, e dalla non piena omogeneità del dato stilistico, giustificabile con la probabile presenza di collaboratori. Intense e raffinate sono le immagini di Gualtiero, Marco, Luca, Agostino e Ambrogio, quest'ultima molto danneggiata. Nobili fisionomie, che si possono accostare a personaggi di Santa Maria in Organo, come l'evangelista Giovanni, e preludono ai due bellissimi evangelisti della cappella di San Biagio, in San Nazaro e Celso, cui il giovane maestro attende agli inizi del 1498.[14] Concludo con un'osservazione di carattere morelliano, applicata però a oggetti inanimati: tra la suppellettile che arreda gli scorci d'ambiente vissuti dai santi, ricorre tre volte a Mantova un calamaio singolare, direi unico, per foggia: un piatto con la tesa alta e svasata, al centro del quale sporge la boccetta sferica per l'inchiostro. Le penne, infilate nel calamaio o impugnate dal santo, hanno il rachide mozzato e rade barbe: identici oggetti si trovano in tre tondi di Santa Maria in Organo, quelli con san Marco, sant'Agostino e la Vergine Annunciata. Se non una firma, un suggello, vorremmo poterli considerare un significativo indizio, inserito volutamente dai pittori per sollecitare le congetture dei futuri osservatori.

[14] S. Marinelli, *Vicende della pittura nella cappella di San Biagio*, in *Il restauro della cappella di San Biagio ai Santi Nazaro e Celso a Verona*, a cura di S. Marinelli, Verona, Banca Popolare di Verona, 2001, pp. 11-49; G. Peretti, *Gli affreschi*, *ivi*, pp. 63-127.

RODOLFO SIGNORINI

ANDREA «MERCURIALE»

> Andrea Mantegna [...] è solemne magistro et perciò l'havemo carissimo.
>
> Il marchese Ludovico II Gonzaga al vescovo di Padova, Mantova, 14 luglio 1461.

> Andrea Mantegna, qual è homo notabile e virtuosissimo.
>
> Antonio da Crema al marchese Ludovico II Gonzaga, Mantova, 5 agosto 1468.

> Mi fano parer letigoso [litigioso], ma constreto non poso far di manco, salvo s'io non li volese lasar el mio, el quale reputo aver da la illustre signoria vostra e godere fin che a Dio piacerà.
>
> Andrea Mantegna al marchese Ludovico II Gonzaga, Mantova, 30 giugno 1474.

> Recordando a quella como io e ogni altro citadino e gentilhomo amarìa Andrea Mantegna, se non per altro, al mancho per amor de la vostra signoria, de la qual son servitori. Ma, in vero, egli è tanto molesto e rencrescevole che non è homo né vicino chi possa pacificar cum lui.
>
> Francesco Aliprandi al marchese Ludovico II Gonzaga, Mantova, 27 settembre 1475.

> Si affermano mille menzogne sui più celebri pittori, e la prima è il dire che essi sono strani, e che la loro conversazione è dura e insopportabile. E così, non la gente moderna, ma quella stupida, li giudica fantastici e capricciosi.
>
> Michelangelo Buonarroti

Andrea Mantegna è dipinto qua e là dagli studiosi come uomo litigioso, lamentoso, ruvido, scontroso, suscettibile, iracondo. In questo c'è del vero, non solo vero. Dei comportamenti dell'artista o delle sue reazioni ai comportamenti altrui ci sono ragioni dichiarate, altre taciute, quindi solamente supponibili, immaginabili e pertanto opinabili. Sappiamo poi quanto è arduo più di cinquecentocinquant'anni lontani da quei tempi, da quei luoghi, da quella visione della vita, ma soprattutto dovendoci fidare solo di testimonianze frammentarie, parziali, essendoci ignoti uomini, donne, luoghi, circostanze, cause ed effetti, stati d'animo, conoscere il cuore altrui quando a stento si conosce il proprio.

Episodi padovani di Mantegna che consentano di definire il carattere dell'uomo non ci sono noti e il tenore delle reazioni del giovane artista al tempo della disputa con Nicolò Pizzolo circa i dipinti della cappella Ovetari, delle noiose pratiche della propria emancipazione da Francesco Squarcione, o quando fu «stomachatus» delle critiche del maestro, o pretese 400 ducati dallo stesso Squarcione o gli fu obiettato che gli apostoli nell'*Assunta* della cappella Ovetari erano otto, anziché i canonici dodici, è solo immaginabile. Chissà ancora quale dovette essere la reazione di Squarcione quando Andrea fu incaricato di dipingere la lunetta sovrastante l'accesso principale al tempio cittadino, la basilica del Santo, e il 22 luglio 1452, quando il maestro lesse, scolpita nella mostra marmorea del portale, l'epigrafe che perpetuava pubblicamente il nome del suo prodigioso allievo: «ANDREAS MANTEGNA OPTVMO FAVENTE NVMINE PERFECIT MCCCCLII XI KAL(lendas) SEXTIL(es)».

Fonderemo dunque l'indagine sui documenti del periodo mantovano e romano dell'artista, sulle lettere dello stesso Mantegna, dei Gonzaga e su testimonianze di altri personaggi.

La prima lettera di Mantegna al marchese Ludovico II Gonzaga, del 28 dicembre 1463, contiene una richiesta della «provisione» che non riceveva da quattro mesi.[1] «Qualche denaro» gli chiedeva ancora il 7 marzo da Goito.[2] Il 26 aprile 1464, al tempo in cui il cardinale Francesco Gonzaga si andava preparando per partecipare adeguatamente alla crociata indetta da Pio II, si rese disponibile a contribuire alle spese del prelato, ma supplicava il marchese affinché lo fornisse adeguatamente di legna da parte di certo Alessandro, nella cui casa viveva per volontà dello stesso principe, «Avisando la excellentia vostra ch'io non fo però un gran brusare, ché al tenpo d'adeso un chareto de ligna mi fa 15 e 16 zorni».[3] Nel di-

---

1 Archivio di Stato di Mantova (da ora ASMn), Archivio Gonzaga, b. 7, c. 88, da Goito.

2 *Ivi*, b. 7, c. 90, da Goito.

3 *Ivi*, b. 7, c. 92, da Goito.

cembre del 1464 Mantegna doveva essersi lamentato del mancato pagamento del suo salario, poiché il Gonzaga, attribuendo il ritardo alle proprie molte occupazioni e riconoscendo al pittore che aveva «una gran rasone», il 29 dicembre provvedeva a fargli consegnare trenta ducati.[4]

L'11 dicembre 1466, per costruire «un puocho di chasetina suso quel mio logeto» e per

fare questo verno un puocho di aparechio di prede e chalcina e altre chose necessarie a·llavorare [...]. E facendomi questo la excellentia vostra, mi parrà aver ricevuto, a preso gli altri grandissimi beneficii, questo non minore, considerando la grande voluntà ch'io ho di fare questa casetina, o bona parte d'essa, la quale si faria in puochi zorni, avendo lo aparechio,

chiedeva al Gonzaga il soccorso di 100 ducati, da anticipargli sulla sua provvigione. Il tesoriere del principe, Albertino Pavesi, avrebbe poi trattenuto tre o quattro ducati al mese fino alla soddisfazione del debito.[5] Il 27 luglio 1468 si lamentò e a buon diritto delle villanie e minacce ricevute da un ortolano, vicino di casa, e da sua moglie. Il mascalzone lo aveva provocato vantandosi d'aver avuto il coraggio di dare un pugno sul viso del podestà di Guastalla e dichiarando di non aver nulla da perdere. Solo il timore di incorrere nella severità del principe aveva trattenuto Mantegna dal far una pazzia raccogliendo la provocazione: «S'io non avesi avuto paura di la excellentia vostra di certo io arei fato le pacie, invitandomi sì caldamente». La moglie di tanto villano non era migliore di lui. «Seleratissima di ogni vicio che debia aver una ribalda», si vantava di aver venduto «tri sogli di agresta, la quale è tuta rubata, e quando alcuno la riprendeva, ela rispondeva che al dispeto di chi non voleva la ne venderebe, e che ogni ano la ne à fato per suo piacere diexe o dodise libre. Io so bene quanto la mi à pizorato dapoi ch'io ò questo loget[o]». Non s'era peritata di offendere anche Nicolosa, la consorte di Mantegna: «Mia mogliere non può pasar oltra che quela sua ribalda non gli tria qualche strania parola monstrando di dir ad altri». Peraltro s'era prostituita quanto aveva potuto e ancora faceva mercimonio del suo corpo: «In suma, dil corpo suo, fin che l'à potuto e può, non li à lasato trato a fare: hora è rufiana». L'artista chiedeva al principe di verificare l'attendibilità delle sue parole.[6] E così fu. Il Gonzaga intervenne e l'ortolano fu licen-

4 *Ivi*, b. 2887, libro 43, c. 26*r*.

5 *Ivi*, b. 7, c. 95, da Mantova.

6 *Ivi*, b. 7, c. 99, da Goito.

ziato, poiché, dichiarò lo stesso principe il 1° agosto 1468 a Carlo Agnelli, «havemo più caro esso Andrea ne la ponta del pede che mille poltroni como è lui».[7] Il caso era stato trattato da Antonio da Crema, che così aveva scritto al marchese Ludovico II il 5 agosto 1468:

Carlo dî Agnelli me ha fatto intendere come uno Iacopino da Guastalla, lavorenzo di madonna Imelina da Crema e mio, a confine de Andrea Mantegna, ha habuto a dire certe parole iniuriose et inhoneste a esso Andrea, et quanto è despiaciuto a vostra signoria, la qual ha una grandissima rasone. Pertanto io ho datto licentia a ditto Iacopino, quamvis fusse homo utille a quello loco, secondo il mio iudicio. Tamen non ho vogliuto havere respetto alcuno a darli licentia, et questo faria ora a chadauna persona la qual stesse cum mi né sopra al mio che havesse tanta audatia che dicesse una minima parola che fusse a despiacere non solum a Andrea Mantegna, qual è homo notabile e virtuosissimo, et è grato a vostra signoria et certe benemerito, ma al più minimo regazo che habia la signoria vostra, perché me pare licito che siano apresiati et honorati cum diferentia quelli che stanno cum la prefatta vostra signoria.[8]

Il 4 luglio 1469 il Gonzaga scrisse al vicepodestà di verificare il danno reso a Mantegna da due propri «canateri» e di metterli precauzionalmente in prigione e di verificare i termini dell'accaduto.[9] Purtroppo non possediamo la denuncia presentata da Mantegna al marchese, menzionata nella citata lettera, e che dovette rimanere presso il funzionario.

Il 30 giugno 1474 Mantegna s'era lamentato di un arbitrio commesso sulla sua proprietà di Buscoldo da Giovannidonato Preti e Crescimbene Aliprandi, che

avevano fato spianare un foso de una rezola et aveva fato arare dita rezola et uxorpata, per modo che l'è di grandissimo dano di la possessione, sì per la incomodita chome eciam per le aque, scavezando dita rezola, mi fano venir a doso. Così voriano ancora uxurpare un foso. Tuto 'l dì insidiano el lavorente acusandolo de possessio turbata avendo el lavorente non altramente lavorato in dito foso chome el s'abia fato za quarantasié anni.

---

7 *Ivi*, b. 2890, libro 61, c. 24*r*, *Carolo de Agnellis*. Cfr. D. Chambers, *Andrea Mantegna "civis et habitator Mantuae"*, in *A casa di Andrea Mantegna*, Catalogo della mostra, Mantova, 26 febbraio-4 giugno 2006, a cura di R. Signorini con la collaborazione di D. Sogliani, Cinisello Balsamo (Milano), Silvana, 2006, pp. 148-153:151.

8 ASMn, Archivio Gonzaga, b. 2410, c. 388, da Mantova.

9 *Ivi*, b. 2891, libro 63, c. 45*v*, da Gonzaga.

E questo per invidia della generosità usatagli dal principe. Non sopportavano infatti che un forestiero godesse di certi privilegi:

Ànno tanta invidia che la vostra excellentia mi abia fato questo bene che non lo posono patire con fati e con parole, dicendo suso per le piace: "Costui è venuto da ca del diavolo a pàserse qui", e molte altre e più vilane parole. Male parole è el manco. El fato è ne' fati. Non solamente di queste insidie cercando et avendo cercato per lo pasato, con grandissime arte e lazuoli, pensatamente, di farmi perdere la gracia de la vostra signoria e quela de la signoria di madona [la marchesa di Mantova, Barbara di Brandeburgo o di Hohenzollern] e di meser Fedrico [primogenito dei marchesi] e finalmente l'onor mio, el quale io ò molto caro.

E aggiungeva amareggiato: «Mi fano parer letigoso, ma constreto non poso far di manco, salvo s'io non li volese lasar el mio, el quale reputo aver da la illustre signoria vostra e godere fin che a Dio piacerà».[10]

Il carattere impulsivo di Mantegna si manifestò con un certo Simone da Reggio, pittore e incisore a bulino, che così si lamentò dell'artista presso il marchese scrivendogli da Verona il 15 settembre 1475. La carta è corrosa nella parte superiore e inferiore, dov'era scritto l'anno:

a vostra signoria in che modo sono stato tratato in la vostra cità e per notificarve como me chiamo, Simone dî Ardizoni da Rezo, pictore e taliatore de bolino. Quando vène in Mantua, Andrea Mantegna me fece oferte assai mostrando de esere mio amico, et mi, avendo longo tenpo fa amicicia de Zoano Andrea, pictore in Mantua, raxonando com lui, dicendomi che fu robato stanpe, designe e medalie, mi mosse a compasione che fusse malle tratato, ge disse de refarge le dite stanpe, e ho lavorato a lui circa 4 mesi. Como lo indemoniato Andrea Mantegna sepe che refaceva le dite stanpe, me mandò a menazare per uno fiorentino, zurando che me ne impagaria. E, oltra de questo, una sera, fui asaltato da el nepoto de Carlo dî Moltone e più de dece armati, Zoano Andrea e mi, per esere morti, e di questo poso fare prova. E de novo, per fare che non seguita la dita opera, Andrea Mantegna à trovato certi ribaldi per servirle. Me àno acusato per sodomito al maleficio e colui che me à acusato se chiama Zoano Luca da Novara. El nodare che à l'acusa è parento de Carlo Moltone. Esendo forastero, forza m'è stata a fuzere e me ritrovo in Verona per conpire le dite stanpe, donda, signore mio, per mantenere lo onore, voio che sapia vostra excelencia in che modo se trata fora⟨s⟩tere in la vostra cità, e se vostra signoria fa destenere quelo

[10] *Ivi*, b. 7, c. 103, da Mantova. La risposta del marchese è *ivi*, b. 2893, libro 76, c. 72*r*, *Andree Mantinie*, da Borgoforte (Mantova), 2 luglio 1474. Si veda *ivi*, la lettera del Gonzaga indirizzata *Dominis de Consilio*.

che m'à acusato, vederà se mai fece tale ribaldaria, e trovarà che m'à fato acusare. Donda, signore mio, prego vostra signoria facia tale desmustracione de iusticia a ciò che non sia tentato mi o mei parenti de farne vendeta, ché credo havere cercato quaranta citade che mai non me fui dicto pèzo del nomo mio, ma oramai Andrea Manteg⟨n⟩a, con so superbia è dominio de Mantua, e se vostra signoria non reffrena per so casone, intravignerà de gra scandoli, et umilemente me ricomando ha vostra signoria.[11]

Sarebbe interessante sapere quali stampe stava allora rifacendo Simone. Forse stampe di disegni dello stesso Mantegna, incisi da Gian Marco Cavalli, secondo il contratto stretto fra i due quello stesso 1475, il 5 aprile.[12] Che se così fosse, se cioè Simone si fosse accinto a plagiare opere di Cavalli uscite dalle mani di Mantegna, il furore dell'«indemoniato» sarebbe almeno comprensibile se non giustificato. Ci mancano le testimonianze di Andrea e degli altri menzionati da Simone per farci un'obiettiva opinione dell'accaduto, circa sia la denuncia di sodomia sia l'assalto.

Il 20 settembre il marchese concedette ad Ardizzoni il salvacondotto per entrare e uscire da Mantova e territorio mantovano, valido per quindici giorni, «non obstantibus aliquibus causis propter quas venire dubitaret, qualescunque fuerint etiam si de ipsis habenda esset mentio specialis».[13]

Quello stesso 1475, il 22 settembre (ma anche il 19 settembre o poco prima, poiché esistono a questo proposito documenti datati 19 settembre 1475)[14] Andrea si lamentò con il marchese d'aver subito un furto di cinquecento mele e pere cotogne, commesso, a suo avviso, da Bonamente Aliprandi, fratello bastardo di Francesco, e da un suo famiglio detto «el soldato». Questi, compreso lo stesso Francesco Aliprandi, s'erano pure armati, e rimasti così dì e notte aspettando la reazione del pittore, che però non aveva raccolto la sfida. Egli invocava giustizia contro quei malevoli che non solo avevano sparlato di lui, ma dello stesso Gonzaga: «Ma la summa bontà di quela, chome quelo non può eser da lor ofeso, non chura simel cianze».[15] Sulla questione tornerà Mantegna una settimana dopo

---

[11] ASMn, Archivio Gonzaga, b. 1595.

[12] A. Canova, *Gian Marco Cavalli incisore per Andrea Mantegna e altre notizie sull'oreficeria e la tipografia a Mantova nel XV secolo*, «Italia Medioevale e Umanistica», XLII, 2001, pp. 149-179; Id., *Andrea Mantegna e Gian Marco Cavalli: nuovi documenti mantovani*, «Italia Medioevale e Umanistica», XLIII, 2002, pp. 201-229.

[13] ASMn, Archivio Gonzaga, b. 2893, libro 79, c. 69*v*.

[14] *Ivi*, b. 2893, libro 79, c. 68*r*, *Andree Mantinie*; *Dominis de Consilio*.

[15] *Ivi*, b. 7, c. 105, da Mantova.

dicendosi certo, pur non avendo prove, che gli Aliprandi fossero stati autori del furto. L'«odio grandissimo» che gli portava Francesco motivava il suo sospetto. In ogni caso gli Aliprandi dovevano sapere chi lo aveva derubato. I cani poi non avevano abbaiato: «li cani del lavorente, li quali sono asperti, et è gran fato ch'el si muova alcuna chosa che non sentano. S'el fuse stato zente straniera arìano bagliato, ché a costoro non diriano niente per eserli familiari». La passata estate poi gli era stata rubata la «luiadiga» e dubitava che gli avrebbero rubato anche le mele del brolo. Mantegna aveva due contadini al suo servizio ed entrambi timorosi di Francesco Aliprandi, per cui non osavano né dire né fare alcunché.[16] Il marchese gli rispose il 26 settembre chiedendo di fornigli qualche indizio sicuro circa l'autore del furto per poterlo punire.[17]

Francesco Aliprandi si difese il 27 settembre 1475 scrivendo al marchese che le accuse rivoltegli da Mantegna erano false, ch'egli non aveva bisogno delle mele di Andrea, e che il furto doveva essere stato architettato dallo stesso Mantegna per metterlo in cattiva luce presso di lui. E aggiungeva:

recordando a quella como io e ogni altro citadino e zentilhomo amarìa Andrea Mantegna, se non per altro, al mancho per amor de la vostra signoria, de la qual son servitori. Ma, in vero, egli è tanto molesto e rencrescevole che non è homo né vicino chi possa pacificar cum lui. Et che ciò sia vero esso Andrea non ebbe mai vicino alcuno col qual non habia litigato, e ch'el defeto vegna da lui, io non litigai mai cum alcuni de quelli mei vicini se non cum lui. Zohan Donato dî Preti non litigò mai cum persona del mondo se non cum lui. André si à litigato cum Gàspar da Gonzaga, cum Antonio da Crema, cum lo arciprete de San Iacomo, cum messer Bonamento[18] e cum quanti vicini ha.[19]

Il marchese affidò la faccenda al proprio Consiglio.[20] Difficile è sapere la verità. Ma almeno possiamo addurre la surriportata testimonianza di stima per Mantegna espressa il 5 agosto 1468 dal succitato Antonio da Crema con il quale, secondo Aliprandi, Mantegna aveva litigato: lo stesso Antonio da Crema, autore dell'*Itinerario al Santo Sepolcro*, del 1486, nel

---

[16] *Ivi*, b. 7, c. 107, 29 settembre 1475, da Mantova.

[17] *Ivi*, b. 2893, libro 79, c. 78*v*, *Andree Mantinie.*

[18] Bonamente Aliprandi.

[19] ASMn, Archivio Gonzaga, b. 2416, c. 1007, da Mantova.

[20] *Ivi*, b. 2893, libro 79, c. 78*v*, *Dominis de Consilio*, 26 settembre 1475; *Andree Mantinie*; c. 82*v*, *Francisco de Aliprandis*, 29 settembre 1475; c. 83*r*, *Andree Mantinie.*

quale si celebra la *Camera Dipinta*: «la archetipata camera dil castello, picta per messer Andrea Mantinea, primo homo de li designi over picture se ritrova in tuta la machina mondiale».[21]

Testimonianza di un altro contrasto avuto da Mantegna con il già nominato pittore Giovanni Andrea è in una lettera da Canneto sull'Oglio del Gonzaga a Nicolò Cattabeni del 1° ottobre 1475: «vogliamo tu vedi parlare cum Zohanne Andrea depinctore che hebbe altra volta quella differentia cum Andrea Mantegna».[22]

Il 13 maggio 1478 Andrea scrisse al marchese – che sarebbe morto il 12 giugno – ricordandogli le promesse fattegli nel 1458, quando, per bocca di Luca Fancelli, lo aveva invitato a divenire suo pittore. E furono tante e così persuasive quelle parole ch'egli aveva deciso di porsi al suo servizio «non obstante le molte persuasione da l'altri in contrario». Così, aggiungeva, «deliberai totaliter venire a servire la prefata vostra excellentia con animo di fare che quella si potese vantare di havere quello non ha signor de Italia, chome ho fato» (alludeva certamente alla cappella di castello e soprattutto alla *Camera Dipinta*). Ma durante quei «presso che 19 anni» di servizio s'aspettava di costatare che la «provisione mi pareria el minor premio ch'io havesi a ricever da quella», vedendo come altri servitori del principe andavano godendo della sua liberalità. Mantegna rammentava al principe che da cinque anni aspettava che gli pagasse una possessione, «cioè li otocento ducati, et anco havermi aiutato a pagare li seicento ducati a me, chome la excellentia vostra mi promise, et haveva speranza ancora che quella me aiutase a far la casa, come mi fu promeso». La casa testé menzionata è quella che l'artista avrebbe poi edificato sul fondo già donatogli dal marchese nel 1476, presso il tempio di San Sebastiano. Due giorni dopo, 15 maggio, il marchese provvide a informarsi presso Pietro Filippo da Cortona «se Andrea Mantegna à havuto dinar alcuno a la sua posessione», e il funzionario gli aveva risposto «non haverne havuto alcuno».[23]

---

21 R. Signorini, *Opus hoc tenue. La Camera Dipinta di Andrea Mantegna. Lettura storica, iconografica iconologica*, Parma, Arte Grafica Silva, 1985, p. 306, doc. 27. Della nostra monografia si veda la seconda edizione riveduta, corretta, ampliata e bibliograficamente aggiornata (*Opus hoc tenue. La "archetipata" Camera Dipinta detta "degli Sposi" di Andrea Mantegna. Lettura storico iconografica iconologica della "più bella camera del mondo"*, Mantova, MP Marketing Pubblicità, 2007).

22 ASMn, Archivio Gonzaga, b. 2893, libro 79, c. 85*r*. Si veda a pp. 493-494 la lettera di Simone da Reggio.

23 *Ivi*, b. 2422.

Quello stesso giorno il marchese rispose un po' risentito a Mantegna facendoli intendere che non era il caso che gli scrivesse quella lettera:

Andrea, havemo ricevuta una vostra littera, la qual nel vero non ce pare che fosse necessaria da esserci scripta per vui, perché nui havemo molto ben a mente quanto altra volta vi prometessemo quando venistive a li servicii nostri, né anche ce pare esservi mancati de le promesse nostre et anche haver facto quello che havemo possuto. Da nui non si poteria tuore quello che non gli è, et vui medesno [*sic*] haveti visto che, quando habiamo havuto il modo, non siamo manchati de fare, et a vui et ad altri nostri servitori quello che c'è stato possibile, et habiamolo facto voluntera et de bona voglia. L'è vero che, per non esserce corsi li pagamenti nostri da parechi mesi in qua come doveano et secondo le promesse et obligatione facte a vui, è stato necessario ancor a nui differire alcuni pagamenti havevemo a fare, come è quello de la possessione ve donassemo et alcuni altri, nondimanco non attendemo ad altro che a cerchar per ogni via de trovar denari per potergli satisfare, fin ad impignare de le nostre possessione, perché già tute le zoglie nostre sónno ad usura, et non haveti a dubitare che la possessione vostra se pagarà, e volemolo far voluntera et de bona voglia, né haveti a fare uno dubio al mondo, come anche haressemo facto già bon pezo s'el modo ge fosse stato. Ma li tracolli ce sónno accaduti ne sónno stati casone, come vui medesno haveti potuto intendere et conoscere. Da li homeni non se po cavar quello che non hanno, cussì non se poteria da nui quando non gli è il modo. Di questo haveti ad esser certo, che la possessione vostra assai presto ve serà pagata né se ve mancharà de quello se poterà fare.[24]

L'artista conosceva allora un periodo di necessità, «mol[to] cargo, ch'io non era quando vèni a stare con vostra excellentia, di figliuoli maschi e femine, de le quale ne ho una [...] da marito,[25] vedomi venir vech[io] ogni dì più [...] et questo è la caso[n] di molti mei [...]». La carta è gravemente lacunosa, ma si può ancora leggere che l'artista s'aspettava dal marchese riconoscimenti «corrispondenti a la ⟨proferta di vostra excellentia et⟩ opinione di molti in Italia, a li quale pare che nòdi [nuoti] nel late soto l'ombra di vostra celsitudine».[26] Chiedeva troppo l'artista al suo mecenate? O questi era stato troppo largo di promesse e ritardava a onorarle?

---

24 *Ivi*, b. 2895, libro 86, c. 86*r*, *Andree Mantinie.*

25 Si tratta di Laura, che andò sposa a Pietroluca Marini da Raffa (ASMn, Archivio notarile, *Registrazioni Ordinarie*, a. 1486, cc. 599*v*-600*r*, 13 dicembre 1486). Un'altra figlia fu Taddea, che fu maritata ad Antonio Viani (*ivi*, *Abbreviature*, notaio Eugenio Framberti, filza 130, 4 luglio 1499).

26 ASMn, Archivio Gonzaga, b. 7, c. 111, da Mantova.

Il 6 giugno 1479 scriveva al nuovo principe, il terzo marchese di Mantova, Federico I, ricordandogli che non aveva altri proventi che la provvigione mensile e che dalla morte di suo padre, il marchese Ludovico (spentosi il 12 giugno 1478), non aveva ricevuto che «sei page». Ciò che gli aveva impedito di fare certi utili lavori. In più la tempesta aveva ridotto la sua produzione di vino. Il 16 luglio si lamentava con il Gonzaga che sulla sua proprietà di Bommercato, presso Goito, dove il defunto marchese gli aveva consentito di piantare un bella vigna (rovinata per altro da tempeste e gelate), nottetempo, in quel vigneto erano entrate certe vacche mal custodite dai famigli dello stesso marchese, con il conseguente gran danno. Inoltre da quattro mesi non riceveva la provvigione.[27]

Il 20 giugno 1480 il marchese Federico I Gonzaga scriveva alla duchessa di Milano, Bona di Savoia, che Mantegna non era uso a dipingere figure piccole, ma almeno di un braccio o un braccio e mezzo, e aggiungeva: «ma communamente questi magistri excelenti hanno del fantasticho et da loro convene tuore quello che se po havere».[28] «Fantastico» significava bizzarro, lunatico?

Andrea Mantegna non fu estraneo alla costruzione della *Domus Nova*. Con tutta probabilità infatti a certe finestre di quel palazzo si riferiva il 10 settembre 1481 Lancillotto Andreasi scrivendo al marchese Federico I, al quale comunicava pure che a tal proposito la propria opinione non era stata condivisa dal pittore, che s'era pure irritato:

Dopo la partita de vostra excellencia ho praticato et fato mercato de parechi migliara de prete de le fornace de questa terra et uxato omni dilligentia possibille, como sano li magistri de le intrate. Ma queste prete non se possono havere di presente, perché non sono ancora cocte. Questo anno li lavoreri non sono fati che li sono venduti et cum fatica se ne può havere. A presso spero de haverne migliara cento da Po, per bon mercato conducte a Mantua. In le fornace de Christoforo spero incominciare domane a fare meter fogo et cocere. Insuper, havendo io inteso che el tagliapreta che fa le finestre dovea fare una batuta in esse finestre, dove se haverà a meter la finestra impanata, la quale batuta me pare molto granda et toglie via molto la beleza de la porta, parendone che la cosa sia difetosa, ho fato che il tagliapreta ne ha dito qualche cosa ad Andrea Mantegna, quale dice che la vole così. Et perché, dopoi che questo magistro hebe queste finestre a lavorare, il dito Andrea hè sempre stato turbato con meco, non m'è parso de dirgene alcuna cosa per non lo fare anco turbare mazormente, ma

[27] *Ivi*, b. 7, c. 117, da Mantova.

[28] *Ivi*, b. 2897, lib. 99, c. 27*r*, *Domine ducisse Mediolani*.

ne ho consultato cum magistro Luca [il tagliapietra e ingegnere Luca Fancelli] et altri magistri, quali me dicono che tal batuta non starà bene. Volea che dicto magistro Luca ge ne parlasse. Non ha voluto, perché, {dice}, forse potrìa essere che esso Andrea la fa fare così de saputa de vostra excellencia, il che io non credo. Ma pure, se non hè così, me pare che vostra signoria farà bene a scrivere a magistro Luca, che cum qualche bon modo li voglia remediare [...]. Mantue 10 Septembris 1481.[29]

Il giorno dopo, da Gonzaga, il marchese scrisse ad Andreasi:

Respondendo a la lettera tua vogliamo tu faci soprasedere a quelli taiaprete che fanno le finestre, perché vorèmo prima vederle nanti che se li proceda più ultra, e poterai darli a far qualche altra cosa in questo mèzo. E, sopra 'l tuto, vedi de haver de li quadrelli a ciò non se intermetta el lavorero per carestia de quadrelli. [Gonzage XI Septembris 1481].[30]

Mantegna ebbe ancora a che fare, e in modo burrascoso, con Gerolamo Carreri (commerciante in materiale da costruzione) a proposito di certe pietre destinate a quella fabbrica e provenienti da Capo d'Istria. Carreri così si lamentò di Mantegna presso il marchese di Mantova, Federico I Gonzaga, il 6 agosto 1483.

Illustrissime princeps et excellentissime domine, domine mi singularissime et cetera, havendome facto comandamento li spectabili magistri de l'int[rate, da] parte de vostra excellentia, che me dovesse transferire a Venesia cum animo de far condure le pre[de] de quella a Mantua e sub pena de ducati 100, volendo io observare il comandamento, me trans[ferii] a Venesia, e per l'andata mia ne recevì li dampni infrascripti, che ascendeno a la summa de ducati 250: primo, piope 62 grande e grosse, lignami da opera 500, salesi 300, tagliati suxo uno mio polésino lì a Sèrmido e conducti a Felònega da far uno bastione, de comissione de vostra excellentia. Ulterius centovinti pestilentiati suso esso polésino funo alozati, li quali steteno circha menses quatro: me andò in sinistro tanta uva che haverìa facto carra 16 de vino; carra 16 de féne, carra 20 de ligne, piantoni 1400 apresitii, li quali tagliò essi pestilentiati. Apresso a questo el lavoratore del dicto polésino se levò via et non se puodete arare né cultivare quello. Preterea, a la Moia de Sèrmido li soldati glì [lì], ad una mia posessione, me consumone carra 20 de féne, carra 15 de vino, carra 30 de ligne, castroni et agneli 70, e per la fuga de mei pecori conducte de qua e de là, me ne son morte più de 300.

---

29 *Ivi*, b. 2424, c. 437.

30 *Ivi*, b. 2897, libro 102, c. 94*v*, n. 567.

Illustrissime princeps, ho registrati tuti li dampni antescripti per far cosa gratta a vostra excellentia e per servire ad Andrea Mantegna e compagno, et essendo mi absente da Mantua, volendome esso Andrea remunerare de le fatiche e stente le quale ho facto per lui, il quale foe casone e per amore suo fese la segurtà a Pedroantonio tayapreda, ha dicto gravissimo male e facto riportamento di me a vostra excellentia. Certe non ha facto da homo da bene, perhò me dovea aspectare che fusse venuto da Venesia, e postea, me presente, far querela. E havendo fato in tal modo, el se serìa visto qual de nui dui havesse comesso manchamento, postea dar la ponitione secondo il delicto comesso. E per remuneratione de li mei dampni, fatiche e stente, et per il maldire de dicto Andrea, ipso presente, ad instantia de vostra excellentia fo' carcerato et per forza pignorato et in tuto vergognato, cosa che certe non meritava né may haverìa creduto esser coniuncto a tale partito. De tuto ciò ne rende excusatissima vostra excellentia ché, se quella fosse informata de la verità, non serìa stato tractato per quello modo che son stato. Esso Andrea se ne va agabando dicendo: "Lassalo pur star glì [lì]". Asa' me doglio che uno forestero, che mai non dete altro che gravissima grositate a la excelsa casa da Gonzaga, me habia reducto a questo porto. La casa mia continue, da anni 200 per sino al presente, utillitade, honore ha facto a la prefata casa da Gonzaga. Preterea esso dice che mi non ho voluto ritrovare marani da condure le prede suprascripte. A questo respondo che mi ne ritrova' quatro, comenzando da dì 22 de febraio per fino a dì 12 de marzo: continue me fone retenuti per la serenissima Signoria de Venesia. Questo se sano li infrascripti: el magnifico domino Bernardo Iustiniano, el grande canzellero, el factor de lo illustrissimo signor Rodulfo [Gonzaga, fratello del marchese], Filippo da Venesia, che sta a Mantua, Francesco de Betti da Mantua, Leonardo da Mantua, Zentile [Bellini], cognato de Andrea Mantegna, magistro Antonio Rizo, magistro Moro, magistro Iacomino da Milano, tuti tri tayapiera. Zohanno dî Strigii e Filipo da Venesia, li quali erano glì quando mi, sano che tuti li marani erano retenuti ad instantia suprascripta. Ilpertanto prego vostra signoria che se digne far uno pu⟨o⟩cho de consideratione circha ciò e comprenderà la verità de ciò che scrivo a vostra excellentia, a cui continue me ricomando. Mantue VI Augusti 1483. Celsitudinis vestre servitor fidelissimus cum recomandatione

Hyeronimus Carerius.[31]

Tuttavia, Carreri era in carcere già da quattro mesi, quando il 30 novembre scrisse di nuovo al marchese dichiarandosi pronto a pagare il debito per cui era stato imprigionato e implicitamente dando credito alle accuse di Mantegna, da lui messo in cattiva luce quattro mesi prima:

Illustrissime princeps et excelse domine, domine mi singularis, essendo menses quatro che son carcerato de mandato de vostra excellentiae, e parendo a

[31] *Ivi*, b. 2430, c. 459.

quella che mi pagasse tuto el debito del quale nui segurtà siemo debitori, cadauno per la sua rata, cum appare a presso li magistri de l'entrate, in la notta et cetera, a carta 55, più fiate ho facto instantia scrivendo a vostra excellentia se dignasse comettere che se calculasseno bene tute le rasone e mettere al conto nostro tuto quello de rasone se debe metere, e facendosse questo la excellentia vostra intenderà la verità del tuto. Preterea una sole gratia adimando a quella, che se voglia dignare havere bona informatione di Zohanno dî Strigii e Filippo da Venexia, qui sta dal Pozo de la Roda, li quali son informatissimi de la faticha, sudori e stenti ho facto dreto queste prede, le quale son cason de la mia ruina, perché l'ano passato, essendo mi in Istria, glì [lì] a Sermido me fune tagliati tanti lignami da opera che valevano più de ducati 200 per bissogni de vostra excellentia, ultra li altri exterminati et insubportabeli da[m]ni dati a mi, cum è de vino, féne, bestiami e ligne, tolti per li soldati. Ultra de ciò, g[i]à suso il mio polésino, per conservatione del paiso, el fone messi 120 homeni e donne infecti de peste. Tuto quello che se ritrovò esser del mio andò in sinistro e non se posete acoiere né lavorare la posessione. De hiis omnibus contentus sum e, pagato che sia, paciente, e cusì voglio esser. Et si oppus esset, ho cinque case de coppi e paglia lì in Sermido, per servire vostra excellentia li farìa ruinare e tòre lignami per metterli in opera dove accadesse, et etiam exponeria perfino a la vita per quella, e monstrerìa che mi non servo de parole ma de facti. E quando lo accadesse, ne farìa prova cum effecti, e monstrerìa che sonto Hyeronimo Cariro. Quibus in rebus divote prego la prefata vostra signoria che quella se voglia dignar, de sua solita clementia e humanità, volire comettere che siano calculate le rasone et intendere ciò se de' far e che nui segurtà siemo facti creditori del nostro, e cusì debitori de quello è pertinente a vostra excellentia. Et quam primum serano calculate, pagarò la mità. De l'altra mità vorìa termino per tuto zenar proximo, et quod postea et inmediate me sia facta rasone summaria contra de li compagni, omni exceptione remotta. Et facendome questo semper ne restarò ubligatissimo a vostra excellentia, quam Altissimus ad vota conservet. Ex carceribus ultimo Novembris 1483.

Celsitudinis vestre

servitor fidelissimus cum recomandatione
Hyeronimus Carerius.[32]

Si riporta parte del testo dell'accordo raggiunto da Carreri con il marchese per ottenere la scarcerazione. In quest'ultimo documento, privo della parte iniziale e della data, si dice esplicitamente:

Ibique Ieronimus Carerius carceratus iam pluribus diebus elapsis, pro quadam fideiussione et promissione per ipsum et Andream Mantiniam facta Pe-

32 *Ivi*, b. 2430, c. 461.

troantonio lapicide pro lapidibus marmoreis conducendis ad fabricam pallatii prefati illustris domini nostri in civitate Mantue, de qua constat in libro spectabilium magistrorum intratarum prefati illustris domini nostri, et etiam quia dictus Ieronimus, qui assumpserat onus faciendi conducere ad dictam fabricam ex Capite Istrie dictos lapides, et eos quos conductos ut supra dare promiserat magister Albertinus lapicida, consocius dicti Petri Antonii, prout in dicto libro latius apparet, ipsos lapides infra tempus dictum nec usque modo non conduxit, volens e carceribus liberari ad hanc compositionem et concordium devenit cum prefato illustri domino nostro et seu cum Christoforo de Goris, eius sindico et pro eo et eius nomine agente, videlicet solemni stipulatione promisit dicto sindico, nomine quo supra stipulanti et recipienti, dare et solvere prefato illustri domino nostro ducatos 396 et soldos 36 parvorum pro hiis quos prefatus illustris dominus noster solvit et exposuit de pluri quam tenebatur pro dictis lapidibus habendis.[33]

L'atto fu redatto verosimilmente sabato 21 febbraio (improbabile sabato 21 agosto) 1484 e dovrebbe corrispondere a *Obligatio facta per Ieronimum Carerium illustri domino nostro*, redatta «anno Domini a nativitate eiusdem millesimoquadringentesimo octuagesimo quarto, indictione secunda, die sabati vigesimoprimo», senza mese.[34]

Quel 1484 sarebbe stato funesto per Andrea. Avrebbe sepolto in San Domenico, nella stessa tomba in cui già aveva tumulato il figlio Federico ancora bambino, un altro figlio, Gerolamo, come ricorda il seguente epitaffio:

A(ndreas). M(antinia). V(ivus). Federico et Hieronimo filiis hic/ locum dedit. / Hieronyme frater, dum Federicus viverem, / mihi mortem puerili praesagio praedixi, / te vero, ob tuam immensam virtutem, / tam cito comitem mihi minime expec- / tabam; sed invida fata nec aetati meae / nec tuae virtuti fidem servarunt. / Hic ambo quiescimus. / MCCCCLXXXIIII, die XXII Augusti.

---

33 ASMn, Archivio notarile, *Abbreviature*, notaio Federico Folenghi, b. 162, s.d.

34 *Ivi*, *Estensioni*, notaio Federico Folenghi, libro F 57, c. 5*v*: manca tuttavia il rogito. Cfr. R. Signorini, *Sed cupio pictorem* [...] *in primis esse virum et bonum et doctum bonarum artium / «Ma piacerammi sia il pittore* [...] *uomo buono e dotto in buone lettere» (De pictura, III 52), Leon Battista Alberti teorico delle arti e gli impegni civili del «De re aedificatoria»*, Atti dei convegni internazionali, Mantova, 17-19 ottobre 2002 e 23-25 ottobre 2003, a cura di A. Calzona, F.P. Fiore, A. Tenenti, C. Vasoli («Centro Studi Leon Battista Alberti. Ingenium», 9), Firenze, Leo S. Olschki, 2007, pp. 303-328, nel quale non abbiamo fatto in tempo a riportare quest'ultimo documento. *Hieronimus de Careriis* morì *ex vulneribus* (non sappiamo per mano di chi) a 75 anni, martedì 7 novembre 1497 (ASMn, Archivio Gonzaga, *Registro Necrologico 1*, c. 59*v*). Così vien meno il 1510, anno della morte di Carreri secondo Ferruccio C. Nob. Carreri (*Intorno al b. Matteo Carreri*, «Rosario. Memorie Domenicane», 1906, pp. 491-502:492, nota 1).

L'umanista Matteo Bosso, in una lettera non datata scrisse ad Alvise Antilla presumibilmente a proposito della morte di Gerolamo: «Mantineam nostrum audio filii mortem dolentius ac gravius ferre, cui digne compatior atque condoleo».[35]

Affetti familiari profondi che dovettero gemere nuovamente nel cuore di Andrea anche quando, un anno imprecisato, si spense Nicolosa Bellini, moglie dell'artista, e quando domenica 5 dicembre 1501 morì di tisi Margherita, figlia finora sconosciuta di Andrea, giovane di soli 15 anni.[36]

Nel 1488 Mantegna s'era recato a Roma su richiesta di Innocenzo VIII per decorarne la cappella privata, ricevendo dal pontefice solo «le spese cossì da tinello», scriveva il 31 gennaio 1489 al quarto marchese di Mantova, Francesco II Gonzaga. E aggiungeva: «in modo che io starìa meglio a casa mia». Sperava di ottenere dal papa qualche beneficio ecclesiastico al proprio figliolo Ludovico, per 200 ducati, a Mantova o nel Mantovano.[37] E il marchese gli rispondeva il 23 febbraio 1489 che ne sarebbe stato contento, «persuadendone che, essendo vostro figliolo imitatore de li custumi paterni, ché ogni bona arbore produce boni fructi, sarà in lui ben collocato ogni beneficio ecclesiastico».[38]

Tornato a Mantova, il 28 novembre 1491, dove già rifulgeva lo splendore del *Trionfo di Cesare*, Mantegna chiese a Francesco II Gonzaga un riconoscimento degno del principe, duecento biolche a occidente del «boscho dalla cacc⟨i⟩a», presso Scorzarolo, vicinissime alla proprietà di Alessandro dall'Organo («domanda veramente honestissima avendo servito in cose apparente e di honore de la chasa» osservava), a dimostrazione «che sia quella cognosente e premiatore de le virtù et amarle».[39]

Si dovrà attendere il 2 settembre 1494 per leggere una nuova lamentela di Mantegna circa certo Rovida, provvigionato del marchese Francesco II Gonzaga, che per un anno, a ogni ora del giorno, faceva bottino delle pietre

---

35 R. Signorini, *Mantegna's unknown Sons: a rediscovered Epitaph*, «Journal of the Warburg and Courtauld Institutes», XLIX, 1986, pp. 233-235. Per un ritratto di Bosso cfr. la scheda redatta da Mario Marubbi in *A casa di Andrea Mantegna*, cit., pp. 433-435.

36 Si veda l'Appendice e R. Signorini, *Margherita sconosciuta figlia di Andrea Mantegna*, «Comparatistica», XIV, 2005, pp. 1-2.

37 ASMn, Archivio Gonzaga, b. 7, c. 121, da Roma. Cfr. c. 123, 15 giugno 1489, da Roma.

38 *Ivi*, b. 2903, libro 133, c. 11*v*.

39 *Ivi*, b. 7, c. 133, da Mantova. Cfr. c. 135, 21 dicembre 1491, da Mantova, in cui l'artista tracciò un disegno schematico del «Tereno del boscho dalla Cacc⟨i⟩a» con i nomi dei relativi confinanti.

da costruzione che il maestro usava per edificare la sua casa presso San Sebastiano. Andrea aveva riferito il fatto al figlio Ludovico, il quale s'era appostato per cogliere il ladro sul fatto. L'aveva poi affrontato e chiestogli se avesse pagato le pietre che nascondeva sotto un «mantellatio celestro». Il ladro, ch'era armato d'«un gran pistorese» (un coltello a lama corta e larga a un filo e mezzo) gli aveva impudentemente risposto: «Sì, perché?». Ludovico aveva quindi messo mano a una mezza spada e l'aveva ferito.[40]

Altri furti Mantegna subì due volte, due sabati, da certo Saviola, forse alla fine di aprile del 1499. La prima volta il ladro «venne a radere 33 libre di danari, la seconda un rubino ligato, al precio di 16 ducati». Mantegna l'aveva chiamato in giudizio, ma «Federico soscalco lo favorì a presso il podestà *taliter* che esso Saviola fo lassato». Mantegna aveva poi raccolto altri indizi a suo carico, l'aveva di nuovo chiamato a rispondere dei furti, ma temeva che avrebbe trovato altre protezioni.[41]

Mantegna, il 31 marzo 1505, aveva scritto di nuovo al marchese comunicandogli che sua nuora, Libera Montagna, moglie di Ludovico, era a Cavriana e gravida, e che le erano stati tolti quarantasei stai di frumento che lo stesso Ludovico aveva comprato per lei e per suo padre. Ludovico era lontano, essendo stato bandito. Andrea faceva appello alla clemenza del principe e lo supplicava in nome del suo lungo servire di «remitere ogni errore in el quale fosse incurso dito Lodovico».

Infine, il 13 luglio 1506, due mesi prima di morire l'artista aveva chiesto alla marchesa Isabella d'Este di aiutarlo a pagare l'ultima rata della casa che s'era comprata in contrada dell'Unicorno «per non andar qua e là vagabondo», acquistandogli il busto marmoreo di Faustina, valutato 100 ducati. Nel 1502 aveva infatti permutato la sua celebre dimora presso San Sebastiano con la Casa del Mercato, secondo la richiesta del marchese, ed era quindi andato ad abitare in contrada del Bove.

Andrea Mantegna fu dunque persona con prevedibili reazioni – universalmente comuni – a fastidiose situazioni. In lui poté forse inalberarsi la consapevolezza del genio e l'insofferenza sdegnosa di un volgo malandrino che gli rubacchiava ora un po' di terra, ora un po' di mele, ora un po' di pietre, ora un po' di soldi, ora un anello. Quell'«homo notabile e virtuosissimo»,[42] che l'imperatore Federico III d'Asburgo nel 1469, a Ferrara, aveva creato

---

40 *Ivi*, b. 7, c. 139, da Mantova.

41 *Ivi*, b. 7, c. 141, 8 maggio 1499, da Mantova.

42 *Ivi*, b. 2410, c. 388, lettera di Antonio da Crema del 5 agosto al marchese Ludovico II Gonzaga, da Mantova.

cavaliere, che esibiva con orgoglio le insegne concessegli dal marchese Ludovico II Gonzaga, era stomacato evidentemente da un mondo miserabile di piccoli furfanti, così lontano dalla vertigine della sua arte e che pure non cessava di schizzargli l'aristocratica veste del fango della propria volgarità. E come tutti gli artisti fu intollerante dei consigli che gli potevano venire da coloro ch'egli considerava a sé inferiori per talento e gusto.

Del carattere di Andrea può far parte anche la sua lentezza nell'operare, com'era parso già al marchese Ludovico II Gonzaga nel 1470, quando l'artista lavorava alla *Camera Dipinta*, per cui il principe aveva dichiarato al proprio ambasciatore a Milano, Zaccaria Saggi, di non poter far fare da Andrea un crocifisso o solo o con Nostra Donna e san Giovanni accanto per Alessandro Sforza perché

> el sónno tanti anni ch'el comenciò a depinzere quella nostra camera et anchora non è fornita la mitade, né se gli può dare cussì pocho disturbo ch'el non ce prolongi la opera de mesi et anni; et da nui ha XV ducati el mese, la cassa [casa] et altre prerogative, che c'è una gran spesa, et s'el debe fare uno crucifixo el ge starà uno et forsi dui mesi, ma non facemo caso de questo quanto del prolongarne poi la opera nostra de tanto tempo che non ce pare mai de vederla finita. Tu porai perhò dire ad esso signore che cum el tempo vedaremo de far satisfare, se poteremo, a sua signoria, ma dirli etiam de la longeza de esso Andrea et quanta fatícha è a farli fare cosa alcuna.[43]

Isabella d'Este, il 7 aprile 1500, si lamentava con il priore di Santa Maria: «non potemo cavarli de mane alcune cose già bon tempo ha principiato a nostro nome».[44]

Il suo riconosciuto autoritratto nella *Camera Dipinta* e il laureato busto di bronzo nella cappella funeraria esprimono un temperamento forte. Se poi c'è da prestar fede a Federigo Amadei, secondo il quale nelle pupille del bronzo erano incastrati due diamanti,[45] possiamo immaginare quali barbagli di folgorante genialità dessero quelle sembianze. Ignoto rimane il nome dell'umanista che dettò il sottostante distico elegiaco (già attribuito al carmelitano Battista Spagnoli), che celebra Mantegna pari se non superiore ad Apelle, laureato anch'egli nell'incisione di Nicoletto da Modena. Ramo d'alloro che parrà coerente con i versi di Orazio: «pictoribus atque poetis /

---

[43] R. Signorini, *Opus hoc tenue*, cit., pp. 115, 118, 304, doc. 9.

[44] ASMn, Archivio Gonzaga, b. 2993, libro 11, n. 124.

[45] F. Amadei, *Cronaca universale della città di Mantova*, II, a cura di G. Amadei, E. Marani e G. Praticò, Mantova, Citem, 1955, pp. 439-441:440.

quidlibet audendi semper fuit aequa potestas», e «ut pictura poesis» (Hor., *Ars poetica*, 9-10, e 361). Nell'incisione datata intorno al 1507 di Nicoletto da Modena (prossimo all'arte di Mantegna) che raffigura APELES / S / POETA TACENTES – evidente errore, che è stato plausibilmente inteso da Saxl come *tacens* –[46] / A TEMPO SVO / CILIBERIMVS, col capo adorno d'un serto di lauro.[47] L'incisione è stata sagacemente accostata al busto da Gabriele Helke[48] a spiegare il lauro sulle tempie di Mantegna.

E poiché si legge che la 'S' che precede «POETA» ancora nel 1984 non era stata intesa («The letter S below the name APELES has neither been observed nor deciphered»),[49] supposto che a tutt'oggi essa non sia stata ancora interpretata, osiamo svolgere quell'evidente abbreviazione in S(cilicet). La prima parte dell'epigrafe suonerebbe pertanto così: APELES / S(*cilicet*) / POETA TACENS [...] (Apelle, cioè il poeta che tace), concetto che nel *Trattato della pittura* di Leonardo suona: «14. Pittore che disputa col poeta. [...] la pittura è una poesia muta»; «16. Differenza che ha la pittura con la poesia. La pittura è una poesia che si vede e non si sente, e la poesia è una pittura che si sente e non si vede»; «17. Che differenza è dalla pittura alla poesia. La pittura è una poesia muta, e la poesia è una pittura cieca».[50]

Il ritratto della *Presentazione al tempio* di Berlino manifesta un'espressione dolce, quella che l'artista doveva assumere con gli amici, le persone a lui congeniali. Chissà con quale delle due espressioni lo ritrasse Vincenzo da Piacenza quando, commissionatogli dal Gonzaga «un quadro ad Andrea Mantegna» ne aveva «fatti duy, de li quali el secundo mi pareva havere ogni perfectione».[51] Egli doveva trovarsi bene fra gli intellettuali, dotto fra persone dotte. Con loro il suo carattere doveva mostrare il lato migliore, dolce e affettuoso, come nella seguente testimonianza d'amicizia indirizzatagli dall'umanista e poeta Filippo Nuvoloni (Mantova, 4 febbraio 1441-Venezia, 16 giugno 1478) prima del 27 giugno 1465:

P(er) philippum Nuuolonum vir(um) clar(um)
ad Andream Mantegnam pictorem

---

46 *The illustrated Bartsch*, 25. M.J. ZUCKER, *Early Italian Masters. Commentary*, New York, Abaris Books, 1984, pp. 157-160:157.

47 *Ivi*, pp. 190-192, n. 031.

48 Cfr. G. HELKE, *Giorgione als Maler des Paragone*, «Jahrbuch des Kunsthistorischen Museums Wien», Sonderheft Nr. I, 1997, pp. 11-79:33-35.

49 *The illustrated Bartsch*, cit., p. 191.

50 L. DA VINCI, *Trattato della pittura*, Neuchâtel, Le Bibliophile, s.d., pp. 15-17.

51 ASMn, Archivio Gonzaga, b. 2410, c. 98.

Convere' che 'l figliol di Citarea
me avesse vincto e colligato el cuore
s'io dovesse esser condecente auttore
scriverti in rima, o gloriöso Andrea.
Ma quel dolce che in te sempre parea
mentre insieme eravam, quel grande amore
m'insegna farti reverenza e honore,
e a te scrivendo tutto mi ricrea.
Sì che tu, fonte d'ogni inzegno altiero,
in cui natura ben quel'arte puose
sopra gli ambi roman Parasi e Apelle,
a te mie rime drizano el sentiero,
seco portando mille altre mie cose
forse indigne a te, dotto, a me alte e belle.
E fa' che ti sian quelle
ioconde e grate come io te le mando,
tua persona gentil sempre affettando.

E ancora

El dito ph(ilippo) havendoli presentato un
libro pien di Rime e frotule in dono

O sopra tutti gli altri incliti e insegni
roman passati di alta fantasia,
che ebbe mai a ritrar modo né via,
pien di sublimi e natural desegni;
o specchio, o lume dei perfetti ingegni,
di ognun ch'è ora e che fu o che mai fia,
salito in ciel ne l'alta ierarchia
veder quei visi angelicati e degni,
per dimostrar che quel che la natura,
non sol natura, ma l'eterno Idio
ha fatto in cielo e tu 'l figuri in terra,
con tuoi colori, ogni inclita figura
che par che l'alma seco si conserra,
e monti e valli et ogni fiume e rio.
A te dunque mando io
frotule e rime, qual luntan ti abraza,
se non sì degne, almen con lieta faza.[52]

---

[52] R. SIGNORINI, *Felice Feliciano (Verona 1433-Roma [?] 1479 [?]). Raccolta di rime varie*, in *A casa di Andrea Mantegna*, cit., pp. 440-441, scheda n. 90.

E chissà quale sodalizio dovette legare Andrea all'umanista, antiquario, alchimista veronese Felice Feliciano che considerava il pittore «amicus incomparabilis et antiquitatis investigandae promptissimus, amantissimusque», e a Giovanni Antenoreo e al pittore Samuele da Tradate! Par di vederli i quattro amici in barca sul Benaco, il 23 e il 24 settembre 1464, navigare verso la riva bresciana, diretti a Toscolano in cerca di iscrizioni romane, coronati di edera, pervinca e mirto:

> Sub imperio faceti viri Samuellis de Tridate, consulibus viris primariis Andrea Mantegna Patavino et Iohanne Antenoreo, procurante me Felice Feliciano una cum florentissima caterva sequente per opacas lauros solacia capiente. Myrto provinca hedera ac diversarum frondium coronata Samuellem ipsum commitante [...], semper ipso imperatore Samuelle citarizante et iubilante.

E gradevole doveva essere Andrea e di lieta compagnia se il cardinale Francesco Gonzaga, da Foligno, il 18 luglio 1472, chiedeva al padre di consentire all'artista di raggiungerlo, assieme al musico e cantore Malagise, ai bagni di Porretta (Bologna):

> Lo arivare mio a Bologna credo serà a li cinque o sei de avosto, dove non intendo de fermarme più che doi dì et andarmente al bagno, dove, per havere qualche solatio e transtullo ad fugire lo dormire, come è necessario in quello loco, prego la signoria vostra che li piacia ordinare che Andrea Mantegna e Malagise li vengano e stiano continuamente con me. Cum Andrea pigliarò spasso de monstrarli miei camaini e figure de bronzo et altre belle cose antique, sopra le quale studiaremo e conferiremo de compagnia. De Malagise pigliarò piacere del sonare e cantare suo, et a questo modo me serà più facile ad lasciare lo sonno.[53]

Il 7 aprile 1494 Giancarlo dalla Scalona scrisse al marchese Francesco II Gonzaga che il «magnifico segretario venetiano [...] se ha golduto messer Andrea Mantegna».[54] Da una lettera di Mario Fiera a Giacomo d'Atri, conte di Pianella, sappiamo pure di una «festa del Mantenga [*sic*]» tenutasi a gennaio o comunque prima del 21 febbraio 1498.[55]

---

[53] ASMn, Archivio Gonzaga, b. 844, c. 392. Si veda la positiva risposta del marchese al figlio del 25 luglio 1472, *ivi*, b. 2892, libro 70, c. 50*r*, *Reverendissimo domino cardinali*, e il conseguente ordine dato dal principe il 27 luglio 1472 a Mantegna di recarsi a Bologna *ivi*, b. 2892, libro 70, c. 52*r*, *Andree Mantegne*.

[54] *Ivi*, b. 2446, c. 335*v*.

[55] *Ivi*, b. 2451, cc. 170*r*-171*r*:170*v*.

Siamo andati toccando qua e là documenti noti e non, rivelatori di comportamenti di Mantegna in diverse occasioni. Ma il materiale raccolto, così esiguo e così frammentario, certo non esaurisce una vita né consente un sufficiente quadro della personalità del maestro. Consentirà tuttavia al lettore di farsi almeno una vaga idea e attinente alla realtà del temperamento dell'artista, che Giovanni Paolo Lomazzo annoverò fra i «sette governatori del mondo» (Michelangelo, Raffaello, Leonardo, Polidoro Caldara da Caravaggio, Mantegna, Tiziano e Gaudenzio Ferrari) e collocò fra i «Mercuriali»[56] e definì «argutissimo e diligentissimo»,[57] chiamò «Matematico»,[58] esperto in «Geometria, & Aritmetica», e lo annoverò fra i «grandissimi Geometri, & Aritmetici»[59] e, come mercuriale, secondo la posizione di Mercurio nell'ordine tolemaico dei sette pianeti che reggono e governano il mondo come «sette colonne, le quali pigliando ciascuna la sua luce da la prima luce, che è Iddio, la vanno poi qua giù appartatamente infondendo, à beneficio di tutte le create cose», nella *Fabrica del tempio della Pittura, & de i suoi Governatori* gli assegnò, quale sesto governatore dell'arte, la sesta statua. Ognuna di queste statue posa su piedistalli adorni di intagli che rappresentano gli avversari dei rispettivi artisti, e Lomazzo, così spiega quelle simbologie:

Hora perche per vitio della corrotta natura nostra, & per le continue suggestioni dell'auersario antico de gli huomini, frà i professori d'una istessa arte, sempre nasce grandissima emulatione, & inuidia, e quanto vno poggia più alto, tanto più hà chi s'affatica di abbassarlo, & deprimerlo, ne i piedistalli sopradetti, saranno intagliati di basso rilieuo, quelli i quali sono contraij all'essere, & qualità di ciascuno d'essi Gouernatori dell'arte, & eglino saranno formati naturali come furono, con gl'istromenti in mano, accommodati all'artificio loro, & la materia onde hanno d'esser formati, sarà del metallo della natura, & qualità di quel pianeta, à cui ciascun di loro si dirà esser sottoposto, per hauer hauuto qualità, & natura à lui conforme.[60]

---

56 G.P. Lomazzo, *Trattato dell'arte della pittura scultura ed architettura*, I, Roma, Saverio Del Monte, 1844, p. 165.

57 Id., *Trattato dell'arte*, cit., I, p. 183.

58 Id., *Idea del tempio della Pittura*, Milano, Paolo Gottardo Ponto, 1590, p. 38.

59 *Ivi*, p. 68.

60 *Ivi*, pp. 40-41.

Così il simulacro di Mantegna:

La statua del sesto è d'argento uiuo, congelato, che significa la prudenza arguta in Andrea Mantegna, pittore Mantouano & ha i suoi contrarij nel piedistallo, che sono fraudolenti, machinatori maluagi, & pronti al male.[61]

Per lo stesso Lomazzo, nel capitolo *Delle sette parti, ò generi della proportione*, «Andrea Mantegna hà hauuto la proportione sottile Mercuriale, & è stato in sua maniera leggiadro, suelto, & recondito».[62] Nel capitolo *Delle sette parti ò generi del moto* si legge che «Nel Mantegna si vedono i moti della prudenza, della viuacità del fare, della saldezza, della chiarezza, dell'argumento, del vigore di sapere, dell'acutezza dell'ingegno, del discorso della ragione, del pianto & della mobilità veloce, e ristretta in sè».[63] Nel capitolo *Delle sette parti ò generi del colore*, «Andrea ha colorito con diligenza, & acutezza d'ingegno talmente che in questa parte hà di gran lunga superati tutti gli altri».[64]

Andrea è considerato da Lomazzo maestro della prospettiva al punto che, a suo avviso, nel capitolo *Delle sette parti ò generi della prospettiva*,

Il Mantegna è stato il primo che in tal arte ci habbi aperti gli occhi, perche hà compreso che l'arte della pittura senza questo è nulla. Onde ci hà fatto veder il modo di far corrispondere ogni cosa al modo del vedere come nelle opere sue, fatte con grandissima diligenza si può osseruare.[65]

E nel capitolo *Delle sette parti, ò generi della compositione*, si legge:

Il Mantegna ne i suoi trionfi, & in tutte le opere sue che sono sparse per l'Italia, & in molte altre parti del mondo, ha dimostrato vna minutezza, & diligenza esquisita nelle membra sua, tanto nelle figure grandi, quanto nelle picciole. Et in questo è cosi singolare che pare à questo solo dalla natura fatto è distinato. Ma non è stato minore nel comporre gli effetti, come si vede ne la Vergine Maria che, egli hà dipinto piangente il suo figliuolo è nelle altre Vergini, & in Santo Giouanni, ne i quali tutti hà espresso il dolore, & il pianto cosi naturalmente che non è possibile che altri faccia di meglio. Cosi ne i Tritoni che vanno per il mare, egli ha finto le buccine in bocca, & quelli che soffiano dentro con tanta forza d'arte, che più viuamente non si può mostrare il grande sforzo

---

61 *Ivi*, p. 43.

62 *Ivi*, p. 45.

63 *Ivi*, p. 47.

64 *Ivi*, p. 50.

65 *Ivi*, pp. 52-53; cfr. p. 36; cfr. G.P. Lomazzo, *Trattato*, cit., II, pp. 39 e 54.

che fanno nel soffiare con lo sgonfio delle mascelle, e la picciolezza de gli occhi, come hà fatto anco ne li suoi Baccanali, & ne i Satiri che soffiano ne i ciuffoli.[66]

E nel capitolo *Delle sette parti, ò generi della forma*, attribuendo a ciascuno dei sette governatori

vn animale di natura conforme alla maniera della forma ch'egli hà seguitato, accioche sapendosi la natura dell'animale, si sappia di subito quale sia la forma del Gouernatore, à cui è dato. Perche si può ancor con ragion Mathematica come di sopra dissi probabilmente concludere che la conformità della natura che hanno hauuto essi Gouernatori con la natura di quelli animali, habbi cagionato che nel suo dipingere si siano applicati ad vna maniera di formare le cose à loro c<on>forme,

Lomazzo assegnò a Mantegna il serpe:

Al Mantegna hò dato il Serpe animal prudente [sapiente] perche appunto nella forma sua hà dimostrato vna singolare prudenza [sapienza]. Costui dal cacciar de gl'armenti[67] datosi alla pittura arriuò a tanta altezza che dal Marchese di Mantoua fù fatto Cauagliero,[68] & fù d'aria che mostraua accutezza, & cupidità di sapere il vero di quello che egli spiegaua in opera; Onde si assimigliaua ad vno Azeno Arabo, ò ad vno Archimede Siracusano.[69]

---

66 Id., *Idea del tempio*, cit., p. 56. Lomazzo, circa il dolore della Vergine e di san Giovanni, forse si riferisce alla *Crocefissione* della pala di San Zeno (oggi al Louvre), o alle incisioni assegnate a Mantegna: *Sepoltura di Gesù* e *Zuffa degli dèi marini*, e *Baccanale con tino* e *Baccanale con Sileno*. Cfr. *Andrea Mantegna*, Catalogo della mostra, Londra, 17 gennaio-5 aprile 1992, New York, 9 maggio-12 luglio 1992, a cura di J. Martineau, Milano, Electa, pp. 183-184, n. 29; pp. 199-202, nn. 38 e 39; pp. 279-280, nn. 74 e 75; R. Signorini, *New Findings about Andrea Mantegna: his Son Ludovico's post-mortem Inventory (1510)*, «Journal of the Warburg And Courtauld Institutes», LIX, 1996, pp. 103-118:111-112; Id., *Una straordinaria fonte di scoperte su Andrea Mantegna: l'inventario dei beni di suo figlio Ludovico (17 luglio 1510)*, «Civiltà mantovana», XXXIII, 106, maggio 1998, pp. 9-21:16-17. Sulla questione dell'attribuzione delle incisioni ritenute di Mantegna all'orafo Gian Marco Cavalli cfr. A. Canova, *Gian Marco Cavalli incisore per Andrea Mantegna*, cit., pp. 149-179; Id., *Andrea Mantegna e Gian Marco Cavalli*, cit., pp. 201-229.

67 G.P. Lomazzo, *Idea del tempio*, cit., p. 59 (erroneamente scritto «45»). Lomazzo si riferisce a quanto scrisse Vasari nella seconda edizione delle *Vite* (1568): «ed ancora che da fanciullo pascesse gli armenti» (G. Vasari, *Le opere di Giorgio Vasari con nuove annotazioni e commenti di Gaetano Milanesi*, III, Firenze, Sansoni, 1906, p. 384). Cfr. E. Kris, O. Kurz, *La leggenda dell'artista*, Torino, Bollati Boringhieri, 1989, p. 32.

68 G.P. Lomazzo, *Idea del tempio*, cit., p. 59 (erroneamente scritto «45»): cfr. p. 132.

69 *Ibid.*

Mantegna fu creato *eques*, conte palatino, dall'imperatore Federico III d'Asburgo forse il 2 febbraio 1469, a Ferrara: «Andrea Mantegna dice che anche lui se fece fare conte e spera de haver il privilegio». Il pittore ritrasse l'imperatore che tanto titolo gli aveva conferito – raro per un artista – nella *Camera Dipinta*, nella parete dell'*Incontro*, primo del gruppo di tre personaggi con cui si chiude la scena: Federico III, Cristiano I di Danimarca, e Federico Gonzaga.[70]

Mercuriale fu dunque Andrea,

> E così alle [figure] Mercuriali danno gl'Astrologi la sua forma secondo le qualità di Mercurio. Di qui si può comprender che da queste qualità attiue, & passiue, principalmente dipende la bellezza; & ha da essere espressa, in opera con le sue proportioni e membra tolte dall'essempio naturale dell'animo, al quale la materia fù ben disposta in Saturno per grauità, in Gioue per magnificenza, & allegrezza, in Marte per fortezza, & valore, nel Sole per magnanimità, & signoria, in Venere per piaceuolezza, in Mercurio per intelligenza, & argucia, e nella Luna per clemenza. Si come all'incontro si corrumpono, in Saturno per miseria, in Gioue per auaritia, in Marte per crudeltà, nel Sole per vituperio, & tirannide, in Venere per lasciuia, in Mercurio per sceleragine, & stregheria, e nella Luna per instabilità, & leggerezza. Questa bellezza quando non piacerà per alcuno di simili termini perfettamente, da altro non verrà che dalla contrarietà di tali qualità. Imperoche sappiamo con tutte le ragioni, che in tutti i modi ne i gesti, ne gl'atti, ne' corpi, nelle voci, & nelle dispositioni delle membra, & ne i colori sono discordi; à i Saturnini, gli huomini Martiali, & Venerei; à i Giouiali, i Martiali; à i Martiali, i Saturnini, Giouiali, Solari, Mercuriali, & Lunari; à i Solari, i Martiali, Mercuriali, & Lunari; à i Venerei, i Saturnini; à i Mercuriali, i Martiali, & Solari; à i Lunari, i Martiali, Solari, & Mercuriali. Et per il contrario; à i Saturnini si confanno gl'huomini che tengono del Mercuriale, Giouiale, Solare, & Lunare; à i Giouiali i Saturnini, Solari <,> Venerei, Mercuriali, & Lunari; à i Martiali, i Venerei, & alli Solari, i Giouiali, & Venerei; à i Venerei, i Giouiali, Martiali, Solari, Mercuriali, & Lunari; à i Mercuriali, i Giouiali, Venerei, & Saturnini; e finalmente à i Lunari, si conuengono i Giouiali, Venerei, & Saturnini. Et tanto più si vede questa conformità, ò discordanza nelle creature, quanto più propriamente sono conformi le dispositioni delle materie, ouer discordi da gli animi, con le quali crescono insieme le materie. Donde procede che ad uno il qual vederà quattro ò sei huomini ò donne, più vno ò vna li piacerà, che vn'altro, o vn'altra, & ad vn'altro sarà in odio, ciò che a lui piacerà.

[70] R. Signorini, *Opus hoc tenue. La Camera Dipinta di Andrea Mantegna. Lettura storica iconografica iconologica*, Mantova, Giovetti Fotografia e Comunicazioni Visive, 1985, pp. 170-181; A. De Nicolò Salmazo, *Andrea Mantegna*, Milano, Rizzoli-Skira, 2004, pp. 16 e 18.

E particolarmente questo si comprende nell'arti che vn aborre vn'arte, & l'altro l'aggradisce, e quindi auuiene che tutte le nature, occupano tutte le arti.[71]

Lomazzo scrisse pure a celebrazione dell'artista, sesto governatore dell'arte:

Al Mantegna sesto Gouernatore non hò attribuito lode, & eccellenza alcuna particolare. Perche se ben egli le possedette tutte pur nella prospettiua, che fù sua principale, non potè leuare cen [*recte* con] la sua maniera, gl'intrichi di quellla [*sic*], si che non paresse fatta con arte. Pur sotto lui in questa parte e sotto Vicenzo Foppa, e Bramante, diuennero famosi Bernardo Zenale ⟨,⟩ il Buttinone, Bramantino, Baldessar Petruccio, che attesero a collocar le cose secondo il nostro vedere, come già fece l'antico Asclepidoro.[72]

E ribadisce Lomazzo che «Il Mantegna hebbe da Mercurio la prontezza del far tutte le cose con ragioni armoniche, e con la prontezza vna singolare argutia».[73] E chissà se anche fisicamente Mantegna corrispose ai tipi mercuriali, poiché «i Mercuriali sono piccioli, magri, diritti, & alle volte alquanto longhi»,[74] e ancora:

Mercurio [...] fa l'uomo di figura non molto bianco, né anco nero, di faccia alquanto lunga, di fronte elevata, di occhi belli non del tutto neri, di naso dritto ed alquanto lungo, di barba rara, di dita lunghe e sottili; d'animo lo fa ingegnoso, sottile, inquisitore, arguto, accorto, e facondo.[75]

Naturalmente nulla di ciò è arguibile dai ritratti di Mantegna veri o presunti.

Dovremo forse concludere supponendo che la tanto rilevata ruvidezza del carattere di Andrea «mercuriale» fosse un fatto di incompatibilità astrale? E che Andrea andasse d'accordo solo con «Giouiali, Venerei, & Saturnini», e fosse ostile a «fraudolenti, machinatori maluagi, & pronti al male» perché mercuriale? Quanto giustificato scetticismo sia intorno all'astrologia e agli influssi astrali sui caratteri umani *ab immemorabili* è noto. *Tot capita tot sententiae* dunque. Ma l'opinabile ghiribizzo astrologico di

[71] G.P. Lomazzo, *Idea del tempio*, cit., pp. 86-87.

[72] *Ivi*, p. 150.

[73] *Ivi*, p. 130.

[74] *Ivi*, p. 144.

[75] G.P. Lomazzo, *Trattato*, cit., I, p. 205.

Lomazzo sulla mercurialità di Andrea ha offerto all'autore e a noi di considerare aspetti dell'arte del maestro tutti pertinenti e tutti condivisibili.

Vale comunque universalmente e perpetuamente il motto scolpito nella mostra di una delle finestre del Palazzo dei Capitani del Popolo di Ascoli Piceno: «DIFFICILE PLACERE MVLTIS».

E grazie ai documenti da noi prodotti – che sono la vera sostanza del nostro assunto –, colui che fu caro al marchese Ludovico II Gonzaga[76] e agiograficamente Vasari dichiarò dotato di «gentili e lodevoli costumi in tutte le sue azioni»,[77] riacquisterà la dimensione più veritiera di umano fra gli umani, e sarà considerato tale da poter dire con Terenzio (*Heautontimoroumenos*, 77) e ripetere con Plinio il Giovane, «Homo sum» (*Ep.*, 5, 3, 2), mentre noi, con Quintiliano, pensando alle debolezze dei grandi, aggiungiamo «Summi enim sunt, homines tamen» (10, 1, 25).[78]

---

[76] ID., *Idea del tempio*, p. 26.

[77] G. VASARI, *Le opere di Giorgio Vasari*, cit., III, Firenze, G.C. Sansoni, 1906, p. 408.

[78] R. TOSI, *Dizionario delle sentenze latine e greche*, Milano, Rizzoli, 1991, pp. 240-241, n. 506.

APPENDICE

1. Lapislazzulo per Mantegna

Lavorava alla *Camera Dipinta* Mantegna nel 1468, anno cui risale la seguente, interessante notizia relativa a una pietra ultramarina, ossia lapislazzulo, che pare fosse stata chiesta da Mantegna. L'uso di azzurro di Alemagna da parte dell'artista per decorare la celebre camera del castello è attestato.[79] Si tratta di una lettera inviata da certo David al marchese Ludovico II Gonzaga e datata Mantova, 13 gennaio 1468:

Illustrissime princeps et excellentissime domine, domine mi singularissime et cetera, come fui a Mantua mostrai quella petra ultramarina a Zohanne Lucillo e dìsegli che la lavorasse perché me pare Andrea Mantegna ne habbia bisogno, sì che me rispose che non haveva el modo di lavorarla, e domandomi dinari per comparare el bisogno, credendo havesse mi l'ordine. Parendo a la signoria vostra habbia a fare altro circha ciò, quella me dia aviso, a la quale continue mi ricomando. Mantue XIII Ianuarii 1468.[80]

Illustrissime et excellentissime dominationis vestre David servus

2. Morti premature di Taddea e Margherita, figlie di Andrea Mantegna

È noto che Mantegna ebbe diversi figli dalla moglie Nicolos(i)a Bellini,[81] figlia di Iacopo e sorella di Gentile e di Giovanni, veneziani, pittori

[79] R. Signorini, *Opus hoc tenue*, cit., pp. 398-399, docc. 10 e 18.

[80] ASMn, Archivio Gonzaga, b. 2410, c. 177.

[81] Roberta Iotti ha avanzato l'ipotesi – veramente stravagante – che la moglie di Andrea Mantegna sia da ravvisarsi nella cosiddetta 'nutrice', un'attempata donna ritratta da Mantegna nella scena della *Corte*, nella *Camera Dipinta*, alle spalle della fanciulla in cui si ravvisa Barbarina, quarta figlia di Ludovico II e di Barbara di Hohenzollern o di Bran-

di grido. Due morirono ancora giovani: Federico e Gerolamo.[82] Altri figli legittimi dell'artista furono Francesco e Ludovico. Figlie legittime Laura e Taddea. Quest'ultima si spense a vent'anni, martedì 28 gennaio 1500, nella casa del marito di contrada del Cervo, che l'aveva accolta sposa di Antonio di Viano del fu Antonio Viani 'el Meser':[83]

> Tadea, uxor Antoni de Viamis [*sic*], in contrata Cervi, mortua est ex febribus et stetit infirma per unum anum, etatis anorum 20.[84]

Figlio illegittimo Giovanniandrea.[85] Altra figlia, Margherita (legittima?). Di lei abbiamo trovato notizia presso l'Archivio Gonzaga.[86] Mar-

---

deburgo (*Un cammeo per Nicolosia*, in *Nel segno di Andrea Mantegna*, numero monografico «Civiltà mantovana», XLI, 122, settembre 2006, pp. 163-173:170). A parte il fatto che non si saprebbe come giustificare Nicolosa fra i personaggi della corte del Gonzaga, quella parete era già dipinta nel 1470 e i lavori nella *Camera* si conclusero nel 1474. Ora la studiosa stessa suppone che Andrea e Nicolosa dovettero conoscersi intorno al 1447, quando Andrea doveva contare circa 16 anni (se la supposta data della sua nascita 1431 è giusta), e parla dei due «giovani» (p. 164). Dato per ragionevole che i «giovani» fossero almeno coetanei, nel 1470 Nicolosa doveva contare 39-40 anni, non i 70 e oltre che dimostra la cosiddetta (chissà poi perché) 'nutrice'. Nell'articolo manca inoltre un aggiornamento circa il personaggio virile in abito dottorale, con berretta nera, posto al centro della scena della *Corte* e nel quale già Alessandro Magnaguti ravvisò Vittorino Rambaldoni da Feltre (*Ritratto di Vittorino*, in *Vittorino da Feltre*, Brescia, La Scuola, 1947) e Eugene J. Johnson, più ragionevolmente, a nostro avviso, Leon Battista Alberti (E.J. JOHNSON, *A Portrait of Leon Battista Alberti in the Camera degli Sposi?*, «Arte Lombarda», n.s., 42-43, 1975, pp. 67-69; cfr. il nostro *Opus hoc tenue. La Camera Dipinta di Andrea Mantegna. Lettura storica iconografica iconologica*, Parma, Artegrafica Silva, 1985, p. 246; seconda edizione cit., Mantova, 2007, pp. 332-337).

82 R. SIGNORINI, *Mantegna's unknown Sons: a rediscovered Epitaph*, «Journal of the Warburg and Courtauld Institutes», XLIX, 1986, pp. 233-235.

83 Ancora si dà per certo – ma senza alcuna ragione – che figlio di Andrea Mantegna fu certo Bernardino «mestral», ossia ministrale, sovrastante (P. SELLA, *Glossario latino emiliano*, Città del Vaticano, Biblioteca Apostolica Vaticana, 1937, p. 225, *ad vocem mistralis*), come in R. IOTTI, *op. cit.*, pp. 163-173:168.

84 ASMn, Archivio notarile, notaio Eugenio Framberti, *Abbreviature*, filza 130, 4 luglio 1499; *Estensioni*, C 97, libro 26, intitolato *Galli*, cc. 227*r*-228*r*, «Dos Thadee, uxoris Antonii de Viano, filie spectabilis domini Andree Mantinee»; *ivi*, Documenti Patrii d'Arco, 45, c. 78, «1499.4.Iulii // Dos Thadeae uxoris Antonii de Viano filiae Spectabilis domini Andreae Mantineae. Ex rogitu Notarii Eugenii de Frambertis»; C. D'ARCO, *Delle arti e degli artefici di Mantova. Notizie*, II, Mantova, Giovanni Agazzi, 1857, pp. 44-45, doc. n. 56; P. KRISTELLER, *Mantegna*, Berlin-Leizig, Cosmos, 1902, p. 567, dok. 153.

85 ASMn, Archivio Gonzaga, *Registro necrologico 1, Morti dal 1496 al 1501*, carta 147*r*.

86 *Ivi*, c. 201*v*. La notizia è già stata pubblicata in R. SIGNORINI, *Margherita figlia sconosciuta di Andrea Mantegna*, «Comparatistica», XIV, 2005-2007, pp. 7-8; P. TOSETTI

gherita morì domenica 5 dicembre 1501, a soli 15 anni, di tisi, in contrada dell'Unicorno, quel settore della città press'a poco triangolare, dai seguenti confini odierni: «Piazza Martiri di Belfiore, via Chiassi, tratto di via della Conciliazione, parte di viale della Repubblica, largo XXIV Maggio, via Acerbi, via Principe Amedeo»:[87]

> Margarita, filia domini Andrea Mantiga [*sic*], in contrata Unicornu, mortua est ex tisicha pasionne et stetit infirma per menses 6, aetatis annorum 15.

Mantiga è errore dell'amanuense, che semplicemente omise l'abbreviatura di *-n-* fra *-g-* e *-a*. La stessa omissione si trova in una lettera di Giovanni Strigi al marchese Ludovico Gonzaga del 4 marzo 1470, in cui è scritto «Andrea Mantiga»,[88] e in una nota lettera allo stesso principe da Verona, del 1475, di certo Simone Ardizzoni da Reggio, «pictore e taliatore de bolino», nella quale si legge «Andrea Mantega».[89]

Nel 1501 Mantegna abitava ancora nella sua celebre casa di contrada dell'Unicorno ed è difficile immaginare che contemporaneamente e nella medesima contrada risiedessero «Andrea Mantega» – ossia Andrea Mantegna – e «Andrea Mantiga», e fossero due diverse persone.

Fu il 10 gennaio 1502 che l'artista permutò la sua dimora con la Casa del Mercato e andò ad abitare in contrada del Bove, zona compresa fra le odierne via Montanara e Curtatone (Breda di Mezzo) e via Conciliazione (Breda dell'Acqua).

Grandi, *Nuova luce sulla vita di Andrea Mantegna*, «Padova e il suo territorio», XXII, 126, 2007, pp. 9-11.

87 E. Grazioli, G. Scuderi, *Stradario della città di Mantova*, Mantova, Comune, 1984, p. 48.

88 ASMn, Archivio Gonzaga, b. 1431, c. 745.

89 *Ivi*, b. 1595.

Italo Furlan

UN ALABASTRO DI MANTEGNA RAFFIGURANTE ERCOLE E NESSO

È più che doveroso, in questo momento di celebrazioni, mostre, studi e convegni mantegneschi, agitare il problema di Mantegna scultore: battendo il ferro, come s'usa dire, quando è caldo. Insistenza sul tema ch'è motivata da esplicite attestazioni di fonti documentarie ineccepibili, in base alle quali trovano giustificazione le ricerche in tale ambito: quelle del pittore Giovanni Santi padre di Raffaello, dell'umanista Giulio Cesare della Scala (1484-1558), soprattutto dello Scardeone padovano, alla testimonianza del quale Giuseppe Fiocco prestò fede impalcando una serie di sculture collegabili alla genialità di Andrea;[1] attenzione maggiore oggi, dopo che Signorini e Radcliffe[2] hanno collegato al maestro lo straordinario bronzo dorato con *Marsia* del Lichtenstein Museum di Vienna (identificabile con «una figura nuda legata a un tronco» citata nell'inventario gonzaghesco del 1540-1542), che ritengo integralmente modellato da Mantegna; e dopo che Clara Gelao ha saldamente ancorato al padovano la *Santa Eufemia* della cattedrale di Irsina, scolpita in pietra di Nanto, superba attestazione del precoce interesse alla statuaria dell'artista.[3]

---

[1] G. Fiocco, *Mantegna*, Milano, Hoepli, 1937, pp. 95-103; Id., *Andrea Mantegna scultore*, «Rivista d'Arte», 1940, pp. 220-228.

[2] R. Signorini, *"Una figura nuda legata a un tronco": una statuetta di bronzo attribuita ad Andrea Mantegna (I)*; A.F. Radcliffe, *"Una figura nuda legata a un tronco": a gilt bronze Statuette attributed to Andrea Mantegna (II)*, «Atti e Memorie dell'Accademia Nazionale Virgiliana di Scienze Lettere ed Arti», n.s., LXV, 1997, pp. 94-104.

[3] C. Gelao, *Per Andrea Mantegna: una precisazione e una proposta*, in *Archeologia Arte Restauro e Tutela Archivistica. Studi in onore di Michele d'Elia*, a cura di C. Gelao, Matera, R&R, 1996, pp. 239-252; Ead., *Andrea Mantegna e la donazione De Mabilia alla Cattedrale di Montepeloso*, Matera, La Bautta, 2003; Ead., scheda in *La scultura al tempo di Andrea Mantegna*, Ca-

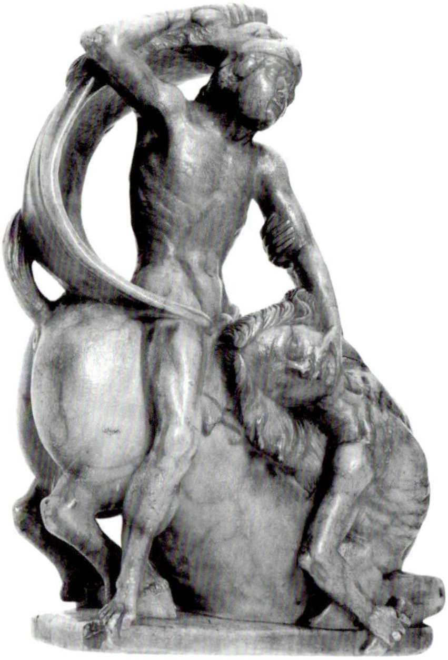

Fig. 1 - Collezione privata, ANDREA MANTEGNA, *Ercole e Nesso*, alabastro (foto F. Avancini).

Attento ai possibili risvolti scultorei dell'attività di Mantegna fin dai tempi in cui ne discutevo con Fiocco, mio maestro, ho nella ricerca incrociato opere che mi sono parse frutto dell'ingegno e della mano di Andrea; e perciò degne di essere segnalate in occasione della recente mostra allestita nel castello di San Giorgio a Mantova:[4] il gruppo alabastrino con *Ercole e Nesso* (Fig. 1) qui riproposto con documentazione fotografica recente; e tre altre opere lignee che esaminerò a fondo in altra sede.

È superfluo ripetere che le attribuzioni delle vecchie e nuove sculture a Mantegna, in assenza di documentazione storica probante, si basano unicamente sulla ragionevolezza induttiva, sulla sensibilità e capacità dei proponenti di distillare dalla complessiva visione delle creazioni di un maestro quegli elementi di stile e quelle articolazioni formali che, laddove riconosciuti costitutivi dell'opera esaminata nel suo contesto storico, assicurano validità alla operazione critica.

---

talogo della mostra, Mantova, 16 settembre 2006-14 gennaio 2007, a cura di V. Sgarbi, Milano, Electa, 2006, p. 70. Il recente catalogo della mostra *Mantegna 1431-1506* tenuta al museo del Louvre dal 26 settembre 2008 al 5 gennaio 2009 a cura di G. Agosti e D. Thiébaut, manifesta un deliberato disinteresse circa il problema del manuale intervento di Mantegna nei campi dell'incisione e della scultura. Le schede relative alla *Santa Eufemia* di Irsina e all'*Uomo legato ad un albero* del Museo Lichtenstein appaiono del tutto inadeguate, sia per carente lettura formale che per l'assenza di discussione circa le differenti proposte critiche per esse avanzate ai fini attributivi delle due sculture.

[4] I. FURLAN, *Su Mantegna scultore*, in *La scultura al tempo di Andrea Mantegna*, cit., pp. 34-45. Per ferragostani disguidi redazionali il testo risulta stampato privo delle correzioni segnalate in bozza, con tagli e banali errori d'ortografia, con l'omissione della foto di una inedita scultura attribuita a Mantegna (che rimane per lo stupito lettore soltanto descritta), con arbitraria alterazione per alcune didascalie in testo e catalogo delle esatte indicazioni fornite.

La presenza di Andrea Mantegna a Mantova già nel settembre del 1455 conferma un primo diretto rapporto personale con Ludovico II Gonzaga; a seguito di successivi contatti attraverso Luca Fancelli relativi al progetto della cappella privata e di ulteriori pressanti insistenze del marchese, il padovano si trasferisce a Mantova nell'inverno del 1459-1460, assumendo il ruolo ufficiale di pittore di corte[5] e ottenendo l'attestato di cittadinanza l'8 novembre 1468.

Fervono in quei mesi i lavori della Dieta, che vede raccolti intorno a papa Pio II (a Mantova dal 27 maggio 1459 al 19 gennaio successivo) cardinali e patriarchi: da Bessarione a Ludovico Trevisan, da Cusano a Pietro Barbo assieme ad altri insigni prelati. Non solo: anche Leon Battista Alberti giunge a Mantova dove, oltre a Mantegna, presenziano artisti come Belbello da Pavia (in seguito fatto allontanare da Andrea in favore di Girolamo da Cremona), Cristoforo di Geremia (medaglista mantovano a servizio del cardinale Trevisan e poi di papa Paolo II Barbo, conoscitore di cammei e antichità ospitato da Ludovico II anche nel 1462), l'eclettico giovane Sperandio Savelli, Samuele da Tradate, Luca Fancelli giunto da Settignano nel 1449 a continuare i lavori di Santa Maria dei Servi, per i quali già nel 1444 Ludovico aveva contattato Michelozzo. L'architetto Antonio Manetti Ciaccheri era in precedenza arrivato a Mantova chiamato da Ludovico: arrivo d'artefici toscani favorito dal fatto che il marchese, succeduto al padre Gianfrancesco, aveva assunto nel 1447 l'incarico di capitano generale della città di Firenze.

Nell'umanistica stimolante capitale del territorio mantovano il trentenne Mantegna, terminata la decorazione della cappella nel castello di San Giorgio, personalmente progettata, prosegue nello studio e nell'approfondimento di quei soggetti d'ispirazione classica e profana – reperiti in fonti letterarie, medaglie e monete, calchi e disegni di gemme antiche – che già avevano offerto più di uno spunto da incastonare come bassorilievi nelle architetture del ciclo agli Eremitani e nella pala di San Zeno (tritone e nereide, Dioscuri di Montecavallo, ecc.). Andrea elabora in particolare, con variate composizioni, l'iconografia pertinente alle imprese di Ercole: tematica adatta all'uso politico delle immagini, efficace e richiesta dai programmi di propaganda monumentale. La *figura Herculis*, incarnazione della virtù in terra, si propone come *exemplum* per ogni principe che gestisce il potere.

---

[5] S. L'Occaso, *Fonti archivistiche per le arti a Mantova tra Medioevo e Rinascimento (1382-1459)*, Mantova, Arcari, 2005 («Archivio di Stato di Mantova. Scuola di archivistica, paleografia e diplomatica. Strumenti e fonti», 9), pp. 33-34.

Nel 1463-1464 Mantegna affida a Samuele da Tradate (figlio dello scultore Jacopino) propri disegni con storie di Ercole e altri temi da tradurre nelle decorazioni ad affresco alla Rocca di Cavriana.[6]

Per Mantegna, come per qualsiasi istruito osservatore del tempo, la scelta di episodi del ciclo erculeo – soggetti che il pittore inserirà di lì a poco sulla volta monumentale della *Camera picta* – riassumeva e attualizzava con tema variato le finalità che cicli con uomini famosi avevano svolto nelle case private di famiglie prestigiose: Andrea ricordava certamente i giganti dipinti da Paolo Uccello in palazzo Vitaliani («tanto belli che Andrea Mantegna ne faceva grandissimo conto» dice Vasari); e probabilmente sapeva che Francesco Petrarca aveva designato Ercole come primo dei suoi 'viri illustri'.[7]

È dell'estate 1466 il soggiorno di Mantegna in quella Firenze dove la figura di 'Hercole novo', accomunata nel sigillo comunale alla scritta «Herculea clava domat Florentia prava», veniva considerata da Sacchetti come simbolo dell'opposizione fiorentina all'espansionismo visconteo; anche per Goro Dati quel gigante sterminatore dei tiranni forniva stimolo al compito dei fiorentini contro i Visconti.[8]

A corroborare la percezione di questa *imagerie* di governo contribuiva la concreta presenza delle classicheggianti fatiche d'Ercole scolpite sullo stipite della porta della Mandorla in Santa Maria del Fiore, che Mantegna vide congiuntamente alle tre grandi tele con le lotte dell'eroe contro Anteo, l'Idra e il leone, da non molto ultimate da Pollaiuolo per la Sala Grande di Palazzo Medici.[9]

Nel salone mediceo, agli statici tradizionali personaggi storici che moraleggianti *tituli* annessi spiegavano come incarnazioni di virtù, si era pre-

---

[6] Id., *Artisti a Mantova prima dell'arrivo di Andrea Mantegna*, in *A casa di Andrea Mantegna. Cultura artistica a Mantova nel Quattrocento*, Catalogo della mostra, Mantova, 26 febbraio-4 giugno 2006, a cura di R. Signorini con la collaborazione di D. Sogliani, Cinisello Balsamo (Milano), Silvana, 2006, p. 50, note 54, 55.

[7] A. Tissoni Benvenuti, *Il mito di Ercole. Aspetti della ricezione dell'antico alla corte estense nel primo Quattrocento*, in *Omaggio a Gianfranco Folena*, I, Padova, Programma, 1993, p. 773 sgg.

[8] L.D. Ettlinger, *Hercules Florentinus*, «Mitteilungen des Kunsthistorisches Instituts in Florenz», 16, 1972, pp. 109-116; F. Sacchetti, *Il libro delle Rime*, 69, in *Opere*, a cura di A. Borlenghi, Milano, Rizzoli, 1953, linee 58-61: «Ercole qui resurga / e vinca te, sì come vinse Anteo / e 'l crudo re di Trazia ed Ateneo»; G. Dati, *L'Istoria di Firenze di Goro Dati dall'anno 1380 all'anno 1405*, Firenze, Giuseppe Manni, 1735, p. 125 sgg.

[9] A. Wright, *The Pollaiuolo Brothers. The Arts of Florence and Rome*, New Haven-London, Yale University Press, 2005, p. 78 sgg.

ferito dare spazio alla dinamica figura di Ercole: il semidio che nelle prove contro l'uno o l'altro dei tirannici nemici aveva esercitato singolari doti fisiche e morali. Da tempo assimilato nella tradizione cristiana a Davide, Ercole si propone ora per i principi quasi loro antenato, modello della canonica virtù della Fortezza e simbolo della psicomachia contro le forze del Male: valido esempio, come indica Salutati nell'autorevole *De laboribus Herculis*, dei meriti della vita attiva.

Già nel 1407 a Mantova risulta esistente in Palazzo Ducale una camera di Ercole e dei Paladini. Ma è con spirito nuovo, non più quello tardogotico e cavalleresco (ancora vivo nella decorazione pisanelliana, sospesa in corso d'opera) che Mantegna affronta e finalizza la tematica erculea, introdotta dal 1465 nell'impresa decorativa della *Camera picta*. Sono quivi a *grisaille* sbalzati, in zone della volta, brani ad affresco con Deianira e Nesso saettato da Ercole del comparto vicino; le lotte con Anteo, con il leone, con Cerbero.

In questi stupefacenti monocromi, che comprendono anche storie di Orfeo e Arione, si vedono centauri, donne a cavallo, delfini.[10] Figurazioni ricorrenti nel «libro del ritracto de certe sculture antiche, le quali la più parte sono bataglie di centauri, di fauni et di satiri, così ancora d'uomini et di femine a ·ccavallo et a ·ppiè et altre cose simili» che Angelo Tovaglia il 24 ottobre 1476 richiedeva a Ludovico Gonzaga, sapendolo in mano di Mantegna: il quale, non volendosene privare se ancora in suo possesso, rispose al marchese di averlo prestato a un pittore locale.[11] Di che tipo di disegni si trattasse, derivati in tutto o solo in parte dall'antico, lo suggerisce il foglio conservato a Monaco, già Skippe, con centauri.[12]

---

10 S. Blumenroder, *Andrea Mantegna Grisaille Paintings: Color Metamorphosis as a Metaphor for History*, in *Symbols of Time in the History of Art*, a cura di Ch. Heck e K. Lippinkott, Turnhout, Brepols, 2002, pp. 41-55; A. Mezzetti, *Un 'Ercole e Anteo' del Mantegna*, «Bollettino d'Arte», s. IV, 43, 1958, pp. 232-244; L. Armstrong, *A North Italian Drawing of Hercules and Antaeus in a German Incunable: Marco Zoppo (?) and Drawings in Renaissance Books*, in *Tributes to Jonathan J.G. Alexander*, London, Harvey Miller, 2006, pp. 5-10.

11 Archivio di Stato di Mantova, Archivio Gonzaga, b. 1101, c. 295; C.M. Brown, *Gleanings from the Gonzaga Documents in Mantua. Gian Cristoforo Romano and Andrea Mantegna*, «Mitteilungen des Kunsthistorisches Instituts in Florenz», 17, 1973, pp. 158-159.

12 A. Schmitt, *Francesco Squarcione als Zeichner und Stecher*, «Münchener Jahrbuch der bildenden Kunst», XXV, 1974, pp. 205-213: i fogli pubblicati furono venduti presso Christie's il 20-21 novembre 1958, nn. 198-208. Libri con disegni derivati o elaboranti modelli antichi venivano ricopiati e commercializzati: notissimo è il cosiddetto Codice del Mantegna di Berlino, OZ 111; V. Farinella, *Disegni all'antica fra Padova e Mantova*, in *Francesco Squarcione «Pic-*

Nello sfondo della scena con l'incontro tra il marchese Ludovico e il figlio cardinale Francesco appare il tempio della 'erculea' Tivoli, nel cui timpano sta la figuretta di *Ercules invictus/victor* riconosciuta da Signorini; a fianco del santuario è il colosso del semidio posto sul basamento cilindrico.[13]

I singoli episodi erculei rielaborati nell'arte del Quattrocento dispiegano un ventaglio ricco di significati. La prima impresa imposta da Giunone a Ercole contro il leone, uomo che affronta l'animale, assegna all'eroe l'attributo leonino. L'abbattimento del centauro, mezzo uomo e mezzo animale, creatura provvista di due nature e di passioni irrazionali, simboleggia la vittoria morale della razionalità.

Nell'esito della lotta di Ercole contro Anteo, figlio di Poseidone e Gea, uomo contro uomo, è l'esplicita allusione alla vittoria contro la tirannide umana. Vincendo l'Idra mostruosa Ercole spazza ogni memoria del dragone delle leggende medievali. L'uccisione di Nesso, che subdolamente aveva rapito Deianira, sancisce inoltre l'affermazione della giustizia e dell'ordine sociale sull'illecito.

Appartiene agli inoltrati anni Sessanta, nel pieno delle ricerche di Andrea sulla tematica erculea, l'eccezionale alabastro raffigurante Ercole e Nesso, che considero opera scolpita da Mantegna (Fig. 2). In occasione delle recenti celebrazioni è apparsa nel relativo catalogo dell'esposizione mantovana sulla scultura un'unica immagine fotografica del gruppo, risalente a una quarantina d'anni fa, quando per la prima volta ebbi modo di studiare direttamente la scultura.[14] La recente opportunità di fotografare l'alabastro in ogni sua parte consente di presentare in questa sede il capolavoro scultoreo in maniera adeguata.

L'opera (29,5 × 20,5 × 9,5; già in collezione parigina) si presenta in ottimo stato, con minime intaccature ed esigua smussatura in superficie di qualche elemento emergente (naso di Nesso, alluce del piede destro di Ercole); parte del braccio sinistro del centauro appartiene a un vecchio restauro; sono visibili nelle impugnature i fori dove erano inseriti la clava di Ercole e l'arma di Nesso, ora mancanti, forse eseguiti in materiale diverso.

---

torum Gymnasiarcha Singularis», Atti delle giornate di Studio, Padova, 10-11 febbraio 1998, a cura di A. De Nicolò Salmazo, Padova, Il Poligrafo, 1999, p. 253 sgg.

[13] R. Signorini, *Il paesaggio dell'Incontro nell'affresco della Camera degli Sposi e le sue fonti*, «Civiltà mantovana», 61-62, 1977. Id., *Opus hoc tenue. La "archetipata" Camera Dipinta detta "degli Sposi" di Andrea Mantegna*, Mantova, MP Marketing Pubblicità, 2007, p. 211 con illustrazione e fig. 162.

[14] I. Furlan, *Su Mantegna scultore*, cit., pp. 34-45.

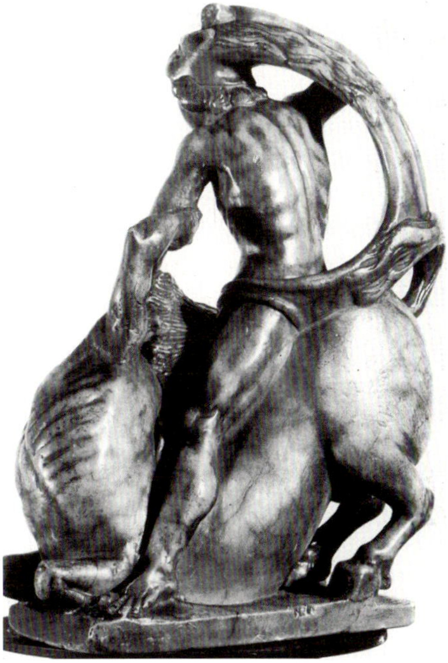

Fig. 2 - Collezione privata, Andrea Mantegna, *Ercole e Nesso*, alabastro (foto F. Avancini).

Il marmo scelto dall'artista è l'alabastro: il suo colore, come quello dei tanti rari marmi che Andrea conosceva e 'ritrattava' anticipando in bellezza taluni dipinti 'astratti' del nostro secolo, gli doveva essere particolarmente gradito, in virtù della tonalità e delle venature così adatte a fingere la superficie cutanea. Andrea precocemente affianca Alberti nell'umanistica riassunzione del materiale marmoreo, destinato a paramenti interni ed esterni degli edifici: si può compiutamente immaginare la ricchezza del rivestimento in porfido, serpentino e marmi mischi della cappella di San Giorgio, ora riflessa nel fondale dipinto all'antica della *Circoncisione* degli Uffizi che la decorava. Sempre più, lungo gli anni, fino al progetto della propria cappella funeraria in Sant'Andrea, Mantegna continuerà a ricavare dalla natura dei marmi selezionati effetti costruttivi e luministici straordinari.[15] Inventari di corte mantovani documentano il possesso da parte dei marchesi di campioni e masselli del pregiato materiale: ricordo qui che i famosi rilievi del camerino di Alfonso d'Este, ritenuti esempio superbo dell'utilizzo dell'alabastro, sono in realtà di marmo carrarino quasi statuario.[16]

---

[15] L'analisi petrografica dell'*Ercole e Nesso* condotta dal professor Visonà della Facoltà di Mineralogia dell'Università di Padova, collega che con riconoscenza ringrazio, ha confermato trattarsi di alabastro italico; R. Jones, *Mantegna and Materials*, «I Tatti Studies. Essays in the Renaissance», II, 1987, pp. 71-90; R. Signorini, *New Findings about Andrea Mantegna: an Inventory after Ludovico Mantegna's Death (1510)*, «Journal of the Warburg and Courtauld Institutes», LXIX, 1996, pp. 103-118; Id., *Una straordinaria fonte di scoperte su Andrea Mantegna: l'inventario dei beni di suo figlio Ludovico (17 luglio 1510)*, «Civiltà mantovana», XXXIII, 106, 1998, pp. 9-21:14-15, 19.

[16] *Gli Este a Ferrara. Il camerino di alabastro. Antonio Lombardo e la scultura all'antica*, Cinisello Balsamo (Milano), Silvana, 2004; L. Lazzarini, *La determinazione della provenienza delle pietre decorative usate dai Romani*, in *I marmi colorati della Roma imperiale*, Catalogo della mostra, Roma, 28 settembre 2002-19 gennaio 2003, Venezia, Marsilio, 2002, pp. 223-265; L. Laz-

Ercole indossa la pelle leonina che dalla testa s'invola con ampio giro ad annodarsi al basso ventre. Ritorna a proposito puntuale il passo, probabilmente noto a Mantegna, del trattato di Alberti sull'illusoria presenza del vento «onde i panni ventoleggino»: «i corpi da questa parte percossi dal vento, sotto i panni in buona parte mostreranno il nudo, dall'altra parte i panni gittati dal vento dolce voleranno per aria».[17]

L'icastico motivo esalta il momento dell'arresto del centauro, atterrato sulle zampe anteriori e bloccato, nel suo nervoso girarsi, dalla mano di Ercole che gli preme il capo contro il dorso. L'artista coglie e fissa il momento culminante dell'azione, inventando un memorabile intreccio di membra. La legatura straordinaria tra i vari elementi può seguirsi punto per punto nella sua bellezza, lungo le linee di forza che la innervano.

L'intaglio deciso non indugia a precisare particolari, con calligrafie che in rapporto alla dimensione dell'opera sarebbero risultate leziose. La semplificazione degli elementi fisionomici (bulbi oculari e palpebre, arcate sopraccigliari, rughe, capelli) e anatomici trascelti risulta efficace e significante. Le mani e l'articolazione delle dita s'adeguano alla volumetria; i calibrati sbalzi e solchi muscolari (rientri scapolari, solchi alla spina dorsale) evidenziano le tensioni dinamiche: s'osservino le corde del collo di Nesso, stirate dalla trazione della testa, le fosse dello sterno e le costole emergenti per la violenta torsione.

Non conosco sculture a tutto tondo contemporanee che propongano il soggetto. Anche in pittura la composizione di Ercole che affronta Nesso con la clava invece di saettarlo è piuttosto rara. Richiamo una delle tre *Fatiche* scelte nel 1463 da Francesco di Giorgio per illustrare il frontespizio della copia manoscritta del *De animalibus* di Alberto Magno conservata a Siena (Museo Castelli, dalla chiesa dell'Osservanza, inv. 3, c. 1*r*, cm 39 × 28): l'eroe nudo, armato di clava, blocca con la destra il braccio dell'accorrente centauro (Fig. 3).[18] L'iconografia, di derivazione pollaiolesca, non è quella che Mantegna inventa per la scultura, probabilmente elabo-

---

zarini, C. Sangati, *I più importanti marmi e pietre colorati usati dagli antichi*, in *Pietre e marmi antichi: caratterizzazione, origine, storia d'uso, diffusione, collezionismo*, a cura di L. Lazzarini, Padova, Cedam, 2004, pp. 73-100.

[17] L.B. Alberti, *Della pittura*, II, a cura di L. Mallé, Firenze, Sansoni, 1950, 45.

[18] *Francesco di Giorgio e il Rinascimento a Siena 1450-1500*, Catalogo della mostra, Siena, 23 aprile-31 luglio 1993, Milano, Electa, 1993, a cura di L. Bellosi, pp. 144-145, tav. p. 143. M. Seidel, *Studi sulla scultura del primo Rinascimento. Francesco di Giorgio, Giovanni Antonio Amadeo*, in *Arte italiana del Medioevo e del Rinascimento*, 2. *Architettura e Scultura*, Venezia, Marsilio, 2003, p. 680, figg. 15-16.

rata attraverso più studi grafici. Da uno di questi discende una più tarda incisione, parte di un set di quattro 'lavori' d'Ercole, rapportata da Hind a Giovanni Antonio da Brescia, dove si vede Ercole calcare il ginocchio sul dorso del centauro afferrandogli un braccio (Fig. 4).[19]

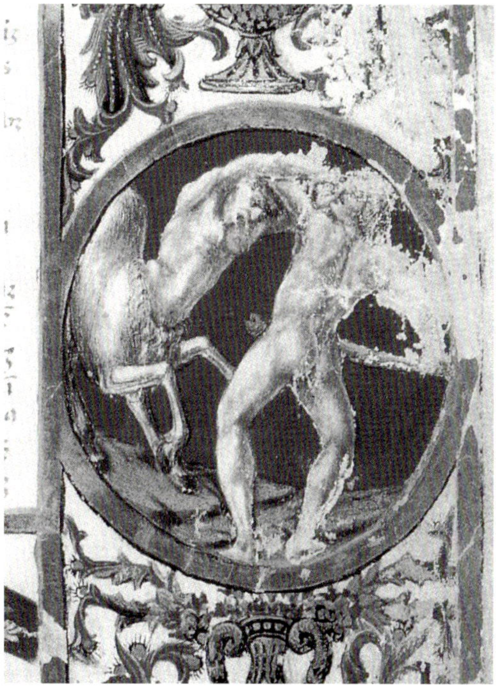

Fig. 3 - Siena, Museo Castelli, ALBERTO MAGNO, *De animalibus*, FRANCESCO DI GIORGIO, frontespizio.

Un'altra incisione indicata come *Ercole e Nesso*, derivata dal gruppo scultoreo o da un perduto studio preparatorio di Andrea, mostra l'eroe quasi a cavalcioni in atto di colpire con la clava un personaggio steso sul dorso del cavallo stramazzato: dovrebbe trattarsi di Caco, come precisato da Oberhuber (Fig. 5).[20]

Le figure di Ercole e Nesso in lotta, così come si vedono congiunte nell'alabastro, non compaiono mai tra le molteplici variate immagini con imprese dell'eroe presenti su sarcofagi antichi.

Che l'alabastro scolpito sia una invenzione di Andrea è confermato dall'impossibilità di reperire nel mondo classico assonanze iconografiche (o descrizioni dell'esito del combattimento in tale forma) negli ambiti scultoreo, pittorico e letterario: connessioni più agevoli invece per altre *Fatiche*.

---

[19] A.M. HIND, *Early Italian Engraving. A Critical Catalogue with Complete Reproduction of all the Works Described*, London-New York, M. Knoedler, 1938-1948, scheda n. 2511 *Giovanni Antonio da Brescia*, scheda n. 021 *Ercole e Nesso*, iscritto DIVO.ER/CULI; S. BOORSCH, *The Labours of Hercules*, in *Andrea Mantegna*, Catalogo della mostra, Londra, 17 gennaio-5 aprile 1992, New York, 9 maggio-12 luglio 1992, a cura di J. Martineau, Milano, Olivetti-Electa, 1992, p. 229.

[20] A.M. HIND, *op. cit.*, scheda n. 2522 *The Master of 1515* (Il Bambaia?), scheda n. 001 *Hercules and Cacus* (?); K. OBERHUBER, *Renaissance in Italien*, Vienna, Graphische Sammlung Albertina, 1966, n. 83.

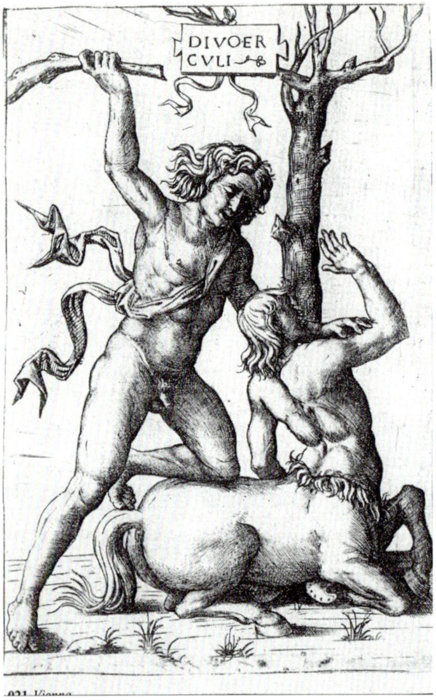

Fig. 4 - Giovanni Antonio da Brescia (?), *Ercole e Nesso* (da Hind).

Differenti nella costruzione si mostrano una statua con Ercole che abbatte un centauro, a Firenze, o i rilievi con l'eroe in lotta con centauri, di sarcofagi già all'Accademia di Francia a Roma e nella collezione Torlonia. La pittura pompeiana offre tre figurazioni di un centauro inginocchiato a terra in atto di supplicare Ercole; in una di queste l'eroe minaccia Nesso tenendolo per i capelli. In una quarta scena, conservata a Villa Pamphili, Ercole alza la clava contro un centauro, non necessariamente Nesso, piegato sulle zampe posteriori. Nel mosaico del museo di Orano Ercole lotta con Chirone giunto in soccorso del giovane Achille, trattenendolo per i capelli e calcandogli il ginocchio sinistro sul dorso: è questa, generalmente, la posa dell'eroe assunta in molte raffigurazioni delle sue *Fatiche*.[21]

La presentazione nell'alabastro di Ercole in aspetto giovanile senza barba e di Nesso dalla folta criniera raggiata differenzia ulteriormente la natura fisica delle due figure; e intende forse sottolineare un contrapposto che agisce anche a livello concettuale, introducendo a una lettura dell'azione come lotta tra razionalità e bestialità della natura umana.

È possibile che Mantegna, per la messa in forma totalmente nuova del suo *Ercole e Nesso* – il particolare della pelle leonina svirgolata nella foga dell'azione crea un interspazio, un 'vuoto' stupendi che nell'opera tridi-

---

[21] S. Reinach, *Répertoire de la Statuaire Grecque et Romaine*, I, Paris, E. Leroux, 1906, p. 484; Id., *Rèpertoire de Reliefs Grecques et Romains*, Paris, E. Leroux, 1918, pp. 230, 231, 342; Id., *Répertorire de Peintures Grecques et Romaines*, Paris, E. Leroux, 1922, p. 189. *Lexicon Iconographicum Mythologiae Classicae*, IV, 1, Zurich-Munchen, Artemis, 1988: *ad vocem Herakles*, p. 728 sgg.; L. Fusco, *The Use of Sculptural Models by Painters in Fifteenth-Century Italy*, «Art Bulletin», 64, 1982, pp. 175-193.

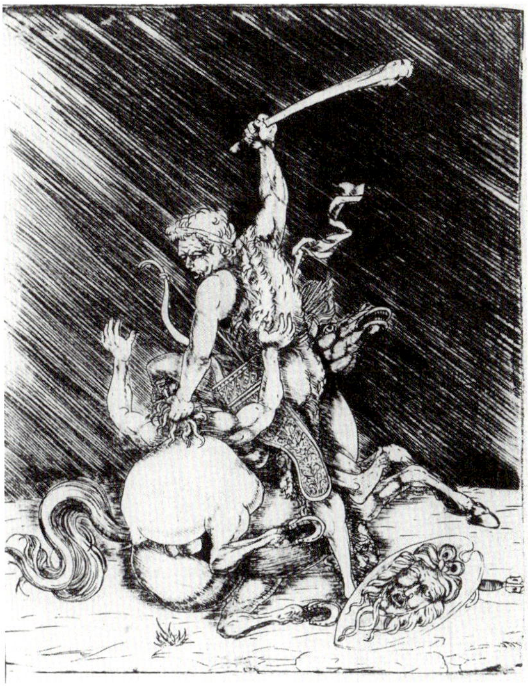

Fig. 5 - Maestro del 1515, *Ercole e Caco* (da Hind).

mensionale assumono a livello formale un valore equivalente al 'pieno' –, si sia ispirato all'*Ercole in lotta con l'Idra* di Pollaiolo: se così fosse, risulterebbe confermata l'effettiva conoscenza dell'opera da parte di Andrea durante il soggiorno fiorentino e la conseguente datazione post 1466 per il gruppo scultoreo. Nel connesso disegno di Pollaiolo di *Ercole contro l'Idra* del British Museum (5210-8*r*), schizzo carico di vibrante immediatezza, la pelle leonina che ricopre il capo si gonfia dietro al dorso e scende ad annodarsi al basso ventre come nella scultura;[22] la funzione delle braccia a tenere la belva e a reggere la clava presentano analogie. Ma in Mantegna il capo di Ercole rivolto in alto, non verso la vittima, trascende la descrizione 'oggettiva' dell'azione com'è in Pollaiolo: oltre alla valenza formale del suo farsi apice della dinamica piramide plastica, l'elevarsi della testa esalta l'idea tematica siglando la certezza della vittoria acquisita (Fig. 6). Un volto forte e deciso, forse quello di Andrea, con palpebre ben segnate e bozze alla radice del naso, labbra carnose chiuse tra due parentesi curvate dalle narici al mento che lo rendono accigliato come negli autoritratti a Padova e nella *Camera picta*.

È possibile che anche le altre due grandi composizioni di Pollaiolo con le lotte contro Anteo e il leone abbiano ulteriormente stimolato in Mantegna le personali elaborazioni dei soggetti che vediamo applicate nella decorazione della *Camera* mantovana, giusto allora iniziata.

22 A. Wright, *op. cit.*, p. 168, fig. 129.

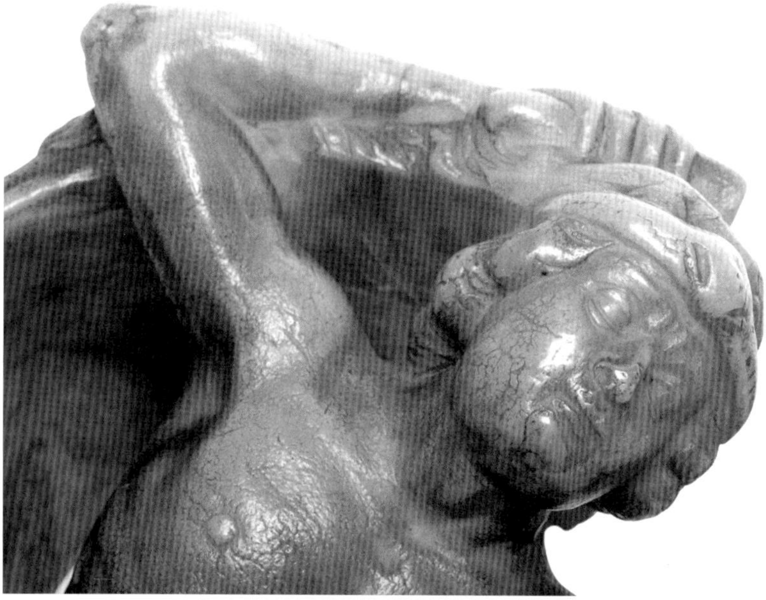

Fig. 6 - Collezione privata, ANDREA MANTEGNA, *Ercole e Nesso*, alabastro, particolare (foto F. Avancini).

Risaltano di colpo nella scultura elementi lessicali, gesti e forme che Mantegna radica in opere distanziate nel tempo: nella predella di San Zeno una uguale testa di leone protegge il capo del cavaliere della *Crocifissione* e quello della Fortezza fra nubi, nella tela con Pallade dello studiolo; la falcante pelle leonina, il busto muscoloso, la gamba avanzata sono riproposti dal disegno di Firenze,[23] replicato nell'affresco della *Camera*; anche più tardi, su uno scudo del trionfo con portatori di trofei, Andrea farà 'ventoleggiare' lungo l'avambraccio un drappo sulla testa del centauro; l'Abramo nella *Circoncisione* agli Uffizi e l'Ercole dell'alabastro premono col medesimo gesto le teste di Isacco e Nesso.

Ritroviamo nell'incisione della *Zuffa*, cronologicamente vicina per invenzione, l'energia che anima il gruppo scolpito: i gesti decisi delle braccia e il puntare delle gambe, la complessione muscolare e la torsione dei busti stretti sui fianchi.

Gli elementi della composizione incisa sono visualizzati sulla superficie in scorcio, frontalmente, di profilo. E tuttavia l'insieme non offre la

[23] *Andrea Mantegna*, cit., n. 90.

visione della *summa* di moti e attitudini che solo un organismo tridimensionale, una scultura appunto, consente di esperire da ogni lato. L'*Ercole e Nesso* aggrega tutti quegli elementi che nell'incisione sono articolati sul piano, legittimando la loro matrice plastica.

Il gruppo scultoreo, nella legatura costruttiva tipicamente mantegnesca, si allinea con quanto Alberti, Donatello e altri artisti venivano riflettendo sulla resa del movimento in pittura e scultura.

Mantegna adotta precocemente un impianto che diverrà la formula del 'contrapposto'. Il gioco ritmico e le torsioni adombrano inoltre i criteri costruttivi che saranno propri della cosiddetta figura 'serpentinata':[24] Mantegna esclude la ripetizione meramente speculare d'una figura rovesciata in superficie (come spesso facevano i pittori) ma la pensa rotante, a tre dimensioni, come una scultura.

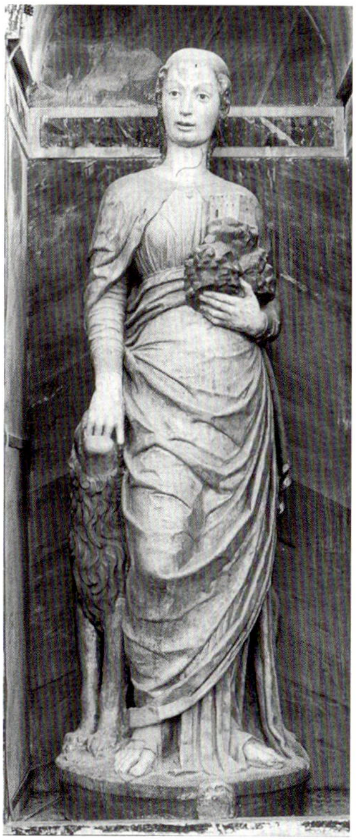

Fig. 7 - Irsina, Cattedrale, ANDREA MANTEGNA, *Santa Eufemia.*

Circa la formula di movimento contrapposto s'osservi nell'alabastro la connessione simmetrica tra braccia, gambe e parti del corpo, in opposizione l'una con l'altra; a comprova del secondo indice si noti la rotazione del torace del centauro che torcendosi rispetto alla postura frontale genera una direttrice avvolgente e snodata lungo la pelle leonina che circonda a compasso il busto, anch'esso ruotato, di Ercole. Non è pleonastico insistere sulla connessione degli elementi scultorei che danno abbrivo alle dinamiche gestuali e di posa delle figure, strutturando un impianto regolato dal 'contrapposto': gli zoccoli posteriori del centauro rientranti sopra l'appoggio quadrangolare e i ginocchi parallelamente ancorati in avanti; le gambe divaricate di Ercole con i piedi tangenti trasversalmente i bordi della base, oltrepassata dal braccio armato di Nesso. Da questo punto emergente e sensibile scatta l'ascesa eli-

[24] D. SUMMERS, *Maniera and Movement. The Figura Serpentinata*, «Art Quarterly», 35, 1972, pp. 269-301; ID., *Contrapposto. Style and Meaning in Renaissance Art*, «Art Bulletin», 59, 1977, pp. 336-371.

coidale delle braccia dei protagonisti. Una grande 'S' avvolge e delimita il profilo esterno del blocco plastico, accompagnata dal girare repentino della coda cavallina e dai tondeggianti volumi delle cosce.

L'idea di costruire un organismo plastico coerentemente visibile da ogni lato è già introdotta da Mantegna nella statua di Irsina, dove il borgo squadrato sull'ammasso roccioso tenuto da Eufemia sembra dichiarare la bloccata unità della matrice formale. Questa giovanile scultura dev'essere osservata girandole attorno: si vedrà allora con quale genialità Andrea, facendo ruotare posteriormente il corpo leonino, abbia articolato lo zoccolo plastico al conico levarsi della figura.

Di fronte a queste creazioni scultoree non si può che ribadire quanto da Venezia, nel 1504, Lorenzo da Pavia scriveva a Isabella: «Ben è vero che de invencione non se po' andare apreso a messer Andrea ecelentissimo».[25]

Difficilmente l'ottimo plasticatore Cristoforo di Geremia o Sperandio Savelli sarebbero stati all'altezza di concepire, sullo scorcio degli anni Sessanta, una così novissima invenzione; alla quale, in tempi successivi, neppure si addice lo stile plastico di Gian Marco Cavalli e dell'Antico.[26]

La straordinaria invenzione dell'*Ercole e Nesso* alabastrino, scolpito nel secondo lustro degli anni Sessanta, unitamente ai disegni preparatori e agli studi connessi alla tematica erculea (forse già circolanti attraverso incisioni, tra cui *Ercole e Anteo*) trova immediata diffusione con riproposte importanti da parte degli artisti più attenti, dentro e fuori Mantova. Richiamo i rilievi del portale di Palazzo Stanga a Cremona finito al Louvre (Département des Sculptures), attribuiti a Pietro da Rho, che era attivo

[25] C. Brown, A.M. Lorenzoni, *Isabella d'Este and Lorenzo da Pavia*, Genève, Droz, 1982; G. Agosti, *Su Mantegna I*, Milano, Feltrinelli, 2005, p. 58.

[26] C.V. Lloyd, *Reconsidering Sperandio*, in *Italian Medals*, a cura di J.G. Pollard, Washington, National Gallery of Art, 1987 («Studies in the History of Art», 21), pp. 99-103; S.D. Squarzina, *Cristoforo di Geremia*, in *Da Pisanello alla nascita dei Musei Capitolini. L'antico a Roma alla vigilia del Rinascimento*, Catalogo della mostra, Roma, 24 maggio-19 luglio 1988, Roma, De Luca-Milano, Mondadori, 1988, p. 83; *A casa di Andrea Mantegna*, cit., pp. 386-387 e 408-411 (J. Alari Bonacolsi detto l'Antico); pp. 388-389 (Sperandio Savelli); D. Lewis, *Mantegna e la produzione di placchette nel XV secolo*, in *Placchette e rilievi di bronzo nell'età del Mantegna*, Catalogo della mostra, Mantova, 16 settembre 2006-14 gennaio 2007, a cura di F. Rossi, Milano, Skira, 2006, pp. 10-11 (Cristoforo di Geremia); p. 13 (Gian Marco Cavalli); A.H. Allison, *The Bronzes of Pier Jacopo Alari Bonacolsi, called Antico*, «Jahrbuch der Kunsthistorischen Sammlungen in Wien», LIII-LIV, 89-90, 1993-1994, pp. 37-310. *Bonacolsi l'Antico. Uno scultore nella Mantova di Andrea Mantegna e di Isabella d'Este*, Catalogo della mostra, Mantova, 13 settembre 2008-6 gennaio 2009, a cura di F. Trevisani e D. Gasparotto, Milano, Electa, 2008.

in città tra il 1480 e il 1508; le varie placchette bronzee del Bonacolsi, di Moderno, del Maestro delle Fatiche d'Ercole, ecc.[27]

Di matrice scultorea mantegnesca, quand'anche non discesa direttamente dall'alabastro, è nella ricordata incisione con Ercole e Caco la parte posteriore del cavallo con le masse delle cosce che premono i testicoli, la coda serpentina, il contrapporsi delle braccia a levare la clava e a bloccare la testa di Caco che ha capelli disposti, come nell'alabastro, a raggiera (Fig. 8).

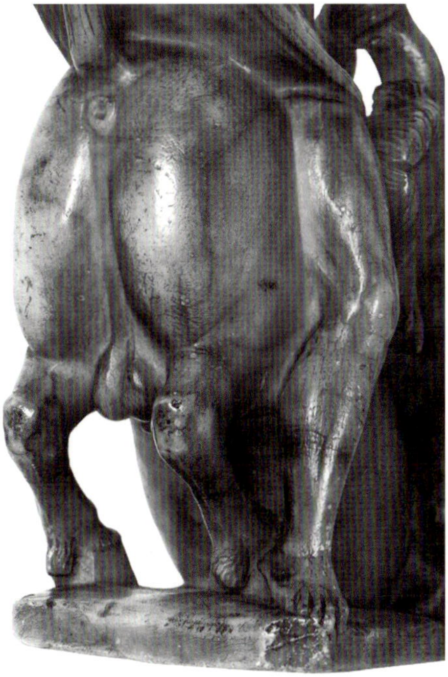

Fig. 8 - Collezione privata, ANDREA MANTEGNA, *Ercole e Nesso*, alabastro, particolare (foto F. Avancini).

L'interesse figurativo dell'idea compositiva mantegnesca trova inoltre evidente riscontro nel frontespizio miniato da Giovanni Vendramin per il *De immortalitate anime* di Jacopo Camphora, che il padovano Naimerio Conti fece eseguire nel 1475 come dono per Ercole d'Este (Fig. 9).[28] Il pittore mostra di conoscere il ciclo erculeo della *Camera picta*, attribuibile all'iniziale intervento, sulla volta, della decorazione mantegnesca giusto allora terminata.

L'iconografia di Ercole in lotta con l'Idra non si rifà alla composizione pollaiolesca d'una delle tre grandi tele erculee di Palazzo Medici, ripetuta nella tavoletta ora agli Uffizi, ma si informa decisamente a un'invenzione di Mantegna. I modi di Pollaiolo erano conosciuti in ambito veneto e a Padova in particolare dove era noto, prima del 1462, «unum cartonum cum quibusdam nudis Poleyoli»: non identificabile, come si opina correntemen-

---

[27] G. GUITTON, *La porte de Cremone au Louvre*, «Gazette des Beaux-Arts», febbraio 1876, pp. 313-335:331-332; B. BERGBAUER, *Les Plaquettes, de la création à la diffusion*, in *Images en relief. La collection de Plaquettes du Musée National de la Renaissance*, Paris, Reunion des Musées Nationaux, 2006, pp. 3-31.

[28] Londra, British Library, Add. 22325: G. MARIANI CANOVA, *La bottega di Francesco Squarcione e i miniatori*, in *Francesco Squarcione*, cit., p. 228, fig. 179.

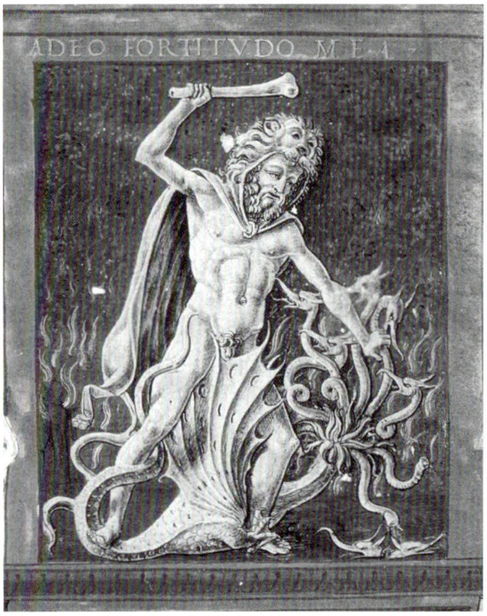
9

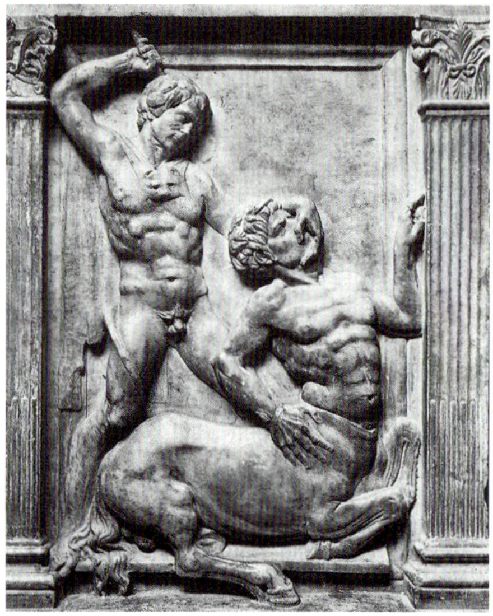
10

Fig. 9 - Londra, British Museum, GIOVANNI VENDRAMIN, *De immortalitate anime*, frontespizio. Fig. 10 - Siena, duomo, ANTONIO FEDERIGHI, *Ercole e Nesso*.

te, con la grande incisione ch'è di poco più tarda, ma forse derivato da un'altra composizione di cui il frammento Fogg faceva parte, dalla quale prese spunto anche la stampa d'ambito padovano con *Ercole e i giganti*.[29]

Nell'*Ercole in lotta con l'Idra* di Pollaiolo, come nel connesso disegno preparatorio del British Museum, i protagonisti si fronteggiano allineati in primo piano: posizione ripresa anche nell'incisione di Cristoforo Robetta.[30] Sul frontespizio del manoscritto Camphora invece, il bronzeo Ercole, sbalzato a monocromo sul marmo del fondo, cavalca la fiera come fa Ercole con Nesso nel gruppo alabastrino. La composizione, dove risalta la complessione muscolare del nudo nel suo dinamico atteggiarsi, ribadisce a evidenza la matrice mantegnesca e non toscana. Altrettanto va detto in rapporto alla ripresa del soggetto su una specchiatura del Pozzetto del Sabato Santo nel duomo di Siena, *Ercole e Nesso* appunto (Fig. 10), scolpito da Antonio Federighi dopo il 1482.[31] La geniale composizione di Mantegna e l'innovativa

---

[29] A. WRIGHT, *op. cit.*, p. 171, fig. 130.

[30] *Catalogo completo dell'opera grafica del Robetta*, a cura di P. Bellini, Milano, Salamon e Augustoni, 1973, nn. 36-37.

[31] *Francesco di Giorgio*, cit., p. 142, figg. 18-19; A. ANGELINI, *Antonio Federighi e il mito di*

iconografia danno frutti anche in pieno Rinascimento: lo testimoniano il gruppo monumentale in marmo nella Loggia dei Lanzi e i modelli connessi di Giambologna, ricordati da Baldinucci (Fig. 11): e le ulteriori versioni di Antonio e Gianfrancesco Susini (Fig. 12).[32]

Mi chiedo se il gruppo alabastrino di Andrea non sia stato conosciuto da Antonio Lombardo, al servizio della corte mantovana come il padre, che da Francesco II Gonzaga aveva ricevuto la commissione della cappella dell'Incoronata in duomo.[33] Antonio sembra ricordarne l'Ercole, soprat-

11 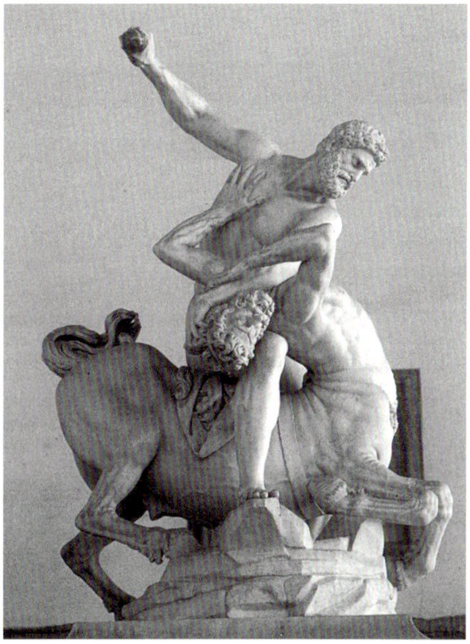

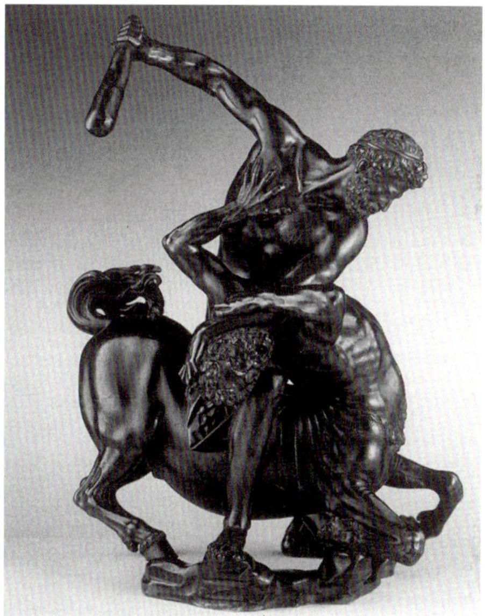 12

Fig. 11 - Firenze, Loggia dei Lanzi, GIAMBOLOGNA, *Ercole e Nesso.* Fig. 12 - Firenze, Museo Nazionale del Bargello, A. SUSINI, *Ercole e Nesso.*

Ercole, in *Pio II e le arti. La riscoperta dell'antico da Federighi a Michelangelo*, Milano, Silvana, 2005, pp. 105-149, tav. a colori a p. 104.

[32] *Giambologna, gli dei, gli eroi*, Catalogo della mostra, Firenze, 2 marzo-15 giugno 2006, a cura di B. Paolozzi Strozzi e D. Zikos, Firenze, Giunti, 2006, n. 10; F. BALDINUCCI (Ranalli), 1845-47, II, p. 572: «messe mano a fare bellissimi studi di centauri»; A. RADCLIFFE, N. PENNY, *Art of the Renaissance Bronze. 1500-1650. The Robert H. Smith Collection*, London, Philip Wilson, 2004, pp. 164-171, n. 26.

[33] C. BROWN, A.M. LORENZONI, *Isabella d'Este e Giorgio Brognolo nell'anno 1496*, «Atti e Memorie dell'Accademia Virgiliana di Mantova», n.s., XLI, 1973, pp. 97-122; A. LUCHS, *Tullio Lombardo and Ideal Portrait Sculture in Renaissance Venice. 1490-1530*, Cambridge-New York, Cambridge University Press, 1995.

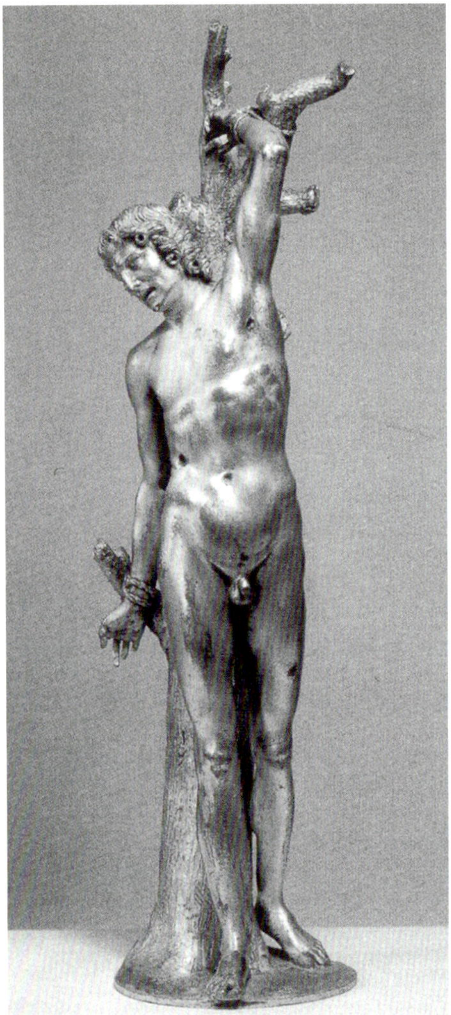

Fig. 13 - Vienna, Liechtenstein Museum, ANDREA MANTEGNA, *Marsia*.

tutto per il modulo proporzionale, l'anatomia, la positura e movimenti delle braccia, nella figura seduta della Fucina di Vulcano, generalmente ricondotta al *Laocoonte* scoperto a Roma nel 1506; anche gli elementi aggettanti dal bordo del piano di posa nella stessa composizione ripropongono quanto Mantegna, quasi mezzo secolo prima, aveva realizzato nell'*Ercole e Nesso*, facendo debordare le membra al di qua del limite della base.[34]

Gli *exempla* che di Mantegna scultore sopravvivono, isolati ed eccezionali, attestano gli interessi e la disposizione manuale dell'artista verso tecniche e materiali diversi. Diversamente dalle creazioni giovanili come la Santa Eufemia di Irsina, il monumento Cornaro, il modello ligneo per una statua a Virgilio, le sue sculture d'età matura sembrano destinate all'ambito del privato, del personale: sperimentali trascrizioni nello spazio, verifiche tridimensionali di invenzioni nate su un foglio, su una tela, su una parete.

Il gruppo alabastrino e il *Marsia* di Vienna (Fig. 13) non rientrano come tanti bronzetti contemporanei nella categoria di opere d'imitazione dell'antico: pur riprendendo soggetti pagani o classici si propongono come creazioni autonome rispetto all'antica scultura di Roma: fatti emulativi che Mante-

34 *Gli Este a Ferrara*, cit., p. 27, fig. 15.

gna sembra avere destinato al gusto e al tatto raffinato proprio e di intenditori appartenenti a circoli intellettuali: capolavori rari, ridotti per dimensione ma eccelsi per concezione.

L'esemplare classicità che caratterizza l'arte di Mantegna deriva dal suo avere saputo integrare e armonizzare lo studio di natura a un razionale e ideale sistema di bellezza; ai risultati di questa sintesi si conformano alcune delle idee espresse da Gaurico, contemporaneo estimatore del padovano, nel suo trattato *De sculptura*, edito a Firenze nel 1504.[35]

Il gruppo alabastrino appartiene alla prima maturità di Mantegna: vigorosa conferma, dopo la monumentale *Santa Eufemia*, del continuato interesse e della saltuaria operosità dell'artista anche nell'intaglio marmoreo, a fianco dell'ormai accertato esercizio nel campo della plastica.

---

[35] P. Gaurico, *De sculptura*, a cura di P. Cutolo, Napoli, Edizioni Scienfiche Italiane, 1999, *passim*; S. Blake McHam, *La bottega dei Lombardo alla cappella di Sant'Antonio e la teoria di Pomponio Gaurico*, in *I Lombardo. Architettura e Scultura a Venezia tra '400 e '500*, a cura di A. Guerra, M. Morresi, R. Schofield, Venezia, Marsilio, 2006, p. 225 sgg.

INDICE DEI NOMI

INDICE DEI LUOGHI

INDICE DELLE OPERE

Le opere di Andrea Mantegna, di area mantegnesca (*) e a lui attribuite (*) – citate e descritte nel testo, in nota (n) e nelle immagini (f) – sono elencate secondo l'attuale luogo di conservazione; le stampe invece per soggetto alla fine.

INDICE

Tomo I

Tomo II

CDC arti grafiche

CITTÀ DI CASTELLO • PG

FINITO DI STAMPARE NEL MESE DI NOVEMBRE 2010

ACCADEMIA NAZIONALE VIRGILIANA

DI SCIENZE LETTERE E ARTI

L'Archivio Gonzaga di Mantova. La corrispondenza familiare, amministrativa e diplomatica dei Gonzaga. A cura di A. Luzio. 1922, VIII-424 pp. con 7 ill. n.t. Ristampa 1993.

ATTILIO DAL ZOTTO, *Vicus Andicus. Storia critica e delimitazione del luogo natale di Virgilio.* 1930, 152 pp. con 42 ill. n.t. e 6 carte ripiegate.

Studi virgiliani. 1930, IV-272 pp.

CAESAR FERRARINI, *Incunabulorum quae in Civica Bibliotheca Mantuana adservantur Catalogus.* 1937, 296 pp.

VERGILIUS. *P. Vergili Maronis Bucolica, Georgica, Aeneis.* 1938, XII-544 pp. ill.

PIETRO TORELLI, *Un comune cittadino in territorio ad economia agricola.* Vol. II: *Uomini e classi al potere.* 1952, 300 pp.

UGO NICOLINI, *L'Archivio del Monastero di S. Andrea di Mantova fino alla caduta dei Bonacolsi.* 1959, XVI-436 pp.

GIUSEPPE ARRIVABENE, *Compendio della storia di Mantova (1799-1847).* A cura di R. Giusti. 1975, 318 pp.

Il Lombardo-Veneto (1815-1866) sotto il profilo politico, culturale, economico-sociale. Atti del Convegno storico. A cura di R. Giusti. 1977, VI-442 pp.

Convegno di studio su Baldassarre Castiglione nel quinto centenario della nascita. (Mantova, 7-8 ottobre 1978). 1980, 140 pp.

Convegno di studi su Pietro Torelli nel centenario della nascita (1880-1980). (Mantova, 17 maggio 1980). 1981, 120 pp.

L'essenza del ripensamento su Virgilio. Tavola rotonda (Mantova, 9 ottobre 1982). 1983, 64 pp.

Nel bimillenario della morte di Virgilio. 1983, 224 pp.

Armamentario chirurgico del XVIII secolo. Catalogo a cura di A. Zanca. 1983, 26 pp. con 14 tavv. f.t.

Atti del convegno mondiale scientifico di studi su Virgilio. (Mantova, Roma, Napoli, 19-24 settembre 1981). 1984. Tomo I, XX-484 pp.; Tomo II, VIII-320 pp. con 17 ill. n.t.

Il restauro nelle opere d'arte. Atti del Convegno (Mantova, maggio 1984). 1987, 160 pp. con 112 ill. n.t. in b.n. e a col. Rilegato.

Scienza e Umanesimo. Atti del Convegno (Mantova, settembre 1985). 1987, 144 pp. con 100 ill. n.t. in b.n. e a col. Rilegato.

L'età augustea vista dai contemporanei e nel giudizio dei posteri. Atti del Convegno (Mantova, 21-23 maggio 1987). 1988, 358 pp. con 7 ill. n.t.

L'Austria e il Risorgimento mantovano. Atti del Convegno storico (Mantova, 19-20 settembre 1986). 1989, 216 pp.

Gli Etruschi a Nord del Po. Atti del Convegno (Mantova, 4-5 ottobre 1986). 1989, 240 pp. con 131 ill. in b.n. e col. Rilegato.

La repubblica romana da Mario a Silla a Cesare a Cicerone. Atti del Convegno (Mantova, 5-9 ottobre 1988). 1990, 270 pp.

Storia della medicina e della sanità in Italia nel centenario della prima legge sanitaria. Atti del Convegno (Mantova, 3 dicembre 1988). 1990, 88 pp.

Giulio Romano. Atti del Convegno internazionale di studi (Mantova, 1-5 ottobre 1989). 1991, 440 pp. con 384 ill. in b.n. e a col. Rilegato.

La storia, la letteratura e l'arte a Roma da Tiberio a Domiziano. Atti del Convegno (Mantova, 4-7 ottobre 1990). 1992, 448 pp. con 13 ill. n.t.

Catalogo delle dissertazioni manoscritte. Accademia Reale di Scienze e Belle Lettere di Mantova (sec. XVIII). A cura di L. Grassi e G. Rodella. 1993, 168 pp. con 12 ill. n.t.

Vespasiano Gonzaga e il ducato di Sabbioneta. Atti del Convegno (Sabbioneta-Mantova, 12-13 ottobre 1991). A cura di U. Bazzotti, D. Ferrari, C. Mozzarelli. 1993, 432 pp. con 148 ill. n.t. b.n. e col.

ATTI E MEMORIE

Prima serie: Anno 1868. Nuova serie: Voll. 3 (2 tomi, 1910-11); 5 (2 tomi, 1913); 17-23 (1924-33); 25-29 (1939-54); 31 (1959); 34-47 (1963-79); 50-59 (1983-1991).

SERIE SPECIALE DELLA CLASSE DI SCIENZE FISICHE E TECNICHE

1. *La diagnostica intraoperatoria nella chirurgia biliare e pancreatica.* Atti del Convegno (Mantova, 15 giugno 1974). 1975, 142 pp. con 59 ill. n.t.
2. GILBERTO CARRA - ATTILIO ZANCA, *Gli statuti del collegio dei Medici di Mantova del 1559.* 1977, 134 pp. con 3 ill. n.t.

3. *Sulle infermità dei cavalli. Dal codice di Zanino de Ottolengo (sec. XV).* A cura di G. Zanca e C. Golinelli. 1991, 112 pp. con 1 tav. f.t.
4. *Grandi modelli scientifici del Novecento.* 1990, 136 pp. con 10 ill. n.t.
5. SILVIA ENZI - ALDO ENZI, *Il tempo misurato.* 1993, VI-426 pp. con 21 ill. n.t.

CLASSE DI LETTERE E ARTI

1. ETTORE PARATORE - PIERRE ANTOINE GRIMAL - ALBERTO GRILLI - GIOVANNI D'ANNA, *Quattro lezioni su Orazio.* 1993, 70 pp.
2. *Il San Sebastiano di Leon Battista Alberti.* Studi di Arturo Calzona e Livio Volpi Ghirardini. 1994, XIV-286 pp. con 25 disegni e 177 figg. f.t. Rilegato.
3. MASSIMO ZAGGIA, *Schedario folenghiano dal 1977 al 1993.* 1994, VIII-154 pp.
4. *Archeologia di un ambiente padano. S. Lorenzo di Pegognaga (Mantova).* 1996, XVI-514 pp. con 42 tavv. f.t. e 59 figg. n.t.
5. ANTONIETTA FERRARESI, *Le lucerne fittili delle collezioni archeologiche del Palazzo Ducale di Mantova.* 2000, 422 pp. con 21 tavv. f.t.

CLASSE DI SCIENZE MATEMATICHE, FISICHE E NATURALI

1. *Attualità in tema di diagnosi e terapia delle malattie allergiche.* 1995, VIII-100 pp.

CLASSE DI SCIENZE MORALI

1. MARIO VAINI, *Ricerche gonzaghesche* (1189-inizi sec. XV). 1994, VI-242 pp. con 6 figg. n.t. e 1 pieghevole.
2. ALBERTO CASTALDINI, *Mondi paralleli. Ebrei e cristiani nell'Italia padana dal tardo Medioevo all'Età moderna.* 2004, XXII-160 pp.
3. ALBERTO CASTALDINI, *La segregazione apparente. Gli Ebrei a Verona nell'età del ghetto (secoli XVI-XVIII).* 2008, XVI-218 pp. con 2 figg. n.t. e 4 tavv. f.t.

MISCELLANEA

1. *Teofilo Folengo nel quinto centenario della nascita (1491-1991).* 1993, 508 pp. con 7 tavv. f.t.
2. *Mantova e l'antico Egitto. Da Giulio Romano a Giuseppe Acerbi.* Convegno di studi (Mantova, 23-24 maggio 1992). 1994, IV-74 pp. con 27 ill. n.t. e 11 tavv. f.t. a colori. Rilegato.
3. *Storia, letteratura e arte a Roma nel secondo secolo dopo Cristo.* Atti del convegno (Mantova, 8-9-10 ottobre 1992). 1995, XII-322 pp. con 12 tavv. f.t. e 3 figg. n.t.
4. *Catalogo dei periodici dell'Accademia Nazionale Virgiliana.* 1996, XVI-224 pp.
5. *Claudio Monteverdi. Studi e prospettive.* Atti del convegno internazionale (Mantova, 21-24 ottobre 1993). 1998, XVI-632 pp. con 22 tavv. f.t.
6. *Cultura latina pagana fra terzo e quinto secolo d.C.* Atti del convegno (Mantova, 9-11 ottobre 1995). 1998, X-316 pp. con 3 figg. f.t.
7. *Leon Battista Alberti. Architettura e cultura.* Atti del convegno internazionale (Mantova, 16-19 novembre 1994). 1999, XII-388 pp. con 7 figg. n.t. e 54 tavv. f.t.
8. *Natura-cultura. L'interpretazione del mondo fisico nei testi e nelle immagini.* A cura di G. Olmi, L. Tongiorgi Tomasi, A. Zanca. 2000, XVI-628 pp. con 248 ill. b.n. e 54 tavv. f.t. a colori.
9. *Cultura latina cristiana tra terzo e quinto secolo.* Atti del convegno (Mantova, 5-7 novembre 1998). 2001, X-386 pp.
10. *Il paesaggio mantovano nelle tracce materiali, nelle lettere e nelle arti. I. Dalla preistoria all'età tardo romana.* Atti del Convegno di studi (Mantova 3-4 novembre 2000). A cura di E. Camerlenghi, V. Rebonato, S. Tammaccaro. 2003, X-290 pp. con 25 figg. n.t. e 39 tavv. f.t. di cui 22 a colori.

11. *Indici degli «Atti e Memorie» dell'Accademia Nazionale Virgiliana. 1863-2000.* 2004, XVIII-182 pp.

12. *Il latino nell'età dell'Umanesimo.* Atti del convegno (Mantova, 26-27 ottobre 2001). A cura di G. Bernardi Perini. 2004, VIII-210 pp.

13. *Il paesaggio mantovano nelle tracce materiali, nelle lettere e nelle arti. II. Il paesaggio mantovano nel Medioevo.* Atti del Convegno di studi (Mantova 22-23 marzo 2002). A cura di E. Camerlenghi, V. Rebonato, S. Tammaccaro. 2005, X-274 pp. con 22 figg. n.t. e 12 tavv. f.t.

14. *Una manna buona per Mantova. Man Tov Le-Mantovah.* Studi in onore di Vittore Colorni. A cura di M. Perani. 2004, XXVI-710 pp. con 4 figg. n.t. e 27 f.t., 2 tavv. n.t.

15. *Editoria scrigno di cultura. La casa editrice Leo S. Olschki.* A cura di A. Castaldini. 2004, X-138 pp. con 11 tavv. f.t.

16. *La natura e il corpo. Studi in memoria di Attilio Zanca.* Atti del Convegno (Mantova, 17 maggio 2003). A cura di G. Olmi e G. Papagno. 2005, XIV-246 pp. con 9 figg. n.t., 17 tavv. f.t. a colori e 41 figg. f.t. in b.n.

17. *Il paesaggio mantovano nelle tracce materiali, nelle lettere e nelle arti. III. Il paesaggio mantovano dal XV secolo all'inizio del XVIII.* Atti del Convegno di studi (Mantova 5-6 novembre 2003). A cura di E. Camerlenghi, V. Rebonato, S. Tammaccaro. 2007, X-626 pp. con 22 figg. n.t. e 59 tavv. f.t. di cui 10 a colori.

18. *Il paesaggio mantovano nelle tracce materiali, nelle lettere e nelle arti. IV. Il paesaggio mantovano dall'età delle riforme all'Unità (1700-1866).* Atti del Convegno di studi (Mantova 19-20 maggio 2005). A cura di E. Camerlenghi, V. Rebonato, S. Tammaccaro. 2010, X-454 pp. con 7 figg. n.t. e 70 tavv. f.t. di cui 63 a colori.

19. *Andrea Mantegna. Impronta del genio.* Convegno Internazionale di Studi su Andrea Mantegna (Padova, Verona, Mantova, 8-9-10 novembre 2006). A cura di R. Signorini, V. Rebonato e S. Tammaccaro. Con la collaborazione di E. Disperdi e I. Mazzola. 2010, 2 tomi di complessive XVI-790 pp. con 515 figg. n.t..

20. *Il paesaggio mantovano nelle tracce materiali, nelle lettere e nelle arti. V. Il paesaggio mantovano dall'Unità alla fine del XX secolo (1866-2000),* Atti del Convegno di studi (Mantova, 5-6 dicembre 2006). A cura di E. Camerlenghi, V. Rebonato, S. Tammaccaro. In preparazione.